中国印刷战略转型探析

沈忠康 著

图书在版编目（CIP）数据

中国印刷战略转型探析 / 沈忠康著. -- 北京 :文化发展出版社有限公司, 2015.6
ISBN 978-7-5142-1188-7

Ⅰ. 中… Ⅱ. 沈… Ⅲ. 印刷工业－经济发展－研究－中国 Ⅳ. F426.84

中国版本图书馆CIP数据核字(2015)第094219号

中国印刷战略转型探析

沈忠康 著

责任编辑：郭　蕊　　　　责任校对：岳智勇
责任印制：孙晶莹
出版发行：文化发展出版社有限公司（北京市翠微路2号 邮编：100036）
网　　址：www.keyin.cn　www.pprint.cn
网　　店：pprint.taobao.com　www.printhome.com
经　　销：各地新华书店
印　　刷：北京华联印刷有限公司

开　　本：710mm×1008mm　1/16
印　　张：20
字　　数：360千字
印　　次：2015年6月第1版　2015年6月第1次印刷
定　　价：58.00元
I S B N：978-7-5142-1188-7

如发现印装质量问题请与我社发行部联系。直销电话：010-88275710。

写这本书，我心里一直很忐忑。

大约一年前，武文祥、何远裕和我三个老头在一起议论中国印刷面临的形势和问题。我们共同感到当前中国印刷正处在战略转型关键时期，全国印刷业上上下下都在探索新形势下中国印刷转型升级的方向和途径，而此事又十分紧迫重要。武、何二老说：你十年前写过《创新历程》记述了中国印刷从“铅与火”到“光与电”的历史性转变，这十几年是中国印刷第二次技术革命的延续，是历史的继承和发展，他们希望我梳理一个思路和框架，提供业内专家同仁共同讨论，不断补充和完善，寻求共识。

相较武、何二老我稍年轻几岁，我自觉不应辜负他们的期望，承载着他们二老的责任心和我们的共同心愿，我整理了一份提要，得到武、何二老的补充修正。但是正要深入写下去的时候，却感到困惑。

写《创新历程》的时候，我国已普及了汉字激光照排技术的应用，实现了甩掉铅排铅印。2002 年原中顾委常委、国务委员张劲夫发表了“我国印刷技术的第二次革命”，对这一历史进程作了科学的总结。我写《创新历程》是以此文为脉络，把亲历的历史记录充实进去。所以从时态来看，这是“完成时”。而写“中国印刷战略转型探析”是“进行时”，中国印刷如何转型升级正处在探索实践过程中，没有成定型经验，许多做法可行性有待实践检验。所以我反复斟酌将本书立足于“探析”，抛砖引玉、集思广益与业界同仁共同探讨求析，这是其一。

其二，在转型升级过程中涌现出一批勇于探索的先进印刷企业，他们曾经在中国印刷界辉煌一时，但是在激烈市场竞争中，或因对市场形势判断失误或因某一投资决策失当，都会造成经营风险不断加大的严重后果，有的甚至倒闭破产，“先驱”变成了“先烈”，这也成为印刷业转型过程中的一种“新常态”。因此本书记叙的案例，只能是他们艰辛探索的辉煌过去，而未来的道路会更加艰险，风险会更大，这考验着中国印刷业未来企业家们的胆略和智慧。毕竟世上常胜将军只是个别少数。当然我们也要历史地看待为探索做出贡献的已经退出中国印刷市场的企业，我们不要简单地以成败论英雄，对于他们探索实践，科学地进行总结，汲取其有益经验，记取其失败的教训，这也是一种宝贵的精神财富。

其三，我毕竟已年逾古稀，靠我自己的知识、能力和精力，是难以完成这本书写作的，幸好此事得到《印刷经理人》杂志王丽杰主编和编辑部同仁的大力支持，他们提供了大量数据和典型案例，因此本书是我们三个老头和《印刷经理人》编辑部同仁集体合作共同编写的，我权当他们的代表。同时在本书起草过程中，许多印刷界的朋友给了我很大的鼓励支持，都表示愿意给予帮助，因此在本书清样出来之后，曾印少量样书请业内专家、老朋友提出修改指正，令我深为感动的是，这些老朋友不仅坦诚对书稿观点提出意见和建议，还非常认真审阅，对许多数据和错别字逐字逐句作了改正，他们给我鼓励打气，增加了我的信心和勇气。

当前，我们正处在为实现中华民族伟大复兴中国梦的征程中，作为发明印刷术的文明古国，振兴中国印刷，让中国印刷重新站在世界印刷之巅，这是我国当代印刷人的“中国梦”，现在离这个目标已经不远了，但是“行百里者半九十”，最后这一程可能是最艰难的，需要我们付出更大的努力。

期望我国印刷业同仁们坦诚对本书提出批评意见，共同来参与中国印刷战略转型的探析。

沈忠康

2015 年 3 月

第一章　站在新的历史起点上

一、印刷技术的自主创新 /2
二、王选光辉的一生 /4
三、改革开放推动中国印刷业大发展 /12
四、中国印刷业总体水平达到一个新的高度 /15
【附录】张劲夫："我国印刷技术的第二次革命" /16

第二章　新世纪　新挑战

一、Drupa 印迹：世界数字印刷和印刷数字化发展进程 /25
二、数字印刷技术 /27
三、印刷数字化 /30
四、互联网带来信息"爆炸"时代，网络媒体、数字媒体迅速发展，传统媒体面临"生存威胁" /32

第三章　建设印刷强国的宏图

一、加强印刷业宏观管理，实施全国印刷业统一监管 /39
二、贯彻"科学发展观"，中国印协组织研究区域印刷产业发展方向 /42
三、分析国内外印刷业发展趋势，研究我国印刷业中长期发展纲要 /44
四、印刷媒体在促进新历史时期中国印刷产业结构升级中发挥了重要作用 /47
五、化"危"为"机"，加快中国印刷业战略转型 /48
六、新闻出版总署制定"十二五"发展规划，提出印刷业要在新闻出版产业中率先建成世界印刷强国的宏伟目标 /49

【附录一】中国印刷技术协会《关于 2006 ~ 2020 年中国印刷产业发展纲要的建议》/54
【附录二】新闻出版总署关于《印刷业“十二五”时期发展规划》/69
【附录三】2003 ~ 2010 年世界日报前 10 与中国日报前 10 变化趋势对比表 /75

第四章　论印刷的包容性——印刷业转型的技术基础

一、历史的启示 /78
二、印刷是一个综合性产业 /81
三、印刷与相关产业在融合中共同发展 /86
四、印刷善于吸收各个门类新技术，永葆与时俱进，长盛不衰 /90
五、兼收并蓄，有容乃大 /92
六、“大印刷观”的继承和发展 /93

第五章　数字化、网络化——印刷业向高新技术产业转型的必由之路

一、数字印刷开拓新的印刷领域 /95
二、印刷数字化助力印刷产业升级转型 /102
三、关于实施“数字印刷和印刷数字化重大项目”建议方案 /110
【附录】数字印刷和印刷数字化重大项目建议书（节选）/111
四、中国印刷的“金凤凰”——江苏凤凰出版传媒集团数字化转型之路 /128

第六章　绿色印刷——加快向环保型产业转型

一、印刷环保问题进入国家生态文明建设发展战略层面 /132
二、开展绿色印刷产业发展研究 /137
三、北京市的清洁生产行动计划 /141
四、“金杯”的启示 /145
【附录】中国印刷技术协会、北京印刷学院、中国印刷科学技术研究院联合专题研究小组　关于绿色印刷产业发展研究报告（摘要）/149

第七章 文化创意与印刷的渗透和融合——印刷内涵增长的驱动力

一、印刷是文化创意产业的重要组成部分 /205
二、创意与印刷的融合 /207
三、大力发展创意印刷 /209
四、弘扬印刷文化 /211
五、雅昌进化之路 /216
六、文化创意引领“力嘉”转型 /226

第八章 打造现代印刷服务产业链

一、印刷具有民生性服务和生产性服务双重特性 /230
二、创意设计、信息技术和印刷加工三位一体是现代印刷服务产业链的核心框架 /232
三、现代印刷服务产业链的主要构成 /235
四、大力开拓印刷新兴产业领域 /237

第九章 加快推进印刷市场国际化

一、当前我国印刷市场国际化基本态势 /238
二、印刷市场国际竞争力是建设印刷强国的重要指标 /241
三、加大对扩大印刷出口的政策支持 /242
四、刘克礼的外面世界 /244
五、雅图仕——世界印刷市场的常青树 /248

第十章 调结构 促升级

一、中国印刷已由过去超速发展进入正常中速发展的新阶段 /252
二、运用市场竞争机制和加强行政监管两手，加快淘汰落后印刷产能 /260
三、着力培育具有国际竞争力的骨干企业 /262
四、大力扶植“高、新、专、特”具有世界影响力的优秀品牌企业 /265

五、中华商务联合印刷公司——中国近代印刷史上的一面旗帜 /267
六、印刷区域结构开始了新的变化 /274

第十一章　转型中的印刷设备器材工业

一、十年来我国印刷设备和器材工业发展概况 /277
二、对我国印刷设备转型的主要方向的探讨 /280
三、印刷器材要坚持绿色、高档转型方向 /287

第十二章　转型升级　强国之路

一、切实转变印刷业增长方式，实现我国印刷业科学、稳定、可持续的发展 /290
二、实施好重大项目带动战略，把两大重点工程项目任务落到实处 /291
三、充分发挥示范效应，加快推进产业升级 /292
四、决胜“十三五”，为建设印刷强国打好基础 /300
【附录一】国家印刷复制示范企业管理办法 /305
【附录二】已公布的国家印刷示范企业名单 /310

第一章　站在新的历史起点上

20 世纪 70 年代后期，在文化大革命刚刚结束不久，1977 年 8 月邓小平同志就尖锐地说："有价值的学术论文、刊物一定要保证印刷出版，现在有的著作按目前的出版情况要许多年才能印出来，这样就把自己捆死了。"

当时我国印刷的主体技术是铅排铅印，而同期全球已全面实现照排胶印。铅排铅印效率低、劳动强度大、环境污染严重，特别是铅排完全是手工操作，速度极慢，成为印刷的"卡脖子"环节，是当时我国印刷技术落后的主要矛盾。那时国家出版部门组织印刷界研究，明确把照排胶印作为发展方向并进行了长期探索和实践。

从世界范围看，照排技术经历了四个阶段：一是手动照排机，由美国 20 世纪 40 年代推出；二是光学机械式照排机，美国 20 世纪 50 年代推出；三是阴极射线（CRT）照排机，德国 20 世纪 60 年代推出；四是激光照排机，英国在 20 世纪 70 年代后期推出。

我国在研究照排技术上起步不算晚。据有关史料，美国在 1915 年开始有西文手动照排机的设计，1928 年匈牙利人乌当在德国研制成第一台光学模板和西文手动照排机，但由于历史条件未能推广应用；以后日本出现了日文手动照排机；我国近代印刷技术先驱柳溥庆与陈宏图合作于 20 世纪 30 年代研究制作了一台中文手动照排机，但后来柳溥庆遭日寇逮捕，研制工作遂中断。解放后，我国就开始进行手动照排机的研制工作，1961 年上海劳动仪表厂正式推出中文手动照排机，在我国不少印刷厂使用。但是手动照排机技术上确有很大局限性，效率不高、修改麻烦，又消耗大量感光胶片，因此推广不快，但是作为印刷技术的发展方向，我国印刷界仍坚持不懈进行探索试验。1981 年当时国家出版局在石家庄召开胶印印书经验交流会，"1201"、"北京新华"等 11 家印刷企业厂长联合发出倡议："从我国国情出发，在研制全自动照排机的同时，抓好手动照排机的结构改革、配套和使用，在全自动照排机尚未投产和推广之前应尽量发挥手动照排机的效能。”随后，国家出版局即组织河北新华印刷三厂等一批印刷厂进行应用试点。河北新华印刷三厂在建厂时全部采用手动照排机和胶印印刷，没有任何铅作业工艺。但是毕竟技术并不先进，效率也不高，难于全面推广应用，然而这是我国印刷界的有益探索，为我国日后全面推广应用汉字信息处理激光照排技术积累了宝贵经验。

一、印刷技术的自主创新

20 世纪后 20 年，中国印刷经历了科技创新和改革开放，实现了历史性转折，摆脱了印刷技术落后、生产能力严重不足的局面。

回顾历史，从 20 世纪 70 年代中期开始的由王选院士带领的汉字信息处理和激光照排技术的突破，引发了我国印刷技术的第二次革命，大体上经历三个阶段：

第一阶段：自主创新。

汉字信息处理关键技术的突破，解决了汉字进入计算机的世界性难题，开启了中国印刷技术第二次革命的序幕。

1974 年当时中国仍处于文化大革命动乱年代，世界计算机信息技术突飞猛进，极大改变了世界经济发展趋势。在印刷领域，彻底甩掉了铅字排版，全面实现电子照排。在这股世界浪潮推动下，当时周恩来总理主持确定，国家设立汉字信息处理系统重大工程，以当时立项时间命名，即简称“748”工程。

1975 年初北大无线电系年轻助教王选获悉此信息后，主动向国家主管部门请缨，要求承担“748”工程中关键项目：“汉字精密照排系统”。

王选及其夫人陈堃銶带领的研发团队，潜心研究开发成功三项关键技术：

——高倍率汉字信息压缩技术。王选研究了汉字字形的规律，用轮廓加参数的数学方法描述汉字字形，使汉字的存储量总体压缩至原来的 1/500 ~ 1/1000，解决了汉字因字形、字体信息量大难以进入计算机的关键技术。

——不失真的变倍技术。王选开发了用参数信息控制字形变大或变小时敏感部分的质量数据，实现了汉字字形变倍和变形时的高度保真。

——高速度的还原技术。在当时世界印刷经历过的四代照排输出技术：手动照排（一代机）、光机式照排（二代机）、CRT 照排（三代机）、激光照排（四代机）中，王选果断决策跳过二代、三代机，采用激光照排即四代机技术。

这三项核心技术打开了汉字进入计算机的坦途，解决了中文印刷采用计算机排版的最大难题。1982 年 5 月王选等登记了欧洲专利 EP0095536“字形在计算机的压缩表示”。这是我国获得的第一个欧洲专利。

开发技术的目的在于应用。王选决心从北大高等学府的殿堂中走向社会，用汉字信息处理的核心技术改造传统的中国印刷产业，作为第一步，王选研制了实现其核心技术的原理性样机。

1981 年王选开发的原理性样机——第一代汉字激光照排系统通过了部级鉴定。

从 1975 年到 1981 年，这一阶段用了六年。

第二阶段：实用化试验。

原理性样机试制成功，说明王选等发明的技术可用，但要真正成为广泛应用的产品，必须经得住稳定性、可靠性的考验。

王选是真正的科学家，他以科学严谨的精神对待实用化试验。

在这个试验的过程中，根据实际情况又分成两个阶段。一是在新华社进行中间试验，主要是编印《每日新闻稿》和《前进报》。《新闻稿》虽然是日刊，但是只有 64 开，字形变化很少；《前进报》虽然是四开报纸，但只是新华社内部十天一期的旬报。即使这样，系统在运行过程中仍然频频出错，故障不断，暴露了很多问题。但经过王选和系统各协作单位的共同努力，问题逐一得到解决，新华社激光照排中间试验工程于 1985 年通过了国家验收。

新华社中试的成功还不是系统实现了实用化，真正达到实用化要求是能够稳定可靠地编印大报、日报。

于是，第二阶段是在经济日报进行实用化的试验，在这个过程中人们将永远怀念为此做出重要贡献已经作古的经济日报印刷厂原厂长夏天俊同志。试验中虽然仍错误百出，故障重重，但终于一一得到解决，经济日报成为“世界上第一家采用计算机激光屏幕组版、整版输出的中文日报”。

1987 年底经济日报激光照排系统通过了国家验收，这标志着我国自主创新的汉字信息处理激光照排系统达到了实用化要求，可以推广应用了。

从 1981 年到 1987 年，这期间也用了整整六年的时间。

第三阶段：产业化。

“发展高科技，实现产业化”。王选立志要用自主开发的科技成果改造传统的中国印刷产业。

1988 年 7 月 18 日，经济日报撤销铅排车间，甩掉了全部铅字和铅排作业，宣告中国印刷业正式开始了“告别铅与火”的历史进程，由此大规模的技术改造在中国印刷业内展开。20 世纪 90 年代初中国报业率先实现了甩掉铅排，随之出版、包装、办公、商业等领域相继全面推广应用。

到 1993 年，国内 99% 的报社和 90% 以上的黑白书刊出版社和印刷厂，采用了以王选技术为核心的国产激光照排系统。

从 1987 年到 1993 年汉字激光照排全面推广应用，也用了大约 6 年的时间。

又过了大约 6 年时间，到 20 世纪末，全国印刷行业完成从铅排铅印到照排胶印的历史性转变，这样波澜壮阔的历史进程被称为中国印刷的第二次技术革命。

在改造传统印刷产业过程中，王选领导的北大计算机研究所和北大方正合作在致力汉字激光照排技术产业化的同时，不断开拓、开发了桌面彩色系统、中文新闻资料检索系统、新闻信息传输系统、办公室自动化轻印刷系统、新闻综合业务管理系统、多媒体电子出版物系统等等，造就了我国电子出版新型高科技产业。

在当今探讨在新形势下中国印刷如何战略转型的时候，很有必要重新回顾这一段历史，王选探索信息化和工业化融合的道路获得了成功，他是中国新型工业化道路的开拓者、先行者，这也是目前中国经济转变增长方式、加快转型升级的必由之路，目标仍然是中国印刷战略转型的主要方向，这是王选留给我们的宝贵精神财富。

二、王选光辉的一生

王选成名，获奖无数。在我们长期交往中，我一直认为王选是一位潜心研究、不善言辞的科学家。我听到过的一段话是“献身科学就没权利像普通人那么样活法，必然会失去常人所能享受的不少乐趣，但也会得到常人享受不到的很多乐趣”。语言朴实无华，发自心声。

20 世纪 90 年代以后，王选年近花甲，他专心培育提携后人，他说：“多数院士创造高峰已过，特别是在计算机等新兴领域，很难有 60 岁的权威。”

由此他有更多的时间参加社会活动，接受多方面邀请，或作学术报告，或参加座谈讨论，这些活动我因工作变动参加较少，但在多种报道中我惊异王选竟然如此才华横溢，妙语连珠，明理至深。

“中国古代有句话，上士忘名，将名利彻底淡忘；中士立名，靠自己的成就把名立起来；下士窃名，自己不行就窃取人家的。我做不到上士，但是我不会为了立名而去窃名。”

“一个好的科学家或企业家首先应该是一个好人，才能带领队伍。什么叫好人？季羡林先生曾说过，考虑别人比考虑自己更多就是好人。这一标准我觉得可以再降低一点，考虑别人与考虑自己一样多就是好人。”

“孙子曰：将者，智、仁、敬、信、勇、严也。”智以择向，仁以服众，敬以招贤，言以必信，勇以夺魁，严以律己。我认为这是一个领导者所应具备的风范。”

“科学技术的最高成就是深刻影响工业界和人们生活的重大发明创造。应用性很强的专业，一项创新技术对工业的影响，是否推广应用和大量进入市场应该成为评价成果的最重要标准。自主创新的技术，化成商品，在中国市场上居领导地位，应该成为科研的重要目标，当然更高的目标是把自主知识产权的高科技产品打入发达国家，一个科研单位能做到这点应得到很高的评价。”

“高科技产业应实现‘顶天立地’模式。‘顶天’就是不断追求技术上的新突破；‘立地’就是把技术商品化，并大量推广应用。”

……

（以上节自《王选文集》）

王选讲述的做人的道理是他做事成功的根本原因，使我更深刻地了解王选的内心世界和他的高尚情操。

然而，不幸的是，在刚刚进入21世纪的2000年9月，王选被检查出患了中晚期肺癌，医生说可能只能活两年。

面对死亡，王选冷静写下了遗嘱：“人总有一死。这次患病，我将尽最大努力，像当年攻克科研难关那样，顽强地与疾病斗争，争取恢复到轻度工作的水平，我还能为国家作一些力所能及的事情。一旦病情不治，我坚决要求‘安乐死’，我的妻子陈堃銶也支持这样做，我们两人都想得开，我们不愿浪费国家和医生们的财力物力和精力，并且死了以后不要再麻烦人……”

北京大学计算机科学技术研究所

INSTITUTE OF COMPUTER SCIENCE AND TECHNOLOGY, PEKING UNIVERSITY

王选遗嘱

1. 人总有一死。这次患肺癌，即使有扩散，我将尽我最大努力，像当年攻克科研难关那样，顽强地与疾病斗争，争取恢复到轻度工作的水平，我还能为方正，尤其是为国家作一些力所能及的事情。

2. 一旦医生会诊确定已全面转移，并经中医试验治疗无效，医生认为已为不治之症，只是延长寿命而已，则我坚决要求"安乐死"，我的妻子陈堃銶也支持这样做。我们两人都很想得开。我们不愿浪费国家和医生们的财力物力和精力，这点恳请领导予以满足。我要带头推动"安乐死"。

3. 在安乐死或正常脑死之时，立即捐献我身上所有有用的东西，包括角膜，以挽救更多的生命。

4. 我死之后，在取出有用器官后，请务必于12小时之内送火葬场，家属不要陪同，只需少数人执行，骨灰不保留。12小时内火化完成，就可以完全避免遗体告别、追悼会等我最反对的程序。

地址：北京市海淀区中关村电子街北段（北京大学印刷大楼四层）Tel：2501952 FAX：2545210

北京大学计算机科学技术研究所

INSTITUTE OF COMPUTER SCIENCE AND TECHNOLOGY, PEKING UNIVERSITY

5. 死了以后不要再麻烦人，不得用公款为我设基金，除非我和陈堃銶自己的捐款，才可考虑设基金，基金也不一定用我的名字命名。

6. 我对国家的前途充满信心，21世纪中叶中国必将成为世界强国，我能够在有生之年为此作了一点贡献，已死而无憾了。

7. 我对方正的未来充满信心，年轻一代务必《超越王选，走向世界》，希望方正一代代领导能够以身作则，以德、以才服人，团结奋斗，要爱才如命，提拔比自己更强的人到重要岗位上。

8. 我死后的财产全部属于妻子陈堃銶，我常说我一生有十个重大选择，其实我最幸运的是与陈堃銶的结合，没有她就没有激光照排。由她决定何时捐出多少财产。她对名利看得十分淡薄。

感谢关心我的领导、同事和同志们，务请按我遗嘱办事。有些未了的心愿，已口头交代给陈堃銶。

王选 2000.10.6

地址：北京市海淀区中关村电子街北段（北京大学印刷大楼四层）Tel：2501952 FAX：2545210

王选及时做了左肺切除手术，病情有所缓解。2002 年 2 月王选荣获国家最高科学技术奖。2002 年 5 月 27 日我接到邀请函，王选邀请过去一些老朋友聚会，“叙旧言新”。

尊敬的沈总：

您好！今年2月，王选教授荣获国家最高科学技术奖，这与各位领导和合作单位长期以来的支持和帮助是密不可分的。正值风和日丽、气候宜人之际，王选教授身心俱佳，诚邀各位老领导来北京大学计算机研究所一聚，视察指导，叙旧言新，以表衷心感谢。

时间：6月5日下午4：30，地点：海淀区上地信息产业基地五街9号 方正大厦四层多功能厅，敬请拨冗前来相聚。

联系人：刘宝生 62981417 13901322598

北京大学计算机研究所
北大方正集团公司
2002、5、27

6 月 5 日下午在北京上地方正大厦，王选与 20 多位过去合作过的老朋友相聚。王选虽然脸色有些苍白，但精神矍铄，大家回忆过去共同奋斗过的经历，感慨万千，衷心祝愿王选早日康复。

正是这一年四五月间，张劲夫同志组织起草“我国印刷技术的第二次技术革命”的文章。几经讨论修改，三易其稿，文稿于 5 月底定稿，劲夫同志嘱我一定要将文稿送王选同志审阅修改。我正好在 6 月 5 日聚会时将文稿当面交给王选审改，考虑王选身体状况，我特别说希望在保证身体情况下，插空看一下。但是王选非常认真，很快就将修改稿返回并给我写了一封信，除表示完全同意文稿外，还说“对此文有两点建议：

1) 1990 年后的发展特别迅猛，是否可以加一段‘不断攀登，永不满足’（全文附上）是否妥当，请酌定。

2）江泽民同志 1980 年 2 月 22 日写的 4 页纸的亲笔信起重要作用，解决了 20 万美元的外汇，否定了进口的意见，是否可加一段，请酌定。

江泽民同志信的原文，在我所写的《王选谈信息产业》一书中有。”

劲夫同志吸纳了王选的意见，形成了《我国印刷技术的第二次革命》的完整文章，2002 年 6 月 27 日，新华社全文发表。第二天《人民日报》、《光明日报》、《科技日报》、《经济日报》等中央报刊全文刊登。

文章指出：“如果说从雕版印刷到活字印刷是我国第一次印刷技术革命的话，那么从铅排铅印到照排胶印就是我国第二次印刷技术革命。”可以说这是对这一段历史的科学总结。

王选病重牵动着中国每一个印刷人的心。2003 年王选当选全国政协副主席后，仍然心系印刷事业的发展。2004 年中国印刷博物馆由于管理体制原因造成日常管理经费困难，以致在市消防检查中不合格被勒令停馆整顿，引起印刷界极大关注。为了从根本上解决中国印刷博物馆管理体制的问题，我们请重病中的王选和启功、于友先、于珍等政协常委向中央领导反映情况，希望给予重视帮助解决。当时正值我写的《创新历程》一书出版，我给王选写了一封信，一方面请他审阅提意见，另一方面希望他出面给中央领导反映印刷博物馆面临的困境。2004 年 8 月 3 日王选和陈堃銶回信给我，信中说，“来信和大作收到，已仔细拜读。你能保持如此多的珍贵的原始资料（第一手资料），将有助于后人了解中国的印刷发展史”；“中国印协有关的工作，只要与丛中笑（注：王选秘书）说一下，方正电子会设法帮忙的”。

信中还说，“我患病已三年零十个月，不断有反复，也经常在治疗，累计放疗次数已近 100 次，但情况尚好”。

陈堃銶在信中说：“因为王选（病情）不断反复，今年已治疗两处转移，即将开始治疗另两处转移，所以没有时间和精力与老同志、老朋友、老上级们常保持联系，好在我们精神尚可，一时还不会垮”。

北京大学计算机科学技术研究所

INSTITUTE OF COMPUTER SCIENCE AND TECHNOLOGY, PEKING UNIVERSITY

忠康同志：

来信和大作收到，已仔细拜读。你能保持如此多的珍贵的原始资料（第一手资料），将有助于后人了解中国的印刷发展史。

七四八三十周年活动已不再举行，原因是范老已去世，郭老已卧床，还有其它原因很难再举办。

中国印协有关的工作，只要与丛中笑说一下，方正电子会设法帮忙的。我患病已三年另十个月，不断有反复，也经常在治疗，累计放疗次数已近100次，但情况尚好。方正的事情有人在管，现任领导能力很强；政协的事情不多，所以我是养病为主，每日户外活动三次，一次半小时。祝全家好

王选

2004.8.3

地址：北京市海淀区中关村电子街北段（北京大学印刷大楼四层）Tel：2501952 FAX：2545210

（反面有字）

郭老住院已一年多，前列腺癌转移至腰椎，换过几次医院，目前住的402医院条件尚可，只是离家远些，他夫人来回跑很辛苦。他的精神还不错，本来就比较放得开。

你们身体可好？因为王选不断反复，今年已治疗两处转移，即将开始治疗另两处转移。所以没有时间和精力与老同志、老朋友、老上级们常保持联系。好在我们精神尚可，一时还不会垮。

望你与夫人身体健康！

陈堃銶

通过王选等政协领导出面反映，在中央领导直接关注下，中国印刷博

物馆从根本上理顺了管理体制，纳入了国家事业单位编制，解决了日常管理经费。2010 年中国印刷博物馆进行改建，充实改革开放以来中国印刷新成就，陈堃銶无私献出了王选关于汉字信息压缩的部分原始手稿，这件无比珍贵的手稿，已经成为中国印刷博物馆的“镇馆之宝”。这是王选为中国印刷事业所做的又一个重要历史贡献。

这之后，王选病情日益加重。2006 年 1 月 12 日中国印协召开《范慕韩文集（续编）》和拙著《创新历程》出版座谈会，陈堃銶从王选病榻前抽出时间前来参加，令我们非常感动。在会后送她回去的时候，她对武文祥同志和我说：作为老朋友她要告诉我们“王选最近身体状况不太好”。我们心情一下沉重起来，但仍然祈愿他能闯过这一关。但没有想到只过了一个月，2 月 12 日元宵节的晚上，王选突然消化道大出血，13 日上午 11 时 03 分，王选心脏停止了跳动，王选永远离开了我们。

王选从患病到逝世共坚持五年多时间，前后接受化疗 9 个周期，放疗 115 次，热疗 28 次，平均不到 3 个月就要做一次放疗。化疗、放疗、热疗对人体的副作用很大，难受程度很难言表，而王选正是以惊人毅力承受这种痛苦，使他从死神中又夺回来三年多时间。

2006 年 2 月 19 日在北京八宝山我们与王选作最后告别。我握着陈堃銶的手，她泣不成声地说：“沈忠康，王选他走了，他走了！”我不禁潸然泪下，站在身旁的王选秘书丛中笑对我说：“王老师在临终前说想要见你。”但是已经来不及了，我失去了与王选临终前最后见一面的机会。这将是我心中永远的痛。

王选逝世在中国印刷界、科技界和广大读者中间引发巨大悲痛，众多网友留言表达对王选的敬仰：

“只要你读过书、看过报，你就要感谢他，就像你每天用电灯时要感谢爱迪生一样……”

“这个穿行在汉字王国中的智者远去了，撇下他钟爱的文字，在书籍中，在报纸上，在键盘所敲击的每一个文字里……今夜，为这个汉字倾注毕生心血的人，汉字用自身来表达对他的思念。”

“在中华文明的历史上，我们不应忘记这些人：仓颉创造了汉字，让文明可以沉淀下来；毕昇发明了活字印刷，让文明传播到世界的每一个角落；王选把汉字带进了信息时代，让中华汉字文化源远流长。”

“先生之功惊天动地，先生之风山高水长。”

“斯人已去，后学当努力，王选院士集诸多感人品质于一身，他不但勇于创新，勤于钻研，而且不争名利，奖掖后学，这样的精神值得每一位科技工作者学习。在缅怀他的同时，我们更要思考：拿什么告慰老人家的在天之灵？唯有拼搏、创新、奋进！”

……

同王选的科技成就的伟大贡献一样，王选的精神、品格、情操都是他留给我们宝贵的精神财富。

在当今中国印刷面临战略转型的关键时刻，学习弘扬王选自主创新的科学精神和甘为人梯、无私奉献的品格情操，是非常有益的。

学习弘扬王选精神，使我想起了20多年前的往事。20世纪90年代初，他入选中华科技英才丛书专题人物，有位记者写了一本《王选传》的小册子，他送给我一本，在扉页上他写道：“忠康同志：封面和内容提要的一些提法过高，书中内容则基本上符合事实。”我理解王选所提“一些提法”是指当时以至以后一直在媒体上流行的一些赞誉过于文学想象。王选不愧是一位伟大的科学家，他面对赞誉希望不要“过高”，更希望以严谨准确科学进行评价。

王选离开我们已经9年了，学习纪念王选的文学、文艺作品不断出现，这个时候更需要用王选的科学态度严谨、科学、准确来研究、学习、宣传、弘扬王选精神。

三、改革开放推动中国印刷业大发展

改革开放初期，在汉字信息处理激光照排技术改造传统中国印刷产业取得进展的同时，经济体制改革深入、对外开放政策实施形成强大合力，强力地推动了中国印刷业快速发展。

1．印刷生产能力和水平超速发展

据统计，1981年全国书刊印刷厂175家，职工126 238人，工业总产值126 653万元；包装印刷企业159家，职工63 101人，产值77 884万元。

1982年全国书刊印刷厂仍为175家，工业总产值132 826万元；包装印刷企业176家，工业总产值86 359万元。（以上摘自《中国印刷年鉴1982～1983》）

由于当时全国印刷行业并未实行统一管理体制，因此统计不完全。估计1982年全国印刷工业总产值大约在40亿元左右。而上述统计可以看到当时包装印刷比重很小。

而到了2000年，全国印刷工业产值据统计超1 200亿元，比1982年增长30倍；其中书刊定点企业1 152家，工业产值138.03亿元，增长10倍；

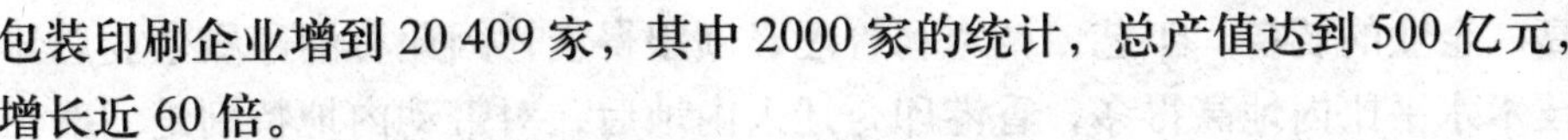

包装印刷企业增到 20 409 家，其中 2000 家的统计，总产值达到 500 亿元，增长近 60 倍。

2．印刷生产面貌根本改变

甩掉铅字，把熔铅、铸字、排字、打样、浇版等一套铅作业工艺全部废除，过去烟雾缭绕、笨重繁杂的劳动环境一改为窗明几净的空调车间，工人们穿上白大褂，感受到又一次得到“解放”。

经济日报实用化试验成功，打消了用户观望的情绪，驱散了各种怀疑的阴霾。1987 年底在经济日报工程验收后，1988 年包括科技日报、工人日报、解放军报、辽宁日报等一举签下 200 多套合同，成交额近 8 000 万元；1989 年更达到 1.2 亿元，大规模的印刷企业的技术改造热潮在全国印刷行业展开，甩掉铅字作业的中国印刷企业面貌焕然一新，职工欣喜感到这才像是现代化的企业。

正是这种印刷技术改造的效果，印刷被很多地方列入都市型产业。

3．民营经济崛起，印刷产业经济体制发生巨大变化

随着改革深入、市场经济体制的确立，国家鼓励民营资本进入印刷领域，作为与市场联系最紧密的包装印刷企业，民营资本急剧增长。几乎全是民营资本，职工人数约 100 万，其产值和职工人数均占全国印刷行业 1/3，民营经济逐渐成为中国印刷产业的主力军。

4．包装和商业印刷异军突起，在市场经济的强力推动下，包装印刷应运而生

1982 年国内只有上百家国有外贸包装印刷企业，到 2000 年猛增到 2 万余家。印刷产业结构发生巨大变化。

5．外资特别是港资印刷企业进入内地，带动了中国印刷的发展

1997 年香港回归，促进了香港和内地印刷业快速融合。鉴于地缘、历史的条件，香港产业结构调整，香港印刷企业在 20 世纪 90 年代后期把主要生产基地迁移到“珠三角”地区，形成“前店后厂”的格局，即香港主要从事接单和商业经营，印刷生产在内地，这对于“寸土寸金”的香港是一种最佳经济效益的选择。

港资印刷大多是外向型的企业，据香港有关统计，当时印刷是香港地区三大支柱性产业之一，年销售额超过 300 亿港元，其中出口超 100 亿港元占 1/3 以上，而其中 50 亿出口到美国，成为美国最大的印刷进口商，香港因此被公认为世界四大印刷中心之一（其余是美国、日本、德国，数据引自香港观塘专业教育学院曾昭学主任讲话）。由于承接外单质量要求高，企业的装备、工艺、技术和管理必须跟得上，因此香港印刷企业总体技术水平比内地高得多，香港印企迁入内地后，对带动内地特别是“珠三角”地区印刷技术、管理水平的提高，起了很重要作用。

6．三大印刷经济产业带的形成，成为我国印刷区域经济结构的鲜明特点

香港回归，香港印企大量进入“珠三角”，使“珠三角”印刷迅速成为中国印刷重要一“极”，与“长三角”、“环渤海”并列为中国印刷三大产业带。

据有关统计：2002 年广东印刷产值超过 500 亿元；同年上海印刷产值 181 亿元，江苏 260 亿元，浙江 350 亿元，合计“长三角”印刷产值 800 亿元左右；同期北京、天津、河北三省市印刷产值约 250 亿元。广东一跃成为我国最大的印刷生产基地。

三大印刷产业带在改革开放推动下根据自身的条件和政府政策引导，形成了各自的特色和优势。“珠三角”的特点是外向型经营。21 世纪初广东印刷企业超过 1.4 万家，其中外资有 1 600 多家，而其中超过 90% 是港资，他们承接了香港的外单，年出口印刷产值超 120 亿元，占其印刷产值 1/4 左右。

“环渤海”地区在北京、天津这里集聚了全国 2/5 以上出版机构（当时全国出版社共 568 家，其中中央出版社 219 家，北京 17 家，天津 12 家），图书和报纸总印数各占 19%；期刊总印数占 29%，因此书报刊印刷是本地区的优势和特色。

“长三角”是我国综合经济实力最强的地区，同样是印刷业综合实力最强的地区。上海是我国近代印刷的“摇篮”，是我国印刷业的发祥地，具有深厚的基础和实力。上海和江、浙在历史上都有紧密的联系。20 世纪 90 年代中央开发浦东的决策，直接带动了江、浙经济包括印刷产业的发展。

“长三角”印刷业一个显著优势是门类齐全、综合实力强。无论出版、包装、商业票据各门类印刷都很发达；印刷机械制造能力居全国之首；纸张、油墨、PS 版、橡皮布等印刷器材都有很强的生产能力；印刷的科研、教育、人才培训也有很好的基础。由此可见“长三角”印刷的综合性优势十分鲜明。

在印刷产业经济体制结构上，三大产业带也各有特点：“珠三角”外资（特别是港资）比重大；“长三角”特别是江、浙地区民营资本占绝对优势；而“环渤海”地区尤其是京、津地区书刊印刷比重较大，而这是传统国有印刷资本的重点领域。由此看各地区改革的重点都会有所不同。

三大印刷产业带不同特色、各有侧重，促进了互相竞争、借鉴，协同配合，带动了全国印刷产业的快速发展。

7．电子出版新兴产业的崛起和发展

汉字激光照排技术的推广应用，使汉字激光照排系统产业化迫在眉睫。除了当时潍坊华光计算机公司的系统集成之外，1988 年北大成立了“方正集团”（起初称北大新技术公司）开发并批量生产新一代激光照排系列“北大方正电子出版系统”，“电子出版”新兴产业在激光照排推广应用的高潮中正式确立。

在王选带领下，在不断完善提高激光照排系统技术性能的同时，还继续开发相关的新兴技术，包括印刷厂网络管理系统；以 MS windows 作为出版系统的集成环境；基于 PDL 的版面远传；彩色桌面系统，取代传统的电子分色机；发展挂网和校色系统；开发 POST Script 专用处理芯片；开发随意组合的多 RIP 技术；发展采编流程的计算机管理和新闻综合业务网络；研制多媒体出版的写作环境……形成了电子出版系统的比较完整的产业链。

四、中国印刷业总体水平达到一个新的高度

经历了二十多年印刷技术的自主创新和改革开放的推动，到 20 世纪末，中国印刷业总体水平上达到一个新的高度：

——缩小了与国际先进印刷技术水平的差距，改变了世人对中国印刷落后的印象；

——印刷生产规模步入世界前五位，中国开始成为有影响力的世界印刷大国；

——建立起比较完整的印刷、印刷设备、印刷器材互相配套的工业生产体系；

——建立了基本适应印刷产业发展需要的印刷科研、教育、人才培训体系；

——汉字信息处理技术具有独立首创的自主知识产权，并进军世界华文报纸。中国香港、中国澳门、中国台湾、日本相继采用方正系统。中国印刷引起世界瞩目。

中国印刷的历史性成就，使世界的目光聚焦中国。2001 年第七次世界印刷大会在中国北京隆重召开，世界印刷界与中国同行一起共享中国印刷取得的历史性进步。

在 21 世纪到来的时刻，中国印刷进入了新的历史发展阶段。

【附录】

张劲夫："我国印刷技术的第二次革命"

在新世纪初始，我国印刷界有两大盛事鼓舞人心。一是中国工程院召开"20世纪我国重大工程技术成就"评选结果新闻发布会，"两弹一星"、"汉字信息处理与印刷技术革命"等被评为20世纪我国重大工程技术成就；二是中共中央、国务院召开2001年度国家科学技术奖励大会，王选院士和黄昆院士荣获国家最高科学技术奖，江泽民总书记亲自为他们颁发证书和奖金。这桩桩喜事，勾起我许多难忘的记忆。

印刷术是我国古代四大发明之一。作为古代印刷主要载体的纸，也是我国发明的。这两项发明在人类历史上做出了举世公认的伟大贡献，有力地推动了人类文明的发展和进步。

史载，公元6～7世纪我国就发明了雕版印刷，1048年前后北宋毕昇发明了活字印刷。中国印刷术经丝绸之路传到欧洲，大约在1448年德国人古登堡首创用铅合金铸成活字，并在此基础上逐步实现了铅字印刷机械化。应该说在这之前中国印刷技术一直居于世界领先地位。但是15世纪之后，由于中国封建制度的桎梏，阻碍了社会生产力和科学技术的发展，中国印刷技术落后了。铅活字技术到19世纪才传到中国。之后，大约历经了150余年，我国才逐步形成铅字印刷的工业体系。

新中国成立后，党中央、国务院十分重视印刷工业的发展，我国印刷技术有了长足进步。但是，国外印刷技术又得到了新的发展，我们落后的面貌没有根本改变。特别是由于"文化大革命"的破坏，使落后的差距更拉大了。"文革"结束，百废待兴，人民群众迫切要求学习科学技术和经济文化知识，但却受到出书慢、买书难的困扰。一般图书从发稿到出书要1年左右，有的要拖2至3年，许多新书到发行时成了旧书。1977年8月，邓小平同志在一次讲话中一针见血地指出："有价值的学术论文、刊物一定要保证印刷出版。现在有的著作按目前的出版情况，要许多年才能印出来，这样就把自己捆死了。"

我过去对印刷业有过一些接触，对当时我国印刷技术落后的状况有所了解。那是在"文革"期间，我被下放到科学出版社印刷厂排字车间劳动。

那时都是铅排铅印，工人手托铅字字盘，每天要来回走几十里路，手拣手排，再浇成铅版印刷，不仅辛苦，而且效率很低。当时科学出版社平均出书周期是500天，著者、读者、印刷工人都很有意见。

党的十一届三中全会做出了党和国家工作重点转移到以经济建设为中心的历史性决策，强调社会主义物质文明和精神文明必须一起抓，印刷技术落后的矛盾更加凸显出来。当时中央要求必须尽快改变我国印刷技术落后的状况，并且明确提出在国务院领导下，由国家经济委员会牵头解决。国务院几位副总理对此非常重视，亲自过问，大力支持。

值得提出的是，时任国家进出口管理委员会副主任的江泽民同志，远见卓识，在北京大学等单位对中文激光照排设备研制取得显著成效且又遇到困难时，于1980年2月22日亲笔写信给国务院领导同志，明确提出对该项目应予积极支持，解决用汇困难，引进关键技术设备，限制不必要的技术设备引进和重复研究，各有关单位应配合北大，集中力量将这一项目更加完善，使之开花结果。这一意见得到国务院领导同志采纳，对我国印刷技术革命的成功发挥了重要作用。

1982年我到国务院工作，同时主持新组建的国家经济委员会的工作。那时国家经委是由机械委、建委、能源委、农委、进出口委等7个部委合并组建的，人员来自四面八方。为了使工作有延续性，做好干部新老交替，我们聘请已经或即将到龄的离退休领导干部继续担任一些专项性工作，帮助新的领导尽快熟悉业务。

身负重托　范慕韩担起领导印刷技术改造重任

范慕韩同志是我们党的一位老同志，1941年在延安加入中国共产党，曾担任过国家计委副主任、一机部副部长、六机部副部长、国家机械委副主任等重要领导职务。过去我俩在中央不同部门工作时常在一起开会，知道他工作很勤奋，对我国经济发展有过不少好的见解。80年代初我们一起在国家经委工作，对他有了更多的了解。范慕韩同志那时是原机械委副主任，将到离休年龄，经委党组决定请他担任印刷技术装备协调小组组长，领导和组织全国印刷及设备器材工业和科技攻关工作。

范慕韩同志领导的协调小组，经过调查研究，在1982年底全国出版工作会议上提出发展我国印刷技术装备规划的设想：瞄准国际上70年代末期先进印刷工艺技术水平，以发展自动照相排字、电子分色、高速多色胶印和装订联动为重点，按系统工程的原则统筹解决印刷工艺（排字、印刷、装订等）和所需的设备及相互配套的各种器材（纸张、油墨、感光材料、版材等），用“一条龙”的方法统筹安排科研、开发、技术引进和企业技术改造，从整体上提高我国印刷工业水平，基本解决出书慢、买书难的问题。

党中央、国务院十分重视这项工作，从1982年到1985年，我和中央书记处、中央财经领导小组负责同志一起，连续5次听取范慕韩领导的协调小组的工作汇报，研究发展我国印刷工业的政策措施。当时，大家都赞同范慕韩同志提出的发展思路，认为范慕韩同志提出的发展印刷要重点抓住“自动照排、电子分色、高速胶印、装订联动”的十六字方针，切中当时我国印刷技术发展的要害，而发展自动照排又牵住了整个印刷技术发展的“牛鼻子”。因为，当时排字技术落后是最突出的矛盾。如果排字没有技术创新，只在铅排、铅印上低水平重复，我国印刷技术的落后面貌是难以改变的。

中央财经领导小组迅速批准了协调小组提出的规划方案。这个方案，从1983年起作为专项补充列入国家“六五”计划，从1986年起正式列入国家“七五”、“八五”、“九五”计划。前后将近20年，国家投资数十亿元，支持新闻出版、电子、机械、轻工、化工等部门200多个骨干企事业单位进行了技术改造，特别重点支持了汉字激光照排这一印刷术的核心技术的突破，一下子带动了印刷水平的全面提高，使我国印刷工业综合能力上了一个新台阶。

范慕韩同志在晚年的工作中，总结并提出大印刷观和系统工程方法，创办中国印刷及设备器材工业协会，提倡发展印刷高等教育，建立印刷博物馆，开展国际合作等。尤其是用大印刷观和系统工程方法，协调全国有关部门加以实施，取得了事半功倍的效果。实践证明是科学的，受到了国内外同行的普遍赞誉。

勇于创新　青年科学家王选攻克汉字计算机处理技术难关

汉字是中华民族智慧的伟大创造，它一字一义，直观简明，语法简单，词序排序规则，富于想象和联想，联合国各种文字的文件中最薄的总是中文。但是，汉字是一种方块字，结构复杂、笔画多、字数多、字体多、一字一音，书写和读音都比较困难。康熙字典收入的汉字多达47 000多个，现在常用的也有6 700多个，这么多的字要认、要记、要用，对于一般老百姓来说确实是一件很困难的事。

20 世纪中叶，电子计算机技术在世界范围内迅速发展，极大地推动世界各国社会经济文化的进步，人类进入了信息化时代。用计算机处理信息，包括数据、文字、图形、语言等等，但最基本的是文字信息处理。西方国家采用拼音文字，一般字母只有几十个（英文为 26 个），字形简单，信息量较少，容易实现对文字信息的处理。而我国汉字字数多，印刷用的汉字字体也多，有宋体、黑体、楷体、隶书体等 10 余种，还有 10 余种不同字号，印刷用的汉字字模数量超过 65 万个，其对应的存储量超过 200 亿字节，比西文信息存储量高出上百倍。要使系统软件具有汉字处理和西文处理互相兼容的能力，许多人都认为是一道难以逾越的障碍，一个世界性公认的难题。

1975 年，北京大学王选等一批年轻的学者立志攻克这个世界性难题。那时王选 38 岁，北大数学系毕业，在北大无线电系任助教。他们接受了国家计委和电子部安排的“汉字信息处理技术”国家重点研究课题中的汉字精密照排项目任务。这个课题因在 1974 年 8 月立项，因此被称为“748 工程”。

王选反复地研究汉字字形的特点和规律，他发现汉字虽然字形繁多，但基本笔画还是很有规律的，如横、竖、折等是由基本直线和起笔、收笔及转折等笔锋所组成，这种规则笔画占汉字笔画总数一半以上。这种规则笔画以宋体为例，可用 4 ～ 5 个字节表示，这样对提高压缩倍数起了重要作用。对不规则笔画，如撇、捺、点等虽然不规则，但也有一定的曲线变化，也有规律可循，可以用一连串折线逼近其轮廓曲线。王选一连几个月趴在桌子上用放大镜分析汉字字形的规律，进行艰苦复杂的统计和比较，精确地计算不同笔画的曲率变化，再分类合并，用参数描述横、竖、折等规律笔画的长、宽、倾斜度及变化多端的各种笔锋，用轮廓描述点、撇、捺等不规则笔画，这样使汉字字形信息量下降数百倍。同时，他还研究出一整套把折线轮廓复原成点阵的快速算法和使文字变倍失真尽可能小的变倍算法。高倍率汉字信息压缩技术、高速度还原技术和不失真的文字变倍技术是汉字激光照排技术的核心。这项技术的突破打开了用计算机进行汉字信息处理的大门，表现了中国人的聪明和智慧。

瞄准世界先进水平　实施跨越式发展

在汉字信息压缩和还原技术取得重大进展的基础上，王选着力研究汉字经过计算机信息处理后的输出问题。当时，世界上在照相排字技术上已经发展了“四代”。第一代是手动照相排字，我国20世纪60年代已经应用，但效率很低，难以推广；第二代是光机式照排机，加工精度要求很高，技术难度很大；第三代是阴极射线管照排机，德国在1965年推出，技术逐步成熟，开始在世界先进国家应用，但我国还处在研究阶段；第四代是激光照排机，英国在1976年研制成功，但是，王选他们并不知道。

正当王选苦苦思索输出技术方案时，他了解到邮电部杭州通讯设备厂研制成功报纸传真机，采用录影灯作光源，具有照排机类似功能，思路豁然开朗，但他在这方面并不内行。于是，他就跑到物理系去请教，在与北大物理系老师们共同努力下，将光源改用激光光源并且将单光路改为四路平行激光扫描，输出速度一下提高四倍。因此，他们决定与杭州通讯设备厂合作，将报纸传真机改造成汉字激光照排机。这样王选决心跨过第二代、第三代照排机，把目标定在发展第四代激光照排机上，走跨越式发展的路子。

从技术方案到形成系统原理性样机很不容易，王选他们放弃所有节假日，整整奋斗了5年。国家计委、电子部为这个项目安排了必需的科研经费，北大老校长周培源组织学校各方面力量为他们创造了必要条件，山东潍坊计算机公司、杭州通讯设备厂等通力协作。1980年夏，王选他们用研制成功的原理性样机排印出第一本样书——《伍豪之剑》。一位领导同志看了后批示说，“这是可喜的成就，印刷术从火与铅时代过渡到了计算机与激光的时代”。邓小平同志批示“应加支持”。这套原理性样机系统被命名为“华光Ⅰ型”。

王选的成功说明，中国有优秀科技人才，他们有聪明才智。汉字信息处理的软件技术，是我们的优势。现阶段我国综合经济实力还不强，要全面赶超世界先进水平不现实。但是，我们有自己的优势，发挥这个优势，集中力量就能出奇制胜，实现跨越式发展。汉字激光照排技术的突破就是一个创举，一个范例。

锲而不舍　两代人携手推进科研成果实用化

原理性样机虽然令人鼓舞，但离实用化要求还有很大距离。范慕韩同志领导的协调小组在确定发展自动照排作为印刷技术进步突破口之后，进行多方调研，听取各种不同意见，以便改进。有一部分意见对王选他们这套原理性样机能否投入实用抱有怀疑。那时许多科研成果是为了“献礼”、“评奖”、“评职称”，以后便束之高阁，不了了之；特别是高等学校，还没有科研成果商品化、产业化成功的先例，有人担心王选他们是否也是这样。

范慕韩同志到北大考察了激光照排实验室情况后与时任副教授的王选进行了推心置腹的交谈。王选表示他们的目标是要使中国印刷业甩掉铅字，实现激光照排，当前最需要的是国家支持他们继续研究开发，搞好实用化试点，然后用激光照排改造全国印刷工业。

范慕韩同志从北大回来之后对我说，王选与某些知识分子不同，他有战略眼光，应该支持他们。经过充分论证，汉字激光照排系统正式列入国家印刷技术装备“六五”、“七五”专项计划，后确定为12项国家重大技术装备项目之一，集中全力加以突破。1984年初，国家经委安排在新华社进行计算机汉字激光照排系统中间试验，试排新华社出版的一报一刊。一报是《前进报》，这是新华社内部的机关报，10天一期；一刊是《新华社新闻稿》，每日一刊64页。那时王选因劳累过度，身体很虚弱。他的夫人陈堃銶教授，也是主要合作者，系统软件负责人，当时患病刚动完手术。他们为了共同的事业，拖着病体，坚持奋斗在试验现场。范慕韩同志每在试验的重要时刻都亲自到现场协调。试验中系统软件和硬件特别是激光照排机出现了许多问题和故障，在大家共同努力下，基本上得到解决。经过3个月的连续运行，共排印《新闻稿》88期，《前进报》12期，共约1 000多万字。运行中问题虽然不少，但总的来看系统主要技术指标达到了预定要求，比较稳定。1985年5月，国家经委对系统进行了国家级鉴定和验收，这就是“华光Ⅱ型”。

这是从原理性样机到实用性样机的一个跨越，使大家增强了信心。新华社试点成功只是说明系统“可用”，如果要说“实用”，还必须要能排每日出版的报纸，因为日报时效性最强，对技术要求最严格。激光照排如果能排日报，那么其他书刊、杂志的排版应该没有问题了。

逼上梁山经济日报争做第一个使用激光照排机用户

国家经委决定要选一家全国性报纸进行激光照排试点，这时经济日报站出来主动请缨，要求第一个使用激光照排机。

《经济日报》的前身是《大公报》，“文革”期间停刊，1984年经中央批准改名为《经济日报》，搬入人民日报社原王府井旧址复刊，当时厂房面积只有6 000平米，全部是一套铅排铅印老工艺。在改革开放形势下，经济日报承担的任务日益繁重，现有印刷能力已不适应形势发展的需要。

如果继续沿用老工艺，低水平扩大规模不仅成本太高，而且每天熔铅铸版，烟熏火燎，污染环境，给周围居民的健康带来很大影响。在权衡各种方案之后，经济日报决心冒巨大风险采用“华光”激光照排系统进行试点，也可以说当时他们是被“逼上梁山”的。

为了支持经济日报的试点，国家经委将经济日报技术改造项目补充列入国家“七五”计划，在资金上重点给予保证。范慕韩、王选组织北大、山东潍坊计算机公司、邮电部杭州通讯设备厂等主要技术人员到经济日报跟班作业，现场解决问题。日报排版时间每天实际上只有两三个小时，因为新华社每天发布的新闻一般是凌晨一点截稿，为了让人们在上班前看到报纸，一般早上4点就要开印，因此留给排版的时间就很短了，这是对系统最严格的考验。在做了各种准备工作之后，试排从1987年5月22日开始，这时系统软件和硬件所有潜在的问题都暴露出来了，有的串行、漏行，有的大段空白，有的版面所有句号都丢掉，有几天延误出报两三个小时，读者纷纷提意见，有的意见很尖锐。经济日报编辑部承受了巨大压力，下令限期解决问题，否则退回到铅排工艺上去。范慕韩、王选这个时候深知，如果经济日报退回到铅排，就意味着汉字激光照排技术失败，中国印刷技术进步将会停滞许多年。范慕韩对编委们说，应该允许新技术在发展中有一个逐步完善的过程；可以告诉读者，这是采用激光照排新技术试点出现的问题，正在改进，请读者谅解。王选很有信心地说：试点中这些技术问题是完全可以解决的，我们会很快解决。经过王选他们锲而不舍的努力，系统终于稳定下来，汉字激光照排技术一天比一天完善。经济日报决定“砸锅卖铅”，断掉回到“铅排”的退路。1987年12月，国家经委主持对经济日报计算机——汉字激光照排系统进行国家级验收，验收报告说：“经济日报是世界上第一家采用计算机——激光屏幕组版、整版输出的中文日报”。

经济日报采用激光照排之后不仅大大改进了生产环境，消除了铅污染，而且大大提高了生产效率。1988年经济日报年排字量比过去铅排提高了2倍，排报种数增加了4倍，产值和利润翻了一番。曾经有人顾虑先进技术虽好，但价格昂贵，一般企业买不起，有可能是“先进技术，落后效益”。但经济日报试点证明采用先进技术虽然投入较高，但是产出更高，效益更好。

拨亮一盏灯　照亮全中国

经济日报试点成功，在我国印刷界很快掀起了应用激光照排技术的热潮，尤其是报业走在推广应用激光照排技术的前列。1988 年初，经济日报刚刚通过国家验收，就有 20 多家报社订货，到 1990 年我国中央和省市级报纸除西藏日报外，全部采用了国产激光照排系统，1992 年西藏日报用藏、汉两种文字编排的激光照排机也投入使用，1995 年全国 1 500 多家报社全部采用了激光照排系统。

在经济日报试点的同时，范慕韩、王选还抓了“科技版”激光照排的试点，同报版和一般书刊图书排版相比，“科技版”的数学公式、化学符号和各种反应过程对软件有特殊要求。试点在铁道出版社印刷厂进行，王选的技术也获得成功。同样在民族出版社进行的民族文字试点也取得了成功。这样汉字计算机信息处理激光照排各种技术问题都得到了解决。90 年代中期我国重点书刊印刷厂全部采用了国产激光照排系统，我国印刷业终于甩掉了铅字，进入了“光与电”的时代，全国印刷业面貌为之一新。汉字激光照排技术在改造我国传统的印刷业中发挥了巨大作用。如果说从雕版印刷到活字印刷是我国第一次印刷技术革命的话，那么从铅排铅印到照排胶印就是我国第二次印刷技术革命了。

我国这两次印刷技术革命相距近千年，第二次印刷技术革命的成功是在我们党领导下取得的。应该说与毕昇发明活字印刷的社会时代条件大大不同，当代计算机—汉字激光照排技术作为一项重大工程技术项目是一个庞大复杂的系统工程，需要跨地区、跨部门、跨学科、多个单位、众多技术人员和工人共同努力协作配合。完成这项工程不仅需要科学家的睿智创新，还需要管理者的科学组织与协调。王选是这个英雄集体的杰出代表，是“千里马”，周培源、范慕韩等同志积极支持他们，努力为他们做好后勤保障，是“伯乐”。这是我们党领导组织科技创新的又一次成功实践。

汉字激光照排技术的成功还说明，实现科研成果商品化一定要反复试验，不断完善，常常会经历“山穷水尽疑无路，柳暗花明又一村”的过程。胜利就是在“再坚持一下的努力之中”。科研单位要锲而不舍，不断在试验中发现问题，改进完善。生产企业要精益求精，不断提高产品质量和系统的稳定性。使用单位要敢于冒风险，允许新技术在试验中有完善过程，做“开明用户”。这样我国科研成果商品化的步伐就一定能大大加快。

不断攀登 永不满足

在大量推广激光照排系统，告别“铅与火”的同时，在王选院士率领下，我国技术人员又于1990年完成了基于页面描述语言的报纸远程传版系统，使压缩后的传输信息量只有传真方式的几十分之一，且毫无失真。1992年人民日报用这种方式通过卫星向全国20多个代印点远传版面，效率大大提高，现在已有上百家报纸作远程传版。1992年又首次在澳门日报实现文字和彩色照片合一处理和输出，出一页彩色版的时间从2小时缩短为20分钟（现在降到1分钟），从而淘汰了传统的电子分色机，现在全国已有数百家报纸出彩色版，100家左右天天出彩色版。1994年深圳晚报实现采编的计算机处理，全部版面由编辑组版，开始告别“纸和笔”，现在已有100多家报纸实现了采编、组版、输出、远传、检索一体化的流程管理。总编在国外都能通过互联网监控自己报社的每一个作业流程，使中国报业的整体技术水平居国际前列。激光照排系统的日文版已开始进入日本市场，西文版也已进入欧美市场。20多年的发展历程表明，经过不懈的努力，中国人完全有能力把自主知识产权的产品打入发达国家市场。

今天，我们在祝贺王选院士荣获国家最高科学技术奖的时候，更加怀念已故的范慕韩同志和所有在我国第二次印刷技术革命中做出贡献的同志和朋友们。人民不会忘记他们，中国印刷业发展的历史不会忘记他们。

（全文首发于2002年6月）

第二章　新世纪　新挑战

在进入21世纪的时候，中国印刷进入新的历史发展阶段。站在新的历史起点上冷静分析国内外形势，大家都感到：在我们努力追赶世界印刷技术水平的同时，世界印刷技术又以更快速度发展，特别是互联网和数字技术对印刷业的影响更为深刻，更加全面；同时国内经济发展也到了必须加快产业结构调整的关键时期。国内外形势对中国印刷提出新要求，中国印刷面临新的严峻挑战。

一、Drupa 印迹：世界数字印刷和印刷数字化发展进程

Drupa 印刷展全称为“德国国际印刷媒体、出版和纸品加工工业展览会”，是世界印刷界公认的全球印刷业的“奥林匹克”盛会，历来是展示世界最新印刷技术的舞台，是反映世界印刷市场的“晴雨表”和“风向标”。

为期四年一届的 Drupa 是世界印刷技术标志性的展示。从1986年起历届 Drupa 的主题如下：

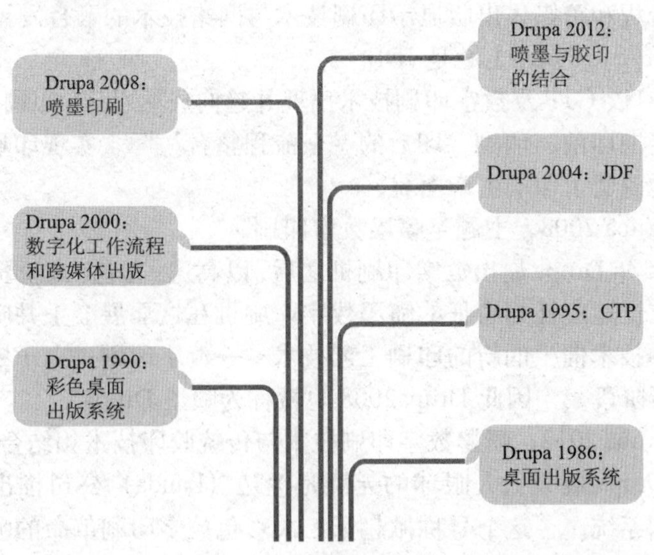

图1　1986 ~ 2012 年历届 Drupa 的展出主题

——Drupa 1986，我在 1986 年参观过 Drupa，当时我国正处于汉字激光照排技术从实用化向产业化发展的关键时期，而 1986 年 Drupa 展示的标志性技术是“桌面出版系统”。Adobe 的“Post script 成为出版印刷行业的标准语言。桌面出版系统的出现使前端实现了黑白图文组版及后端黑白图文整版输出，产生了出版社来盘加工这一新的业务方式”。

——Drupa 1990，引人注目的是“彩色桌面系统”的展示，“使印前彩色图文处理实现由‘模拟’到‘数字’的转化。随着这项技术的普及，印前处理全面进入数字化时代，彩色图文合一，计算机组版成为现实，在屏幕上可看到图文合一的版面，还实现了分色出片。彩色桌面出版系统的硬件包括彩色扫描仪、工作站和图像输出机，软件包括 Photoshop，PageMaker 等等。在传统工艺流程中曾发挥重要作用的电分机逐渐被淘汰”。

——Drupa 1995，CTP 等数字技术集中爆发。

1993 年数字印刷技术首次在世界上亮相后，1995 年 Drupa 便成为集中展示的舞台，特别是 CTP。“在这届展会上，包括 CTProof，CTPlate，CTPplate on press，CTPrint 在内的多项技术得到了广泛的展示和追捧”。“许多人将 1995 年称作 CTP 元年”。这一届 Drupa 还展出了彩色数字印刷机，包括著名的 indigo 公司的 E-print100，xeikon 公司的 Dcp-1 彩色数字印刷机等产品，“生产型的数字印刷设备登上历史舞台”。

——Drupa 2000，主题是数字化工作流程和跨媒体出版。

互联网的问世深刻而又快速地改变世界，改变了印刷。2000 年 Drupa“网络技术在印刷业中的应用在展会得到了充分体现”，展出的数字化工作流程和跨媒体出版显示印刷技术与网络技术的融合发展。

——Drupa 2004，主题是 JDF。

“在 DTP、CTP 及数字印刷技术出现并趋向成熟之后，印刷技术由‘局部创新’走向印前、印刷、印后的‘全流程整合’”。实现印刷全流程数字化深刻地改变了印刷生产面貌。

——Drupa 2008，主题是喷墨数字印刷。

继 1995 年 Drupa 展出数字印刷机之后，以高速、彩色、高质量、宽幅面、生产型和广泛适应性为特征的喷墨数字印刷机在这届展会上井喷式展出，标志由数字技术催生的新的印刷工艺技术——数字印刷进入了实用化、规模化应用新阶段。“因此 Drupa2008 也被称为喷墨 Drupa”。

——Drupa 2012，喷墨数字印刷技术与传统胶印技术相结合。

这届 Drupa 最吸引人眼球的无疑是兰达（Landa）公司推出的纳米彩色喷墨印刷系统。“这个号称掀起第二次彩色数字印刷革命的喷墨印刷技术，采用胶印橡皮布转印技术和纳米墨水，将喷墨印刷技术的灵活性与胶印在不同材料、不同介质的完美适性结合起来，有效拓展了喷墨印刷技术的适用范围，让人们真正意识到喷墨印刷与胶印相结合并在印刷材料和工艺方面有所突破，也能迸发出巨大的活力”。

这次展出的还是一个原理性样机，人们期待下一届 Drupa 能出现可以批量供应的商品，这将会对世界印刷业产生不可估量的影响。[1]

从 Drupa 反映出 20 世纪 90 年代以来 20 多年间世界印刷技术发展的印迹，从这里我们可以看到，中国印刷技术在进步，而世界印刷技术也在进步，而且以更快速度在进步。如果我们满足于过去进步而放慢步伐，那么过去努力已经缩小的差距很快就会再次被拉大。

二、数字印刷技术

数字印刷是数字技术催生的一种崭新的印刷工艺方式，同传统印刷工艺平、凹、凸、漏四种印刷工艺不同，数字印刷是非接触式印刷方式，具有无版、可变数据等传统印刷方式所不具备的优点，非常适合个性化、短版按需印刷的需求，数字印刷的出现不仅开拓了印刷市场领域，在商业、广告、办公、票据、摄影、个性化出版等社会化需求等方面独具优势，而且数字印刷与传统印刷相融合，组合起来印刷，使出版、包装等大批量印刷也具有个性化特点。

从世界范围上看，数字印刷问世十多年发展非常迅速。据有关资料反映：2006 年美国数字印刷开始崛起，这一年美国印刷技术发生结构性变化，胶印从过去的 55% 下降到 35%，凹印从 30% 下降到 15% 左右，其下降的份额大部分被数字印刷所取代，因此美国印刷技术基金会（PIA/GATF）将 2006 年命名为“数字印刷年”。

2008 年一批彩色、宽幅、连续式的数字印刷设备投入市场，美国印刷企业向着快速、宽幅、直邮、彩色方向发展，数字印刷发挥了重要作用，被称为美国印刷商开始向彩色数字印刷方向发展的转折点。

2009 年美国数字印刷收入约 58 亿美元。

2010 年美国数字印刷收入约 72 亿美元。

2012 年美国数字印刷收入约 76 亿美元。

数字印刷市场需求刺激数字印刷技术设备的快速发展，特别是喷墨数字印刷机的迅速崛起，数字印刷已开始进入主流印刷的行列。以下是刊登

1　本节引自沈海祥《从 Drupa 看印刷技术的变革》，《印刷经理人》杂志 2012 年 7 期

在《数码印刷》杂志 2013 年 8 期《美国数码印刷发展简况》一文中，有关于美国数字印刷机发展的一些统计数据。

表 1　摘录 2008 年 10 月到 2009 年 9 月美国印刷市场前 1 ～ 10 位产品销量情况

产品类型	2008 年			2009 年									总计
	10 月	11 月	12 月	1 月	2 月	3 月	4 月	5 月	6 月	7 月	8 月	9 月	
黑白数码印刷机	545	392	459	449	291	416	337	304	365	497	444	545	5 044
彩色数码印刷机	256	284	377	230	205	263	250	212	229	233	196	255	2 990
单张纸印刷机	48	30	37	35	28	39	30	15	22	29	18	10	341
大幅面印刷机	179	141	174	142	102	110	108	79	94	104	73	101	1 407

表 2　2010 年美国印刷企业及相关设备使用情况

细分市场	企业数(家)	单张印刷机和复印机总数（台）	彩色生产型数码印刷机（台）	黑白生产型数码印刷机（台）
商业印刷 1 ～ 19 人	14 530	14 385	6 582	3 778
商业印刷 20 ～ 49 人	1 900	1 786	1 037	513
商业印刷 50 ～ 99 人	890	783	455	240
商业印刷 100 人以上	720	583	288	166
图书印刷	120	70	29	12
杂志印刷	1200	576	36	24
报纸印刷	1200	576	36	24
目录印刷	100	83	52	26
直邮印刷	500	165	295	340
零售插页 / 传单印刷	125	76	21	5
企业内部印刷 /CRD：Corp	6 500	2 795	3 185	3 770
企业内部印刷 / CRD：Ed	2 050	1 374	1 210	1 558
企业内部印刷 /CRD：Govt	800	392	416	680
包装印刷：瓦楞纸箱	1 215	0	0	0
包装印刷：柔性包装	855	43	0	0
包装印刷：折叠纸盒	390	367	4	0
数字成像服务	3 130	0	1 409	1 158
事务印刷	500	115	175	460
总计	35 765	23 791	15 328	12 819

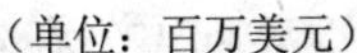

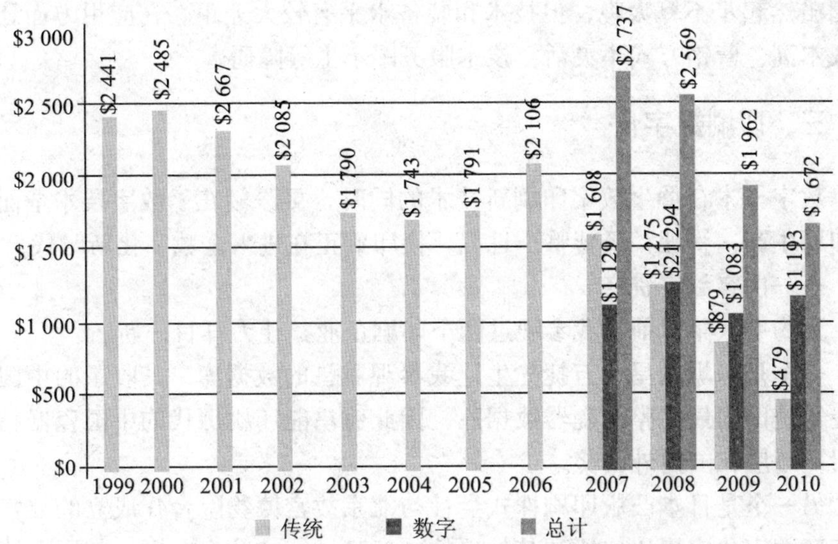

图 2　1999 ~ 2010 年生产型印刷设备的销售情况

（单位：百万美元）

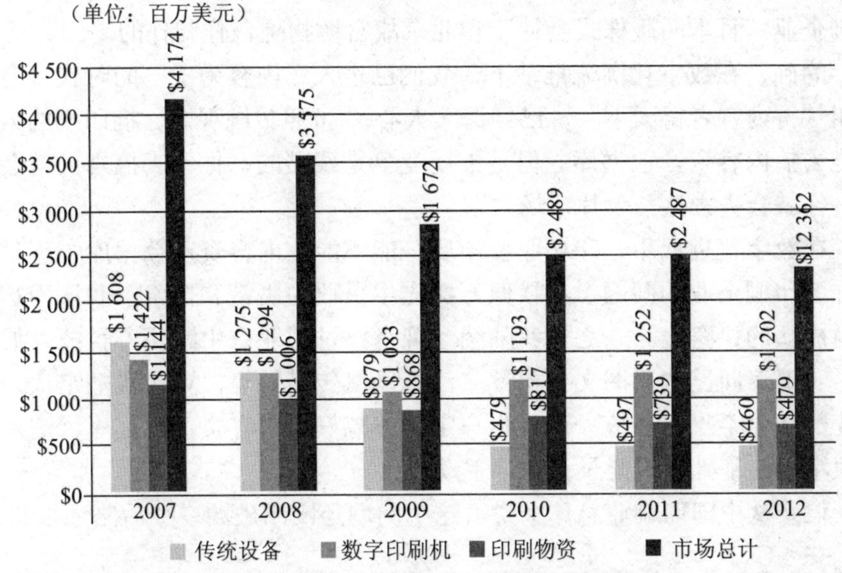

图 3　2007 ~ 2012 年美国印刷设备和物资供应市场示意图

从上述数据分析：在美国，2007 年前传统印刷设备占主导地位，2007 年以后开始从模拟印刷向数字印刷转变；当今数字印刷机已占据市场的主导地位，2012 年美国数字印刷机市场 12.02 亿美元，占印刷设备市场总额 23.65 亿美元的 50.9%。

总体来看，数字印刷技术是当代印刷技术水平的重要标志，在这方面我国虽然起步不算太晚，但技术和装备水平有较大差距。在应用方面还存在成本高、营销方式不灵活、技术服务跟不上等障碍。

三、印刷数字化

数字技术在催生数字印刷新技术的同时，更深刻在于数字技术全面改造印刷生产、管理、经营整个过程，使印刷正在进入全数字化新时代。

——内容数字资产

大约七八年以前，我参观过两个印刷企业，让人耳目一新。

一个是深圳雅昌，万捷先生让我参观雅昌的数据库，其收录的中国历代瓷器是国内最完整的瓷器数据库，因此雅昌能印刷历代的中国瓷器精品图册，屡屡在国内外获奖。

另一个是日本凸版印刷株式会社与北京故宫博物院合作成立的故宫文化资产数字化应用研究所和其拍摄的“紫禁城”的数字电影，其画面清晰和视角宽广程度令人惊叹，开始很难让人想象这是由百年历史的世界老牌印刷企业“日本凸版株式会社”和北京故宫博物院合作制作的。

的确，在数字化潮流推动下，我们已进入“内容为王”的时代，有句话叫“得内容者得天下”，已经深入人心。按照传统观念，搞印刷的人不可能去搞内容资产数据库。但是市场竞争是残酷的，你不去搞别人就会去搞，你就会失去这一大片市场。

在数字化进程中，印刷业要不要、能不能搞内容资产数据库一直是困扰许多印刷企业的问题。我钦佩万捷先生勇敢的决策和探索，我认为这是雅昌成功的诀窍之一。之后我陆续参观考察过“北京中献拓方科技发展公司”“上海同昆数码图文公司”“江苏凤凰传媒”等，更使我坚定认为印刷业数字化不仅需要搞，而且也一定能够搞好。内容资产数据库，这是印刷数字化的基础，对此早认识早主动。

但是从中国印刷业总体上说，这个问题还刚刚破题，今后路还很长。

——CTP

在数字化浪潮中，作为印前的标志性技术——激光照排在20世纪末到21世纪初进入更新换代阶段，CTP（直接制版）快速替代激光照排。

而我国在21世纪头10年，CTP还处于起步阶段，而且基本上依靠进口设备，到了2010年以后开始进入高速增长期。

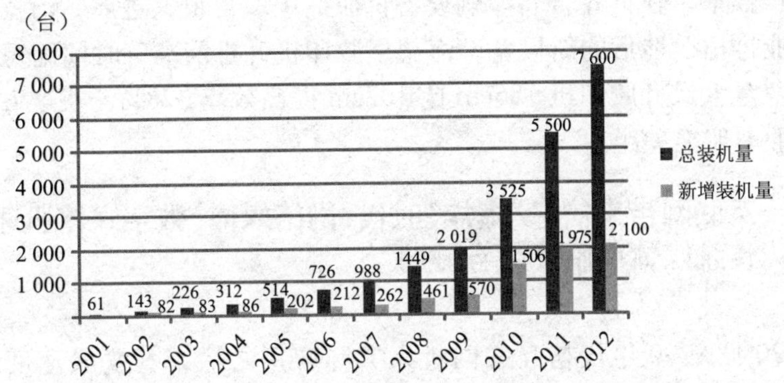

图 4　2001 ~ 2012 年我国 CTP 设备装机量增长情况[1]

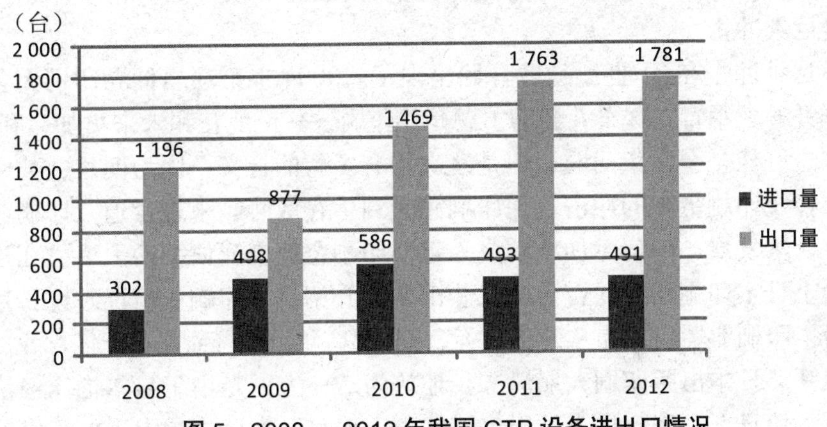

图 5　2008 ~ 2012 年我国 CTP 设备进出口情况

从 CTP 技术和装备发展情况看，我国滞后于国际水平，而且国内生产的 CTP 设备多数还是中低档水平，高端的 CTP 设备还靠进口。

——数字工作流程

2004 年 Drupa 主题是 JDF，标志世界印刷技术数字化流程技术日趋成熟。ERP 已广泛应用，生产数字化、管理数字化、经营数字化正在快速推进，网络印刷迅速发展。在我国由于历史原因，大量中小企业管理基础差，数字流程研发应用进展困难较多。目前还处于试验探索阶段。

——印刷设备的数字化技术改造

对传统印刷设备进行数控技术改造有很大潜力，通过应用数字技术提高设备的自动化水平，缩短换版、调墨、翻转、给纸等工艺环节的时间，

1　2011 年前数据来自科印传媒“CTP 在中国”系列调查，2012 年数据为《印刷工业》杂志汇总所得。“CTP 在中国”系列调查统计数据截止时间均为当年 9 月底。

提高生产效率，在世界著名印刷设备供应商中取得很大进展，海德堡、罗兰等企业推出改造后的新设备，海德堡胶印机开机前准备时间缩短了40%以上；罗兰大尺寸胶印机185cm比102cm提高效率328%，在这方面我国印机企业有明显差距。

四、互联网带来信息“爆炸”时代，网络媒体、数字媒体迅速发展，传统媒体面临“生存威胁”

从20世纪90年代初互联网进入实际应用之后，其发展速度超乎人们预期，可以用“排山倒海”来形容。网络改变了世界，也改变了印刷业，特别是深刻地改变了广大读者阅读获取信息的习惯，这对传统印刷业无疑是巨大冲击。

这种冲击在21世纪初就开始出现了。2004年第八届世界印刷大会在南非开普敦举行，这次大会的主题是“印刷——使现在和未来更加赢利”。本来这好像是个常识问题，但是这次却有了新的含义，因为网络、数字媒体对传统印刷带来的冲击，使印刷感受到生存威胁越来越紧迫，印刷业要生存，求发展，如何更加赢利成为每个印刷企业生死攸关的大事。在这次大会上日本印刷产业联合会会长藤田弘道介绍日本印刷业情况时说：1991年日本印刷业销售额为9万亿日元，到2002年已下降到7.6万亿日元。有人惊呼“日本出版印刷大崩溃”，他认为这一方面是由于日本泡沫经济的破灭，使日本经济整体上处于停滞状态，但另一方面也是由于电子媒体的迅速发展，市场竞争激化，许多中小企业跟不上数字化发展的步伐。他说：“随着市场期望的多样化，那些在数字化技术发展落后的企业，往往难以满足客户的需要。”

在这次大会上有个数据很有吸引力：在世界GDP水平前15位的国家，即美、日、德、英、法、中国、西班牙、加拿大、墨西哥、韩、印、澳、荷、巴西和俄罗斯占有世界经济总量的82%，而这些国家印刷工业总产量也占世界印刷总量的80%以上，说明世界印刷业发展与整个世界经济发展水平是相适应的。

在日本印刷业出现明显衰退迹象的同时，欧美发达国家印刷业则处于停滞或有负增长的局面。美国2001年印刷工业总产值在2 600亿美元（包括部分信息产业产值，也有数据为1 660亿美元）上下波动，没有明显增长；欧洲2001年印刷业销售收入为857.6亿欧元，此后也基本保持这个水平；巴西2001～2003年印刷纸张消耗下降4.2%。

面对严峻挑战，曾经有人预言：5～10年以后传统印刷将会消亡。

对传统印刷挑战影响最大的是报纸印刷，据世界报业和新闻出版协会（WAN-IFRA）公布数据，2008～2012年5年间，北美报纸印量下降13.0%，西欧下降24.8%，东欧下降27.4%。

网络、数字媒体对传统印刷挑战的残酷性现实地摆在面前。

与此同时，我国经历了二十多年改革开放，国民经济取得了巨大发展，但是经济结构深层次矛盾日益暴露出来。2001年党的十六大提出“科学发展观”重要指导思想，我国经济发展进入调整结构的新阶段，对印刷业科学发展提出了新的更高要求。

据国家统计局公报：2001年全国国内生产总值95 933亿元，比2000年增长7.3%；其中工业增加值42 607亿元，比2000年增长8.9%；进出口总额5 098亿美元，比2000年增长8.2%，其中出口总额2 662亿美元，增长6.8%。

国家统计公报指出：“国民经济和社会发展中存在的主要问题是：经济结构性矛盾和经济体制深层次问题依然比较突出；就业压力增大，居民收入增长仍比较缓慢，部分群众生活还比较困难；企业自主创新能力和市场适应能力不强，部分企业生产经营还相当困难；重大安全事故时有发生，地方保护主义造成的国内市场分割局面尚未完全改变，市场经济秩序仍比较混乱。”

同年，中国印刷业产值达到1 799亿元，比1982年增长40多倍，连续20年的超速发展，在贯彻“科学发展观”、国民经济进入调整结构的时刻，要求大家冷静地进行理性分析。

中国印刷业经历自主创新和改革开放的强力推动，快速发展具有必然性，同时也有特殊性。

一是“文革”之后，百废待兴。当时印刷“欠账”太多，拖了经济和文化发展的后腿，中央采取特殊扶植政策，在20世纪80年代开展了大规模的印刷技术改造，其间共投资超过20亿元，100多个骨干企业得到改造。这是特殊时期的特殊政策，对印刷业发展是一种补偿性措施，带有恢复性，不可能经常出现。

二是经济体制改革，市场经济强力推动包装印刷发展。1982年我国包装印刷只有一二百家从事外贸包装印刷的国有企业，年产值不足10亿元；而到2002年全国共有9万多家印刷企业，包装印刷企业超过2万家，产值超过600亿元，占全部印刷产值1/3以上，可以说这是一种从零开始的井喷式发展，这种现象以后很难“复制”。

三是香港回归，CEPA 协议使香港印刷业 70% 生产能力转移到“珠三角”，广东印刷迅速崛起成为全国最大印刷省区。2007 年广东印刷生产总值达到 1 300 亿元，占全国近 1/4，其中出口 400 亿元占全国 80% 以上，这是一种特定历史时期出现的特殊现象，我们应理性对待。

因此，过去 20 多年中国印刷业超速发展是必然性与特殊性合力推动的结果。必然性是客观规律，那就是印刷业的发展必须与国民经济和人民文化教育事业相适应、协调发展；特殊性带有偶然性，但常常是难得的历史机遇，我们必须紧紧抓住，使印刷业在一定历史时期得到超常发展。但是特殊性是一种暂时现象，不可能持久发生，在经历特殊时期之后要回归到理性，就是遵循客观规律，循序渐进。

超常发展，有利有弊。“利”使我国迅速成为世界印刷大国。到 21 世纪初中国印刷生产总值已跃居世界第三位。到 2012 年达到 9 510.13 亿元，总体规模接近全球第二位。

但是长期超速发展使印刷业内部结构严重失衡，结构性矛盾日益突出。2008 年在世界性金融危机爆发之后，这种矛盾集中反映出来。

一是产能急速扩大，带来印刷企业盲目发展。2008 年全国印刷企业超过 10 万家，过去供需矛盾、生产不足的现象早已成为历史。进入 21 世纪之后，印刷产能过剩状况已经出现，到 2008 年这种现象更明显，以致金融危机之后，有一批印刷企业倒闭，主要是一批生产技术落后的印刷企业。另一方面，高档精品印刷能力还不强。

二是过去供需矛盾转化为结构性矛盾。我国印刷企业长期存在散、小、差、乱状况，在产能过剩的状况下，市场恶性竞争加剧，竞相压价，甚至不惜造假印假，扰乱市场经济秩序。从总体上看，我国印刷企业结构状况是大的不强，小的不精。

三是产业技术创新后劲不足。企业技术进步主要依靠企业内在发展动力，如果企业靠低水平重复建设就能获利，必然失去对新技术、新设备的渴求，这对印刷技术的创新发展极为不利。因此，总体上看我国印刷企业整体技术水平、技术素质仍处较低水平。

此外，在我国实现汉字信息处理激光照排技术自主创新突破之后，虽然在某些印刷技术领域取得一些成就，但多年没有在重大领域有世界影响力的科研成果，印刷科研后劲显得不足。

四是作为世界印刷大国，我国缺乏具有世界规模、具有国际影响力的骨干企业和著名品牌。

当今世界被公认的印刷强国——美国、日本、德国除了整体技术水平领先于世界各国之外，还有一个明显特点是具有世界规模和国际竞争力的骨干企业。如美国的当纳利，日本的凸版和大日本印刷株式会社，德国的贝塔斯曼这些企业都进入世界500强企业行列，年销售额超过100亿美元。而我国近几年虽也涌现了一些在国际上有一定知名度的企业，如“中华商务”“雅昌”等，但总体实力与上述国际著名企业仍有很大差距。从2003年开始，《印刷经理人》杂志连续十余年进行中国印刷百强统计排名，我国生产规模最大企业年产值在30亿元左右，百强企业产值总和在600亿元左右，不及上述世界级印刷企业一家的年销售额。

五是印刷设备与器材的发展与印刷产业发展还不适应，特别是高档印刷设备还大量依靠进口。

表3 印刷设备历年进出口情况

年份	进口额（亿美元）	出口额（亿美元）
2005	16.5	3.8
2006	15	5.8
2007	17.5	8
2008	17.3	9.8
2009	14.2	5.8
2010	17.98	7.94
2011	20.51	9.97
2012	19.62	12.38
2013	19.87	18.80

注：以上数据摘自中国印刷及设备工业统计资料。

按2009年进口情况分析，当年进口量最大的是单张纸胶印机，进口794台，金额59 817万美元，占总进口额的42.09%；

喷墨数字印刷机进口120 804台，金额14 581万美元，占进口总额的10.26%。

以上两类设备进口额占全部印刷设备进口一半以上，而这两类设备是目前世界关键的高档设备。

六是印刷的环境保护要求越来越严格，直接关系到印刷能否继续作为都市型产业生存的条件。

告别了铅与火，消除了传统印刷最大的污染因素，但是并未根除印刷过程对环境的污染。在印前，制版胶片的显影、定影制剂；印刷中的油墨、润版液、洗车水；印后整饰的即涂膜、油性上光，热熔胶等仍有大量乙酸、甲醇、硝基苯、草酸、氯化锌等有毒化学成分和铅、铬、汞等重金属元素。

据统计2009年我国印前制版过程中产生的废液量达2.0亿～2.5亿升；印刷过程年能耗近百亿千瓦时，热废气排放总量超过5 000亿立方米，油墨干燥过程排放的有机溶剂22.5万～60万吨，年耗能在22亿～40亿千瓦时。

作为印刷大国，我国印刷业发展是不平衡的，从企业结构上看，占绝大多数的中小印刷企业对环保要求不够重视，这与国家缺乏完善的印刷环保标准及检测、认证体系有关；从印刷工艺结构上看，凹印由于墨色厚实在包装印刷中占有很大比重，而凹印油墨仍较多采用溶剂型油墨，产生大量VOC排放，造成比较严重的污染。因此从标准制定到检测、治理各方面要采取更严格措施。

贯彻科学发展观，落实我国政府在哥本哈根气候峰会上庄严承诺，实施绿色印刷发展战略在我国紧锣密鼓展开。2010年9月新闻出版总署与国家环保部联合签署了《实施绿色印刷战略合作协议》。2011年在实施“十二五”规划开局之年，两部委又发布《关于实施绿色印刷的公告》。

由此，印刷行业的绿色环保转型在全国全面进行。

七是印刷出口低于全国平均水平。2007年我国GDP 24.66万亿元，其中出口12 180亿美元，约占30%左右；同年我国印刷工业总产值4 400亿元，其中印刷品直接出口约500亿元，占印刷产值11%左右；加上随商品包装印刷出口，估计共约900亿元左右，约占印刷产值20%左右。

据公布资料，2012年我国印刷业总产值达9 510.13亿元，其中印刷品加工对外贸易为772.04亿元，比重有所下降，这因为过去印刷品直接出口主要靠香港回归后广东省承接的出口任务，由于2008年金融危机，业务受到较大影响。

但是在印刷出口的区域结构上发生了明显的变化。2012年“长三角”地区印刷对外加工贸易额从2010年占19%提升到2012年占25%。当年“长三角”印刷对外加工贸易额达到190.75亿元，比上年增长11.4%。同时由于印刷业梯度转移取得成效，2011年前广东印刷对外加工贸易额长期占全国70%以上，而到2012年下降到56.7%，与此对相应的是：湖南、江西、安徽三省印刷对外加工贸易额分别比上年增长36%、28%和20%，三地印刷品直接出口占全国比重，由2010年的1%增加到7%。

印刷品出口水平是衡量我国印刷业整体技术素质的重要标志。扩大印刷品出口可以带动印刷业生产技术、管理、经营水平的提高，我国印刷品对外贸易加工长期低于全国平均水平，说明我国印刷业仍处于粗放型发展阶段，要成为世界印刷强国仍然任重而道远。

在我国印刷品直接出口长期在低水平徘徊的同时，我国印刷设备与耗材出口情况有了明显变化。

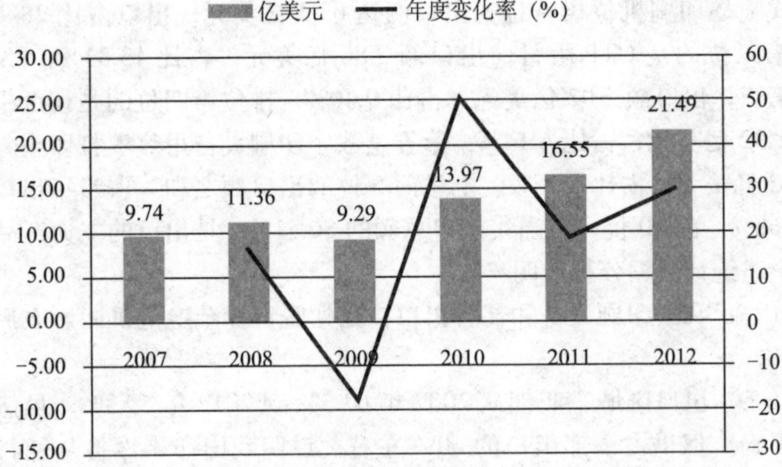

年份	2007	2008	2009	2010	2011	2012
出口总额（亿美元）	9.74	11.36	9.29	13.97	16.55	21.49
年度变化率（%）		16.68	−18.18	50.29	18.50	29.80

图 6　2007 ~ 2012 年中国印刷机械及耗材出口总量及年度变化情况 [1]

与 6 年前的 2007 年相比，中国印机与耗材出口的主力阵营已发生了很大变化：①数字类设备与器材的出口量大幅增加。例如，可与数字处理设备及网络连接的数字式喷墨印刷机出口占比由 2007 年的 7.28% 跃升为 2012 年的 28.99%。这其中或有统计范围变化所导致的数字增加，但出口额绝对值的高速增长也是不容忽视的一个事实。②版材出口是中国印机设备与耗材出口中的一个重要品类，2012 年 PS 版与 CTP 版出口额之和，占当年出口总额的 22.7%，尤其 CTP 版材，出口增势明显，已经超过 PS 版，占据出口额的第二位。③一些传统的出口重点品类，如平网印刷机、卷筒纸印刷机、凹版印刷机等，出口增速趋缓或者出口绝对值下降，导致 2007 年还位居前十，2012 年则位次后移，无缘前十。④油墨产品出口下降明显，以其他印刷油墨为例，2007 年的出口额为 1.28 亿美元，2012 年下降为 0.96 亿美元，导致名次逐年后移。⑤计算机直接制版设备的出口态势稳定增长，2012 年以 0.82 亿美元的出口额，进入第七位。

1　图 6 与印机出口分析，摘自王丽杰《2007 ~ 2012 年中国印刷设备与耗材出口情况分析》（*Analysis on the exports of China printing equipment and consumables in* 2007 ~ 2012）一文，刊登于英文版 *Wisdom in China——The development of China printing enterprises*，印刷技术杂志社 2014 年 6 月出版。

再看2012年，在各类出口产品中，可与数字处理设备及网络连接的数字式喷墨印刷机位居首位，出口额达6.23亿美元，出口占比28.99%；位居第二位的是CTP版材，出口额2.86亿美元，占比13.31%；PS版材排位第三，出口额2.02亿美元，占比9.40%；排位第四位的是切纸机，出口额1.32亿美元，占比6.14%；第五是数字印刷设备用热敏打印头，出口额1.02亿美元，占比4.75%。上述前5位的出口额之和，占当年出口总额的62.60%；前10位，占当年出口总额的80.51%，是出口的主力产品。

上述统计数据分析表明：

（一）我国印刷设备和耗材出口，在摆脱世界金融危机阴影之后有明显增长。

（二）出口区域，亚洲从2007年63.3%到2012年59.3%，虽然比重有所下降，但仍占全部出口的60%左右，说明我国印刷设备与耗材总体上属于中等水平，适合于发展中国家的需求。

（三）从出口的印刷设备与耗材产品上看，外资在华企业占重要位置，尤其在高端产品上。这反映国际印刷设备和器材生产供应商重视中国印刷市场的发展潜力，这期间国外著名印刷设备与耗材企业纷纷落户中国大陆，带动了中国印刷设备与耗材出口的快速增长。

（四）在高端印刷设备上，我国进口数量保持高位状态，进口额远高于出口额。从这一点看印刷设备的出口与印刷品对外贸易额的状况处在相同水平上。

八是我国印刷业区域结构状况尚未发生战略性的变化。

从表4数据看，沿海三大经济区印刷业产值比仍占75%以上，这与国家振兴东北、开发西部的决策要求是有差距的。

表4 2013年我国印刷工业总产值各区域分布情况

地区	珠三角	长三角	环渤海	中部地区	其他地区	合计
印刷工业总产值（亿元）	1805.98	3306.51	2107.07	1537.96	1640.93	10398.45
在全国印刷工业总产值中的占比（%）	17.37	31.80	20.26	14.79	15.78	100

数据来源：《中国印刷业发展报告（2014）》

第三章　建设印刷强国的宏图

面对进入21世纪后出现的新形势、新挑战，我国印刷业上下一心，既没有沉浸在已经取得的历史性成就而沾沾自喜、固步自封，也没有为世界出现的数字化新浪潮而迷茫胆怯。在党和政府领导下，中国印刷业开始新的“长征”，不断地探索着实现建设世界印刷强国的宏伟目标。

一、加强印刷业宏观管理，实施全国印刷业统一监管

在21世纪之初，2001年国务院颁布了新修订的《印刷业管理条例》，明确全国印刷行业包括出版、包装、商业及其他印刷行业统一由政府有关部门（新闻出版总署）负责监管。这是新中国成立以来首次确立全国印刷行业统一管理体制。

回顾新中国成立以来60多年的历史，在印刷业管理体制上大致经历了三个阶段：

第一阶段，是改革开放之前，当时处于计划经济时期，我国印刷业比较弱小，基本上以印书印报为主，商品包装比较简陋，少量外贸出口商品也都由外贸、轻工部门自己解决，票据印制如邮票、钞票、车票、税务发票等等也多由所属部门自己设厂印刷，形成“谁用、谁建、谁有、谁管”的管理格局，相对来说印书印报是印刷业的主力军。而印书由出版部门管理，印报由中央宣传部门管理，在企业经营机制上印刷企业只能听命上级行政主管部门，上级安排印什么就印什么，企业没有经营自主权。这种各自为政、封闭自锁的管理体制从根本上说是没有把印刷作为一类国民经济重要产业来对待，这严重束缚了我国印刷产业的发展，造成闭关自守、重复建设、浪费生产资源等现象，阻碍了我国印刷产业的健康发展。

第二阶段，是从改革开放到20世纪末，形成全国印刷产业协调管理机制。

改革开放前期，20世纪80年代初，中央针对我国印刷技术落后状况

要求由国家经委牵头来组织全国印刷技术改造工作，开始是由出版部门据“出书慢、周期长、买书难”的实际情况提出来的。按照过去搞计划经济的办法，可以采取通过国家财政支持，扩大书刊印刷厂的生产能力，扩建印刷厂房，增加印刷设备等办法，这样能在较短时间内解决供需矛盾，但这种办法只能治“标”，而不能治“本”。

当时领导经委印刷装备协调小组的范慕韩同志总结过去的经验，参观国外先进国家印刷业发展走过的道路和我们自己的工作实践，在20世纪80年代中期提出了“大印刷观”的理念。他说：“所谓‘大印刷观’，是针对把‘印刷’理解为印书和印报的似已成为习惯的狭窄概念，把印刷工业从这一小圈子里解放出来，使其真正扩大印刷工艺技术应用的领域，建设起印刷工业的坚实基础，从而增强为社会主义两个文明建设服务的效果。”

我们在工作实践中认识到，印刷虽然门类很多，应用广泛，但其主要工艺技术是相通的，主要包括印前制版、印刷工艺和印后装订、整饰等。发挥印刷企业生产能力不能受印刷门类和行政指令的束缚，而是应该根据市场的需求和自身技术能力来决定，这样就能大大解放生产力，增强印刷企业市场竞争能力。

同时我们还认识到从印刷产业的整体发展上看，印刷产业必须和印刷设备、器材工业同步协调发展，印刷设备和器材工业是印刷业发展的物质基础，如果我国印刷设备和器材工业仍然很落后，那么我国印刷业好像建立在沙滩之上，肯定不会稳固，短期可以引进外国先进设备和器材，但肯定不会长期稳定发展。

正是这样从实践中产生的认识，使协调小组工作有了新的提高：

一是按系统工程的原则统筹规划并组织实施。在安排印刷企业技术改造项目时开始重点安排书刊印刷企业，而在经济日报激光照排技术实用化成功之后，及时补充安排报纸印刷的技术改造，使报纸印刷技术突破带动整个印刷行业实现历史性转变。

在市场经济带动包装印刷井喷式发展的时候，协调小组在制定“七五”印刷技术改造规划时及时增补了包装装潢印刷企业（如上海凹凸彩印厂）等作为重点改造项目，同时在安排计划时考虑包装印刷更贴近市场的特点，安排改造资金以贷款为主，国家少量补助资金，以为引导。

二是国家经委批准成立“中国印刷及设备器材工业协会”协助加强印

刷相关部门和设备器材工业部门的横向联系和协调配合。其业务由国家经委印刷技术装备协调小组联系和指导。

由此建立起来包括新闻、出版、文化、轻工、机械、电子、化工等部门的协调联系的机制，在我国确立印刷行业统一监督体制之前发挥了重要作用，是一种协调管理的过渡形式。

第三阶段，从 21 世纪初以来全国建立起印刷业统一监管体制。

经历了第二次技术革命和 20 年改革开放，到 20 世纪末我国印刷业得到空前发展。生产能力大大增长，特别是民营企业的崛起，印刷企业数量猛增，达到 8.2 万家。2002 年超过 9 万家，其中国有企业占 7.99%，集体企业占 26.48%，有限责任公司、股份制公司占 18.25%，个体、私营企业占 39.19%，其他类型企业占 5.75%，外商投资企业占 2.39%。总体来看，集体、个体和私营企业占 65% 以上，特别是包装印刷企业飞速发展，企业数超过 2 万家，其产值已占全国印刷产值的 1/3。

印刷业快速发展，一方面大大缓解了长期困扰的印刷生产能力不足、供不应求的局面，同时也带来了印制假冒伪劣泛滥、扰乱市场秩序、恶性竞争等不良现象。在 21 世纪初全国整顿社会主义市场秩序的行动中，印刷业成了整顿的重点，在这种形势下建立全国印刷业统一监管体制被提到国家议事日程。

2001 年 8 月 2 日国务院颁布了修订后的《印刷业管理条例》。其中第四条规定："国务院出版行政部门主管全国的印刷业监督管理工作，县级以上地方各级人民政府负责出版管理的行政部门负责本行政区域的印刷业监督管理工作。"

《条例》第二条规定："本条例适用于出版物、包装装潢印刷品和其他印刷品的印刷经营活动。

本条例所称出版物，包括报纸、期刊、书籍、地图、年画、图片、挂历、画册及音像制品、电子出版物的装帧封面等。

本条例所称包装装潢印刷品，包括商标标识、广告宣传品及作为产品包装装潢的纸、金属、塑料等的印刷品。

本条例所称其他印刷品，包括文件、资料、图表、票证、证件、名片等。

本条例所称印刷经营活动，包括经营性的排版、制版、印刷、装订、复印、影印、打印等活动。"

《条例》如此详细规定，表示了全国所有印刷的各个领域，所有印刷各个工艺环节的经营活动都实行国家行政部门的统一监督、统一管理，也表明在我国印刷产业作为国民经济重要产业纳入全国统一规划。这在中国印刷业发展史上确实具有划时代意义。

根据《条例》，原新闻出版总署承担了对全国印刷业实行统一监督管理的责任，总署设立专职机构专司其责，十多年来展开了卓有成效的工作，我国印刷业从此进入了有序、健康发展的新阶段。

二、贯彻“科学发展观”，中国印协组织研究区域印刷产业发展方向

党的十七大提出“科学发展观”重要指导思想，中国印刷技术协会（简称中国印协）在总署党组组织的学习贯彻十七大精神中，针对中国印刷业发展的一些重大问题组织行业进行研究分析，提出一些重要建议措施，供总署印刷行业主管部门决策参考，其中对区域印刷产业发展方向的研究率先展开。

三大经济区——“珠三角”“长三角”“环渤海”的形成和发展，是我国改革开放国民经济发展中一个重要特征。2002 年我国三大经济区的 GDP 为 56 074.7 亿元，占全国 GDP 的 53.5%；同年这三大经济区的社会固定资产投资总额为 20 043 亿元，占全国 43 499.1 亿元的 46.1%；消费总额 19 888.8 亿元，占全国 40 910.5 亿元的 48.6%；出口总额 2 673.2 亿元，占全国 3 255.7 亿元的 82.1%。

同期三大经济区的印刷业优势更加突出，2002 年广东印刷业产值超过 500 亿元；“长三角”中上海为 181 亿元，江苏为 260 亿元，浙江为 350 亿元，合计约 800 亿元；“环渤海”地区中，京津冀约 200 亿元（未计辽、鲁地区的印刷业产值）。三大经济区的印刷业产值占全国 3/4 以上。

很明显，三大经济区的印刷业是我国印刷业的中坚力量和推动进一步发展的引擎。研究其发展方向，带动全国科学发展，的确是一个重大战略课题。

引发此课题研究是在 2003 年。由中国印协会同广东省印刷协会、香港印刷业商会共同发起组织的“大珠三角”如何发展成为世界印刷中心的研讨会在东莞举行。

举办这个研讨会是很及时的。从 1997 年香港回归以后及 CEPA 协议的实施，导致香港印刷业战略转移，其重要生产能力转移到“珠三角”，带动了“珠三角”印刷业快速发展。香港曾经是公认的世界四大印刷中心

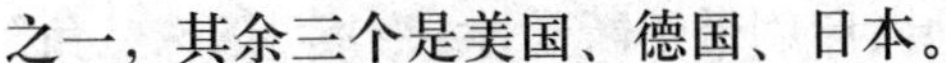

之一，其余三个是美国、德国、日本。

香港成为世界印刷中心之一是天时、地利、人和诸多因素合力形成的。20 世纪 80 年代初内地改革春风吹到香江，香港借助世界贸易自由港的优势吸引世界著名厂商投资，但是香港又是“弹丸”之地，狭小地区不可能接纳大型能源、机械等工业，而电子、服装、印刷这些技术要求高、占地相对较少的产业很快发展起来。印刷方面，日本最大的两个印刷企业“大日本”和“凸版”印刷株式会社先后在香港建厂，成为香港实力最强的外资印刷企业。而当时我们在港的二大印刷企业：“中华”和“商务”在竞争中处于下风，在激烈竞争中，“中华”、“商务”合并重组，1980 年成立“中华商务联合印刷（香港）有限公司”，加大技术改造力度，采用世界先进印刷技术和装备，同时面向世界，大量承接海外业务，拓展市场空间。为了开拓海外市场，他们不断在印品质量和周到服务上下功夫，到 1988 年“中华商务”的营业额比 1980 年增长了 8 倍，利润增长了 5 倍，其中彩印的海外营业额占 70%。

“中华商务”走过的道路是香港印刷业发展的一个缩影。在此期间香港许多印刷企业借助内地改革开放、印刷业大发展的机遇乘势而上。据统计，从 1982 年到 1997 年 15 年间，香港印刷年产值增长 7 倍，成为香港第三大支柱产业，而且主要是承接印刷品出口（包括内地的众多精品印刷），成为美国最大的印刷品进口地。由于印刷品出口技术要求高，交货期要求严，因此练就了香港印刷业技术、质量、服务精良的硬功夫，而被公认为世界印刷中心之一。

香港印刷业大规模转移到“珠三角”，理应承接香港曾经获得的世界印刷中心之一的地位，建“珠三角”印刷中心是香港作为世界印刷中心的延伸和继续。因此召开这次“珠三角”印刷业研讨会，得到全国印刷业界的广泛认同。

研讨中也冷静分析各种有利因素和不利因素，相对来说香港印刷企业带来技术、设备、厂房这些“硬件”比较容易达到，而地区政策、管理、人才等“软件”则需要做出艰巨努力。因此必须从各个方面研究制定为使“珠三角”成为世界印刷中心所需要的相应政策措施，改革与此不相适应的政策法规，包括港商非常关心的外商投资出版印刷企业的参股比例、书刊印刷经营许可证、承接境外出版物审批制度、外资独资企业增资、投资地区性保障、关税等方面的政策环境，这些都需要及时研究落实，避免由于一个环节脱节影响全局而功亏一篑。

在这次会议带动下，“珠三角”地区印刷带不断延伸，形成“泛珠三角”区域印刷经济并先后两次召开了“泛珠三角”印刷业发展研讨会，同时也带动了全国各地区印刷业发展的战略研讨。

2004 年 8 月，中国印协会同“长三角”地区印刷行业协会，在上海举行了“长三角”印刷业发展论坛；

2004 年 12 月，在北京举行了“环渤海”印刷业发展论坛；

2005 年 8 月，在沈阳举行了“东北地区印刷业发展论坛”；

2007 年在成都举行的全国印刷经理人年会上，以“南北对话——寻找印刷新力量”为主题，就促进全国区域印刷业协调发展展开了研讨。

通过这些区域印刷产业发展研究分析，可以清晰看到我国三大印刷区域带各有特色、各具优势，发展战略重点也有异同。“珠三角”的特点是外向型经营，这是由香港印刷业转移带来的最大变化，因此外资（尤其是港资）比较集中，印刷品出口占本地区印刷业产值一半左右，占全国印刷业出口产值 80% 以上。“长三角”地区印刷业特点是门类齐全，基础扎实，综合实力优势明显，无论出版印刷、包装装潢印刷、商业票据印刷都很发达，印刷机械制造能力雄踞全国之首，纸张、油墨、PS 版、橡皮布等印刷耗材都有很强生产能力，印刷的科研教育、人才培训也有很好基础。虽然浦东开发相对“珠三角”晚一些，但是后发优势更加突出，民营经济迅速崛起，发展后劲日益体现。“环渤海”特别是京津地区聚集了全国 2/5 以上的出版机构（据 2004 年统计，全国共有 568 家出版社，其中中央出版社 219 家，北京 17 家，天津 12 家），图书和报纸总印数各占全国 19%；期刊总印数占全国 29%。“环渤海”地区新闻出版资源丰厚，使其出版印刷成为本地区印刷的重点和特长。由于历史原因出版印刷国有企业占主要地位，历史积累的管理体制上的问题比较多，因此国企改革的任务非常繁重。

通过这几次区域印刷业发展战略的研讨，大家取得了共识：区域印刷业协调发展是贯彻科学发展观，促进全国印刷业持续、稳定、健康发展的重要组成部分。区域印刷产业带的发展应坚持发挥优势、坚持特色、扬长补短，努力适应本地区国民经济发展要求，同时应发挥全国印刷业的“火车头”作用，带动全国印刷业的健康发展。

三、分析国内外印刷业发展趋势，研究我国印刷业中长期发展纲要

在学习贯彻“科学发展观”过程中，2004 年初在全国新闻出版工作

会议上，总署提出要力争在2010年把我国建成全球重要印刷基地的战略目标。中国印协从行业实际情况和面临的新挑战出发，认为中国印刷行业需要一个以“科学发展观”为指导的中长期发展纲要性文件，以提供新闻出版总署研究制订中长期发展规划的参考。

2004年7月在上海举行的“长三角”印刷论坛中，中国印协与上海印协就共同研究发展纲要取得共识，并请北京、上海两地专家开始对纲要框架进行研究。

江西印刷协会对此事非常关注，欢迎第一次专家研讨会在江西召开。江西瑞金是红军长征的出发地，大家认为在瑞金召开这样一个会很有意义，标志着中国印刷要从新的历史起点上开始新的“长征”。

2004年11月由北京、上海两地印刷部分专家聚集到江西瑞金，深入地讨论中国印刷业2006～2020年发展纲要的思路和提纲。

参加这次会议的有：武文祥、肖建国、蒲嘉陵、宋育哲、沈忠康、车茂丰、何远裕、梁凯峰等。

这次讨论重点是数字化、网络化对我国印刷业的影响和对印刷业今后发展的趋势分析。

在世界范围内数字化、网络化风起云涌，对传统印刷业带来巨大冲击。在一股“唱衰印刷”的潮流中，传统印刷业今后路怎么走，大家认为应该对印刷业发展趋势做出正确分析。

2001年在北京召开的第七届世界印刷大会上就预测到，21世纪以数字、网络和信息技术为基础的新科技革命将对全球的产业产生深刻影响，对传统产业带来重大冲击。这对印刷产业来说，既是严峻的挑战，又是难得的机遇，总体而言，机遇大于挑战。

从铅排铅印到照排胶印的转变，是我国第二次印刷技术革命重要标志，印刷产业实现了从模拟技术时代向模拟与数字技术并存时代的转变。今天，我们正在面临从模拟与数字技术并存的时代向以数字、网络、信息以及多媒体技术为基础的数字时代转变。

印刷媒体产品将不再局限于纸质为主的物理媒体，相同的数字资源可以按照不同方式输出，成为不同媒体产品，多媒体和跨媒体将成为印刷产业发展的新领域和新的增长点。

这种变革在出版领域将显得尤为突出，建立在数字、网络和多媒体技术基础上的内容产业是未来发展的一个崭新领域，将形成一个跨地区、不断繁殖的网络化数字资产，出版内容是其中重要组成部分。采用数字化技术内容管理，以数据库为基础，网络传输为纽带，各种输出平台为终端，成为现代化印刷生产完整系统。出版过程中间资料就可以一次制作、多次发布、按需组织印刷，印刷及发行的仓库面积将可降低到最低程度，有的甚至于可以取消。印刷生产和服务不再局限于大众化市场，按需、个性化生产和服务已经成为现实，并以更快速度发展。

在输出方式上，电子书、电子报在技术上已取得很大进展，我国自主开发的电子书软件和硬件已推向市场，随着技术上不断突破和成本降低，网络、电子媒体将会加快发展。

电子媒体的发展是对传统印刷媒体的挑战，其发展速度肯定会超过传统媒体，但是它们之间并不是取代关系，更多表现为互补关系。纸媒体由于其廉价、便携、易读、柔性等特点，在商业、包装印刷领域仍将长期占主导地位，而在信息、新闻以及工具类的印刷和出版领域面临巨大挑战，但总体上说，在21世纪前20年纸媒体仍将占有主流地位，传统媒体和电子媒体将互为补充、融合发展。

一方面，数字和网络技术造就了新的印刷工艺——数字印刷，使按需印刷、个性化印刷、即时印刷等成为现实，并得到巨大发展，应用领域广阔。另一方面，数字技术对传统印刷的技术改造将更为深刻和全面。数字、网络技术使传统印刷生产发生根本变革，计算机整合生产与管理成为印刷生产和管理的主要模式，使生产、管理、经营过程融为一个整体，印刷机械的高度自动化和印后的联动化、直接制版技术、数字化工作流程等成为产业技术发展的潮流，生产和管理效率、信息化程度将大幅度提高。

在新技术的推动下，印刷产业的集约化程度将会进一步提高，印刷企业经营将会向多元化和专业化方向发展，一批规模更大、集约化程度更高的大型企业将不断涌现。此外，随着世界经济一体化步伐加快和中国入世承诺的兑现，中国经济持续发展，中国市场国际化趋势将不断加快。许多世界著名生产企业将加快进入中国，实现本土化生产。

在数字技术改造传统印刷产业过程中，各种印刷工艺技术将各展所长，充分显示各自特长和优势。印刷工艺将更丰富多彩。胶印在各类印刷工艺中仍将占有主流地位，凹印、网印、柔印等各类印刷工艺也将在市场竞争中各得其所，比重相对会有所提高，并且将会互相促进、共同提高。

基于上述认识，专家们共同认为：数字化、网络化对印刷业既是挑战，更是机遇，对中国印刷业今后如何发展既要防止盲目乐观，认为印刷主流媒体地位不会被撼动，又要防止消极悲观，认为传统媒体将被新媒体所取代而逐渐消亡。我们必须审时度势，研究适应数字化时代的发展对策，走中国印刷自己发展的路。

由此集中专家讨论意见，中国印协于2005年5月向新闻出版总署上报了《2006～2020年中国印刷产业发展纲要（建议稿）》。

四、印刷媒体在促进新历史时期中国印刷产业结构升级中发挥了重要作用

进入21世纪后，在中国印刷业的转型升级进程中，印刷媒体发挥了越来越重要的作用。彼时，纸媒仍然是主要的媒体战场，行业中以《印刷技术》这本建国初期即创办的资深月刊为领头羊，在南北各地活跃着《中国印刷》、《今日印刷》、《印刷杂志》、《印刷世界》等实力型刊物。

2002年，《印刷经理人》杂志创刊。这本刊物由中国印刷科学技术研究院主办，印刷技术杂志社负责出版，设立了专门的编辑部。

《印刷经理人》的出世，可谓应时而生。适值21世纪初叶，中国印刷业正处于高速发展的蓬勃之势，行业内的既有实力型刊物，基本上是以介绍技术趋势、交流工艺应用为主的技术类刊物，行业急需交流经营管理经验、提供市场全局分析的经管类读物。《印刷经理人》聚焦印刷行业中以经理人为主的高管读者群，秉持“理性＋实证性”的办刊宗旨，以敏锐的选题策划、深入的事件分析、丰富的信息撷取、简洁的叙述风格，赢得读者的普遍关注与信赖，形成独特的期刊品牌。

其中，“中国印刷企业100强”排行榜，就是《印刷经理人》杂志推出的系列市场调查类报告之一。自2003年开始公布的百强排行榜，每年一次定期发布印刷行业前100强企业经营数据，是全行业了解大型企业经营态势、产业组织结构变迁脉络的重要窗口，也成为政府部门观察产业发展的重要信息工具。

从2003到2012年，10年榜单，记录了快速发展的中国印刷业的疾驰脚步：第100名的销售收入，由0.93亿元一路攀升到3.51亿元，逐年拉升百强门槛；第一名的销售收入，由首届的8亿多元翻盘到第10届的35亿元；百强销售收入总规模，由首届的200多亿元扩容到第10届的近800亿元；而百强中的十亿集团军，也年年添丁进口，到第10届形成了20强阵营。

10届百强榜单，也映射了很多业态变化。从企业组织结构来看，越来

越多的百强由单体企业演变为企业集团，多点布局、多业务联动成为常态；从所有制结构来看，三资企业从百强榜中的过半坐席渐渐退隐，第10届仅留38席，三资企业的效益优势也随其超国民待遇的减少乃至消失而荣光不现；从地区分布来看，由珠三角“一家独大”，到珠三角、长三角分庭抗礼，再到第10届的西南崛起，百强榜单呈现越来越明显的地域多样性；从业务结构来看，出版物印刷企业的版图渐渐被包装印刷企业蚕食，而混合业务取代单一业务，也成为越来越多百强企业的经营方略；从外单承接地来看，外单业务也从传统的珠三角基地，向长三角、环渤海甚至中西部地区转移，外单增势的减弱更是增加了拓展内地市场的紧迫性。

但有些变化，也开始让人警觉：首届榜单，百强企业百元销售收入所创利润为10.3元，10年过去，这一数字减少到7.85元，跌幅近三成。百强企业的平均收益明显缩水，表明这个行业已从高盈利时代，无可挽回地跌入了微利经营的时代。

百强企业中的一些变化，也显示了未来的发展方向：百强企业的地域多样性，预示着中国印业由单极增长向多极增长的可能性；百强企业中数字印刷方式的引入与普及，预示着新技术手段乃至新商业模式对传统业态冲击的力度；而百强企业活跃的兼并重组动作与版图扩展速度，则预示着这支生力军在未来的中国印业，将占据越来越重要的份额，起到越来越强有力的引领作用。

五、化“危”为“机”，加快中国印刷业战略转型

2008年世界金融危机突然爆发。在世界经济日趋全球化时代，任何国家、任何行业都很难独善其身，我国印刷业也经历了改革开放以来最严重的冲击：一是出口订单大幅下滑，广东印刷出口下降20%～30%；二是经济效益大幅下降，利润下降普遍比印刷销售额要大；三是包装印刷随出口下滑，下降幅度大于出版印刷，出版印刷中报纸印刷出现了改革开放以来首次下降；四是对中小印刷企业影响大于大型骨干企业，东部地区的影响大于中西部地区；五是印刷机械跌幅大于印刷业。

当时对中国印刷业有两个情况引人注目，一是数字媒体对传统平面媒体的冲击更加显现出来，最突出的是报纸印刷。据报业协会统计，2008年报纸印量（1 594亿印张）比2007年（1 634亿印张）下降2.45%，2009年情况更严重，除西部新疆维吾尔自治区、西藏自治区、四川和山东省外，多数省市都出现10%～15%的下降。

二是纵观历史在经济危机条件下，文化具有反向调节功能，面对经济下滑，文化产业有逆势而上的特点。看来这带有规律性，在2009年法兰克福书展中，版权贸易增长11%；德国当年GDP下降4%，但图书销售额增长2.8%；当年我国春季图书订货额增长18%以上。

作为应对世界金融危机重要战略措施之一，2009年8月国务院出台了《文化产业振兴规划》，明确印刷业是今后我国九大文化产业之一，而重点加以支持。

这是对印刷业在我国国民经济战略地位认识上又一次升华，在这方面新中国成立以来大体上经历了三个阶段。

第一阶段：强调印刷为出版服务，为政治服务。新中国成立之初，印刷为出版服务，使中国印刷从战争废墟上恢复过来，建立起“新华”出版印刷体系，为中国印刷业以后发展打下了基础。到“文革”时期，这个体制发展到极致，印刷实际上只为印刷政治读物服务，陷入了发展困境。

第二阶段：改革开放，拨乱反正。1977年8月邓小平同志就说，“现在有的著作按目前出版情况，要许多年才能印出来，这样就把自己捆死了”，这里讲的实际是说印刷拖了经济发展的后腿。1983年6月中央和国务院做出《关于加强出版工作的决定》指出，“印刷事业落后不但表明一个国家文化教育的落后，而且表明经济发展的落后”，阐明了印刷和国民经济发展的关系。这是对印刷业战略地位认识上的一次升华。由此引发国家对印刷业发展的重点支持，我国印刷业出现了长达20多年的跨越式发展。

第三阶段：改革开放30年之后，国务院颁布《文化产业振兴规划》，把印刷业列为文化产业中的重点产业，进一步明确了印刷业在国家发展中重要战略地位。这是对我国社会主义经济发展规律认识上又一次飞跃。

回顾历史，每一次认识上的飞跃都会带来印刷业更大发展，这是中国印刷业又一次难得的发展机遇。

六、新闻出版总署制定“十二五”发展规划，提出印刷业要在新闻出版产业中率先建成世界印刷强国的宏伟目标

2010年是“十一五”规划实施的最后一年，在后金融危机的新形势下，研究制定“十二五”发展规划。

在经历了世界性金融危机之后，当时中国印刷业发展有以下特征：

——增长速度趋于平稳

按国家统计局统计，2010 年全国 GDP 增长 10.6%，其中工业增长 15.7%，而印刷业增长 14.9%。

——高档印刷设备进口明显增加

2010 年达到 22.9 亿美元，创历史新高，体现了印刷产业结构调整、转型升级的进展在加快。

——数字印刷和印刷数字化步伐加快

数字印刷设备增长情况（注：表 1 ~ 表 5 数据采自《数码印刷》杂志所做“数码印刷在中国”系列调查）。

表 1　单张纸高端彩色数码印刷机装机量统计

截至 2009 年 7 月装机总量（台）	截至 2010 年 7 月装机总量（台）	2008 年 8 月 ~2009 年 7 月的增量（台）	2009 年 8 月 ~2010 年 7 月的增量（台）
354	455	84	101

表 2　生产型彩色数码印刷设备装机量一览表

截至 2009 年 7 月装机总量（台）	截至 2010 年 7 月装机总量（台）	2008 年 8 月 ~2009 年 7 月的增量（台）	2009 年 8 月 ~2010 年 7 月的增量（台）
990	1210	346	315

表 3　连续纸高端彩色数码印刷设备装机量统计

截至 2009 年 7 月装机总量（台）	截至 2010 年 7 月装机总量（台）	2008 年 8 月 ~2009 年 7 月的增量（台）	2009 年 8 月 ~2010 年 7 月的增量（台）
21	24	11	3

表 4　单张纸生产型黑色数码印刷机装机量统计

截至 2009 年 7 月装机总量（台）	截至 2010 年 7 月装机总量（台）	2008 年 8 月 ~ 2009 年 7 月的增量（台）	2009 年 8 月 ~ 2010 年 7 月的增量（台）
21	24	11	3

表 5　连续纸生产型黑白数码印刷设备装机量统计

截至 2009 年 7 月装机总量（台）	截至 2010 年 7 月装机总量（台）	2008 年 8 月 ~ 2009 年 7 月的增量（台）	2009 年 8 月 ~ 2010 年 7 月的增量（台）
66	156	9	90

——CTP 进入高速发展阶段

CTP 设备增长情况：

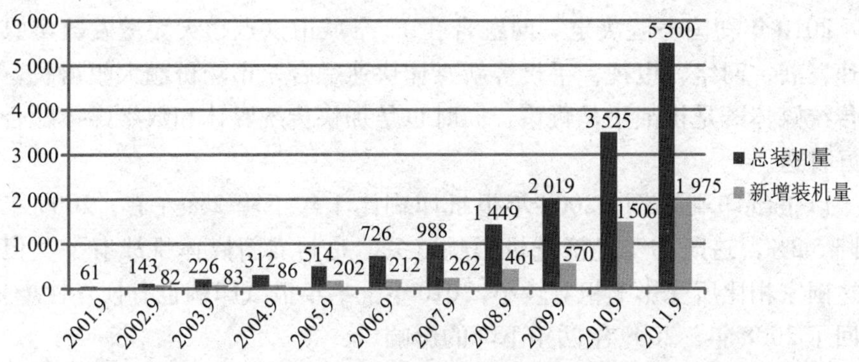

图 1　2001 ~ 2011 年我国 CTP 设备装机量增长情况 [1]

——重点企业实力有较大提升

2009 年，年产值超过 5000 万元的企业有 1 818 家，企业数占全国 1.79%；产值 2 793.41 亿元，占全国 43.87%；利税总额 269.63 亿元，占全国 44.65%。不到 2% 的企业创造了接近一半的产值和利润。

再看百强企业，进入门槛也不断提高：

进入门槛 2003 年 0.93 亿元

2010 年 2.74 亿元 增长 1.95 倍

百强销售收入总额 2003 年 234 亿元

2010 年 766 亿元 增长 1.77 倍

百强资产总值 2003 年 212 亿元

2010 年 766 亿元 增长 2.61 倍

——印刷环保进入法制轨道，《实施绿色印刷战略合作协议》正式签订。

2010 年 9 月 14 日，国家环保部和新闻出版总署正式签订《实施绿色印刷战略合作协议》。内容包括：

* 制定发布印刷环境标志标准；

* 完善绿色印刷评价体系；

* 推行绿色标准；

* 优先开展中小学教材绿色印刷工作；

* 逐步向政府采购产品印刷、食品药品包装印刷等领域的推广；

* 加强对印刷企业实施绿色印刷政策扶植，淘汰落后印刷工艺、技术、产能等一系列政策措施。

——数字媒体对传统媒体的挑战更加激烈，但基本格局并没有改变，媒体进入多元化主流格局。

1　图 1 数据采自科印传媒“CTP 在中国”系列调查，“CTP 在中国”系列调查统计数据截止时间均为当年 9 月底。

2010 年初国务院决定三网融合在 12 个城市试点，大大激发数字媒体快速发展，网络、电视、手机等新媒体快速融合，市场份额大幅增长，对于传统媒体既是挑战更是鞭策，同时也是加快传统媒体和数字媒体融合的良好机遇。

以报纸印刷为例，2008 年报纸印刷比上年下降 2% 左右，2009 年又下降 5.2%，这既与受经济危机影响有关，也与受新媒体挑战有关，但与发达国家相比所受影响相对较小，2010 年上半年报纸印刷也有恢复性增长，补回了 2008 年、2009 年两年下降的影响。

由此可见，数字媒体和印刷媒体仍保持互补大于取代格局。

从上述特征分析，中国印刷业的发展从高速增长进入正常增长的新的历史转折点，今后发展必须着力调整产业结构，转变增长方式，加快实现战略转型，舍此难以实现持续、稳定、健康科学发展。

在研究制订规划时，新闻出版总署提出在 2020 年实现建设世界新闻出版强国目标，作为生产总值占新闻出版行业一半以上，又是市场发育较早、企业改制较快的印刷行业，更感觉责任重大，理应在新闻出版产业中率先实现印刷强国的目标。

在讨论“十二五”印刷业发展规划中，曾经考虑是否可以提出“十二五”建成印刷强国为目标。

按照当时世界印刷业发展状况来看：

按印刷生产总值，我国已超过日本居世界第二位。全球印刷业产值 7 000 亿美元左右，其中美国 1 700 ～ 1 800 亿美元；日本从 10 兆日元下降到 7 兆日元左右，约 700 亿美元；中国 6 300 亿元约 900 亿美元。

但是冷静分析，世界印刷强国不能仅以生产规模来考量，按印刷生产规模来考量，我国确已是印刷大国，“印刷大国”并不等于“印刷强国”，衡量是否印刷强国要看经济、技术、经营管理、人才素质等综合实力，这里包括：

* 整体印刷生产能力、质量和规模居世界前列；

* 综合印刷技术居世界先进水平，掌握一批有自主知识产权独创的印刷科技成果，有强大的科研开发人才和基地，以及相应的职业技能素质；

* 产业结构比较合理，具有在世界上有影响力的骨干企业和一大批优秀品牌企业；

* 印刷市场实现国际化；

* 印刷生产企业产品符合国际印刷技术、质量、环保标准，建立起印刷环保法制体系；

* 印刷劳动生产率高于世界平均水平；

* 建成印刷和相关设备器材协调发展，信息技术、创意设计和加工服务融为一体的现代印刷服务产业体系。

经过分析，规划确定的印刷业“十二五”的核心任务是率先在新闻出版产业建设印刷强国打下坚实基础。明确“十二五”印刷规划不追求生产规模，而着力推进印刷战略转型，加快产业结构调整，为此要采取扎扎实实的措施来落实。

一是要以实施重大项目带动战略作为实现转型升级的突破口，规划确定实施两大重点工程“数字印刷和印刷数字化工程”和“印刷环保标准体系建设及绿色印刷新技术开发工程”。

二是实施国家印刷示范企业工程；在“十二五”期间拟培育100家左右印刷企业作为全国示范企业，并给予相应政策扶植，以带动全国印刷企业的结构调整。

三是大力发展创意印刷，促进印刷与文化创意融合发展。

四是将开展全国印刷技能大赛常态化、规范化，鼓励全国印刷职工学技能，练本事，比贡献，带动全行业职工素质的提高。

五是建设现代印刷服务产业链，拓展市场服务。

这些措施很具有针对性、前瞻性，把推动印刷业战略转型落到实处。

附录一

中国印刷技术协会《关于 2006 ~ 2020 年中国印刷产业发展纲要的建议》

党的十六大确定 2020 年我国全面建设小康社会的宏伟目标，新闻出版总署提出力争 2010 年把我国建成全球重要的印刷基地的战略任务，为我国印刷业今后发展指明了方向。从现在到 2020 年是我国印刷业发展重要战略机遇期。

一、成就和问题

改革开放以来，我国印刷业取得了世人瞩目的成就。以汉字信息处理技术的突破为起点，我国印刷业经历了第二次印刷技术革命，实现了从铅排铅印到照排胶印的历史性跨越，生产面貌彻底改变，生产总值以年平均两位数的速度快速发展。2001 年国务院颁布了修订后的《印刷业管理条例》，明确全国印刷行业实行统一监管，结束了我国印刷业延续五十多年的分散管理的历史；印刷业体制改革逐步深化，多种经济成分共同发展格局已经形成，国有印刷企业的改革正在稳步推进；对外开放步伐不断加快，中国印刷业已经融入世界，成为世界印刷之林中的重要一员，而且地位正在不断提高。

我国印刷业 20 多年的发展积累了丰富、独特的经验：一是坚持科技自主创新，发挥比较优势，成功开发了具有自主知识产权的汉字信息处理和激光照排技术，探索了以信息化带动印刷产业现代化的新型工业化道路；二是坚持“大印刷观”，以适应国民经济和人民物质文化教育需要为目标，按照系统工程组织印刷、设备、器材协调发展；组织出版印刷、包装印刷和其他印刷等各个印刷行业统筹规划协调发展；组织印刷及设备器材行业科研、生产、经营、服务、人才教育统筹发展。

经过近 20 多年的发展，目前全国共有印刷企业 9 万余家，从业人员 300 多万人，2004 年印刷生产总值约 2 600 亿元左右，占 GDP2% 左右。印刷作为现代加工服务业，又具有文化产业属性，服务领域不断拓展，在我国社会主义物质文明、政治文明、精神文明建设中发挥着重要作用，成为我国国民经济重要产业部门。

但是同世界发达国家相比，我们还有很大差距，当前主要问题：

1）人均印刷消费量水平较低，只及发达国家1/10，要适应全面建设小康社会的要求需要做出更大努力。

2）产业结构不够合理，结构性矛盾比较突出。

企业结构：骨干企业少、实力不强，缺乏世界级大型企业集团；中小企业重复建设比较严重；

区域结构：地区发展不平衡，“珠三角”、“长三角”、“环渤海”占全国印刷能力3/4以上，成为地区经济重要产业，东北和中西部地区尚不能适应本地区经济发展的要求；

技术结构：激光照排、胶印印刷虽已普及，数字、网络技术还只在少数企业应用；

生产结构：印刷加工总体生产能力相对过剩，而高档产品的印刷能力相对不足，出口比重较低。

3）科研开发基础比较薄弱，技术创新后劲不足。

4）改革滞后，印刷市场化进展迟缓。

5）宏观管理不够有力，基础工作薄弱，缺乏统一信息数据，印刷市场混乱状况仍然比较突出。

二、印刷业发展趋势分析

2001年在北京召开的第七届世界印刷大会上就预测到，本世纪以数字、网络和信息技术为基础的新科技革命将对全球的产业产生深刻影响，对传统产业带来重大冲击。这对印刷产业来说，既是严峻的挑战，又是难得的机遇，总体而言，机遇大于挑战。

从铅排铅印到照排胶印的转变，是我国第二次印刷技术革命重要标志，印刷产业实现了从模拟技术时代向模拟与数字技术并存时代的转变。今天，我们正在面临从模拟与数字技术并存的时代向以数字、网络、信息以及多媒体技术为基础的数字时代转变。

印刷媒体产品将不再局限于纸质为主的物理媒体，相同的数字资源可以按照不同方式输出，成为不同媒体产品，多媒体和跨媒体将成为印刷产业发展的新领域和新的增长点。

这种变革在出版领域将显得尤为突出，建立在数字、网络和多媒体技术基础上的内容产业是未来发展的一个崭新领域，将形成一个跨地区、不断繁殖的网络化数字资产，出版内容是其中重要组成部分。采用数字化技术内容管理，以数据库为基础，网络传输为纽带，各种输出平台为终端，成为现代化印刷生产完整系统。出版过程中间资料就可以一次制作、多次发布、按需组织印刷，印刷及发行的仓库面积将可降低到最低程度，有的甚至于可以取消。印刷生产和服务不再局限大众化市场，按需、个性化生产和服务已经成为现实，并以更快速度发展。

在输出方式上，电子书、电子报在技术上已取得很大进展，我国自主开发的电子书软件和硬件已推向市场，随着技术上不断突破和成本降低，网络、电子媒体将会加快发展。

电子媒体的发展是对传统印刷媒体的挑战，其发展速度肯定会超过传统媒体，但是它们之间并不是取代关系，更多表现为互补关系。纸媒体由于其廉价、便携、易读、柔性等特点，在商业、包装印刷领域仍将长期占主导地位，而在信息、新闻以及工具类的印刷和出版领域面临巨大挑战，但总体上说，在本世纪前20年纸媒体仍将会占有主流地位，传统媒体和电子媒体将互为补充、融合发展。

一方面，数字和网络技术造就了新的印刷工艺：数字印刷，使按需印刷、个性化印刷、即时印刷等成为现实，并得到巨大发展，应用领域广阔。另一方面，数字技术对传统印刷的技术改造将更为深刻和全面。数字、网络技术使传统印刷生产发生根本变革，计算机整合生产与管理成为印刷生产和管理的主要模式，使生产、管理、经营过程融为一个整体，印刷机械的高度自动化和印后的联动化、直接制版技术、数字工作流程等成为产业技术发展的潮流，生产和管理效率、信息化程度将大幅度提高。

在新技术的推动下，印刷产业的集约化程度将会进一步提高，印刷企业经营将会向多元化和专业化方向发展，一批规模更大、集约化程度更高的大型企业将会不断涌现。此外，随着世界经济一体化步伐加快和中国入世承诺的兑现，中国经济持续发展，中国市场国际化趋势将不断加快。许多世界著名生产企业将加快进入中国，实现本土化生产。

在数字技术改造传统印刷产业过程中，各种印刷工艺技术将各展所长，充分显示各自特长和优势。印刷工艺将更丰富多彩。胶印在各类印刷工艺中仍将占有主流地位，凹印、网印、柔印等各类印刷工艺也将在市场竞争中各得其所，比重相对会有所提高，并且将会互相促进、共同提高。

三、发展目标

进入新世纪，我国印刷业迎来新的历史性机遇：

一是十六大确定的2020年全面建设小康社会，提出国内生产总值到2020年比2000年再翻两番，给印刷业提供极好的市场机遇；

二是中国加入世贸组织，中国经济全面融入全球经济，中国对外开放进一步扩大，给中国印刷业发展提供了广阔的市场空间；

三是北京申奥、上海申博成功，奥运经济和世博经济中有巨额投资转化成消费需求，将给印刷服务带来巨大市场商机。

我们要抓住这些难得的历史机遇，分两步来实现未来的发展目标。

第一步，力争在2010年建成“全球重要印刷基地”。主要目标是：

1）以科学发展观为指导，促进印刷业快速健康增长，平均年发展速度在9%左右，2010年印刷生产总值达到4 500亿元左右，占GDP2.25%；

2）在“大珠三角”、“长三角”和“环渤海”地区建成各具特色、具有先进技术水平的区域印刷生产基地，印刷品出口超过80亿美元，同时推进中部、东北、西部地区印刷业的开发振兴，使全国印刷产业协调发展；

3）在印刷技术方面继续保持汉字信息处理技术的领先水平，推进汉字信息处理技术与数字化、网络化技术相结合，开发一批具有我国特色和自主创新的印刷技术；

4）加快产业结构调整，培育一批具有国际竞争力的骨干企业和一批具有世界影响力的著名品牌；

5）深化国有印刷企业改革，建立起与市场经济发展相适应的多元投资结构和现代企业制度。

第二步，到2020年在我国全面建成小康社会的时候，使我国印刷业从目前的世界印刷大国转变成世界印刷强国，其主要目标是：

1）我国印刷生产总值达到1万亿元左右，占GDP2.5%左右，位列世界前三位，跻身于世界先进印刷之林；

2）我国主要印刷生产企业的技术和管理达到当时世界先进水平；

3）建成印刷、印刷设备、印刷器材、印刷科研、印刷教育协调发展和比较完整的现代化印刷工业体系；

4）建立起适应市场经济秩序的全国统一、开放、竞争有序的市场体系。

四、发展重点

为了实现发展战略目标，要研究明确发展重点，以便集中力量，加快组织实施。

研究发展重点的原则：

一是以科学发展观为指导，坚持发展是第一要务，促进我国印刷业全面、协调、可持续发展；

二是发扬我国第二次印刷技术革命的自主创新精神，在积极引进和采用国际先进适用技术和装备的同时，加强科技开发、力争有所突破；

三是分析世界印刷技术发展趋势，抓住当代印刷发展关键技术，有所为、有所不为；

四是按照大印刷观的指导思想，实现印刷、印刷设备、印刷器材协调发展，建立我国完整的印刷产业体系；

五是立足于国际市场，对国外成熟的技术加快引进推广，积极促进外商中国本土化生产；

六是在工作方法上坚持科学试验、典型示范、稳步推广。

按照上述原则，我国印刷业今后发展重点是：

(一) 技术发展方面

1）数字资产（源）。在数字化、网络化技术的推动下，印刷加工服务对象是巨大内容产业的重要组成部分，这些信息资源不断产生、积累和繁殖，而且由数字网络与其他公共和专业信息资源连接成庞大数字资产。对这些数字资产的有效管理和利用是印刷数字化工作的基础和出发点，将深刻影响印刷业生产方式和经营管理。为此印刷业必须紧密与使用部门相结合，大力加强数字化内容管理技术的研究开发。重点要加强与新闻出版部门的结合，通过建立出版数字资源加快推进出版印刷的数字化进程。

2）数字流程。基于信息数字化基础上把图文信息流和生产控制信息流采用计算机整合生产和管理是印刷数字化、网络化的必然趋势，并且已经贯穿印前、印刷、印后和印刷经营、生产、管理全过程。为了实现印刷全过程数字化，要大力推广采用直接制版、色彩管理、计算机集成生产、计算机信息管理、自动化设备和数字化工作流程。

3）数字（码）印刷。基于色粉的静电照相和液体油墨的喷墨成像已成为数字印刷的两大技术主流，特别是喷墨数字印刷的技术发展很快，应注重研究，在开发过程中应发挥我国在系统集成、驱动控制软件等方面的优势，努力开发有自主知识产权的喷墨印刷系统，在硬件设备上，可采取中外合作，促进国外厂商在中国本土化生产。

在经营方面，要瞄准高附加值的个性化服务和按需印刷的市场特点，采取连锁经营、方便快捷的管理方式，推动数字印刷在我国快速、健康发展。

4）设备数控。在传统印刷工艺过程中，要大力采用数字技术提升印刷设备的自动化水平和联动化水平，采用开放系统和模块结构的设计理念，保证印刷设备系统能够融入数字和网络化的计算机整合生产和管理环境，缩短换版、调墨、翻转、给纸、收纸等工艺环节的时间，降低开机前准备时间和劳动强度，提高生产效率和印刷质量。

要重视发展印后配套加工设备（包括数字印刷），进一步提高书刊装订、发行（包括邮发）联动化水平。

5）防伪印刷。在社会主义市场经济发展过程中，我们面临打击非法印刷品的严重任务。一方面要坚决贯彻中央、国务院整治市场秩序的各项决定，加强印刷市场监管力度，同时要大力开发推广各种防伪印刷技术（数字、激光、化工等），力争在印刷技术上加强防范。特别是商业票据安全印刷的防伪，必须切实保证。

（二）产业发展方面

1）培育骨干。加强产业结构的调整是印刷业今后发展的重要战略任务，一方面要通过鼓励竞争和政策引导，培育一批具有国际竞争力的骨干印刷及设备、器材企业，到2010年我国约有5～6个企业达到年产值40亿、50亿元左右；另一方面要促进中小企业向专业化方向发展，努力把企业做专做精，创品牌求实效，争取到2010年形成至少10个在国际上有影响力的著名品牌。印刷企业要坚持以质量为中心，大力加强印刷标准化工作。

2）器材配套。印刷器材是印刷生产的物质基础，经过20多年建设、特别是对外开放的不断扩大，外资大量进入，目前常用的中档器材已可基本实现国内配套，今后重点要开发直接制版版材、特种印刷用纸、高档特种油墨、和数字印刷配套的色粉、液体油墨、高档橡皮布和印刷胶辊等，并要争取扩大出口。

3）区域协调。区域印刷产业要与本地区经济发展相适应，同时要坚持特色，促进全国印刷产业的协调发展。

“大珠三角”应坚持外向型特色，力争到2010年印刷出口产值占本地区印刷业产业1/3以上，成为外向型的世界印刷中心。

“长三角”地区印刷业历史悠久，基础雄厚。改革开放以来民营经济迅速崛起，包装印刷发展很快，印刷机械、器材生产都有深厚实力，应建成综合实力最强的印刷生产基地。

“环渤海”地区出版资源最丰富，出版印刷基础好、实力强，又有全国科研、教育、人才等方面的优势。要努力建成我国以出版印刷为特色的先进生产基地。

与此同时，随着“西部开发”、“东北振兴”、“中部崛起”的战略实施，要努力促进这些地区印刷业的统筹协调发展。

在区域印刷业发展中要重视科学规划印刷产业园区的建设，努力使土地资源合理利用，重视研究促进产业园区健康发展的各项措施。

4）重视环保。防止和减少污染是印刷业今后一项十分重要任务，要加强无污染、少污染的新型油墨的研究开发，推广水性油墨；现有大型骨干印刷企业必须建立废气、废液回收装置和各种环保设施，严格按环保要求进行企业改造。大力开发环保型、生态保护型、节能型的设备和耗材，发展循环经济。

5）加强管理。管理薄弱是我国印刷业发展中突出问题，要采取有力措施努力提高印刷企业科学管理水平，印刷企业管理要坚持以质量为中心，建立严格的保证产品质量的管理体系，要以为用户服务为宗旨，建立健全企业经营服务管理体系，并严格贯彻实施。

要重视加强标准化工作。这是科学管理的基础，力争在 10 ~ 15 年内建立符合国际标准的我国印刷工业标准化体系。

6）现代物流。印刷物资供应是产业发展的重要环节。建设现代物流要明确服务定位、坚持服务方向、加强诚信建设、打造优质服务品牌，围绕为用户服务，在经营上要勇于创新、办出特色，大力加强信息咨询服务，加强内部科学管理体系建设。现代印刷物流要成为区域和全国印刷产业体系的重要组成部分，共同协调发展。

五、各类专业印刷产业发展目标

1）出版物印刷

①图书印刷：传统大众化图书印刷总量保持基本稳定，增长速度在 3% 左右，着重提高质量和印刷技术水平，适应多品种、小批量、高质量、短周期的要求。

鼓励有条件印刷企业发展电子出版物，使纸质图书和电子出版物互相补充，满足读者多方位需求。

②期刊印刷：期刊品种、印量将保持基本稳定。期刊印刷主要是适应期刊结构调整的要求，保证期刊印刷质量和按时发行。对商业性、艺术性、专业性强的期刊要注重色彩管理，发展高保真印刷、无水胶印和各种特种印刷，在发行上推广直接邮寄，发展自动邮发系统，提高发行效率。

③报纸印刷：报纸（印张）仍将会保持快速增长。2010 年前（印张）发展速度预计在 12% 左右；2010 年到 2020 年预计增长速度保持在 9% 左右。

报纸印刷要坚持早出报、出好报的高要求，继续走在全国印刷技术发展的前列，要率先在数字资源、网络传输、直接制版、色彩管理、高速高效印刷、自动邮发等方面应用示范、积累经验。

2）包装印刷

包装印刷主要为我国包装产业配套服务。今后，仍将成为我国印刷业发展速度最快的行业，预计到 2010 年包装印刷将占全国印刷业总产值 40% ~ 45% 左右，2020 年达到 45% ~ 50% 左右。

根据包装产业长远发展规划，包装印刷重点将发展无毒、无害、绿色环保、以纸基纸塑复合为主的包装印刷，以适应乳品、饮料、食品、医药、家电、日化、烟草等行业发展的需要，相应发展塑料、玻璃、金属等包装印刷，根据自身特点，积极采用凹印、网印、柔印等各种印刷工艺。

要重视发展防伪包装印刷，积极开发防伪印刷新技术、新工艺，为整治非法印刷市场提供技术保障。

3）数字印刷。为适应个性化印刷市场需求快速发展，数字印刷将会有很大增长，今后一方面要积极与上游的出版产业结合，一方面要围绕 2008 年奥运会和 2010 年世博会文件资料印刷的需要，大力组织数字印刷快速、优质、高效服务，还要根据高附加值的个性化服务和按需印刷的市场特点，促进连锁经营。2010 年在全国省（市、自治区）级以上和经济发达城市建立连锁服务网络；2020 年普及到县级城市，并实行网上服务，使数字印刷早日形成新兴印刷产业。

4）其他印刷。

①票据印刷主要涵盖票、本、卡三类印刷品。近十多年来行业年均以 15% ~ 20% 的速度递增，2004 年销售收入超过 120 亿元。

当前，我国商业票据印刷业正处于传统印刷向现代印刷转型时期。传统票据印刷市场将渐次下降，现代票据印刷市场将迅速上升。产品结构的变化将带来附加值和经济效益的增长。预计年均产值将以 12% 左右的速度递增，略高于全国印刷业平均增幅。

在品种上，要重点开发账单印刷和直接邮发系统。商业票据印刷今后面临电子票卡的激烈竞争，要根据市场趋势，及时调整产业结构，在传统票据印刷上采用数字、电子技术。开拓卡片印刷以至向关连产业 IC 卡全套印制系统延伸（制片印刷贴合、晶片加工注入、成品检测进库等），传统印刷与现代印刷将会协调发展。

②证券印刷。银行钞票、邮电邮票、专业票证等国家专门严格控制的印刷由国家专业部门规划安排。

③商业广告印刷。在市场经济环境下，广告印刷已经融合到报纸、期刊、包装、票据各类印刷中，同时户外广告的发展正在促进喷绘技术的提高，大型广告对印刷及设备提出新的要求。喷墨技术的开发将使大幅面的广告印刷加快发展。

六、印刷设备、印刷器材协调发展

1）印刷机械设备。印刷装备是我国印刷业发展的重要物质基础，改革开放以来，印刷机械设备有了很大发展，高、中、低档设备品种基本齐全，性能质量有很大提高。中、低档设备基本满足国内需求。但是我国现有设备制造能力与技术水平仍不能适应印刷业发展的需要，与国外先进水平比还有很大差距。大量高档设备，如直接制版机、高档多色胶印机和凹印机等基本依靠进口，进口值约为国内印刷设备生产值的两倍。这种状况成为制约我国印刷业现代化的重要因素。

加快发展我国印刷机械设备制造业，是今后我国印刷业发展的迫切需求，也是一项重大战略任务。我们应该加倍努力，在今后 5 ~ 10 年内，使印刷机械设备，特别是高档机械设备的本土化生产有大的发展，基本适应我国印刷业发展的需要。

发展我国印刷机械设备要统筹规划，使印前、印刷、印后机械设备协调发展。

必须加快产品结构调整，用高新技术和先进适用技术提升现有设备的性能、质量和水平，研发新型数字化设备，尽快改变低档设备生产过剩、高档设备生产严重不足的局面。今后 5 ~ 10 年的发展重点是：1.5 万张 / 时以上的单张纸多色胶印机和多色双面印；提高现有书刊用卷筒纸胶印机的质量和水平；4 万张 / 时左右的商用卷筒纸胶印机；7 万张 / 时左右的新闻用卷筒纸胶印机；直接制版机；数字印刷机；数码打样机；根据市场需求，适时地发展高档凹印、柔印、网印机和各种不同组合的组合式印刷机；高档印后设备如装订生产线等。力争 2020 年前，主要印刷机械设备的性能、质量、稳定可靠性达到或接近当时的国际水平。研制出具有自主创新和自主知识产权的技术和产品。改变高档设备基本依靠进口的局面。

积极实施“引进来”“走出去”的战略。在提高我们自己的研发能力的同时，应该采用多种方式，积极与国内外的先进厂商合作、合资、专项技术研发。要积极参与国际并购，把我国印刷机械设备的发展放在国际市场的大环境中去研究。特别是有实力的企业，要尽快地把注意力由国内市场，转向国内外并重，并逐步转向国外市场，积极参与国际竞争。

采取切实措施，把北京和上海建成具有国际竞争力的两大印刷机械设备生产基地，并逐步成为外向型企业。2010 年两大基地生产总值分别达到 50 亿元左右，进入世界印刷设备生产厂商前六名。2020 年两大基地生产总值分别达到 100 亿元左右。其产品性能、质量、水平达到或接近当时的国际先进水平。

力争到 2010 年我国印刷机械设备生产总值达到 120 亿元左右，2020 年达到 250 亿元左右。形成竞争有序，布局合理，高、中、低档产品比例协调，基本满足国内印刷业发展的需求，并有一定数量的产品出口。

2）印刷器材。印刷器材是印刷生产过程中的载体和消耗品，用量很大。随着我国对外开放的不断扩大，外资大量进入，许多采用中外合资或外商独资生产，使中档印刷器材目前已基本实现国内配套，而且正在扩大出口。

当前，我国纸业正快速向国际市场一体化发展，印刷纸张的供求关系发生了根本变化，这对我国印刷业全面协调发展提供了重要保证。但是我国森林资源很少，草类纸浆的比重很大，今后仍要大力植树造林，提高木浆的比重，坚持林纸结合、生态环保的方针，要加强废纸回收，要重视印刷特种纸的发展。

PS 版：目前我国普通 PS 版的生产能力已达 1.3 亿平方米，市场需求约 9 500 万平方米，进口 700 万平方米，出口 300 万平方米，市场竞争日趋激烈，因此今后发展的重点，应该着力于调整产品结构，发展高档产品，开发为直接制版配套的版材。目前版基材料基本都是铝金属，受资源限制成本较高，应尽快研发其他性能价格比较好的材料，并注意旧版的回收利用。调整企业结构，实现规模经济，提高经济效益。

油墨：我国油墨生产能力已达 27 万吨，大宗油墨产需基本平衡。我国骨干油墨企业都已与国外著名企业合资、合作。今后重点是提高产品质量，开发适应高速印刷的高档快干油墨、环保型油墨，为适应喷墨印刷的发展要求的各类油墨，为适应凹印发展需要的不污染、少污染的各类油墨，以及各类特种油墨和配套需要的各种上光材料。

橡皮布：我国橡皮布生产能力已有百万平方米，主要生产厂都已与国外合资，一般橡皮布生产能力基本适应国内需要，但高档气垫橡皮布缺口仍很大，今后要重点发展高档气垫橡皮布，2010 年生产能力达到 30 万平方米，2020 年基本适应国内生产和进口设备配套需要。

气垫橡皮布所需的原辅材料目前基本依赖进口，拟请纺织、化工等有关部门在引进消化吸收基础上，加快开发生产，以适合国内配套生产需要。

橡皮布生产企业要大力加强环保措施，严格按环保要求进行生产。

胶辊：重点发展各类高档胶辊，提高等级，适应国内高档印刷机和国外进口设备的配套需要。胶辊的原辅材料请有关部门组织安排开发研制。

七、坚持自主创新，把人才培养、加强科研放在重要战略位置

发展我国现代化印刷产业必须坚持自主科技创新，这是我国印刷业的光荣传统。经过 20 多年发展，我国印刷科研已初步形成国家、地方和企业三个层次科研开发力量。

“北大方正”是我国印刷技术第二次革命的主力军，为我国印刷技术跨越式发展做出了历史性贡献。现在，方正研究院、方正电子是我国印刷科研开发的中坚力量。特别是汉字信息处理技术一直保持着世界领先地位，书刊、报纸的中文软件在世界上占绝对优势，要发扬传统、坚持创新、继续引领我国印刷技术开发的潮流，在数字资源、数字印刷、色彩管理、数字工作流程等以软件开发为主的领域做出突破性贡献。

中国印刷科学技术研究院和上海印刷科学技术研究所为适应市场化要求，正在向高科技型企业转型，坚持科研方向，力争在我国印刷关键技术、关键工艺和印刷适性等方面有所创新。

我国现在有一批专业性的印刷设备、器材方面研究力量，大多与企业、院所相结合，在许多专业性科研开发中多有建树。所在的企业、院所要加强对这支科研队伍的支持；

科研、生产、使用相结合是我国的优良传统。我国印刷科研的基础在企业，培育具有国际竞争力的骨干企业必须有强大科研开发队伍，为企业创新提供技术支撑，同时瞄准前瞻性印刷技术，组织突破、力争跨越式发展。因此大型骨干印刷企业都应建立科研开发机构，凝聚印刷科技人才。各地政府为支持科研开发所制订的鼓励政策都应认真贯彻、落实。

印刷科技自主创新关键是人才。改革开放以来，我国印刷教育有了长足发展，现在北京印刷学院已成为有较大规模的全国专业性印刷高等学校，全国约 30 所大专院校建立印刷包装专业院系，每年培养的大专印刷人才上万人。高等印刷教育院校也是我国印刷科研的中坚力量。要大力推广社

会助学经验，坚持“产、学、研”相结合的方向。选择发挥自己优势的科研课题组织攻关，通过加强科研开发，促进教育水平提高。

印刷业与信息产业互相融合、互相渗透，信息技术的突破会带来印刷业的巨大变革。因此欢迎鼓励信息技术研究机构和高等学校参与印刷数字化技术的研究开发，力争取得更多的新成果。

对印刷技术教育要统筹规划，在重点加强北京印刷学院和上海理工大学印刷学院建设的同时，在全国有条件的大专院校设立印刷专业；要大力发展复合型人才，逐步发展全国多层次的印刷教育体系。要特别重视培养印刷高级人才。一是印刷科技的带头人；二是高级企业管理人员；三是高级技工、技师。

在职科技人员、高级技术工人的再教育要进一步加强，要重视印刷职业技能的培训、认证，每个企业都要制定培训计划，把培训工作纳入落实“以人为本”的重要措施。

加强国际交流。要多派出去、请进来，邀请国外著名专家来华交流、讲学。

为了让更多优秀人才脱颖而出，要研究建立鼓励竞争、奖励先进的各种机制、措施。要继续办好毕昇奖；要组织各种专业性竞赛评奖；要研究组织印制品竞赛，通过竞赛培育国际著名品牌。继续组织好印刷设备的“质量万里行”，促进印刷机械质量提高。

八、深化改革，加快推进印刷市场化

在我国市场经济发展进程中，我国印刷各个行业市场化程度发展不平衡，包装印刷、社会商业印刷是随着市场经济发展不断壮大起来的，市场化程度相对较高，而出版印刷业由于受体制和某些政策的影响，以及历史遗留下来种种积弊的拖累，市场化进程比较迟缓，国有企业改革困难仍然比较大，不少国有出版印刷企业效益不好，生产经营陷入困境。

解决这个问题，必须坚持深化改革，按市场优化配置资源，让印刷企业真正成为市场主体，尽快建立现代企业制度，转换企业经营机制。

1）处理好出版业和印刷业的关系。出版和印刷是我国国民经济两大重要产业，上游下游紧密相关，唇齿相依。出版社和印刷厂又都是我国社会主义市场经济中各自独立的经济实体，也是独立的市场主体。除机关文印服务外，出版印刷的经营活动都应按照市场经营的原则，实行招标、应标，按合同组织生产，实行社厂分开，独立核算，规范运营。

2）印刷企业按照市场配置资源，凡是设备、工艺、技术和管理具备条件可以自主决定经营方向，打破出版物、包装、商业印刷的界限，解放印刷生产力，面向全国印刷市场，公平竞争。出版社可以在全国市场内公开招标，择优选择承印企业。

3）加快出版印刷企业改制步伐，按照投资主体多元化的原则鼓励引进外资、民资和国有企业之间互相参股，推进股份制改造，出版社和印刷厂作为独立的投资主体可以互相参股、控股，建立符合现代企业制度的体制、机制。

4）鼓励兼并，发展企业集团。组织企业集团的关键是要转换经营机制，改革企业内部管理制度。兼并是否成功，主要看经济效益是否提高。

5）改革印刷业行政审批制度，逐步实行登记制。根据我国加入 WTO 的承诺和《行政许可法》的实施，要逐步减少最终取消印刷企业的行政审批。着力于加强监管，严格依法行政。

6）进一步扩大开放，鼓励外商投资。当前对外资投资出版印刷业还有一些政策限制，以后随着国家进一步扩大开放的部署，及时进行政策调整。

外资进入我国出版物印刷关键是要加强监管，要研究加强监管的措施，制定相应法规，严格实施。

7）开放印刷市场。除从事货币、邮票以及国家安全机密的印务外，全国印刷企业都应面向全国市场，各个地区、部门保护性措施都应取消。要建立公平竞争的市场秩序，防止垄断；教材印刷应实行面向全国招标，取消地区和部门的保护。

8）支持民营印刷企业进一步发展，改革开放以来，民营经济是我国印刷产业最活跃最积极的力量，特别是在包装和商业印刷方面占有绝对优势。目前民营、集体印刷企业已占全国印刷企业总数的 70%，在新世纪要继续鼓励支持民营印刷企业进一步做大做强，积极参与国有企业改制，鼓励到中西部地区投资，东北和中西部地区要采取积极政策，大力扶植、促进民营印刷企业的发展，尽快适应实施“东北振兴”、“中原崛起”、“西部开发”战略对印刷业发展的要求。

九、加强印刷业宏观管理

长期以来，我国印刷业处于分散管理、各自为政局面，造成盲目重复建设、资源浪费、市场混乱等状况，严重阻碍了我国印刷业的健康发展。

2001年国务院颁布了修订后的全国《印刷业管理条例》，明确由新闻出版总署对全国印刷行业实行统一监管，这个历史性的决策，在我国印刷发展史上具有里程碑意义。

三年来，新闻出版总署做了大量工作，对我国印刷业的发展做出有益贡献。但是总的来看，在宏观调控和政策指导等方面还要进一步改进和加强。

——加强对全行业基础情况的调查，摸清家底。由于历史原因，目前需要着重加强对包装印刷、商业印刷情况了解。

——建立全行业信息统计。目前我国印刷业尚无准确的基础统计资料，准确的统计是决策的前提，因此这是当前行业管理最为紧迫的任务。建议在新闻出版总署领导下，全国有关部门和各省市主管部门协同配合，抓紧把全国印刷行业统计信息网络建立起来。

——分析行业发展中存在的突出问题，及时进行宏观指导，在充分调查研究和掌握行业信息的基础上，定期发布行业信息资料，分析市场要求，提出鼓励、发展的产业目录和限制发展的指导性意见。

——研究制订（或会同有关部门，或向国务院提出建议）促进印刷产业发展的政策措施。

当前建议研究：印刷企业增值税、设备进口税减免、进口关键零部件的税制、外资进入中国出版印刷有关政策、企业异地注册、区域印刷基地、特别是“大珠三角”建成外向型世界印刷中心的有关政策措施。

——组织制订印刷产业中长期发展规划。

——加强与机械、电子、轻工、化工、冶金、教育等部门的联系和协调。

——发挥行业协会的桥梁纽带作用。

随着政府职能的转变，协会的功能将会加强，协会可以协助政府部门在规划行业发展、制定行业标准、质量检测、专业资质认证，开展人才培训、组织行业交流、建立行业自律机制、加强诚信建设、促进市场健康发展等方面发挥更多作用。建议加强对协会工作指导，明确协会职能，使协会更好地为行业、为企业服务。

中国印刷技术协会

附件（一）

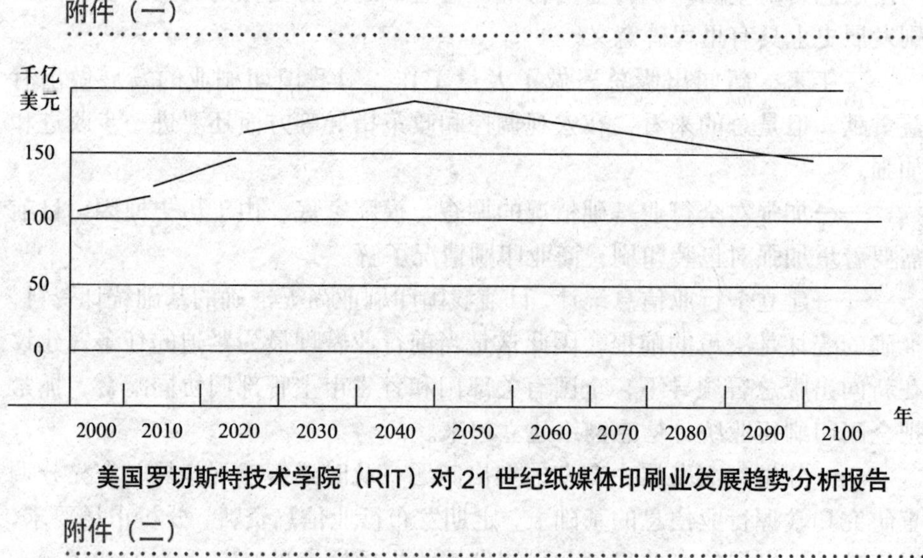

美国罗切斯特技术学院（RIT）对21世纪纸媒体印刷业发展趋势分析报告

附件（二）

日本凸版印刷株式会社预测分析

	纸媒体	数字媒体
2000年	63.4亿美元	4.3亿美元
2005年	55亿美元	10亿美元
2010年	70亿美元	37亿美元

新闻出版总署关于《印刷业“十二五”时期发展规划》

“十二五”时期是我国加快经济发展方式转变，建设新闻出版强国的关键时期。印刷业作为我国新闻出版业的重要组成部分，是文化产业的主要载体实现形式之一，兼具文化产业和加工工业的双重属性，是我国国民经济重要产业部门。科学编制和有效实施印刷业“十二五”发展规划，是我国印刷业贯彻落实科学发展观、加快发展方式转变、在整个新闻出版业中力争提前实现强国目标的重要举措。

一、发展现状和面临形势

（一）“十一五”期间取得的成就

1．产业规模迅速壮大。“十一五”期间，我国印刷业保持了持续快速发展。截至2010年年底，全国有各类印刷企业超过10万家，从业人员超过380万人。“十一五”末我国印刷总产值超过“十五”末的两倍，居全球第三位，我国已经成为全球重要的印刷加工基地。

2．产业布局逐步完善。“十一五”期间，我国构筑完成了依托粤港出口的珠三角、发挥综合实力的长三角和整合出版资源的环渤海三大印刷产业带，三大产业带的印刷总产值已占全国3/4以上。东北和中西部地区梯次承接转移的格局也已形成。印刷业发展的体制机制基本具备。

3．高新技术应用广泛。“十一五”期间，多色、高速、自动、联动等先进印装技术和设备在我国得到了应用，数字印刷以及信息管理技术发展迅猛，特别是国产技术设备的进步为我国印刷业的发展降低了成本，再加上国家对进口高端印刷设备继续给予了优惠政策扶持，大大提高了我国印刷业的现代化水平。

4．竞争能力明显增强。“十一五”期间，我国涌现出一大批具有相当规模和竞争力的优势企业，印刷业出口加工产值持续增长。民营投资印刷活跃，积极开拓外向型业务，部分有实力的企业已经“走出去”。

5．行政管理取得实效。“十一五”期间，印刷法规和标准得到进一步完善，日常管理制度得到进一步落实，印刷质量管理体系基本建立，市场秩序逐步规范，我国印刷业保持了健康有序的发展，保障了国家文化安全。

(二) 存在的主要问题

1. 产业集约化程度较低。我国印刷企业大的不强、小的不精，低水平重复建设严重，尚未形成世界级优势企业。全国百强企业年产值600亿元，占全国的14%，仅为世界领先企业产值的一半。区域发展不平衡，劳动生产率较低，缺乏国际竞争力。

2. 自主创新能力后劲不足。汉字激光照排技术推行以来，印刷核心技术如直接制版、数字印刷等仍掌握在发达国家手里，而我国创新投入明显不足，研发缺乏积累，发展缺乏后劲。我国设备每年进口额16亿美元，而自主制造设备销售额只有150亿元人民币。

3. 新兴市场开拓能力不强。随着数字技术的发展，印刷市场服务早已突破原有界限，新型业态如数字印刷、创意印刷和物流信息增值服务等发展迅猛。但我国大部分企业仍处于被动委托加工，缺乏自主开发。出口集中在港台转移的珠三角，增加较少。

4. 行业整体素质有待提高。目前，我国印刷从业人员中受过高等教育与具有中级以上技术职称的比例大大低于机械、电子等行业，技术工人和职业经理人普遍缺乏，管理基础薄弱，职业技能标准和资质认证体系尚不健全，制约了我国印刷业的发展。

5. 印刷管理信息化有待加强。“十一五”期间，一些印刷企业使用ERP、MIS等信息管理系统加强印刷管理，提高了管理水平。但我国企业管理大部分还处在“手工”时代，信息化建设刚刚起步，系统建设并不完善。我国印刷行政管理也面临同样的问题。

(三)“十二五”期间面临的机遇与挑战

“十二五”期间，我国印刷业发展面临形势复杂，挑战与机遇并存。近年来，伴随着国民经济平稳较快地发展，我国印刷业也持续保持了高速增长。但2009年以来，国际金融危机给我国印刷业持续稳定发展带来了严重冲击。面对不利影响，我国印刷业总体上经受住了考验，印刷业在国家“保增长、扩内需”所采取的种种宏观调控措施的影响下，实现了逆势增长。2009年8月，国务院发布了《文化产业振兴规划》。其中，印刷复制业被列为今后重点发展的九大文化产业之一。这进一步明确了印刷业在国民经济和社会发展中的战略地位，为我国印刷业的发展提供了难得的历史性机遇。

当前，世界各国对印刷行业节能、降耗、减排、绿色、安全要求日渐提高。绿色印刷已经成为全球印刷业未来发展的主流，发展绿色印刷也已成为我国印刷业“十二五”发展的主攻方向。由于印刷业是我国新闻出版业中市场化程度最高的部分，经过多年的竞争磨砺，在国际市场具有明显的比较成本优势，市场份额稳步增长，具有较强的适应能力；而在国内市场，文化市场的繁荣和创意产业的发展，国民经济相关产业的稳定与持续增长，都将为印刷业提供更大的市场空间。因此，在“十二五”期间要抓住时机，及时采取有力措施，通过推行绿色印刷战略，加快印刷产业发展方式转变，推动整个印刷产业实现转型和升级。

为建设新闻出版强国，印刷业应“先行一步”；同时，印刷业要为整个国民经济发展提供切实配套保障，推动文化产业大发展大繁荣。

二、指导思想与总体目标

（一）指导思想

高举中国特色社会主义伟大旗帜，全面贯彻党的十七大、十七届五中全会和中央经济工作会议精神，以邓小平理论和“三个代表”重要思想为指导，深入贯彻落实科学发展观，按照“力争提前将我国建设成为世界印刷强国”的总体要求，采取综合措施，以加快印刷产业发展方式转变为主线，优化产业布局，调整产业结构，培育优势企业，加强自主创新，提升管理服务，完善质量体系，营造和谐环境，引导整个印刷产业实施绿色环保战略转型，促进我国印刷业持续稳定发展。

（二）总体目标

1．到“十二五”期末，从印刷大国向印刷强国的转变取得重大进展，争取在新闻出版业中提前实现强国目标。

2．在“十二五”期间，我国印刷业总产值增长速度与国民经济发展基本保持同步。到“十二五”期末，我国印刷业总产值预计超过 11 000 亿元人民币，成为全球第二印刷大国，使我国成为世界印刷中心。

3．加快国家印刷示范企业建设步伐，培育一批具有国际竞争力的优势印刷企业。到“十二五”期末，产值超过 50 亿元的印刷企业有若干家，产值超过 10 亿元的印刷企业超过 100 家。

4．以中小学教科书、政府采购产品和食品药品包装为重点，大力推动绿色印刷发展。到“十二五”期末，基本建立绿色环保印刷体系，力争绿色印刷企业数量占到我国印刷企业总数的 30%。

5．以数字印刷、数字化工作流程、CTP 和数字化管理系统为重点，在全行业推广数字化技术。到“十二五”期末，数字印刷产值占我国印刷总产值的比重超过 20%。

三、主要任务

为实现上述目标，着重做好以下四个方面工作：

(一) 整合优化产业布局

建设“国家印刷示范企业”，给予政策资金扶持，加快培育优势印刷企业。继续完善印刷三大产业带建设。支持各地培育与市场需求相适应的不同印刷产业集群。

(二) 加快推进技术创新

组织好“数字印刷和印刷数字化重大工程”。重点支持喷墨数字印刷的技术、工艺和设备的自主创新与产业化；同时，以信息化改造传统印刷业，促进印刷业现代化。

(三) 引导产业绿色转型

组织好“绿色环保印刷体系建设工程”，协调有关部门开展多层次多方位合作，制定和完善绿色环保印刷标准，开展绿色环保印刷企业和印刷产品的认证，推进我国绿色环保印刷的发展。

(四) 完善提升管理服务

修改完善印刷管理的法规和规章，建立和完善印刷行政执法报告制度，巩固印刷管理联动机制，加强对印刷企业的监管。推进印刷委托书联网管理，建立印刷业网上管理系统，改革行政审批制度，提高行政效能。

四、保障措施

(一) 转变发展方式，调整产业结构

引导整个印刷业由数量增长向质量提升、由粗放经营向效益增长、由依靠资源扩张向依靠科技进步转变。促进印刷业向信息技术、创意设计、加工服务三位一体的方向扩展，加快从被动加工型产业向主动服务型产业的转变。调整产业布局，优化资源配置，完善珠三角、长三角和环渤海三个综合印刷产业带的定位，引导重大项目向三大印刷产业带集中，提高集约化程度。鼓励中西部地区主动承接产业转移，培育新的特色产业群。

(二) 培育优势企业，提升竞争实力

大力推进“国家印刷示范企业”建设，发布实施《国家印刷复制示范企业管理办法》，鼓励具有先进印制水平、经济规模和效益突出、有能力参与国际竞争的规模以上重点印刷企业挂牌成为国家印刷示范企业，给予项目资金、产业政策和管理措施以及中国出版政府奖（印刷复制奖）评奖等方面的扶持，加快培育若干家产值超过 50 亿元和 100 家产值超过 10 亿元的优势印刷企业。引导技术创新型和相关产业链优势印刷企业成为示范企业。

(三) 构建环保体系，促进绿色发展

制定和完善绿色印刷标准，开展绿色印刷认证，实施“绿色环保印刷体系建设工程”，以中小学教科书、政府采购产品和食品药品包装为重点，积极协调环境保护、教育等有关行政部门开展多层次多方位合作，大力推进绿色印刷的实施。推动包装装潢印刷向减量化、重复使用、再循环和可降解（3R+1D）方向发展。指导“绿色环保印刷示范园区”建设，推动低耗能绿色印刷设备和材料的研发，完善低端落后产能淘汰退出机制。

(四) 依靠科技进步，引导产业转型

鼓励应用数字、网络技术改造现有印刷业，促进印刷业现代化。加大印刷高新技术、装备以及先进工艺的引进和开发力度。支持规模以上重点印刷企业采用多色高速、柔印、自动、联动等先进技术，提高技术水平；支持建立完善企业管理信息系统（MIS）和印刷电子商务系统，力争使印刷生产工艺和经营管理达到国际先进水平。推进印刷高新技术企业的认证工作，对高新技术企业的重点技术改造项目给予扶持。

(五) 增强自主创新，实现持续发展

实施重大项目带动战略，组织实施“数字印刷和印刷数字化重大工程”，加快技术设备自主化研发，在数字印刷、直接制版、高速多色单张纸、卷筒纸胶印、凹印、柔印等关键技术和印刷新标准应用等方面要取得突破。推进印刷企业数字资产管理系统建设，挖掘新的价值增长点。推广使用自主开发的新工艺和新材料（如石头合成纸等）。引导国外大型印刷设备及原辅材料供应商在国内投资设厂，通过本土化生产逐步降低成本和售价。

(六) 拓展新兴市场，扩大交流合作

挖掘文化市场消费潜力，引导培育印刷盈利新模式。拓展数字印刷、包装印刷、商业印刷企业服务范畴，重点发展个性化数字印刷、智能标签印刷以及纸、塑料等绿色环保产品包装印刷。稳定和拓展出口市场，开拓国际新兴市场，鼓励印刷企业“走出去”和开展外向型印刷业务，促进加工贸易印刷企业更大规模的发展。鼓励印刷企业、行业协会以及其他机构在国外建立第三方联络机构，协助国内印刷企业参与国际竞标。

（七）规范市场秩序，提升管理服务

修改完善《印刷业管理条例》及有关规章，增加年度核验、准入门槛、退出机制、质量监管和数字印刷经营活动监管的内容。建立和完善印刷行政执法报告制度，坚持各部门的协同配合，加强对印刷企业的监管，探索和总结印刷监管长效机制。加强印刷管理网络信息系统建设，实现产业数据网上统计和汇总，改进管理手段，实现印刷委托书联网管理。全面推行政府信息公开，规范程序，减少环节，增强透明度，提高公信力。

（八）完善质量体系，促进产品升级

制定和完善印刷质量标准，形成较为完备的质量标准体系。完善印刷产品监督检测方法和程序，逐步提高印刷企业特别是中小企业的质量水平，培育一批有国际影响力的知名企业。加强印刷产品质量监督检测，继续做好“3·15”印刷质量监督检测活动和全国图书交易博览会参展图书印刷质量检测工作。建立印刷企业质量管理评价制度，推广质量管理体系认证，加大质量检查力度，逐步淘汰质量管理不达标的企业。

（九）加强人才培养，提升产业素质

加大人才培养力度，大力实施人才工程，加强对各种人才的系统化专业培训。发挥高等院校、科研机构在印刷专业人才培养中的重要作用，建立产学研相结合的人才培养机制。加强职业技能培训，推行职业技能鉴定，组织好印刷职业技能大赛。建立健全科学合理的人才资源管理、开发、流动机制，形成有利于各类人才脱颖而出的体制环境。建立印刷行业资格认证体系，完善准入条件和制度，逐步提高从业人员素质。

（十）加强协调指导，发挥协会作用

加强对印刷协会、研究机构和其他行业组织的协调和指导。支持协会依照法律法规和自身章程，履行行业协调、监督、服务、维权等职责，发挥协会在产业发展、行业自律、标准制定、资质认证、培训、竞赛和行业诚信体系建设等方面的作用。发挥印刷研究机构在技术进步、市场研究和产业引导等方面的作用。推动印刷协会与上下游协会的联系。加强协会自身建设，壮大协会力量，促进行业自律，使协会更好地发挥桥梁和纽带作用。

附录三　2003 ~ 2010 年世界日报前 10 与中国日报前 10 变化趋势对比表

报名	国家		2003 年	2004 年	2005 年	2006 年	2007 年	2008 年	2009 年	2010 年	2010 年比 2003 年增长（%）	年均增长（%）
读卖新闻	日本	全球排名	1	1	1	1	1	1	1	1		
		发行量（万份）	1 424.6	1 408.1	1 406.7	1 398.2	1 002.5	1 002.1	1 002	1 001.9	−29.67	−4.90
朝日新闻	日本	全球排名	2	2	2	2	2	2	2	2		
		发行量（万份）	1 232.6	1 223.5	1 212.1	1 188.1	808.8	805.4	804.9	801.9	−34.94	−5.96
每日新闻	日本	全球排名	3	6	3	3	3	3	3	3		
		发行量（万份）	563.5	395.7	558.7	555.6	396.6	391.2	390.1	373.8	−33.66	−5.69
印度时报	印度	全球排名	15	33	24	11	10	6	4	4		
		发行量（万份）	213.1	128.4	168	243.9	254.2	314.6	343.3	355.6	66.87	7.59
图片报	德国	全球排名	6	5	6	6	4	4	5	5		
		发行量（万份）	422	398.9	386.7	382.9	371.6	354.8	314.2	330	−21.80	−3.45
经济新闻	日本	全球排名	4	3	4	4	7	7	7	7		
		发行量（万份）	473.7	464.3	463.5	465.3	304.2	305.4	305.2	305	−35.61	−6.10
太阳报	英国	全球排名	7	7	11	7	6	8	8	8		
		发行量（万份）	346.1	329.8	241.9	326.3	307.3	298.6	304.6	286.3	−17.28	−2.67
中日新闻	日本	全球排名	5	4	5	5	9	10	10	9		
		发行量（万份）	457.1	454.2	451.2	446.7	275.8	275.5	276.1	272.8	−40.32	−7.11

续表

报名	国家		2003年	2004年	2005年	2006年	2007年	2008年	2009年	2010年	2010年比2003年增长（%）	年均增长（%）
觉悟日报	印度	全球排名	30	28	20	15	17	17	11	11		
		发行量（万份）	150	145.6	191.1	216.1	211.1	216.8	235.4	252.3	68.20	7.71
朝鲜日报	韩国	全球排名	11	12	12	13	12	12	12	12		
		发行量（万份）	242.8	237.2	237.8	235.8	238	230	230	230	-5.27	-0.77
参考消息		全球排名	10	9	8	8	5	5	6	6		
		发行量（万份）	253	267	262.7	286.9	316.3	318.3	314.2	325.4	28.62	3.66
人民日报		全球排名	22	19	9	19	8	9	9	10		
		发行量（万份）	177.3	172.8	250.9	200	277	280.8	293.9	252.3	42.30	5.17
广州日报		全球排名	25	24	25	26	22	23	20	20		
		发行量（万份）	160	160	165	165	160	168	180	185	15.63	2.10
扬子晚报		全球排名	24	21	21	23	21	21	25	22		
		发行量（万份）	165	170.7	171.5	179.2	176.8	181	148.3	173.8	5.33	0.75
齐鲁晚报		全球排名	57	37	73	38	42	43	22	25		
		发行量（万份）	85	115	75	110	105	105	166.8	166.8	96.24	10.11
南方都市报		全球排名	45	36	29	30	26	28	27	30		
		发行量（万份）	103	117	141	140	140	140	140	140	35.92	4.48

续表

报名	国家		2003年	2004年	2005年	2006年	2007年	2008年	2009年	2010年	2010年比2003年增长（%）	年均增长（%）
羊城晚报		全球排名	28	32	33	32	31	35	34	46		
		发行量（万份）	150	130	132	131	121	117	120	108	−28.00	−4.58
钱江晚报		全球排名	96	77	72	74	53	50	51	49		
		发行量（万份）	60	72	75	79	89.1	95.1	96.6	104.6	74.33	8.26
新民晚报		全球排名	35	39	42	44	43	48	43	52		
		发行量（万份）	121.8	110.8	104.5	102.3	102.3	99.8	100.4	102	−16.26	−2.50
楚天都市报		全球排名	37	40	39	39	36	39	41	55		
		发行量（万份）	121.3	107.5	106.4	106.5	114	114	114	96	−20.86	−3.29

第四章　论印刷的包容性
——印刷业转型的技术基础

一、历史的启示

将近 40 年前的 1975 年，北大无线电系一位名不见经传的助教获悉国家正在启动“汉字信息处理系统工程”（因国家批准该项目时间是 1974 年 8 月，业内把此项工程简称为 748 工程），包括三个子项目：汉字远传通信系统、汉字情报检索系统和汉字精密照排系统。这引起他极大兴趣，因为他说：“我对汉字精密照排系统情有独钟。”

他说：“我分析了一下这三个子项目，对于通信系统而言，汉字与西方没有多大差别，不会有什么特色；情报检索系统虽然价值大，从长远看有很大发展前景，但当时中国的硬件条件、联网和使用情况还不足以使这类系统在较短时期内形成一个大的气候。尤其重要的是，情报检索系统的关键之一在于建大容量的信息库，只有出版业采用计算机系统后，才能方便获得建库需要的信息，特别是文献的全文信息。汉字精密照排是指运用计算机和相关的光学、机械技术对中文信息进行输入和编辑、排版、输出及印刷，也就是用现代科技对我国传统的印刷行业进行彻底改造。虽然难度巨大，但它的价值和前景同样不可估量，因为在当时，中国最多的厂，恐怕就是印刷厂了。”

这里讲的对中文信息进行输入、编辑、排版、输出正是当时我国印刷业最薄弱的环节，“掐着印刷的脖子”。铅字排版从西方引入上百年一直沿用到 20 世纪后期，铅排一个熟练工人一天只能排 7 000 字，人均不足 5 000 字，科技著作专业术语、数学、物理、化学符号和公式等更困难，当时图书出版周期一般要一年多，科学出版社出版周期平均要 500 天，复杂的科技专著需要 2 ～ 3 年。

解决中文排版首先要解决汉字字形信息的存储，这在当时是世界性难题。汉字字数繁多，常用汉字就有 7 000 多个，是西文的数百倍。汉字字形变化多，有宋体、黑体、仿宋、楷体等十余种，字体又有大小不同十余种字号，要用点阵存储，存储量达数百亿位，要存下这么庞大的汉字信息，在当时我国计算机技术水平下几乎是“天方夜谭”。

他潜心研究发现汉字虽然字形繁多，但基本笔画还是很有规律的，如横、竖、折等是由基本直线和起笔、收笔及转折等笔锋所组成，这种规则笔画占汉字笔画总数的一半以上。这种规则笔画以字体为例，可用 4 ~ 5 个字节表示，这样对提高压缩倍数起了重要作用，对不规则笔画，如撇、捺、点等虽然不规则，但也有一定的曲线变化，也有规律可循，可以用一连串折线逼近轮廓曲线。他终于研究成功用参数描述横、竖、折等规律笔画的长、宽、倾斜度及变化多端的各种笔锋。用轮廓描述点、撇、捺等不规则笔画，这样就使汉字字形信息量下降数百倍。同时他还研究出一整套把折线轮廓复原成点阵的快速算法和使文字变倍失真尽可能小的变倍算法。

这样形成了：高倍率汉字信息压缩技术、不失真的文字变倍技术、高速度的还原技术三项核心技术，打开了用计算机进行汉字信息处理的大门，开启了我国印刷第二次技术革命的序幕。

随后，他分析了世界上当时三代输出的技术：手动照相排字，光机式照排机和阴极射线管照排机，当时他还不知道英国蒙纳公司在 1976 年推出第四代的激光照排机，但是他同北大物理系光学专家一起研究了杭州通讯设备厂刚刚研制成功的报纸传真机，把光源改为激光光源，并且将单光路改为四路平行激光扫描，输出速度一下子提高了四倍。他作出了一个重大技术决策：跨过第二代、第三代照排机，实现汉字处理的第四代输出技术：激光照排。

这样形成了一整套汉字信息处理激光照排系统，经历了原理性样机研制、新华社中间试验、经济日报实用化试点，终于获得了成功，真是“十年磨一剑”。

他就是我国 2001 年全国最高科学技术奖获得者：王选。

回忆这段历史，常常引发人们思考：这项划时代的印刷技术革命，为什么不是由印刷业内部发端？当时印刷界也投入不少力量研究开发计算机排版技术，而最终是王选带领的团队率先获得成功。

其一，王选是计算机专家，他虽然不是出身印刷行业但潜心研究汉字进入计算机的关键技术，而这个领域对从事印刷技术研究的学者却是“短板”。也可以说这是印刷排版技术和计算机技术的结合部，对传统印刷技术研究学者来说计算机技术的造诣难以超越计算信息科学的研究学者。王选的成功表明，传统印刷一定要与现代科学技术相结合，走工业化与信息化相融合的路，这是为实践证明的成功之路。

其二，是汉字信息处理技术的突破还必须与光学技术、精密机械加工技术和化工技术等相关科学技术协同配合，才能形成汉字信息处理激光照排的完整系统。当年王选提出用传真机改造为四路激光照排机，他求助于北大物理系的老师，并且与杭州通讯设备厂的技术人员通力合作终于取得成功。所以王选多次说这个项目之所以能成功，其中重要一条是众多协作部门的共同努力，也就是说印刷技术的进步不仅需要吸收信息技术还需要吸收相关学科先进技术，互相吸收，互相融合。

其三，印刷善于吸收各种先进科学技术，在吸收融合中发展自己。

1975 年 5 月当王选把自己的设计构想写成“全电子照排系统”的书面报告，请北大出版社印刷厂打印，印刷工人看到能用电脑排版兴奋得不得了，他们说“这事真要成了，咱就不用天天跟黑乎乎的铅字打交道了，轻轻松松坐在电脑跟前，一敲键盘就齐了”。他们盼望这项技术早点成功，把他们从“铅与火”中“解放”出来。

怀着同样的心情，1985 年当汉字激光照排系统在新华社中间试验取得成功之后，经济日报急迫地请缨，要求在经济日报进行实用化试点。这个要求是当时经济日报印刷厂厂长夏天俊代表经济日报社正式向国家经委提出来的，他们也是被“逼上梁山”。因为当时经济日报地处北京王府井闹市，厂房面积只有 6 000 平方米，全部采用铅排铅印，日排字量只有 10 万字左右，根本不能适应改革开放经济快速发展的需要。而且铅作业污染严重，周围居民苦不堪言。夏天俊做了大量调查，要扩大厂房，王府井闹市区根本没有可能，周围居民也不会答应。而采用当时《人民日报》海外版的日本三代照排系统，不但价格较高，当时报价 80 万美元，而且还是贴“毛条”拼起来翻拍才能制版，所有能想到的“路”都被堵死了。“自古华山一条路”，夏天俊横下一条心，他甘愿冒风险把汉字激光照排的实用化试点任务接过来，后来他被业内称为第一个吃“螃蟹”的人。

印刷对新技术求贤若渴是有传统的。在汉字激光照排系统一步步实现产业化之后，王选带领的团队加紧研制桌面彩色系统。当时新华彩印厂欢迎与王选他们合作。王选带领肖建国等一批研究团队到新华彩印厂，当时新华彩印厂是全国国字号新华印刷的领头企业，厂长关志祥是著名的顶级彩印专家。王选团队到厂后与关志祥谈合作开发，王选首先恭恭敬敬地向关志祥三鞠躬，表达了真诚合作的愿望，在双方研发人员共同努力下，彩色桌面系统在较短的时间内取得成功，从此告别了电分机。

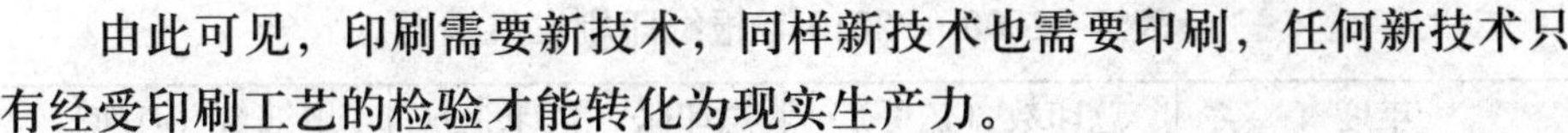

由此可见，印刷需要新技术，同样新技术也需要印刷，任何新技术只有经受印刷工艺的检验才能转化为现实生产力。

二、印刷是一个综合性产业

孙中山先生曾经说过："据近世文明而言，生活之物资原件，共有五种，即食、衣、住、行及印刷是也。"

确实人类的文明进步，经济发展和人民生活水平的提高，无不与印刷相关。

从应用角度，现代印刷主要分为两大类。

第一大类：出版印刷，包括图书、期刊、报纸等新闻出版的印刷。

据原新闻出版总署发布的《全国新闻出版业基本情况有关年度的统计资料》，"十一五"期间我国出版印刷发展概况如表1，2001～2010年出版物印刷总产值增长情况如表2，报纸印刷发展情况如表3。

表1　"十一五"期间我国出版印刷发展概况

年度	企业数	销售产值（亿元）	工业增加值（亿元）	总资产（亿元）	主营业务收入（亿元）	总利润（亿元）	从业人数（万人）
2006	7 995	780.42	253.59	1 239.79	879.29	35.71	62.46
2007	–	828.36	278.34	1 279.86	969.09	40.51	59.55
2008	6 290	976.9	296.49	1 326.13	938.79	50.20	58.34
2009	8 189	1 127.76	353.87	1 589.18	1 050.82	76.75	63.14
2010	8 484	1 234.26	388.33	1 749.76	1 200.52	80.17	61.28

表2　2001～2010年出版物印刷总产值增长情况

年度	出版物印刷总产值（亿元）	增长率（%）
2001	705	—
2002	844	19.7
2003	1 038	23.0
2004	1 166	12.3
2005	1 255	7.6
2006	1 355	6.4
2007	1 400	4.9
2008	1 465	4.6
2009	1 505	2.7
2010	1 610	7.0

表 3 2000 ～ 2010 年报纸印刷发展情况

年度	总印数（亿份）	总印张（亿印张）	用纸量（万吨）
2000	329.29	799.83	183.96
2001	351.06	938.96	215.96
2002	367.83	1 067.38	245.51
2003	383.12	1 235.59	284.18
2004	402.4	1 524.41	350.7
2005	412.6	1 613.14	379.09
2006	424.52	1 658.94	381.56
2007	437.99	1 700.76	391.17
2008	442.92	1 930.55	444.03
2009	439.11	1 969.4	452.96
2010	452.14	2 148.03	494.05
2011	467.43	2 271.99	522.56
2012	482.26	2 211.84	508.53
2013	482.41	2 097.84	482.50

从上述统计数据分析：

一是 21 世纪头十年，我国出版印刷保持持续增长，与同期世界发达国家出版印刷负增长或平增长的状况形成鲜明对比。

二是这十年的后五年，增长速度比前五年明显下降，这主要是 2008 年世界金融危机的影响，特别是数字化技术带来新媒体对传统媒体的冲击，但是这种冲击还不能算是颠覆性的，印刷媒体仍有强大生命力。

三是在以下对包装、商业印刷的综合分析来看，出版印刷在整体印刷业的比重在下降，但到 2007 年仍有 30% 左右的比重。

第二大类：包装印刷和商业等其他印刷

这一类实际上包含着包装装潢印刷和商业及其他印刷二类。包装印刷是为国民经济各个产业部门生产的商品包装服务的，因此涉及部门很多，它具有功能性和艺术性相结合的特性，简陋包装会造成商品运输过程中的损伤，影响商品的美观而降低商品的实际价值。而过度包装则造成资源浪费，提高商品成本，增加消费者负担。这两种倾向都应该防止，如果说 20 世纪前主要问题是包装过于简陋，那么 21 世纪以来已经出现过度包装的倾向，引起社会广泛的关注。

商业和其他印刷主要包括票据、证件、广告、文件、资料、图片、名片等各种社会需要的印刷。

表 4　2001 ~ 2010 年我国包装印刷和商业及其他印刷发展情况

年度	总产值（亿元）	总产值增长率（%）	增加值（亿元）	增加值增长率（%）
2001	906	15.6	320	21.7
2002	998	10.2	358	11.9
2003	1 252	25.5	421	17.6
2004	1 450	15.8	480	14.0
2005	1 710	17.9	554	15.4
2006	2 118	23.9	687	24.0
2007	2 763	30.5	903	31.4
2008	3 528	27.7	1 148	27.1
2009	3 854	9.2	1 260	9.8
2010	4 475	16.1	1 458	15.7

从表 4 数据分析：

一是包装印刷和商业及其他印刷在市场经济的推动下，发展速度高于出版印刷。

二是在数字化、网络化浪潮中包装印刷受到的冲击比出版印刷相对要小。

从某种意义上说：包装印刷具有不可替代性，而数字信息等新技术将更加促进包装印刷的发展。

三是包装印刷的迅速发展极大地改变了我国印刷行业的产业结构，使产业结构的调整更加合理，更趋于国际化。

表 5　2007 年印刷业总产值构成情况

项目	总产值（亿元）	占总产值比例（%）
印前	225	5.11
书刊印刷	850	19.23
报纸印刷	550	12.50
包装装潢印刷	1 400	31.82
外贸印刷	415	9.43
商业票据印刷	160	3.64
本册印刷	140	3.18
标签印刷	100	2.27
丝网印刷	100	2.27
大型广告印刷	50	1.14
其他印刷	410	9.32
合计	4 400	100.00

从上述数据看：出版印刷、包装印刷和商业及其他印刷基本上是三分天下的局面。

四是从印刷工艺技术上看，各类印刷在技术上具有相通性，尤其在印前制版、印刷过程中其工艺方法基本是一致的；印后要求多有不同，但印刷设备的制造上工艺也有相通性。

因此在市场经济的推动下，印刷企业越来越意识到必须根据自身的技术、工艺、设备等条件选择企业生产方向，有些书刊印刷企业转型到包装印刷，而更多的是向混合型——兼有书刊印刷、包装和商业及其他印刷综合性的印刷企业转变。

表 6 是 2006 ~ 2013 年印刷百强企业中混合型企业的发展情况。由表 6 分析，在全国顶尖印刷企业中，常年有近三分之一的企业为混合型印刷业务。它们或者是集团型企业，根据业务需要陆续设立不同的分公司，从事不同种类的细分业务；或者是在核心业务基础上，延伸服务种类，开拓新的市场，为客户提供一站式贴身解决方案。服务模式和业务种类的不断拓展与创新，保障着这些企业的生命力和在行业中的领先地位。

表 6　2006 ~ 2013 年印刷百强企业中各分类印刷企业的发展情况

年度	出版物印刷企业（家）	包装印刷企业（家）	其他印刷企业（家）	混合型印刷企业（家）
2006	13	51	4	32
2007	15	46	6	33
2008	14	53	5	28
2009	13	51	6	30
2010	9	50	6	35
2011	11	49	4	36
2012	9	53	4	34
2013	10	54	5	31

印刷是综合性产业还体现在印刷业与印刷设备、印刷器材产业的协调发展，从印刷业整体来看，如果说印刷业是飞机的机身，那么印刷设备和印刷器材是两翼，三者缺一不可，只有两翼齐飞才能带动机身稳定、快速、安全起航。

印刷设备和器材带有专用性。印刷设备、器材是根据印刷产业发展需要而发展起来，同时印刷设备和器材每一项新技术的突破也会给印刷业发展带来革命性变革。因此这三个行业互相依存、互相推动、共生共荣；所以在研究我国印刷业发展规划时，必须把印刷和印刷设备、印刷器材的发展规划整体同步协调来考虑。

印刷设备的生产涉及机械、电子等行业，传统印刷设备多由机械系统生产，但是随汉字激光照排技术突破，数字、网络技术的推广应用，电子、邮电等部门企业都参与进来，特别在印前，包括 CTP、彩色桌面系统和数字印刷设备；许多传统的印刷机械厂也着力开发数字印刷设备，如大族冠华，因此数字化打破了许多行业的界线，更多地互相融合发展。

印刷器材主要包括纸张、油墨、版材、胶辊、感光材料、化学试剂、胶黏剂等，涉及轻工、化工、冶金等多个部门。下面着重从纸张、油墨、版材三类代表性产业作初步分析。

纸张是印刷最重要的载体。按照联合国教科文组织对世界各国国家发达程度制订的指标——人均寿命、人均国民生产总值、人均印刷用纸耗量作为三大衡量指标，可见其重要性，也可以看到印刷与纸张的依存关系。印刷用纸的消耗量是衡量一个国家经济发展的晴雨表。

纸张用途极其广泛，但是印刷用纸数量最大，质量要求最高。

据历史统计资料，出版印刷用纸大约占 20% 左右，包装用纸约占 35% ~ 40%，而包装用纸极大部分都要进行印刷，因此印刷用纸从总量上超过 50%。

纸张是我国轻工行业中支柱性产业。随着改革开放的深入，外资大量进入中国，带动了中国造纸业发展，使过去长期存在的印刷纸张供应紧张的局面得到根本改变。

油墨是印刷的基本要素。印刷通过油墨转印到载体上，因此无论何种印刷方式，包括数字印刷都离不开油墨；而且印刷对油墨需求品种多、成本低、性能高、环保要求严，特别是实施绿色印刷工程，对油墨的压力不断加大，加快开发环保油墨是一项重大任务。

油墨也是我国轻工行业归口管理日用化工产业中一类产品，加快发展环保型油墨需要印刷行业与轻工行业主管部门密切配合，共同努力。

版材是印刷器材的重要组成部门。在实现汉字激光照排之后，照排出来的感光胶片通过曝光将其图文复制于预涂感光版上（即 PS 版），然后将 PS 版安装到印刷机滚筒上进行印刷。因此这是胶印必不可少的器材。

版材是化工行业归口管理的产品，20 世纪 80 年代中期，在发展汉字激光照排技术同时，国家重点安排河南第二胶片厂（现名是乐凯华光）研制生产 PS 版，经过近 30 年的努力，如今二胶已成为我国 PS 版生产的骨干企业，2013 年二胶销售收入达到 20 亿元，利润 1 亿元，出口创汇 1 亿美元，2014 年产量达到 6 千万平方米左右，其中 1/3 出口，在世界上享有盛誉。

21 世纪以来，作为激光照排换代的 CTP 技术从起步到成熟，在我国 CTP 已进入快速发展期，CTP 省去了照相胶片，同时对 PS 版又有新的更高要求，CTP 版材在我国也进入快速发展期。

除胶印版材外，柔印版材的发展也得到重视，但目前还不适应我国柔印技术发展的要求，在加快开发绿色环保印刷技术中，柔印版材将是今后关注的重点。

在我国印刷的第二次技术革命进程中，国家根据系统工程的原则，统筹协调发展印刷设备、印刷器材，统筹制订了相应发展规划，使印刷与机械、电子、轻工、化工等部门密切结合，逐步形成我国完整的印刷产业体系，这是实现中国印刷第二次技术革命的又一条重要经验。

三、印刷与相关产业在融合中共同发展

印刷从产业角度看具有双重属性：

从产业形态上看它是加工产业，它具有一般工业产品完整的生产加工过程；

从产业内涵上看它又具有鲜明的文化产业特征。

出版印刷不仅其承印的是文化内容，而且它是新闻出版产业链——编辑、印刷、发行中处于承上启下的关键环节。

包装印刷要求艺术性、功能性和经济性完美结合，创意设计越来越成为包装印刷之“魂”，其文化内涵不言而喻。

2009 年 8 月国务院发布《文化产业振兴规划》，明确印刷作为九大文化产业之一给予重点扶植，是顺理成章的，是对印刷产业内在规律科学认识的深化。

印刷产业的双重属性，使它与其他产业的关系越来越紧密，除了上节与加工产业的紧密联系之外，这里重点分析一下与信息产业、文化产业、服务产业的关系。

印刷与信息产业

印刷承印的内容是信息内容的重要部分，图文印刷的平面媒体长期占

据主流媒体地位，但是在数字网络技术的强力冲击下，网络媒体快速发展，有人用“铺天盖地”来形容，平面媒体的主流地位被撼动，有人甚至认为将衰落。

实际上数字技术应用于各类传媒系统，其技术很多是共通的，这又可以追溯到20世纪后十年王选带领方正电子走过的道路。

汉字激光照排技术和彩色桌面系统开启了我国数字技术应用的道路，作为平面媒体，文字、图形、图像是“静态”的，用数字技术把图形、图像变成“动态”，那不就是电视影像媒体了吗？

1995年9月时任国务院副总理李岚清给中央电视台出了个题目，研制中国自己的计算机动画制作系统，并建议与北大方正合作开发。王选获悉无比兴奋，他分析中国有3 000多家电视台和1 000多家院校电教中心，而它们总体经济实力要比报社、出版社更雄厚，这是一个更巨大的市场，而从技术角度来看这是彩色桌面系统的“升级版”。

王选组织了强有力的研发团队投入了这个课题的研发，历时一年半，在1997年底开发成功“点睛”动画制作软件，整体性能超过当时的国外公司的软件系统，实用性好，售后服务方便灵活，全部替代了国外的同类软件系统。

更大的机会是在1997年香港回归之后，王选在与香港亚洲电视台老板会见中听到：“亚视现在和其他电视台一样，用的是模拟影像带，不但保存起来要占很大空间，时间一长音像效果容易损失，而且检索和剪辑也十分麻烦。国外采取的办法是用数字影像带取代模拟影像带，这样虽然减少了存储空间和信号减损，但毕竟没有从根本上解决问题。所以亚视想跨过数字影像带，将音像资料直接存到计算机视频服务器的硬盘上，在上面编辑播出，这样电视台的人员可以减去一半，节省开支。”

王选听后，感觉这就像当年决策跨过二代机、三代机直接进入第四代激光照排机一样。王选果敢决定承接香港亚视这个项目，亚视全力配合，把一台视频服务器借给方正用于研发。1998年方正研发成功我国第一个硬盘播控系统在亚视投入使用，后来又在湖南经济台和河南电视台应用，同时相继研制出电视台新闻采编系统、数字化播控、互联网视音频制作、新闻业务管理、非线性编辑等一系列产品。

方正的成功经验和以后发展的实践，更使人们认识到在数字化推动下世界进入多媒体时代，过去单一的平面媒体主流地位不复存在，变成多种主流形式的数字媒体并存的局面。在多种主流媒体并存下，贯穿于多种媒体的是数字技术，基于信息内容数字资产数据库这个平台，可以根据市场用户的需求演绎出多种媒体形式，印刷作为纸媒体形式与各种信息传媒融合一起，共同发展。

印刷与文化创意产业

国务院发布的《文化产业振兴规划》确定的九大重点产业：

——文化创意；

——影视制作；

——出版发行；

——印刷复制

——广告；

——演艺娱乐；

——文化会展；

——数字内容；

——动漫。

印刷与其他八大重点产业都有紧密的关系，特别是出版产业，不仅在新闻出版产业链中据有承上启下的作用，印刷与出版“唇齿相依”，而且印刷在新闻出版产业占据一半以上的产值，是名副其实的支柱产业。

表 7　2009 ～ 2013 年印刷业在新闻出版产业中所占比重发展情况

年度	新闻出版总产值（亿元）	其中：印刷复制业产值（亿元）	印刷业所占比重
2009	10 668.9	5 746	53.86%
2010	12 698.1	7 706.5	60.69%
2011	14 942.5	8 677	58.07%
2012	16 996.5	9 510.13	55.95%
2013	18 246.4	10 395.5	56.99%

注：表 7 数字引自中国新闻出版研究院《新闻出版产业分析报告》。

表 7 为 2009 ~ 2013 年印刷业在新闻出版产业中所占比重的发展情况。可以看出，印刷与文化创意的融合越来越受到重视，印刷的文化内涵寓于创意之中。

1997 年英国人约翰・霍金斯提出《创意经济》之后，在世界范围内引发了文化创意产业的爆发式增长的局面。

有人说创意经济本质上是“头脑经济”，人的智慧可以创造无穷无尽的新创意、新技术、新力量，所以创意产业是“源自个人创意、技巧及才华，通过知识产权的开发和运用，具有创造财富和就业潜力的行业”。

据统计，2006 年全球文化创意产业总产值达到 84 000 亿美元，每天创造 220 亿美元，并且以 5% 速度增长，其中美国增长速度为 14%，英国 12%，成为国民经济数一数二的重点产业，这反映了这样一个趋势，经济越发展，文化创意产业增长速度就越快。

纵观世界发展的一个重要趋势，就是经济和文化日益融合，文化创意产业在国民经济的比重日益提高，在发达国家文化创意产业在 GDP 的比重已超过 20%；而从各国发展经验来看，当人均 GDP 达到 1 000 美元就进入文化消费快速启动阶段；到人均达到 3 000 美元，则进入快速增长阶段；到人均达到 5 000 美元则进入井喷价段。2006 年我国人均 GDP 超过 2 000 美元，2008 年开始超过 3 000 美元，文化消费已经进入快速增长期，并且很快会迎来“井喷”时期。

文化产业的发展给印刷开辟了广阔市场空间，除了新闻出版、影视制作、广告、演艺娱乐、文化会展、动漫等等，凡是需要用物理媒介进行宣传传播的领域都离不开印刷，而创意更融入印刷成为印刷内涵增长的不竭动力。

创意设计和印刷相融合在印刷业将造就创意印刷新理念，成为印刷业战略转型重要方向之一，将在第七章进入专题探讨。

印刷与服务产业

上面讲到印刷的产业形态是加工产业，就是通过制作加工为客户服务，因此也就是加工服务产业。

但是传统印刷经营服务是坐等客户上门，客户来样、来稿，有的还来料，印厂照此印制加工，完全是“被动式”的服务。

这种传统服务形式显然越来越不适应市场经济发展的要求，照此下去，印刷业的路子会越走越窄，将失去市场竞争力，在新兴媒体的冲击下一冲就垮，这是印刷业面临的严峻问题。

印刷的根本宗旨是服务，这是印刷生存盛衰的生命线。必须树立一切为客户着想、一切为方便客户、一切为满足客户需求的理念，变“被动”服务为“主动”服务，打造现代印刷服务产业链，在印刷经营方式上实现战略转型。

四、印刷善于吸收各个门类新技术，永葆与时俱进，长盛不衰

在世界数字技术，网络技术快速发展的同时，各个门类、各个学科的新技术不断取得新的突破，这些新技术在印刷中的应用，都会带动印刷业的发展，开辟印刷一片新天地。

在印刷业全面推广应用 CTP 技术过程中，中国科学院化学所宋延林博士带领开发了纳米绿色制版技术取得了突破性进展，把纳米技术应用于印刷，使制版性能、效率大为提高，特别是采用纳米墨水这类新型纳米转印材料，直接打印制版，实现印刷制版数字化，排除了制版过程中感光材料显影、定影和冲洗工艺过程，消除了制版过程对环境污染的主要因素。纳米技术的应用对促进绿色印刷起到重要作用，纳米制版新技术在北京日报印刷厂、金杯印刷公司等企业进行实用化试点，工艺逐步成熟，现在正在印刷行业中推广应用。

在世界范围内，纳米技术改变印刷的信息在 2012 年 Drupa 展览会上，更引起广泛的关注。在这次展会上展出兰达（Landa）公司纳米彩色喷墨印刷系统的原理性样机，它进一步省却了制版工艺环节，采用纳米墨水喷墨于橡皮布，然后转印于载印物上，这是数字喷墨技术、纳米新材料技术和传统胶印技术的有机结合，这项技术如果取得成功，将会大大改变印刷业的面貌。据报道，在这届 Drupa 展上，兰达公司与海德堡、曼罗兰、日本小森三大国际胶印机厂商达成战略合作协议。

据报道，兰达纳米数字胶印机其主要技术特征：

喷墨方式的数字化制版，可实现可变数据、个性化印刷；

在橡皮布上直接制版，同时完成图文的多色套准，每一张印品都是套印准确的，而且每一张印品的颜色都是标准的；

转印过程中无酒精等其他化学品参与，纳米油墨自动干燥，印品无须任何附加的干燥系统；

印刷墨层厚度，是传统胶印的一半，可以减少 50% 的用墨量；

每次转印时橡皮布可以实现 100% 的油墨转移，橡皮布无须清洗；

可以一次性完成双面印刷（印刷速度增倍）；

可以实现媲美胶印的印刷质量和高速度；

可以承印纸张、塑料等多种材料；

承印厚度最高可达 1 毫米；

可以实现单张到单张、卷筒到卷筒、卷筒到单张的承印材料形式。

其核心技术主要有：

——水基的纳米油墨；

——纳米数字印刷工艺：采用没有印版的数字印刷工艺，印刷的图文部分采用线状喷头（喷头长度与印刷幅宽相同）喷涂到橡皮布上，而且是多色套准喷涂，图文由橡皮布转印到承印物上；

——传送带式转印橡皮布：传送带式的橡皮布制版和转印结构标新立异；橡皮布本身高温高热，可烘干喷上去的水基油墨中的水分、融化油墨的树脂色料、可吸附渗透约500纳米厚的融化的纳米油墨、具有传统胶印橡皮布的转印功能，并可在驱动装置的带动下高速稳定循环运转。

大家都期待下一届Drupa见到能实际应用的纳米喷墨数字印刷机。

在印刷业特别是包装印刷业和商业票证印刷业，大家最关注的，莫过于防伪技术的应用。

防伪是一项综合性技术，它也是集各种新技术应用于防伪，常常是一项新技术发明带来一种新的防伪技术，把防伪技术提高到一个新的水平，如化学、激光、射频、特种材料等等，直到出现二维码也能成功应用于防伪。

包装印刷对防伪技术的要求有二个特殊性：一是不可复制性，在技术上不易被“破译”，难于被仿冒，如果要仿冒必须付出高昂代价，使仿冒者望而却步；二是低成本，商品特别是消费品面向广大人民群众，本身就要求物美价廉，如果防伪成本很高而抬高商品价格，市场不会接受。

当下，印刷业都在探索如何转型，大家看好包装印刷的前景，开发包装印刷应该认真考虑二个条件：一是是否具有强大的创意设计的能力，二是是否具有独到的防伪技术的优势。如果不考虑这二个条件，以为包装印刷到处是“蓝海”，那么可能事与愿违。

2013年9月在黄山召开的全国印刷经理人年会上，荣获2012年印刷创新十强荣誉的“上海天臣集团”引起业界广泛关注，这是一家专注于开发防伪技术，生产防伪产品，提供防伪材料的企业，它每年投入防伪技术开发经费达1.2亿元，其防伪产品应用于包括茅台、五粮液等酒类包装，烟、药品、电力、票证等国家安全领域。

印刷的防伪几乎是同新科学、新材料、新技术的突破紧密联系在一起的，数字技术的开发为防伪印刷带来了新的突破：数字水印技术、基于射频RFID的数字防伪技术、二维图像组合数字防伪技术、多位化防伪追踪技术以及多种防伪技术综合集成应用等等，大大开拓了印刷防伪新途径，如何更好开发适合自身需要的防伪技术，考验着印刷人的智慧和胆识。

纵观世界当代科技发展的历史，各个领域的科技先进成果都会被印刷业“捕捉”到，印刷以其敏锐视角和宽阔胸襟，吸收并融会贯通，冲破传统束缚，开辟新天地，印刷这个典型的传统产业正阔步迈入高新技术产业行列。

五、兼收并蓄，有容乃大

这就是印刷的包容性，“海纳百川，有容乃大”。这是半个世纪以来我国印刷技术第二次革命和应对世界金融危机中一条重要宝贵经验，也是当前探索中国印刷战略转型的重要理念和技术基础。

基于印刷的包容性，印刷业与其他新兴产业相互融合发展成为不可阻挡的趋势，也是印刷战略转型的重要途径。

“融合转型”会带来实际工作中一些认识问题。

在长期计划经济管理体制下，行政管理常常以行业划界，而且“壁垒”森严，但是在推进市场经济过程中各个产业相互渗透相互融合趋势日益扩大，特别印刷产业不断与信息产业、文化产业、服务产业等互相融合，产业边界越来不清晰，常常是你中有我，我中有你，因此有时也被称为跨界发展或“跨界转型”。

数字化加深了印刷与信息产业的融合发展，多媒体时代下的印刷，不再是纯粹的印刷加工，而是一种产业链大幅延伸的一体化信息产业市场，基于云计算中心和数字资产数据库平台，多种媒体都可以根据市场需求向客户提供服务。

印刷与信息产业融合引来了对“印刷”这个产业名称的长期争论和探讨。21世纪初在不少地区的高等院校把印刷专业名称改为“图文信息传播”，确实印刷是图文信息传播重要方式，但图文信息传播还有很多其他方式，如电视、电影、录像、摄影、网络等等多种方式，称图文信息传播专业涵盖的范围似乎太广了。当然现代的印刷图文信息传播完全不同于传统的排版、印刷、发行，而是建立在数字化、网络化的基础上的，如何科学表达现代印刷专业名称仍会深入讨论下去。

印刷与文化创意产业的融合使许多过去从事艺术印刷企业拓展了艺术品收藏、拍卖、展览等等业务，相对来说印刷业务比重在下降，因此，有企业把印刷公司改名为文化集团。

印刷与现代服务产业的融合使印刷产业的经营业态发生了根本性

变化。网络印刷、创意设计、现代物流和售后服务等等使印刷产业链中印刷加工比重在缩小，许多企业只保留关键核心部分的印刷，而把一般性印刷委托社会去加工，因此，在现代印刷产业链中，印刷加工产值的比重在下降，有的可能占少数，有人感叹现在“印刷”越来越不像“印刷”了。

印刷业在“融合转型”中出现的种种现象不足为怪，我们应该改变对印刷的传统观念。印刷企业在“融合转型”之后是不是还叫印刷企业的名称并不重要，重要的是印刷在融合转型中获得新生，站在更高的起点上。

但印刷的“融合转型”会带来行业管理上新课题，例如统计口径。印刷行业统计历来是行业管理中一大难题，统计口径常常不统一，有的统计总产值，有的统计加工值，所以不同部门统计出来的数据都不一样。又如统计项目，有的按产品分为出版物印刷、包装印刷等；有的按工艺分为数字印刷、印刷制版。这样常常有重复统计，也有漏项统计。

数字印刷在印刷业“十二五”规划中作为一项重要指标提出来，但缺乏相应统计口径来考核。目前公布的是生产型数字印刷机印刷的产值，而实际上数字印刷更多是混合型的，如包装及商业票据中的条码、日期打印，还有遍布各大城市个性化图文快印店的广告制作等。如果这些数字印刷数据统计不进来，就很难考核目标数据是否能达到。

在印刷业“融合转型”日益深化之后，这个问题就会更加突出。

为了推进我国印刷业战略转型，需要加强和改进行业管理，在这方面应该根据转型中的实际问题制定相应的有利于促进转型的对策，防止用行政框框束缚印刷企业的手脚。

六、“大印刷观”的继承和发展

20 世纪 90 年代，范慕韩同志在总结我国印刷第二次技术革命经验时提出了“大印刷观”，在印刷界引起很大反响，台港澳许多印刷学者都认为很有新意，具有深刻含义。当然也有不同意见，说“大印刷”，那么是否还有“小印刷”？

当然，这里说印刷不是有大小之分，主要是说对印刷的认识有广义和狭义不同角度。范慕韩同志当时说：“所谓‘大印刷’，是针对把‘印刷’理解为印书和印报的似已成为习惯的狭窄概念，把印刷工艺和印刷工业从这一小圈子里解放出来。”“树立大印刷观意识，就是要从思想上和认识上树立这种意识，以求彻底完成和实现突破小圈子，为加速实现印刷工业的现代化而努力。”

范慕韩同志提出“大印刷观”时还说：“历史上我国活字印刷发明最早，比德国人要早400多年，但是铅字印刷在中国普及却比资本主义先进国家晚了一个多世纪，直到1930年左右才彻底代替了石印和雕版印刷，其原因就是我国冶金工业、机械工业和轻工造纸工业落后，未能与印刷术同步前进，无论机械设备或者器材纸张长期依靠国外进口，因此大大阻碍了印刷工业发展。这种印刷工业没有强大的国内工业基础的教训，是十分值得总结和吸取的。”

基于“大印刷观”理念，范慕韩同志倡导了用系统工程的方法组织制定实施了全国印刷技术改造“六五（后三年）”“七五”“八五”发展规划，系统地解决印刷工艺全过程、印刷产业发展各个重要环节和印刷及相关设备器材的协调发展，从而为建立我国印刷产业完整体系打下了坚实基础，使在汉字激光照排技术突破之后，相关的印刷、装订、设备、器材等都能协调配合，实现了印刷产业整体上的飞跃。

当前，中国印刷站在新的历史起点上，面对更宽广市场空间和更多新技术带来的机遇，应该把“大印刷观”理念更加发扬光大，以更大的包容，更广阔的胸襟，通过融合发展加快印刷业的战略转型，在竞争中浴火重生。我们应该有信心地说，印刷是不会消亡的。

第五章　数字化、网络化——印刷业向高新技术产业转型的必由之路

在当今世界众多新技术中，数字、网络技术对印刷的影响更全面、更深远。

数字技术不仅催生了一种新的印刷工艺——数字印刷，它与传统的印刷方式胶印、凹印、凸印（如柔印）、网印相比，具有无版、实时、可变数据、个性化、能实现按需印刷等特点，广受社会各部门的欢迎和关注，正在日益成为印刷主流方式之一。

而数字、网络技术对印刷更深刻的影响，是数字技术正在全面改造印刷生产、经营、管理、服务全过程。

数字印刷开拓了新的印刷领域，印刷数字化则用数字技术改造整个印刷产业，这两方面相辅相成，紧密结合就能够带动我国印刷产业结构调整、转型升级。

一、数字印刷开拓新的印刷领域

数字印刷原理基于计算机的二进制“0 和 1”，因此其名称在内地、香港、台湾因习惯不同称谓也不同，香港称“数码”，台湾称“数位”，内地称“数字”。

香港由于在改革开放初就充分发挥了“窗口、桥梁、纽带”作用，世界很多印刷新技术通过香港进入中国内地，“数码印刷”也最早引入内地，世界上著名的数码印刷设备通过香港代理商销往内地，在内地市场上出现许多快印店，大都叫“数码印刷快印公司”。有关这方面的专业刊物，也称为《数码印刷》，由中国印刷科学技术研究院主办。

随着改革开放的深入，“两岸四地”印刷业交流不断扩大，在许多次“两岸四地”印刷交流活动中都曾经探讨过印刷术语统一的问题，如“胶印”与“柯式印刷”；“数字”“数位”“数码”等术语能否统一，以利于印刷业交流与合作。但是习惯力量还是很强大，看来一时也难以改变。

这个问题在实际工作中确实也是有影响的，在制定“十二五”印刷业发展规划时提出建议上报“数字印刷和印刷数字化”重点工程立项，讨论中有的觉得项目名称有点儿绕嘴，是否有玩文字游戏之嫌？这可能因为称“数码印刷”比叫“数字印刷”更社会化，而从信息技术角度“印刷数字化”比“印刷数码化”更专业一些。

数字印刷技术在20世纪90年代中期已经出现，在1995年Drupa展会上就展出了Indigo公司的E-print 1000，Xeikon公司的DEP-1彩色数字印刷机，当时还是静电、热敏等成像方式，在速度、成本和印刷质量上与胶印还有较大差距。

数字印刷得到井喷式发展是在喷墨技术突破之后，2008年Drupa展会上以高速、彩色、高质量、宽幅面、生产型、广适性为特征的喷墨数字印刷机集中展出，有30多家厂商推出了不同类型喷墨印刷机成为这一届展会的最大亮点，因此这届展会也被称为“喷墨Drupa”。

同传统印刷相比，数字印刷由于其可变数据的特性，更适合于“短版”小批量印刷，这一方面更适应社会上各类个性化的需求，另一方面由于出版物印刷已由过去大量印刷政治读物逐渐转向品种多样、印量“短版”的趋势下，对印量1000份左右的“短版”活件用数字印刷更灵活，成本也不高于胶印，因此在应用初期在出版印刷企业常常作为胶印印刷的补充。

而在商业印刷领域，数字印刷显示了其独有的能力，其增长速度超过其他印刷领域。

在包装印刷中，数字印刷更多是与其他印刷技术组合在一起来完成。

据有关资料分析，2010年全球印刷加工工业结构和技术构成如图1。

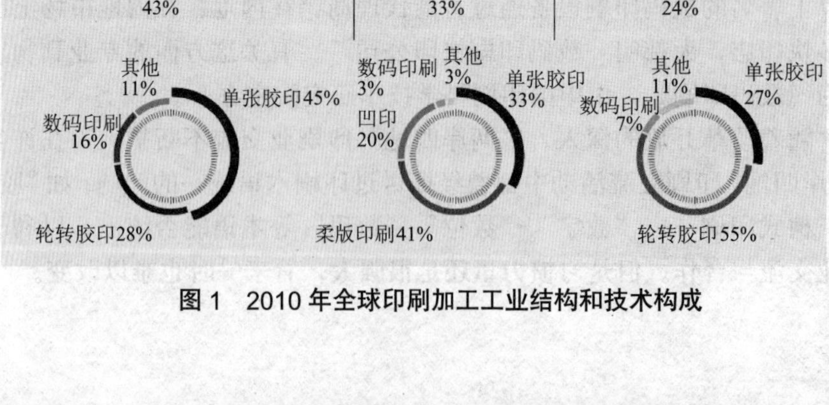

全球传统印刷产业结构和技术构成

商务印刷 43%
其他 11%
单张胶印45%
数码印刷 16%
轮转胶印28%

包装印刷 33%
数码印刷 3%
其他 3%
单张胶印 33%
凹印 20%
柔版印刷41%

书刊印刷 24%
其他 11%
单张胶印 27%
数码印刷 7%
轮转胶印55%

图1　2010年全球印刷加工工业结构和技术构成

喷墨技术开拓了数字印刷更广阔应用领域：印刷速度大大提高，柯达、惠普、奥西、富士胶片、大日本网屏等纷纷推出高速喷墨数字印刷设备，很多新型高速连续纸喷墨印刷机问世。据《数码印刷》杂志调查，2013 年在我国应用的喷墨数字印刷机的性能情况请见表 1 和表 2。

表 1 单张纸高端彩色数码印刷机一览表

品牌	型号	速度（页 / 分，A4）
惠普	HP Indigo 10000	232/308（增强）
	HP Indigo 7500	118
	HP Indigo 7000	118
	HP Indigo 5500	66
	HP Indigo 5000	66
	HP Indigo 3550	66
	HP Indigo 3500	66
	HP Indigo 3050	66
富士施乐	Color 1000 Press	100
	Color 800 Press	80
	iGen3/iGen4	100
	iGen150	150
柯达	NexPress SX3900	130
	NexPress SX3300	110
	NexPress SX2700	90
	NexPress SE3600	120
	NexPress SE3000	100
	NexPress SE2500	83
	NexPress 2500	83
	NexPress 2100	70

表 2 单张纸生产型彩色数码印刷机一览表

品牌	型号	速度（页 / 分，A4）
富士施乐	DocuColor 8000/8000AP	80
	DocuColor 8002	80
	DocuColor 7000AP	70
	DocuColor 5000/5000AP	50
	700DCP	70
佳能	imagePRESS C7000VP/C7010VP	70
	imagePRESS C6000/C6010	60

续表

品牌	型号	速度（页 / 分，A4）
柯尼卡美能达	bizhub PRESS C8000	80
	bizhub PRESS C70hc	71
	bizhub PRESS C7000	71
	bizhub PRESS C6000	60
	bizhub PRO C6500/C6501	65
	bizhub PRO C5500/C5501	55

连续纸高端彩色数字印刷机性能状况，请见表 3。高速喷墨数码印刷机一览表，请见表 4。

表 3　连续纸高端彩色数码印刷机一览表

品牌	型号	速度
惠普	HP Indigo WS4500	66 页 / 分（16 米 / 分）
	HP Indigo WS4600	15/21 增强（米 / 分）
	HP Indigo WS6000/6600	118 页 / 分（30 米 / 分）
赛康	Xeikon8000	230 页 / 分（19.2 米 / 分）
	Xeikon6000	160 页 / 分（12 米 / 分）
	Xeikon5000+	130 页 / 分（9.6 米 / 分）
奥西	9000	852 印 / 分

表 4　高速喷墨数码印刷机一览表

品牌	型号	速度（页 / 分，A4）
柯达	Prosper 1000	200 米 / 分
	VL2000	500（75 米 / 分）
	VT3000	500（75 米 / 分）
惠普	T200/T300/T400	122 米 / 分
奥西	ColorStream3700	127 米 / 分
网屏	Truepress Jet650UV	1300 平方厘米 / 分

高速喷墨印刷提高了数字印刷机的生产效率，降低了生产成本，一般情况每批印量在 2 000 份左右可与胶印持平。

喷墨技术也大大提高了彩印质量，不少喷墨设备印刷分辨率可达 1 200dpi×1 200dpi，在每年举行的全国数字印刷品质量评比中，不少印品的质量不差于胶印。

喷墨技术由于喷头可以自由组合，也拓展了印刷幅面，B2 幅面的高速喷墨印刷设备成为主流，例如惠普的 HP410 卷筒纸喷墨机印刷幅面可达 1 066mm，黑白模式下速度可达 244 米 / 分，彩色模式下速度可达 183 米 / 分。

在数字印刷发展过程中，其应用领域一般是商业印刷领域所占比重最大，其次是出版印刷，包装印刷的比重较小。随着喷墨印刷的发展，喷墨印刷将拓展其在陶瓷、印染、壁纸等领域的应用，市场前景会不断扩大。

数字印刷作为印刷新的工艺方式，会有强大的生命力，但是与任何新技术应用发展都会有一个培育进程一样，在我国数字印刷的发展也会经历起步、试点、推广到快速发展这些过程。

图 2 ～图 5 是 2009 ～ 2013 年我国彩色喷墨数字印刷装机发展情况[1]。

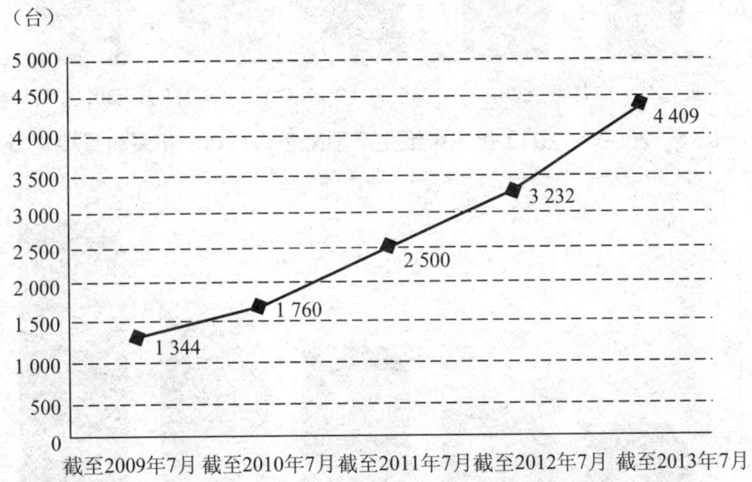

图 2　2009 ～ 2013 年单张纸彩色数码印刷机总量变化情况

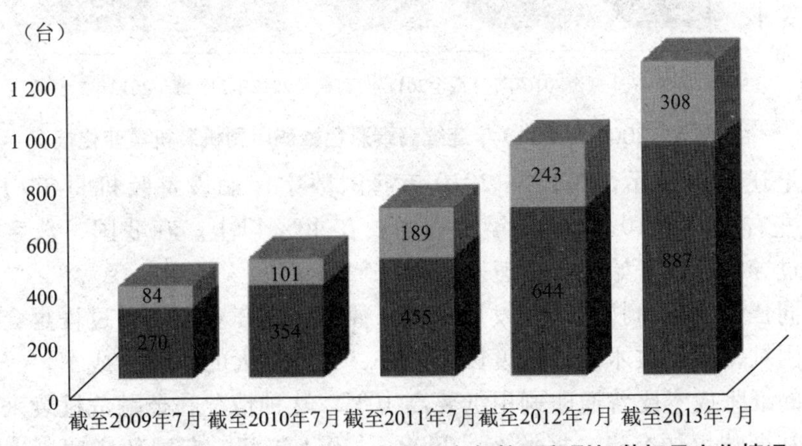

图 3　2009 ～ 2013 年单张纸高端彩色数码印刷机装机量变化情况

1　图 2 ～图 5 采自陈彦《中国数码印刷业趋势与展望》一文，《数码印刷》杂志 2013 年第 12 卷。

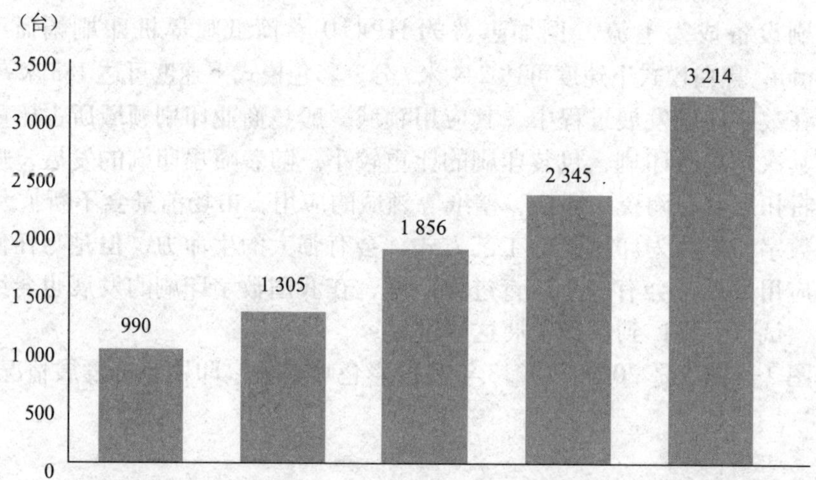

图 4　2009 ~ 2013 年单张纸生产型彩色数码印刷机装机量变化情况

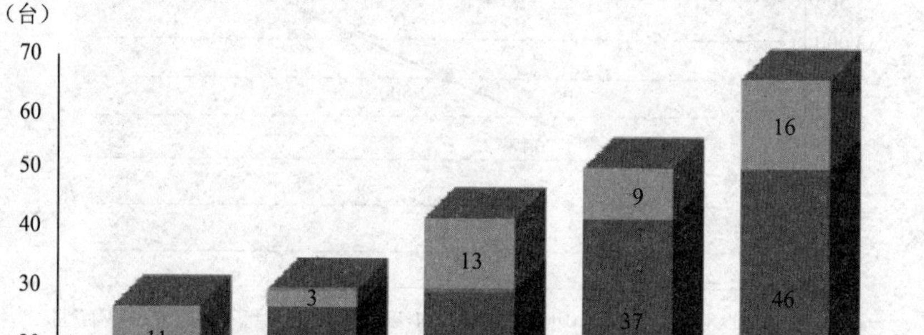

图 5　2009 ~ 2013 年连续高端彩色数码印刷机装机量变化情况

上述数据显示，2007 ~ 2010 年我国数字印刷设备装机量年均增长 30% 左右，而 2010 ~ 2013 年年均增长在 40% 以上。在我国，数字印刷已迈过导入期，开始进入快速发展期。

同任何一项新技术产业发展一样，数字印刷在我国发展过程也会遇到种种困难，除了技术的成熟度因素之外，当前最大的障碍是成本，一般其使用的纸张成本比普通印刷用纸要高 10%，这种情况在金融危机袭来的时候，其影响更加突出。据调查，2009 ~ 2011 年间，我国数字印刷发展遭遇瓶颈，不少企业在经营上遇到困难。但是这并没有改变数字印刷总体发展趋势。据报道，在美国数字印刷的产值已占全部印刷业产值25%左右；在我国2013年开始，高端生产型数字印刷设备也进入应用快速发展阶段。

数字印刷，特别是喷墨型数字印刷技术无疑是当代印刷技术的一个制高点，是一个国家印刷技术水平的一项重要指标。

在我国印刷第二次技术革命中发挥了引领作用的由王选院士创办的北大方正电子公司，面对世界印刷技术发展新潮流，审时度势，在企业发展方向上作出了重要的转型决策。

以汉字信息处理激光照排，报刊编印发数字化、桌面彩色系统等一系列创新技术，“方正”的优势在于软件技术的开发，王选带领的团队充分发挥了“比较优势”获得了巨大成功，在进入21世纪之后，“方正”面对的是数字印刷和印刷数字化的浪潮，浪潮的前沿是喷墨数字印刷。敢不敢、能不能去占领这个制高点是“方正”发展中绕不开的课题。

2006年王选逝世之后，“方正”新的决策者们经过反复研究，认为这是中国印刷又一次跨越式发展的机会，如果不抓住这次机会，以后再想追赶就很困难，差距又会重新拉大，因此果断决策要向喷墨数字印刷技术进军。

喷墨数字印刷是“软硬”高度结合的技术，在“软件”方面，“方正”在喷墨控制和数字前端软件上具有一定优势，也有一定基础；而硬件主要是设备的精密加工关键工艺技术需要加大攻关力度。

对于“硬件”的开发，根据我国国情，也应坚持有所为有所不为，对于国际上已经成熟的产品可以先应用，在应用中加以消化吸收，为此对喷头、墨水这些国际上能得到供应产品先采购，以便集中力量用于关键设备的制造和系统集成。

“方正”数字印刷技术开发工程得到国家的重点支持。

经过多年努力，“方正”开发成功三个系列喷墨数字印刷机：

——用于出版、文印、报纸印刷的宽幅彩色喷墨数字印刷机——方正桀鹰P5000系列；

——用于标签的连续式喷墨数字印刷机——方正桀鹰L1000、2000系列；

——用于药品电子监管码的方正桀鹰H300/H500系列的喷墨数字印刷机。

“方正”开发的数字印刷技术已申报国内专利300多项，已授权100多项，申请国际专利20多项。其中喷头控制技术、循环供墨控制技术、LED预固化技术、喷头自动清洗技术等具有优势，喷墨调频挂网技术获国家专利金奖。

在2012年Drupa展会上方正桀鹰P5200和L1000喷墨印刷机参会展出，引起国际普遍关注，认为“方正”已跻身于世界喷墨印刷的先进行列，许多国际著名厂商都表示愿与“方正”合作的意向。

针对喷墨印刷与传统印刷深入融合的趋势，“方正”在经营上加大改革力度，2012年“方正”重组了“方正印捷数码技术有限公司”，将原有方正电子旗下的传统印艺、印捷数码印刷、喷墨板块进行整合，销售团队三合一，内部资源也重新整合，开发了一大批面向未来的混合印刷和网络印刷的应用软件产品，2013年喷墨数学印刷机的销售有了明显增长。

2013年在chinaprint 2013展会上，“方正”针对数字印刷技术应用和用户的需求，打出了“方正，为您打造全能印厂”的主题旗帜，发布了融合传统印刷与数字印刷的全能印厂的综合解决方案，基于数字印刷的应用软件产品，如网络印刷平台、睿彩通用校色平台、生产管理平台等推向市场并得到客户的认可，大大拓展了数字印刷的市场空间，实现大规模可变数据生产一张起印、张张不同，立等可取，海量数据一站完成。

数字印刷实现了按需印刷将会改变传统出版经营模式，过去长期困扰图书库存积压严重的状况有可能通过推广数字印刷逐步得到解决，减少库存直至零库存，不仅大大减少库房，还将大大提高图书流通效率，这是降低成本的一个重要途径，因此对数字印刷的生产成本要综合起来考量。

数字印刷在我国发展中遇到种种瓶颈是不可避免的，这是发展中必然现象，随着数字印刷技术的不断提高和完善，又能针对发展中的实际采取相应对策，我国数字印刷将会很快得到跨越式发展。

二、印刷数字化助力印刷产业升级转型

数字技术对印刷更深刻的影响是全面改造印刷生产、管理、经营、服务全过程，世界印刷进入了全数字化时代。

数字技术大大拓展了印刷产业链，从过去来稿来样接单到制版—印刷—装订（或包装印后处理—交货简单被动服务），发展到建立内容数字资产—创意设计—网络接单—制版、印刷、装订数字化工作流程—数字化物流—电子商务—售后服务，这些都是建立在数字技术的基础上。

印刷数字化正在快速发展中，针对我国情况，这里重点分析几项关键技术。

1. 内容数字资产

印刷是把内容承印在载体上然后传播出去，所以内容是印刷之“本”。

但是过去印刷完成之后，内容就被印刷厂丢弃了，内容的价值不被印刷厂所重视。

大约在十年前，日本凸版印刷株式会社驻北京代表朱万毅先生邀请中国印刷界的一部分老朋友，到故宫参观“凸版”与故宫合作数字故宫开发成果。

日本“凸版”是世界著名的印刷企业，年销售额超过 100 亿美元，是世界 500 强企业之一，它与中国印刷界有良好交往历史，并在香港和中国大陆建有印刷企业。

“凸版”从出版印刷起家，不断拓展业务范围，包括装潢、光电、半导体芯片，信息传媒，20 世纪 80 年代我们在日本参观“凸版”时看到印刷的电子医疗卡，可以记录一个人一生的医疗记录，给我们带来很大惊喜。

这次我们在故宫参观，观看了他们与北京故宫博物院合作开发的数字故宫的第一部《紫禁城·天子的宫殿》，给我们带来更大的惊喜。

原来，在 2000 年“凸版”成立一百年之际，“凸版”看中了北京故宫文化内容这个“宝库”，达成了与北京故宫博物院合作开发“数字故宫”的协议，由“凸版”出资出人用数字技术把故宫文化遗产的信息采集、处理、保存，建立故宫数字资产数据库，版权由双方共同所有，各占 50%。

建立在这个内容数字资产数据库基础上，可以根据需要制作成数字电影、光盘或画册等多种媒体形式。

当我们坐在数字故宫电影院内观看《紫禁城·天子的宫殿》时，其细微处之清晰远远超过直接参观时所看到的景象，它还可以通过鼠标操作，让观众参与互动，比如可以拉近“龙椅”让你亲身感受坐上“龙椅”的感觉。

据介绍，“凸版”运用数字技术先后完成了梵蒂冈的西斯廷大教堂、日本奈良的唐招提寺、拉美玛雅文明遗迹等数字内容资产工作，甚至在东京电力公司这个后来在日本大地震中受到损害的核电站公司内，也由“凸版”建造了沉浸式剧场，播放核电、能源等知识的宣传片。

我们现在难以了解“凸版”产品结构具体情况，但是从定性上分析，传统印刷在“凸版”整体产业的比重一定不会占大头，然而这个百年老店现在名字仍然叫作“日本凸版印刷株式会社”。

在中国，“雅昌”已在印刷界、文化界“家喻户晓”，除上面介绍过的历代瓷器精品艺术数据库外，“雅昌”已拥有 6 万余名艺术家，2000 多万艺术珍品的图文资料数据库，这本身就是无比宝贵的财富。因为作为艺术家个体来说，本身是难以将自己作品进行数字化处理的，而“雅昌”

的专业团队和设备技术力量就能把数以万计的艺术家作品进行数字化采集、整理、存储、处理，或出画册，或出光盘，或上网拍卖交易，或开画廊、展览，开拓了一大片艺术品数字化产业链。

2010 年原国家新闻出版总署副署长于永湛带队考察了“中献拓方科技发展有限公司”，这是国家专利局下属知识产权出版社的印刷企业。

中国是知识产权的大国，每年申报的专利数以万计，知识产权出版社从 1980 年成立以来，是中国专利文献法定出版单位，当时出的都是纸质专利文献，效率很低。

随着申请专利的急剧增长，传统方式难以适应，2001 年出版社决定成立“中献拓方”，学习国外先进经验，走数字化转型之路。

我们走进“中献拓方”时，眼前是一大片电脑在进行数据采集处理，细数竟有上百台，蔚为壮观。

当时已退休的出版社老社长董铁鹰先生介绍了他们引进 OCR（optical character recognition）光学字符识别技术：将纸质文件扫描、处理、转换成适合互联网、光盘等其他出版的数据格式，在此基础上进一步研发，建设专利数据库平台，开展更高层次的数字出版、信息服务和销售服务工作。

建立起专利文献数字资产数据库，可以根据用户需求实现按需印刷，在“中献拓方”现在已没有胶印机，都是数字印刷机，因为专刊出版都是多品种、小批量，“按需出版风险小，利润率要比传统出版印刷高，回款也更快，另外，没有库存也就没有浪费”，中献拓方印刷部主任田健伟先生这样说。

当时“中献拓方”与“北大方正”也建立了合作关系，“方正”桀鹰 P 系列数字印刷机刚开发成功，“中献拓方”将最近一个月内国内申请专利文献汇编，通过网络传输给“方正电子”在 P5200 喷墨数字印刷机上印刷，很快送到“中献拓方”手中，其印刷质量符合要求，效率之高是传统出版印刷无法比拟的。

同时“中献拓方”也可以根据用户需要生成用网络、手机、电子阅读器等标准格式文件进行发布，形成多元化媒体传播模式。

在数字内容资产推进方面，有不少印刷企业进行探索，如上海印研所拟为上海文艺出版集团的旧版文艺图书进行数字化处理；上海同昆数码图文公司拟建立建筑设计图文资源数据库；上海界龙公司拟开发包装设计资源数据库，上海柯创印刷公司开发幼儿动漫图书数字资产数据库等。

现在我们正处在“内容为王”的时代，谁掌握内容，谁就赢得市场主动权，数字技术开辟了印刷内容的广阔道路，但是在实际工作中仍然遇到种种阻力，特别是出版内容，很多出版内容单位不愿意把内容资源“泄露”出去，这里主要是涉及版权问题，在我国目前版权法律保护还不够严密、约束力不强的情况下，很容易被人钻空子，导致内容资源的流失，这对内容出版单位是性命攸关的事。

面对种种困难，我们还是应该坚定走内容资产数字化的道路，用自己的过硬本领，开发版权加密技术来赢得内容单位的认同，同时还应加强法律监督手段，制定严格的版权保护协议，建立诚信监督机制，严厉惩处违约行为，建议政府执法部门加强这方面的工作。

2．CTP

作为激光照排更新换代的标志性技术，CTP 计算机直接制版技术一直是被看作印刷数字化水平的一个风向标。

我国从事 CTP 技术开发起步可追溯到 20 世纪 80 年代，当时王选与北大物理系老师在改造杭州通讯设备厂传真机为四路激光照排机之后，物理系老师就着手研究开发直接制版技术，但是这个路走得很艰难，一直没有取得突破性进展。

1995 年的 Drupa 展会是 CTP 技术集中展示的舞台，这次展会展出包括 CTProot 数码打样、CTPlate 计算机直接制版、CTPlataon Press 在机直接制版，CTPrint 数字印刷等多种 CTP 技术和设备。这届展会对我国印刷业冲击很大，在我国自主研发 CTP 技术难以进展的情况下，在开放政策推动下，CTP 成为我国印刷技术设备引进的重点。

从 1996 年到 2003 年，我国年增加 CTP 约为 9 台，可称为导入期，主要是试用阶段；2004 ～ 2010 年进入成长阶段，其间年增长 292 台，2010 年保有量达到 3 500 台左右；而到 2011 年增长达到 2 000 台以上，之后连年快速增长，我国 CTP 技术进入发展快车道。

我国 CTP 技术发展从另一个角度反映了印刷数字化的历史进程，2007 年前我国 CTP 设备主要靠进口，或者外商在中国本土组装的产品，随着技术的积累和对引进技术的消化吸收，国内一批 CTP 生产厂商在 2008 年以后迅速崛起，先后有十家左右企业生产 CTP 设备，除杭州科雷、广州爱司凯等企业外，曾经作为国产激光照排机生产骨干企业的杭州东方通信公司（原杭州通讯设备厂），在开发激光照排机过程中也曾进行过 CTP 预研工作，2012 年投入到 CTP 设备生产的行列。

据统计，2012 年我国新增 CTP 设备中本土品牌已超过 3/4，国际品牌约占1/4，出口也明显增长，2012年出口为1 781台，不仅在发展中国家的传统市场站稳了脚跟，而且已经开始进入欧洲等部分先进国家。

纵观近20年我国CTP技术发展历史，目前我国已进入CTP技术应用的成熟期，但是还应该清醒看到：一是我国自主品牌的CTP产品在国际上还属于中低档水平，与国际先进水平还有不小差距；二是CTP对我国印刷市场的渗透率还处在低水平状态。据有关部门测算，我国现有10.44万家印刷企业，按照全国目前CTP设备累计装机7 600台计算，市场渗透率约为7%；如果考虑我国印刷企业小微企业数量多，并非每个企业都需要装CTP设备，按30%印刷企业需要CTP设备的话，渗透率也只有24%，潜在的市场还很大。

与CTP设备配套相适应的是CTP版材，在汉字激光照排技术推广应用中成长起来的河南二胶（现乐凯华光），已成为我国CTP版材重要生产基地，并不断开发印刷感光材料的新技术、新产品；同时不少外资企业在中国建立了CTP版材的生产线，从总量上看版材生产基本上能适应CTP技术发展的需求。

CTP技术还在发展，一方面CTP成像质量、对位精度、曝光能量自动校准、设备稳定性可靠性等方面需要进一步提高，另一方面根据环保要求，各种免冲洗技术正在加快开发，纳米制版技术推广应用还有待加快推进。

3．数字工作流程

在数字化进程中，CTP、数字打样、数字拼版等数字技术在印刷企业逐步得到应用，但是整个生产流程仍然是手工分离式的，对于印刷质量控制，尤其是色彩质量控制仍然依赖于人的经验，色彩复制仍不可预测，难以重复，色彩控制缺乏数据化、程序化而导致印刷质量不稳定；在我国印刷厂普遍尚未采用数字技术来管理印刷物料、耗材、设备；普遍尚未采用将印前、印刷、印后工序紧密联系、互相配合的JDF数字化管理技术。这些都严重影响印刷企业生产效率的提高。

我国印刷企业结构严重失衡，科学管理基础工作落后，研究全数字化的生产、管理流程的难度更大。21世纪以来，“北大方正”在这方面加大了开发的力度，作了有益探索。

“方正电子”开发了“方正畅流系统”，对印刷作业进行规范化处理，包括：预飞检查、陷印、屏幕预览、色彩管理、数码打样、拼版、挂网、胶片或CTP输出，CIP4油墨数据、数据库存档、作业追踪、数据统计等处理，这套软件已经在上千家印刷企业应用。

在印刷管理数字化方面，这几年国内众多开发商推出印刷 ERP 软件，其中“方正 ERP”也占主流地位。从应用情况来看，水平参差不齐，关键在于开发商与印刷厂的密切配合。

在我国全数字化工作流程还有很长的路要走，一是要加强印刷厂的科学管理基础工作，各工序必须标准化、规范化、企业的管理模式要适应全面数字化工作流程的要求。

二是印刷设备必须具有印前数据接口和印刷设备内部执行、反馈和自动调整系统。

三是企业外部应具有良好网络环境和网络条件，有可靠的信息源和信息流，以及诚信、成熟的客户、出版商、发行单位和设备器材供应商等，这是一个很复杂的系统工程，也是一项难度很大的课题。

4．印刷设备数字化、智能化

数字技术对传统印刷设备的改造，使印刷设备自动化、智能化水平不断提高，这里包括：墨色遥控和预置、酒精润版、水墨平衡、自动套准、印品质量检测、机器故障的显示和调整、自动上版、无轴转动、单张纸胶印机的上光烘干、印品规格的自动调整、卷筒纸胶印机的自动接纸、张力控制系统、高速折页等。印刷设备的自动化、智能化水平不断提高，功能逐步增加，辅助时间和停机率大大降低，国产多色胶印机准备时间从数小时已降到十几分钟。

无可否认，当前我国印刷设备的整体技术水平与国际先进水平相比仍有较大差距，因此高档印刷设备主要依靠进口，每年进口额相当于我国印刷设备生产总值的 60%，这个差距是由我国印刷装备制造综合技术多种因素造成的，其中包括数字控制技术水平，加强这项关键技术的开发力度是非常必要的措施。

2012 Drupa 展会更打开了传统胶印与纳米喷墨印刷技术相结合的新思路，我国“中科纳新”在开发纳米喷墨制版技术上已取得重大突破，如果在此基础上与胶印设备制造企业合作，争取在开发喷墨数字胶印机上取得新的突破，这将会推动我国印刷技术新的跨越式发展，大家都在期待着。

5．汉字字体字库数字化

汉字是中华民族的伟大发明，是中国对人类的又一大贡献。有人说：中国古代四大发明印刷术、造纸术、火药、指南针，应再加一个就是发明汉字。

汉字是世界文字中最具独特性的文字。范慕韩同志在《漫谈文字与印刷》中说:“不用字母组成的方块字是其独特的字形，组成广泛词句有其独特的逻辑性能，还有就是在象形文字基础上发展起来的表意字，识其形即知其意，这是其他文字未能比拟的。”

汉字是世界上最古老的文字之一，从有文字记载至今已有 3 500 多年的历史，汉字又是世界上使用范围最广的文字之一，地球上 1/5 的人口都应用汉字。

汉字表述简洁，逻辑性强：同样内容的口语讲稿，用汉字占用 10 分钟，用西方语言则可能要 15 分钟；同样内容的文字讲稿，用汉字排印如只用 1 页篇幅，而用西方文字可能要用 1.5 页。

汉字的艺术性强，汉字书法是中国文化瑰宝。

但是汉字在学习过程中，一直被认为是“三难”文字，即难识、难记、难写。到了现代更被认为“难”以进入计算机。

这是因为汉字字体字形太复杂。收入《康熙字典》的汉字有 47 000 多字，按照使用频度被计入常用的汉字有 6 700 多个。在印刷中用的汉字字体有宋体、黑体、楷体、隶书等 10 余种。还有 10 余种不同大小字号。

王选在突破汉字信息处理关键技术之后，汉字的应用被极大激发出来。

汉字的应用通常从手写字体走向印刷字体。手写字体是单个小批量的手工劳动，而印刷字体则是批量的工业 + 创造性劳动。所以字体是印刷的“第一生产资料”，无论雕版印刷、活字印刷，没有字体也就没有印刷。而到计算机排版，仍需要字体字库，运用不同编码程序把字体图像信息输入计算机字库。所以当汉字激光照排技术全面推广应用之后，汉字字库就成为创造经济效益的重要环节。当年在合作开发“748”工程时，使用谁家字体所应付的费用常常成为争议内容之一。

在国内争议不断的时候，国外开发商瞄准了这个创造巨大财富的机会，加快开发汉字字体字形数据库，并且获得许多核心技术的专利。

在信息化高度发达并且以更快速度发展的当今社会，汉字字库的社会需求越来越大，我们必须加大汉字字体字形数字化开发力度，以适应出版印刷和文化创意产业发展的要求，形成汉字字库产业化规模。

值得高兴的是，虽然字库产业仍然面临严重的盗版困扰，但是随着社会文化需求的逐渐旺盛，以及国家将知识产权保护和文化发展纳入国家战略，汉字字库产业发展速度不断提升，产业规模也在日渐扩大之中。

以国内主要的两家字库商为例，拥有“方正字库”品牌的北大方正电子和拥有“汉仪字库”品牌的北京汉仪科印信息技术有限公司，最近几年均保持每年推出10款到30款新字体的创作开发速度，越来越多的客户购买字库授权，字库收入每年也保持高速增长，并且有能力开展一系列的行业公益活动。

随着国内字库产业环境的好转，字库使用者设计欣赏能力的提高，有越来越多的人关注、投入到汉字字库事业中来，开始出现造字工房，涌现一批独立字体设计师，不少平面设计师也涉足字体设计，有一批书法家也将他们的作品写出来做成电脑字库，汉字字库产业进入了又一个蓬勃发展的新时期。

6．互联网＋印刷

互联网深刻改变了社会生活，也改变了印刷。

通过网络掀起的电子商务已经渗透到各个领域，对于印刷、从网上接单、网络传输，网上付账、网上信息反馈服务等大大提高了印刷生产效率和服务水平。

最近几年“网络印刷”成为印刷界的热门话题，涌现一大批网络印刷商。

何谓“网络印刷”？有人概括为：所有通过网络完成的与印刷相关的工作流程，是实现印刷的便捷途径。

据报道，美国Info Trends咨询公司调查显示：2000年，网络商业印刷的销售收入在商业印刷总销售收入中约占3%；2009年增至9%，预计2014年将达到30%。

目前来看，“网络印刷”的市场范围主要是在商业印刷（如名片、宣传品、广告画册、台挂历等）、个性化数字印刷（如相册、挂历、笔记本、T恤、鼠标垫、拼图、丝巾……）和按需印刷等方面。

网络印刷本质是通过网络做印刷的营销。之所以称为“网络印刷”，一是本身具有印刷能力的企业现在通过网络为客户提供文件传输、存储与管理并随时下单印刷，成为客户预期可控结果的“内部印刷厂”；二是专业的电子商务网站，可向客户提供标准模板和文件，如影像模板、名片模板、海报模板、模切烫金后道规范，由客户网上自助服务，由电商委托印刷加工制作交付客户。

在印刷日益与现代服务业融合的今天，网络印刷一定有大好发展前景，但是与众多搞电子商务的网站一样，网络印刷的竞争也越来越激烈，并不是搞网络印刷就能“发财”，有的在竞争中被淘汰出局是很正常的事。

在日益发展的现代印刷服务产业链中，电子商务是不可或缺的重要手段，网络印刷必然会在竞争中不断完善，不断提高，大展鸿图。

实际上，互联网对印刷的影响不仅只有网上接单和电子商务，它对印刷的影响将贯穿印刷生产全过程，研究互联网 + 印刷是一篇大文章，需要我们进一步深入研究。

7. **推进印刷智能转型，开启“工业 4.0”时代**

在印刷数字化转型过程中随着网络化和数字化与印刷生产深度融合，实现应用信息物理融合系统，使用户与工厂直接连接，中间销售流通环节大大缩短其生产设备与原料及产品之间能够感知连接和相互对话，工业机器人广泛应用，印刷有其独特优势，对“工业 4.0”国家已着手研究制订计划，我们应加强跟踪研究。

三、关于实施“数字印刷和印刷数字化重大项目”建议方案

在贯彻落实国务院《文化产业振兴规划》中，中国印刷技术协会组织行业专家，建议把“数字印刷和印刷数字化”作为实施重大工程项目带动战略的重要措施，列入国家重点工程计划。

以下附件是建议方案的主要内容。

【附录】

数字印刷和印刷数字化重大项目建议书（节选）

一、项目的必要性

20 世纪 80 年代改革开放初期在中国印刷业国家重点组织了由王选院士带领开发的汉字信息处理和激光照排重大工程项目，取得了自主创新的重大突破，大大解放了中国印刷生产力，彻底改变了中国印刷技术铅排铅印落后面貌，实现了跨越式发展。改革开放 30 年来，中国印刷业生产总值增长了 100 倍。到 2009 年，我国印刷业总产值达到 5 746 亿元，企业总数约 10 万家，职工总计 406 万人，生产规模居世界第三位，成为在世界上有一定影响力的印刷大国。显示了科学技术的强大威力，也体现了社会主义能集中力量办大事的优越性。

进入新世纪，世界范围数字化网络化快速发展，世界印刷技术发展更加迅猛，中国印刷面临新挑战，印刷产业结构性矛盾日益突出，在这次全球性金融危机中更加显现。虽然我国印刷技术也取得了不少进步，但应该承认在汉字激光照排技术取得成功之后我国印刷技术尚未有重大创新突破，如果不采取新的重大措施，中国印刷与世界已经缩小的差距有可能会再被拉大。

数字技术在印刷工艺上催生了数字印刷的新技术、新方式，与传统胶印、凹印、柔印、网印相比具有无版、实时、可变数据、更具个性化等特点，尤其是喷墨式数字印刷，采用无接触式喷墨成像方式，可以在各种介质上任意幅面、多种色组印刷，非常灵活，是当前世界印刷技术的制高点，世界先进国家都在下大力量加快开发。

喷墨数字印刷关键技术主要有：喷头、喷墨控制、数字前端软件、数字安全防伪技术、墨水及介质和精密机械，其中喷墨控制和数字前端软件技术为其技术核心。我国在汉字处理和软件人才方面具有优势，精密机械也有一定基础，如果加大开发支持力度，在充分利用国际市场的条件下，我国有可能达到世界先进水平。

用数字、网络技术改造印刷工艺生产过程是当前印刷技术发展的大趋势，汉字激光照排技术使我国印刷技术进入数字和模拟并存的新阶段，现在世界印刷开始进入全数字化时代，从数字和模拟技术并存到全数字化将是我国印刷技术新的飞跃，在这方面我们应该加快步伐。数字印刷是开拓新的印刷领域，印刷数字化是用高新技术改造传统产业，两者相辅相成、紧密结合，就能够带动我国印刷产业结构调整、转型升级。数字印刷和印刷数字化是一个复杂的系统工程，应该抓重点带全面，例如数字印刷重点抓喷墨式数字印刷，印刷数字化重点抓在内容资产、数字直接制版、纳米制版技术、数字工作流程、汉字字体字库数字化技术和印刷设备的数控技术等方面组织重点攻关。

作为发明印刷术的文明古国，中国印刷要重新站到世界先进印刷强国之林，加快组织数字（喷墨）印刷和印刷数字化工程开发是当前十分迫切需要的重要任务，是实现我国印刷业从传统产业向高新技术产业转变的突破口。国务院发布的《文化产业振兴规划》确立印刷业作为文化产业中重点支持的产业并且要实施重大工程项目带动战略。为此，建议把《数字印刷和印刷数字化》工程开发，作为落实《文化产业振兴规划》中印刷复制业的措施列入国家重点工程项目加快组织实施。

二、项目主要内容

本项目包括两部分内容：

（一）数字印刷，重点是喷墨数字印刷关键技术及设备开发，主要包括7项建设内容

1．喷墨控制关键技术开发

2．数字前端软件工程开发

3．供墨系统的研制

4．喷墨打印头研发可行性分析

5．数字安全防伪印刷关键技术开发

6．设备制造关键工艺的研究开发

7．系统集成、中试基地及产业化建设

（二）印刷数字化，重点是研究采用数字技术，改造现有印刷技术、工艺、设备及耗材，主要包含6项建设内容

1．内容资产数据库应用示范

2．高性能计算机直接制版技术设备（CTP）及版材的研发及应用示范

3．全数字化生产及管理流程研究及应用示范

4．高性能印刷设备数字控制关键技术开发

5．汉字字体字库数字化技术开发

6．数字纳米制版关键技术和工艺的研究开发

三、项目的必要性、开发目标和关键技术创新点

（一）数字印刷

1．必要性

数字印刷，尤其是喷墨成像方式的数字印刷，是行业公认的当前印刷技术的制高点，有望成为传统的胶印、凹印、丝网印、柔印四大印刷技术之后的又一主流印刷技术，其发展速度将更快。喷墨印刷技术将引发印刷行业的重新洗牌，而这正是我们加大投入、实现跨越式发展的机会。先进国家已经纷纷投入巨资进行研究，如果我们不当机立断，以后再想追赶很困难。

发展喷墨数字印刷，将改变出版行业的业务形态，从现在的先印刷、再库存、再销售的模式，改变为零库存的按需印刷模式，减少浪费，节约成本、节能环保。

发展喷墨印刷，将促进多个应用市场新产品和新应用的开发。不仅是出版行业受益匪浅，银行、金融、保险、制药、日用品、公共事业等行业和领域的票据、账单、宣传册等用于与客户直接接触的纸质印品的形式、传递的内容和宣传的效果也不断推陈出新。叫作 Transpromo（账单 transaction 与促销 promotion 的结合）的印品形式的出现就是直接利用了数字印刷中可变数据印刷的特性，实现对客户一对一的营销效果。

喷墨印刷的发展还将带动墨水、纸张、机械设计加工等的相关产业发展，辐射出版业、包装业等行业，具有产业链长、行业带动作用明显等特点。

《文化产业振兴规划》明确提出“加快新技术应用和推动新闻出版产业升级……推动电子商务、按需印刷等新兴业态发展所需核心技术的研发”，发展数字印刷是当代印刷产业的核心技术，通过数字印刷技术开发应用能够带动产业结构调整，促进中国印刷转型升级。

2．主要目标

喷墨数字印刷工程项目的开发，坚持扬长避短、有所为有所不为的方针，消化吸收国际市场成熟的部件和配套器材，重点突破喷墨控制和数字

前端软件工程关键技术，以及设备制造关键工艺技术攻关。项目主要目标：

——研制完成喷墨印刷的核心技术，在喷墨成像质量控制技术、文字与图形边缘增强技术、分布式栅格图像处理速度、文件格式兼容技术、数字防伪印刷技术等方面具有自主知识产权、达到国际领先水平。

——研制完成面向多种应用领域（如标签印刷、商业印刷、出版印刷等）喷墨印刷机，并进行样板客户的应用示范。产品的主要性能指标达到国际先进水平，印刷速度不低于 150 米 / 分，分辨率不低于 600dpi，幅宽不小于 420mm。

——形成不少于 100 项发明专利。

——形成技术先进、质量稳定、工艺配套的批量生产能力。

3．项目的关键技术、创新点

数字印刷项目包括以下 7 个子项目，各项目的研究内容及技术关键分别阐述如下：

1）喷墨控制关键技术开发

喷墨控制技术是根据待印刷的图文内容，实时地控制喷墨打印头在介质上进行成像的技术，它直接决定了喷墨数字印刷的性能及质量，是数字印刷项目的核心技术之一。

此项目的技术关键包括：

（1）超高速数据传输技术及实时性机制的设计与实现；

（2）基于分布式处理技术的数据存储、处理系统及喷头控制系统；

（3）能有效弥补机械及喷头缺陷、提升印刷质量的喷墨控制技术。

2）数字前端软件工程开发

传统印刷技术的核心是基于“印版”内容的复制，然而数字印刷的内容不是来自“印版”，而是实时地来自由计算机及软件组成的数字前端系统。与传统印刷相比，数字印刷不仅信息的传递过程发生了变化，数据的传输量和处理速度要求相比传统印刷也有超过一百倍的提高，远远超出目前普通计算机系统的处理能力。因此，采用最新计算机技术的数字前端软件系统也是数字印刷项目的核心技术。

此项目的技术关键是：

（1）分布式、可堆叠的栅格图像集群处理技术；

（2）适应于喷墨数字印刷的可变数据内容制作及输出控制技术；

（3）喷墨印刷生产流程管理技术；

（4）基于喷墨技术的高速图像处理及喷墨印刷质量改进技术；

(5) 针对喷墨印刷的特点，实现喷墨印刷质量的提升的创新的文字及图像处理的算法；

(6) 能大幅提高数字前端及控制系统的数据处理性能的软硬件相结合的系统控制技术。

3) 供墨系统的研制

墨水、介质及其控制技术是影响喷墨数字印刷系统的质量及运行成本的关键因素。喷墨数字印刷系统在印刷质量方面面临极大挑战，因为物理分辨率比传统印刷低，目前喷墨数字印刷系统在印刷质量方面与传统印刷技术还有一定的差距，还需要在墨水及墨水系统、介质、系统控制方法上取得突破。

此项目的技术关键是：

(1) 适应于各种介质及应用领域的墨水研发及其制备方法；

(2) 适应于喷墨成像的介质及涂层的研发及制备方法；

(3) 喷墨印刷系统中墨水的供给及维护技术、干燥技术。

4) 喷墨打印头关键技术的消化吸收

喷墨打印头是喷墨印刷中的核心部件之一，国外已经有成熟产品。喷墨打印头是典型的MEMS (Micro-Electro-Mechanical Systems，微机电系统)，我国的基础薄弱，并且面临国外专利壁垒。但作为喷墨印刷系统的核心技术之一，我们应该对现有国外产品技术进行消化吸收。此项目研究的主要内容包括：

(1) 喷头打印头相关专利分析；

(2) 喷墨打印头核心技术及制造方法的调研及可行性分析。

5) 数字安全防伪印刷关键技术开发

安全及防伪印刷是印刷技术中的重要组成部分，其应用往往关系到国计民生和国家安全，喷墨数字印刷技术因为其独特的印刷效果在安全印刷及防伪印刷中具有优势，应用潜力巨大，它的主要研究内容包括：

(1) 新型数字防伪关键技术研究与应用；

(2) 安全防伪印刷技术研究与应用。

6) 设备制造关键工艺的研究开发

喷墨数字印刷中的机械系统与传统印刷设备相比存在较大的差异，它没有传统印刷中的印刷单元，但喷墨印刷是非接触式、无压力印刷，因此对印刷设备的要求更高，对设备制造工艺的要求也更高。

此项目的技术关键是：

(1) 适合于喷墨印刷的高速介质传送技术及张力控制技术；

(2) 适应于数字喷墨印刷机械平台的无轴伺服驱动技术；

(3) 适应于高速喷墨印刷系统的机械控制自动化技术。

7) 系统集成、中试基地及产业化建设

喷墨数字印刷系统是包含光、机、电的精密复杂系统，同时，它又只是整个印刷流程中的一个环节，因此，使喷墨数字印刷系统的集成以及与现有印刷流程的配合尤为重要，主要建设内容包括：

(1) 研究前端软件、喷墨控制、供墨系统、印刷设备以及其他印前及印后设备的集成及优化方法，研究喷墨数字印刷和传统印刷相结合的混合印刷工艺；

(2) 建设喷墨印刷中试基地，包括厂房、洁净工作室等设施；

(3) 研制喷墨印刷系统的生产、调试、测试、质量检测所需要的设备，研制生产流水线；

(4) 研制面向不同印刷领域的喷墨数字印刷样机，并在样板客户进行应用示范。

——面向可变数据印刷的高速喷墨系统

——面向标签印刷领域的喷墨数字印刷系统

——面向商业及出版领域的喷墨数字印刷系统

——面向广告印刷及包装印刷的喷墨数字印刷系统

(二) 印刷数字化

1. 内容资产数据库建设和管理应用示范

1.1 必要性

内容资产数据库是实现印刷内容数字化并提供增值服务的基础，也是改变印刷经营模式的必要前提。目前印刷企业的经营模式基本上是简单的印刷服务，印刷完成后内容就被印刷厂丢弃了。然而，内容是有价值的，尤其是面向特定领域的内容被有效组织和管理之后，内容就成为资产，能够提供除印刷之外的其他多种增值服务。

建立内容资产数据库应用示范，能够引导印刷企业从简单印刷服务向主动的增值服务转型，对促进我国印刷企业结构调整，转变增长方式具有积极意义。

1.2 主要目标

拟分别建立文艺出版资产、建筑工程资产数据库和包装、广告内容资产数据库等几个示范工程，以带动我国印刷业在计算机技术和网络技术的不断成熟的条件下，实现数据采集、存储、管理、分发等一体化服务，使厂商和用户共同分享数字化的文档、表格、票据、图形、图像、视频、音频，动画以及网上信息、电子邮件等内容资产，为印刷业提高生产力和实现以增值服务创造新的发展空间提供示范。

1.3　项目的关键技术、创新点

1）文艺出版资产数据库示范工程的技术关键

（1）元数据的定义。针对文艺类内容资源的特点，既要归纳出共性，又要反映出个性，既要满足逻辑清晰、结构合理的标准，又要与国际上的通用表达方式保持最大的一致性，达到跨平台数据交换的需求。

（2）反推技术与工艺。电子排版文档向结构性内容资源文档的处理过程中，为了解决由于排版软件的多样性和制作过程的随意性引发的数据转换瓶颈，既要有针对性地研制数据反推技术，又要合理制定和采用分级地、逐步过渡地掺插人工干预的工艺流程。

（3）属性标记软件。属性标记软件是对内容资源使用价值深度挖掘的不可缺少工具，它不仅能多视角、带有创造性地描述内容资源的属性，并能进行合理的归类与细化，自动产生关联，大大提升内容资源的检索效率和准确性。

（4）数字化编撰平台。除了对内容资源的查询、检索功能外，它能仿照出版物加工过程中普遍制作流程，根据编辑各个阶段的具体需求，实现如下功能：原始内容资源的收集、相关内容的查询、提取、组合；重新分类和排序；数据的再加工、校对与审核流程；新的内容资源的入库；面向不同数字出版媒介的数据导出等。

（5）数据交换应用系统。这是建立在互联网和现代通讯技术基础上的，它能实现跨平台数据交换。利用出版内容资源数据库，它既能支撑出版社自身网站的宣传展示和商务需求，又能通过运营商向客户传送即时、特制的数字内容产品。在这个系统中，必须解决数据传输与交换过程中的安全性、保密性、可靠性，既要严密防止黑客的攻击，又要保证数据传输中的准确与安全。

2）建筑工程资产数据库示范工程的技术关键

（1）图文档扫描归档系统，可以对纸质图文档进行数字化输入及归档；

（2）图文档加密安全管理系统，工程图文档密级匹配、专业授权、特殊授权，很好地解决了全面共享与数据安全，快速查阅与保密限制的问题；

（3）图文档检索管理系统，提供树状档案分类和案卷快速定义查询范围，支持各分类所有字段的条件及复合条件查询，支持精确与模糊查询；

(4) 图文档打印分发系统，与内部打印中心或外包打印服务中心可以进行网络直接连接，只要网上下订单，就能便捷地分发所需要的图文档；

(5)条形码图文档管理系统，在图文档中插入条形码，方便图文档管理；

(6) 协同设计管理系统，根据设计项目进行图文档管理，可以提供设计团队成员方便的进行图文档交换，从而达到协同设计日的；

(7) 工程设计企业的订单和内部管理流程结合在一起。

2．高性能计算机直接制版技术设备（CTP）及版材的研发及应用示范

2.1 必要性

CTP 技术是实现印刷数字化的关键技术之一。

目前活跃在中国市场的 CTP 厂商有 17 个，其中 2/3 为国外厂商，中国市场上 90% 以上的 CTP 设备依赖进口。攻克高性能 CTP 设备的工艺难点与技术关键点，提高我国 CTP 生产的生产制造水平，将会促进我国整体印刷行业数字化生产与管理的进程，同时带动印刷企业与上游客户以及横向关联群体在数字化和互联网时代更加紧密的合作，带动整个文化产业链的发展，进而替代国外进口，满足国内外市场需求。

高性能 CTP 版材的国产化和稳定、低成本、环保生产，是制约 CTP 技术能否快速推广的瓶颈。环保型CTP版材的开发和产业化，是未来5～10年数字化印前技术的发展方向，不但环保、节能、减排和提质效果显著，而且可以促进产业结构调整，扩大产品出口。

2.2 主要目标

1）高性能 CTP 设备

——提高 CTP 设备成像质量，对位精度、版材适应性、曝光能量自动校准等主要性能指标达到国际先进水平

——提高 CTP 设备稳定性，平均无故障运行时间（MTBF）提高 30%

——完成高性能 CTP 设备的产业化，形成稳定生产能力

——完成专利 15 项

2）高性能 CTP 版材

实现高档 CTP 版基国产化

——版材生产成品率提高 10%

——版材性能达到国外先进水平

——完成高性能、环保型 CTP 产品开发及产业化

——完成专利 10 项

——形成产品标准

2.3　项目的关键点和创新点

1）高性能 CTP 设备关键技术及创新点

（1）CTP 制版设备的精度控制技术，实现绝对精度和重复精度高，重复精度在 ±5μm；

（2）采用高景深设计有效地解决国产 CTP 普遍存在的“小太阳（曝光后版材上出现的白斑故障）”问题，为设备配备聚焦微调功能，以适应不同厚度版材；

（3）电路、鼓面、激光器温度实时监控技术，配以鼓内温度均衡调节系统，实现有效的温度补偿，保证全时精确曝光；

（4）曝光能量自动校准技术，保证不同时期、不同环境条件下曝光能量的同一性；

（5）三点定位系统的开发，保证版材精确固定；

（6）真空多路分布式吸气系统的开发；

（7）激光寻边技术，能适应不同版材并精确到微米级，可在印版上形成完美的重复套印精度；

（8）研发高精度 CTP 机型，全面提升 FM 网均匀度；采用独特的光学设计，提高激光锐度，精确调制激光束轮廓，得到杰出的激光硬点特性，实现卓越的成像质量；

（9）提高机械制造加工精度和装配水平，确保关键部件在设备使用寿命内无须更换；

（10）免化学处理印版的兼容性研究，使 CTP 制版符合国内外环保要求，全面实现绿色生产；

（11）CTP 设备远程诊断与维护技术；通过互联网，实现对 CTP 设备的异地诊断和维护；

（12）开发巡检和耗材更换等定期提醒功能；

（13）开发不同自动化程度、不同幅面、不同产能的全系列产品，满足各类企业的需求。

2）高性能 CTP 版材关键技术及创新点

技术关键在于：

（1）版基处理工艺及装备：利用国产版基实现精细砂目制备；

（2）涂布及干燥工艺：实现干燥工艺、装备与涂层配方的匹配；

（3）版材生产环保技术：低毒溶剂应用；高温、低浓度废气和废液的循环利用；

（4）关键原材料国产化研究：功能性染料、特种树脂的批量生产；

（5）涂层配方技术路线的设计和确定；

（6）特种化学品的选择、设计、合成及应用；

（7）配方与生产工艺、装备的匹配；

（8）产品评价方法的确定。

创新点有：

（1）通过使用组合电解、阳极氧化版基及后处理技术，制备均匀、细腻版基，实现高档版材版基国产化，满足高档彩色印刷需要；

（2）通过多点、精密涂布及干燥工艺对版材性能影响的研究，选择优化干燥工艺，实施分段控制和组合干燥工艺，实现版材高车速稳定生产，提高版材稳定性；

（3）自主研发高性能功能性化合物，提高产品性能和稳定性；

（4）完成废气回收工艺及装备研究，实现低浓度、高温废溶剂回收循环利用；

（5）新型配方的确定；

（6）关键化合物的开发及应用；

（7）产业化技术；

（8）产品标准。

3．全数字化生产流程及管理流程研究及应用示范

3.1　必要性

我国的印刷技术通过748工程，取代了铅排铅印工艺，印刷产业取得了很大的发展，印刷技术也进入到了数字与模拟并存的时代。但是我国印刷业的数字化应用水平和应用范围与国际先进水平比还有较大差距，例如：

（1）虽然不少印刷企业已经采用数字打样、数字拼版等数字技术，但整个生产流程仍然是手工式、分离式的，集成的、自动化、数字化生产流程系统尚未在国内印刷业普及应用；

（2）印刷质量控制，尤其色彩质量控制仍然严重依赖于人员的经验，没有将人的经验数据化、程序化，色彩复制现在还不是可预测、可重复、具备一致性的生产过程，印刷质量不稳定；

（3）普遍还没有采用数字技术来管理印刷物料、耗材、设备等的管理，

印刷厂的效能未能充分发挥出来；

（4）普遍还没有采用将印前、印刷、印后工序紧密联系、互相配合的JDF数字化管理技术。

因此，研究全数字化的生产流程和管理流程，并进行典型的应用示范，对挖掘我国印刷业现有产能，提高印刷业的生产效率和管理水平具有重要的意义。

3.2　主要目标

研制完成自主的数字预检、数字陷印、数字拼版、数字挂网、油墨预制等关键技术，在数字预检的准确性、陷印的处理效率、复杂拼版的适应性、油墨阈值的准确性以及新型调频挂网和混合挂网的质量方面达到国际先进水平。

形成较完整的面向书刊印刷、报业印刷和包装印刷的全数字化生产系统和管理系统，并建立样板客户的应用示范。

完成对全流程色彩管理与服务平台的研制，完成对关键数据和测试结果的收集、计算和统计分析，确定符合正常生产条件下的最佳标准和规范。

3.3　项目的关键技术、创新点

（1）数字预检技术

指的是在印前阶段对于输入文件按照印刷和印后的要求进行自动检查，并且进行自动纠错的操作过程，其中自动纠错能力是技术难点。

（2）数字陷印技术

指的是为了预防在印刷过程中由于套印不准出现的严重影响质量的漏白现象而在印前采取的补偿操作，是高端印刷的必备技术。其中对含有透明信息的复杂输入文件进行陷印处理是技术难点。

（3）数字拼版技术

指的是为了充分利用印刷机的幅面在印前阶段把多个设计稿拼在一个印版上的操作，其中满足包装印刷的高端需求是技术难点。

（4）高速光栅图像处理技术

指的是把输入页面描述文件转化为CTP或者照排机可以接受的光栅图像的处理过程。其中满足包装印刷对于处理速度和质量的要求是技术难点和创新点。

（5）数字图像挂网技术

目的是在非真彩色设备上还原出层次丰富的彩色图像。本项目研制的重点是调频调幅混合挂网技术和新一代调频挂网技术，这两项技术对于提升印刷质量将起到重要的作用，研制难度较大。

(6) 油墨预置技术

在目前的印刷过程中，有相当多的信息是重复输入的，也有相当多的信息是重复计算的，其中以墨键的控制最为明显，油墨预置技术可以对印刷机的墨键进行预置，页面在经过光栅处理的同时被翻译出来，并在JDF档案中记录下来。这就确保了更高的精确度，比人工控制或印版扫描器获取信息的速度更快。这样可以大大提高印刷机墨区分配的合理性和准确性。采用这种高效的信息传递模式，可以节省时间、减少耗材浪费，同时也为多机组间的质量均衡提供了管理依据。

(7) 印前、印刷、印后一体化技术

目的是在完成印前工艺的同时，把涉及印刷和印后的信息传递到后续的工序。这项技术不仅能够大大节省印刷、印后的准备时间，并能减少浪费。

(8) 生产流程与管理流程集成技术

指的是赋予生产系统和管理系统之间实时的信息交换能力，这样系统的使用者能够更加及时和全面地了解印厂的生产状态。研究此技术的难点在于开发连接源于不同设计理念和技术框架的不同软件之间的中间件。

(9) 印刷品BOM及工艺路线技术

目前短版多品种的业务模式越来越普遍，管理系统必须能够支撑快速构建不同印刷产品BOM及生产工艺路线。并在此基础上自动形成半成品档案及生产作业，提高管理系统的计划能力，实现精细化管理。

(10) 数字辅助生产技术

通过辅助开纸提高纸张利用率，辅助排产提高设备的利用率及生产效率。由于国内印刷企业的生产环境复杂，手工工艺多，因此辅助开纸及辅助排产的算法复杂、难度高。

(11) 管理流程与财务系统一体化技术

管理系统与财务系统无缝集成，通过在业务流程中自动生成财务凭证，以替代目前通常采用的财务软件、管理系统独立的应用模式，充分发挥财务系统对业务的及时监管作用，提高了财务数据的及时性和准确性。

(12) 管理系统与大型设备集成技术

指的是赋予生产设备和管理系统之间实时的信息交换能力，这样系统实现一定程度的自动化生产监控，使用者能够更加及时了解印刷装订等大型生产设备的生产状态，并及时分析设备产能利用率及生产效率。研究此技术的难点在于开发连接源于不同硬件接口标准的中间件。

(13) 印刷企业工作流自定义技术

不同印刷企业的管理流程可能不同，系统应赋予使用自定义业务流程的能力，以便于印刷企业应对自身不同发展阶段可能需要修改本企业管理流程的需求。难点在于需要充分了解印刷企业的运行规则，并且需要大规模调研，并且技术实现难度高。

(14) 云计算技术

通过互联网和后台数据库，印刷质量服务互联网平台对行业最佳实践数据进行统一管理，进行统计分析和科学计算，形成标准规范，服务于企业。平台背后的信息安全技术，确保对客户数据进行妥善安全的保管。

(15) 全流程的色彩管理技术

通过色彩管理技术，对印刷全过程中的关键数据和测试结果，进行科学计算和统计分析，确定符合正常生产条件下的最佳标准和规范；通过色彩管理技术，对历史数据进行偏差分析，自动计算出变化趋势，形成分析报告，对需要矫正的环节给出预警；通过色彩管理技术，对相似印刷环境进行横向的数据分析与比较，自动计算出适合不同环境的胶印、柔印、凹印、数字印刷的特性化数据、最佳标准和规范。

(16) 自定义网点技术

通过自定义网点技术，印刷企业可在印刷质量服务互联网平台上，定制适合自己印刷环境和印刷活件的网点，满足高质量和个性化的需求。

(17) 数据预检技术

根据不同印刷企业的生产环境特点，印刷质量服务互联网平台可自动或半自动地生成符合该印刷企业的数据预检标准。通过该标准，规范印刷服务上下游传递的数据，自动检查出影响印刷质量的错误数据，提出纠正意见或进行自动纠正。

(18) 远程诊断技术

定义接口规范，通过互联网，远程诊断印刷流程中软硬件故障，对部分故障可进行远程修复，对不能远程修复的故障，给出故障排查报告，明确可能发生故障的关键点。

(19) 建立全数字化生产流程及管理流程的示范基地

在上述研究成果的基础上，选择报业、商业和书刊等不同应用领域的印刷单位，建立 4 ～ 5 个示范基地。

4．高性能印刷设备数字控制关键技术开发

4.1　必要性

我国目前印刷设备与国外先进水平仍有很大差距，高档设备主要依靠

进口，每年进口超过 17 亿美元，其中数控技术是重大关键之一。加强数控关键技术开发，将会带动印机整体水平的提高。

4.2 主要目标

采用数字化、网络化控制技术全面提高国产对开多色胶印机和卫星式八色柔印机的整体性能，开发出达到国际同类产品技术水平的、具有自主知识产权的数字化高性能对开多色单张纸胶印机和卫星式宽幅八色柔印机，并形成 10 ～ 15 项专利技术。

对开四色单张纸胶印机最高印刷速度达到 16 000 张 / 时；柔版印刷机最高速度达到 400 米 / 分，套印精度允许误差≤ 0.10mm。

4.3 项目的关键技术、创新点

（1）要通过对关键机构的运动学和动力学分析，优化机构设计

（2）通过工艺攻关，提高关键主件的零部件制造精度

（3）对整机进行振动测试和分析，确定振动特性与振动源，提出结构优化方案

（4）提升电气控制系统的灵敏性和响应速度，使之与速度相匹配

（5）全自动上版装置

（6）纸张规格预置功能

（7）油墨数字化预置功能

（8）CIP4 数字化网络化的工作流程接口

（9）印品质量检测和剔除功能

（10）建立关键主零部件、装配生产流水作业生产线，运用数据化制造流程，提高工艺水平，提高产品质量的一致性，保证产品的可靠性和稳定性

（11）建立关键零件加工流水作业生产线，实现加工过程的标准化作业

（12）建立装配流水作业生产线，实现装配过程、试车过程和产品检测过程数据化、标准化作业

（13）开发气垫导纸功能

（14）高速不停车收纸

（15）气动侧拉规

（16）总线控制技术

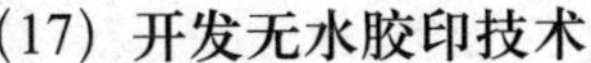

(17) 开发无水胶印技术

(18) 柔印机：速度，350 ~ 400 米 / 分；幅宽，1 050 ~ 1 500 毫米；采用全伺服无轴控制，新型张力控制系统和模块化、智能化控制管理系统

5．汉字字体字库数字化技术开发

5.1　必要性

汉字在我国整个社会生活中无处不在，在数字化高度发展的今天，社会上使用的绝大多数汉字来源于汉字字库。但是，如此庞大的社会需求没有带来应有的产业规模。字库产业的不发达也严重影响了印刷出版以及文化创意产业的发展。

5.2　主要目标

通过对汉字结构的分析研究，建立汉字结构属性库；在此基础上开发汉字计算机辅助设计软件，提供方便快捷的汉字字体设计工具；研究汉字自动做字技术，形成汉字自动做字系统和工艺流程，降低汉字字库制作的劳动强度和制作成本；建立数字化汉字字库制作和服务中心，为汉字字库的设计制作和应用提供全方位的服务。

5.3　项目的关键技术、创新点

(1) 汉字结构的分析研究

找出汉字笔画、部件构成的规律，建立符合 GB 18030—2005 字符集要求的汉字结构属性库，用于汉字字形的自动制作。关键是要建立一种准确度高、字体相关度低的汉字构形描述方法。

(2) 研制基于汉字构形的汉字计算机辅助设计软件

研究汉字笔画部件设计的快捷操作方法，方便汉字的设计制作，需要解决笔画部件特性的分析提取技术。

(3) 研制手写板模拟笔形软件

用手写板写字，通过变换算法模拟不同的笔画形状生成字形，实现全数字化的书法字制作，关键是研究针对笔画轮廓的数学描述算法。

(4) 汉字字库自动生成技术研究

研究字型风格刻画参数定义及自动提取技术，用于自动提取汉字的特征，研究字型风格自动渲染（到样本外字符）技术，开发自动做字工具。

（5）研制系列字自动制作工具

研究汉字笔画粗细变换算法，开发系列字自动制作工具。

（6）研制基于汉字结构的自动做字工具

根据汉字结构属性库，采用基本部件和汉字结构数据自动生成字库。

（7）建立汉字字库制作系统的示范基地

在上述研究成果的基础上，研究集成字库设计、制作的自动化系统和工艺流程，建立 2 ~ 3 个示范基地，提高汉字字库设计制作的产业化程度。

（8）建立数字化汉字字库制作和服务中心

上述研究成果在示范基地试验成功后，将建设基于互联网的数字化汉字字库制作和服务中心，该中心将通过互联网为字体设计制作和应用搭建交流平台，提供全方位的服务。

6．数字纳米制版关键技术和工艺的研究开发

6.1 必要性

计算机直接制版系统（Computr to Plate, CTP）目前广泛应用的版材存在感光、显影、定影、冲洗等过程，并因化学品清洗还可能引起环境污染问题。虽然环保型 CTP 版材已经问世，但价格昂贵，一些性能指标还不能完全满足印刷需要，因此应用还很少。

本项目研发的是一种非感光、无污染、低成本的制版技术。它是基于纳米材料的浸润性调控，将特制转印材料精确打印在具有纳微复合结构的超亲水版材上，通过转印材料与版材纳米尺度界面性质的调控，在打印的印版上形成具有相反浸润性（超亲油 / 亲水）的纳米微区（图文区和非图文区），从而实现直接制版印刷。

本项目工序简单，无须曝光、显影等感光与化学处理过程，最大程度减少了环境污染，并且制版设备和版材成本都低于现有技术。

6.2 主要目标

结合印刷行业制版要求，制备出直接制版商业机，完成绿色制版技术的系统集成和优化；建成年生产能力达 150 万升级规模的纳米复合转印材料、600 万平米级规模的超亲水版材涂布生产线，完成绿色制版技术的产业化关键技术研究，形成完整系统的知识产权和具有国际竞争力的先进产业化技术；制定相应技术质量标准；实现绿色制版技术的示范推广应用。

6.3 项目的关键技术、创新点

技术关键包括：

(1) 纳米复合转印材料产业化制备关键技术研究

分散稳定性、生产及储存稳定性是转印材料产业化的三大关键技术。由于纳米材料具有特殊的界面效应，在由中试放大到产业化制备过程中更易引起纳米粒子的团聚。因此，批量生产的稳定性是产业化的关键因素之一。本项目将系统研究产业化生产过程中影响转印材料稳定性的因素，通过工艺优化解决产业化生产和存储过程中的稳定性问题，攻克纳米粒子表面包覆、分散以及复合过程中的工程化关键技术，建立比较完备的质量监控和检测体系，形成稳定的纳米复合转印材料的产业化生产技术，最终形成年产 150 万升级规模的纳米复合转印材料产业化生产能力。

(2) 超亲水版材产业化关键技术及工艺研究

系统研究工业制备下影响纳微米结构超亲水版基以及表面亲水涂层稳定制备的因素，解决系列工程化关键技术，开发出一系列适合不同印刷要求的高稳定超亲水版材；建立比较完备的质量监控和检测体系，形成稳定的超亲水版材产业化制备技术，最终形成年产 600 万平米级规模的超亲水版材产业化生产能力。

(3) 直接制版设备制备

系统研究直接制版设备规模制备过程中速度和质量方面的匹配性，采用打印核心模块集成等技术对制版设备在速度、精度以及幅面上进一步优化设计，制备出高速高精度直接制版设备。

(4) 绿色制版产业化集成技术及稳定工艺研究

系统分析直接制版设备、材料及系统软件对制版质量的影响，并通过大量印刷实验，系统研究常用印刷纸张、印刷油墨等印刷条件对本技术印刷质量的影响，完成新型绿色制版技术的工艺开发，形成系统的工艺和质量控制标准，为产业化推广应用提供完整的技术解决方案、标准化的工艺规范及顺畅的生产流程，推动绿色制版技术的产业化。

技术创新点有：

(1) 非感光成像原理，摒弃了现有制版技术采用感光材料曝光成像原理，采用纳米材料超亲油 / 超亲水特性的非感光成像，制版工艺简化，并减少预涂层浪费及显影、冲洗后处理带来的污染。

(2) 无机纳米粒子的有效复合增强，大大提高转印材料的耐摩擦性，使印版具有高的耐印力，同时避免打印头堵塞等问题。

(3) 纳米尺度的浸润性精确调控技术，使转印区域实现由超亲水到超亲油的转变，从而满足高质量、高精细印刷要求。

(4) 打印设备的喷头并行工作设计模式，改变了以往依靠增加喷嘴数量来加快速度的设计思路，而采用量产的喷嘴进行并行设计和集成，可以成倍提高设备的工作效率，同时大大降低了设备开发成本和周期，是一种创新的设计思路。

四、中国印刷的“金凤凰”——江苏凤凰出版传媒集团数字化转型之路

2011 年 11 月，江苏凤凰出版传媒集团在上海证券交易所挂牌上市。这艘百亿级文化巨舰涉足出版、印刷、发行、酒店、地产、金融六大业务。作为文化产业战略投资者，其发展战略是“打造以书业为核心，以物业为依托，以数字技术为基础的多元化新传媒企业”。凤凰出版传媒集团率先在亚洲和国内开创 POD 数字连线，打造全新出版模式，拓展按需出版印刷业务，为出版商提供全面的解决方案。

凤凰出版传媒集团在印务板块进行的数字化转型升级探索，开启了凤凰人追逐数字梦、打造“凤凰印”品牌的新征程。

1．集成创新 POD 全连线数字印刷系统

作为集成运营主体，凤凰出版传媒集团旗下的凤凰数码印务公司于 2011 年 5 月与中国大恒合作，率先引进亚洲第一条连续喷墨全连线数字 POD 生产线，由美国柯达鼎盛 Prosper1000 连续喷墨印刷机组、瑞士 Hunkeler 书芯成型、日本 horizon、深圳精密达印后装订连线设备组成，通过香港冰雪和凤凰数码合作研发的 RPMIS 流程控制软件，将系统集成创新为凤凰印 POD 数字印刷全连线。

全连线数字 POD 生产线的生产运营，充分体现出数字印刷的优越性。一是公司产能极大提高，日生产图书超过 1.5 万本，预计可达 3 万～4 万本；二是所有新书随时印刷，印数不限，几本、几十本、几百本、上千本都可以，并及时供货。初步做到在一定条件下，数字印刷 2 000 册以下的图书成本与传统印刷成本基本持平。

凤凰印 POD 运营 2 年后，从集团出版社到上海出版印刷市场，近 40 家出版社陆续体验到了凤凰印 POD 带来的全新服务。

2．构建全新营利模式

凤凰人经过反复思考，逐渐想清楚了自己的商业模式：帮助出版客户减少库存，降低销售，与客户共赢。

具体到业务模式，有五个方面：一是短版印刷，二是印前优先，三是永不断版，四是个性定制，五是全媒体性。

凤凰印 POD 集成创新的营利模式，重在实现三个价值：

价值一，印刷成本的优化。因 IT 应用而产生的长尾需求，促使书籍生命周期大大延长，首印量大大减少，甚至一本起印。由一次开机、盲目铺货、多余入库、无序添货、恶性退货，改变成小量起印、小步紧走、细水长流，真实需求降低印刷成本，保障有效供给。

价值二，出版物总成本的优化。保证销售，降低库存，没有退货，减少报废，释放资金。由此，优化产品供应链成本，降低出版风险，提升经营灵活指数。

价值三，出版物总价值的优化。测试市场，定制专货，加速物流，减少缺货，及时交货，积极补货。在数字化书籍自动印刷补给系统基础上，可实现多样化、差异化、按需（时间，空间，数量等）化。

3．推出“云印刷”工程

数字印刷，虽在印刷，然更在数字。这是凤凰人在 POD 数字连线项目实践中的重要悟道。他们意识到，比数字印刷生产更重要的是前端数字资源的整合与积累，否则，再先进、强大的 POD 数字连线也只能是无源之水、无本之木。

为此，凤凰出版传媒集团于 2012 年 4 月与中国电信江苏公司共同打造“江苏凤凰云计算中心”，推出“云印刷”工程。

凤凰云计算中心项目建成后，建筑面积 2.5 万平方米，可容纳 4 000 个机架，具有 10 万台服务器的托管能力，将由中国电信提供一流的专业服务，以大容量的宽带直连国家骨干传输网络。信息内容的海量存储无疑将推动内容与技术、传媒与 IT 的深入融合，给予按需印刷源泉，为客户创造更大价值，并在技术、标准、品牌、资本等方面实现资源整合。

4．创建书刊印刷数字化全流程

数字信息技术促使印刷业彻底变革，它将印刷全流程的各个环节连接起来，以此来实现生产过程的自动化和标准化。

凤凰人勇于创新，敢于使数字化工作流程真正走向“全流程”。

集团于 2012 年 4 月创建成立江苏凤凰印刷数字技术公司暨数字资产管理中心。

公司引进并整合中国、德国、芬兰、中国香港地区最先进的印刷数字化技术，建立了一套包括客户沟通、印前制作、CTP 输出、彩色印刷标准化、数字资产管理等功能的印刷数字化管理系统。

公司以芬兰 Flowman 出版印刷管理系统为基础，构建开放式印刷业务平台。全球客户都可以随时随地直接登录系统，进行订单下达、文件传输、线上批阅修改、线上定稿确认等工作，效率极大提高。

公司以德国GMG色彩管理系统为核心，创建全流程印刷数字化标准平台，实现色彩管理标准化，机台墨控数字化。并通过远程管理，对合作印刷厂进行连线数字化管理，实现跨地区品质管控。

经过一年多的生产实践，系统不断完善和提升，建成了国内领先的集印前创意、编辑、设计、校对、排版和印刷等为一体的书刊印刷数字化全流程。通过网络进行订单接收、文件传输、色彩管理、图像处理、版式制作、数字打样、客户管理等，使企业与客户实现编校“零距离”交互，客户无论身在何处，都可以进行远程编校工作。系统365天24小时不间断工作，对文件实时处理。数字公司就像“司令部”，通过网络接单后，还可以自动选择系统内的控股印刷厂，根据其设备和产能情况选择订单的最佳去向。同时将数据传输到印刷机，自动控制墨量大小，还可进一步延伸到印后加工的全流程服务。

凤凰云计算中心与数字资产管理中心是POD数字连线最有力的支撑，甚至可看作是整个数字化战略规划的核心，前端的这两个中心，有效聚合了碎片化的按需出版、数字印刷业务。

5．打造数字印刷品牌“凤凰印”

前端有数据资源平台、中端有数字连线生产，那么终端又将如何布局？凤凰人的答案是创建数字印刷品牌“凤凰印”，并且实体与虚拟渠道双管齐下。

具体而言，凤凰数码印务正以连续喷墨数字印刷机为起点实现联线生产，这个连线的概念有两层：一是小连线，也即开始运营的单一生产连线。先黑白，再彩色；先优化流畅，再数据可变；先引进集成创新，再日益提升产能。二是大连线，几年内在北京、上海、广州、南京等多个城市，以及在英国、智利等多个国家，逐步建立以凤凰文化创意园内数字印刷旗舰店为骨干的模板直营平台，真正实现“数据互换共享，异地数字印刷”。同时，发展几十家一级、二级数字印刷加盟商，编织数字印刷连锁网络。

凤凰印刷人的理想是，从一条技术连线（大与小连线概念）、两个运营平台（电子商务和实体连锁），到三级管控层面（核心、紧密和影响层）；从快印连锁店到“POD凤凰印”，着力开拓按需印刷市场，辐射“POD

凤凰印”的影响力，努力成为有影响的数字印刷品牌。

2012年8月，在英国，凤凰传媒国际（伦敦）有限公司开业。这是中国在海外投资的第一家数字印刷基地，开启了中国印刷人要把中国印刷产业推向世界的梦想。开业以来，其以崭新的面貌、创新的经营理念、先进的数字印刷技术、周到的服务，成为伦敦一道亮丽的风景线，成为在国际舞台上传播中国文化并促进中英文化交流和合作的平台。

数字变革正在挫平出版、印刷、发行之间的产业边界，印刷不再是纯粹的工业生产，其产业链边界不断地扩张、延伸。而凤凰人的数字化转型，成为创新先驱中珍贵的样本。

（王丽杰整理）

第六章　绿色印刷——加快向环保型产业转型

一、印刷环保问题进入国家生态文明建设发展战略层面

进入21世纪以后，我国环保问题日益严峻，这是在我国国民经济快速发展过程中长期忽视环保，用牺牲环境追求GDP带来的严重后果。

对于印刷业来说，虽然告别铅作业消除了历史上长期存在的铅污染这个最大污染源，但是那时候我国经济不发达，印刷企业数量少，从整体上说印刷对环境污染的影响还不突出，因此印刷的环保尚未列入国家监察的重点范围。

但是随着印刷业快速发展和国家环保要求日益严格，作为都市型产业而受到政策支持的印刷企业快速增长，2010年我国印刷企业数量超过10万家，从业人员366万余人，印刷生产除了过去铅作业工艺之外，其余基本上还是传统工艺，从制版工序的胶片显冲定影到印刷过程中所使用的油墨、润版液、滚筒，印后的装订黏结、覆膜、上光等仍存在大量污染因素。据有关统计，2009年我国印前制版过程中产生的废液量达2.0亿～2.5亿升，印刷工艺年能耗近百亿千瓦时；热废气排放总量超过5 000亿立方米；油墨干燥过程排放的有机溶剂7.5万～11.3万吨；印后仅覆膜上光工艺排放的有机溶剂达22.5万～60万吨。这些对环境污染的数据，在国家大力整治环境的基本国策中，不能不引起高度关注。

同时，印刷产品与人民群众文化、物质生活联系非常密切。印刷品直接与人的身体接触，加强对人民群众健康的保护，是印刷业的职责。因此，国家新闻出版总署主动采取重大举措。2010年初提出发展绿色印刷产业，实施印刷业绿色战略。

2010年9月14日，国家环保部和新闻出版总署联合签署了《关于实施绿色印刷战略合作协议》，全文如下：

环境保护部　新闻出版总署
关于实施绿色印刷战略合作协议

为推动我国生态文明、环境友好型社会建设，促进印刷行业可持续生产，环境保护部与新闻出版总署研究商定，双方本着“全面推进、重点突破、创新机制、加强监管”的原则，积极探索推进绿色印刷工作的合作机制，共同推动绿色印刷的发展，达成以下合作协议：

一、研究制定绿色印刷战略，推动印刷行业绿色发展

双方制定实施绿色印刷行动方案，引导印刷企业使用低毒少害的原辅材料，采用清洁生产工艺和设备，推动生产过程与最终产品的绿色化，推动印刷行业绿色发展。

二、制定印刷环境标志标准，完善绿色印刷评价体系

双方重视加强绿色印刷的基础研究，共同研究制定印刷环境标志标准，并由环境保护部颁布；建立中国环境标志产品认证框架下印刷产品检测及企业审核等机制，在印刷企业实施中国环境标志产品认证，完善绿色印刷评价体系。

三 、开展绿色印刷试点工作，推广绿色印刷环保理念

双方积极开展绿色印刷的试点工作，共同组织开展印刷环境标志标准的培训与推广工作。优先开展中小学教材的绿色印刷工作，并逐步向政府采购产品印刷，食品、药品等包装印刷领域推广。在印刷全产业链中宣传推广绿色理念，共同表彰优秀的绿色印刷企业。

四、发挥绿色印刷政策导向，引导印刷企业转型升级

双方联合制定发布推行绿色印刷的有关文件，加强对印刷企业实施绿色转型升级的政策扶持；会同有关部委在相关领域内实施绿色印刷，加强监管，淘汰落后印刷工艺、技术和产能。

五、建立沟通协商合作机制，推动绿色印刷持续发展

双方同意组成实施绿色印刷战略工作领导小组，由部级分管领导担任组长，由环境保护部科技标准司和新闻出版总署印刷发行管理司承担具体工作。领导小组不定期会晤，统筹协调与组织合作事宜。

两部署的协议启动了“绿色印刷”的发展战略，成为印刷业“十二五”规划工作的重点。在新闻出版总署制订的“十二五”发展规划中，“数字印刷和印刷数字化”“印刷环保体系建设和绿色印刷新技术开发”作为总署确定的两大重点工程纳入计划。

绿色印刷主要是指对生态环境影响小、污染少、节约资源和能源的印

刷方式。如何衡量是否“绿色”，关键是必须建立健全印刷环保标准、检测和认证体系，这是印刷“治标”的基础工程。

根据两部署签订的协议，两部署共同成立了“绿色印刷”工作领导小组和办公室，制订了工作计划。

首先，是由行业专家组起草在印刷工艺中使用最广的平版印刷的环境标准。经过专家组紧张工作，2011 年 3 月 3 日作为“中华人民共和国国家环境保护标准 HJ2503—2011”一部分的《环境标志产品技术要求 印刷 第一部分 平版印刷》正式发布。随后，又组织了商业票据和凹版印刷的环境标准的起草工作。

第二，启动绿色印刷企业检测认证工作。当年全国有 300 余家印刷企业申报首批认证，从资料提交、技术服务、签订认证合同，到下厂检查、产品抽样检测，技术委员会审定，再到颁发认证证书等规定程序，第一批获得认证资格的共有 60 家企业，历时近八个月。

第三，确定绿色印刷的工作重点：中小学教科书。总署确定在 2011 年政府采购项目中率先实施绿色印刷，然后拓展到食品、药品等关系人民群众健康安全的包装印刷领域，进一步再实现绿色印刷全覆盖。

经过一年的工作实践，逐步明确了推进绿色印刷基本工作思路。2011 年 10 月 8 日，新闻出版总署和环境保护部联合发出了“关于实施绿色印刷的公告”，全文如下。

关于实施绿色印刷的公告

为推动我国生态文明、环境友好型社会建设，促进印刷行业可持续发展，根据《中华人民共和国环境保护法》和《印刷业管理条例》的有关规定，新闻出版总署和环境保护部决定共同开展实施绿色印刷工作。现将有关事项公告如下：

一、实施绿色印刷的指导思想

认真贯彻党的十七大、十七届五中全会精神，深入学习实践科学发展观，坚持“以人为本”的宗旨，本着“全面推进、重点突破、创新机制、加强监管”的原则，通过在印刷行业实施绿色印刷战略，促进印刷行业发展方式的转变，加快建设印刷强国，推动生态文明、环境友好型社会建设。

二、实施绿色印刷的范围和目标

（一）实施绿色印刷的范围

绿色印刷是指对生态环境影响小、污染少、节约资源和能源的印刷方式。实施绿色印刷的范围包括印刷的生产设备、原辅材料、生产过程以及出版物、包装装潢等印刷品，涉及印刷产品生产全过程。

（二）实施绿色印刷的目标

通过在印刷行业实施绿色印刷战略，到“十二五”期末，基本建立绿色印刷环保体系，力争使绿色印刷企业数量占到我国印刷企业总数的30%，印刷产品的环保指标达到国际先进水平，淘汰一批落后的印刷工艺、技术和产能，促进印刷行业实现节能减排，引导我国印刷产业加快转型和升级。

三、实施绿色印刷的组织管理

为加强对实施绿色印刷工作的组织领导，新闻出版总署和环境保护部决定共同成立实施绿色印刷工作领导小组，负责统一领导实施工作，统筹协调有关部门，督促检查工作进展。

领导小组组长由两部门主管副部级领导担任，日常工作由新闻出版总署印刷发行管理司和环境保护部科技标准司承担。

四、绿色印刷标准

绿色印刷标准是实施绿色印刷、评价绿色印刷成果的技术依据，绿色印刷标准由环境保护部和新闻出版总署共同组织制定，由环境保护部以国家环境保护标准《环境标志产品技术要求 印刷》的形式发布。绿色印刷标准对印前、印刷和印后过程的资源节约、能耗降低、污染物排放、回收利用等方面以及使用的原辅材料提出相关要求，特别是针对印刷产品中的重金属和挥发性有机化合物等危害人体健康的有毒有害物质提出控制要求。

环境保护部已于2011年3月2日发布了国家环境保护标准《环境标志产品技术要求 印刷 第一部分 平版印刷》（HJ 2503—2011）。今后根据工作进展情况，将陆续制定发布相关标准。各级新闻出版和环境保护行政主管部门应做好标准的宣传贯彻工作。

五、绿色印刷认证

实施绿色印刷工作的重要途径是在印刷行业开展绿色印刷环境标志产品认证（以下简称绿色印刷认证）。绿色印刷认证按照“公平、公正和公开”原则进行，在自愿的原则下，鼓励具备条件的印刷企业申请绿色印刷认证。国家对获得绿色印刷认证的企业给予项目发展资金、产业政策和管理措施等的扶持和倾斜。

六、实施绿色印刷的工作安排

（一）启动试点阶段

2011年，在印刷全行业动员和部署实施绿色印刷工作。各地要深入学习和宣传国家环境保护标准《环境标志产品技术要求 印刷 第一部分 平版印刷》；有条件的地区和企业要针对青少年儿童紧密接触的印刷品特别是在中小学教科书上率先进行绿色印刷试点；鼓励骨干印刷企业积极申请绿色印刷认证。

（二）深化拓展阶段

2012年至2013年，在印刷全行业构筑绿色印刷框架。陆续制定和发布相关绿色印刷标准，逐步在票据票证、食品药品包装等领域推广绿色印刷；建立绿色印刷示范企业，出台绿色印刷的相关扶持政策；基本实现中小学教科书绿色印刷全覆盖，加快推进绿色印刷政府采购。

（三）全面推进阶段

2014年至2015年，在印刷全行业建立绿色印刷体系。完善绿色印刷标准；绿色印刷基本覆盖印刷产品类别，力争使绿色印刷企业数量占到我国印刷企业总数的30%；淘汰一批落后的印刷工艺、技术和产能，促进印刷行业实现节能减排，引导我国印刷产业加快转型和升级。

七、实施绿色印刷的配套保障

（一）宣传引导

新闻出版总署和环境保护部决定每年11月第一周为“绿色印刷宣传周”。各地要结合自身实际，大力宣传我国实施绿色印刷战略、推进绿色印刷的措施和成效，开展多种形式的宣传教育活动，普及绿色印刷知识，提高全社会的绿色印刷意识。引导印刷企业及印刷设备、原辅材料生产企业积极履行社会责任，大力推动节能环保体系建设。统筹协调组织好“绿色印刷在中国”等系列活动。

（二）教育培训

结合绿色印刷标准实施，对相关行政主管部门、行业协会和企业人员开展多层次、多形式的教育培训工作，提高政府行政管理人员的监督管理能力，提高行业协会工作人员的指导协调能力，提高检测机构和企业内部人员的技术保障能力，增强全行业从业人员的绿色印刷意识。

（三）政策扶持

新闻出版总署和环境保护部将与有关部门和地区研究出台绿色印刷的扶持政策，鼓励有关企业、科研机构和高等院校建立产学研相结合的实施绿色印刷的新模式，对实施绿色印刷取得突出业绩的部门和企业进行奖励。各地要结合自身实际，研究出台对绿色印刷的扶持政策。

（四）监督检查

各级新闻出版和环境保护行政主管部门要高度重视实施绿色印刷工作，抓好工作落实；相关检测机构要根据有关标准做好绿色印刷质量检测工作。新闻出版总署和环境保护部将对各地实施绿色印刷工作的情况进行督促检查，建立健全责任制和责任追究制，逐步完善绿色印刷管理的长效机制。

特此公告。

中华人民共和国新闻出版总署
中华人民共和国环境保护部
二〇一一年十月八日

绿色印刷工程得到国家财政上的有力支持。2011 年国家发改委从中央预算内投资的结构性调整资金专项中下达印刷项目，包括“数字印刷和印刷数字化”工程 5 个项目，“印刷环保体系建设和绿色印刷新技术开发”工程中 5 个项目；2013 年财政部在文化产业专项资金中重点支持 43 个获得绿色认证的印刷企业给予专项补助，这对推进绿色印刷工程是莫大鼓舞。

为了推动“绿色印刷”的发展，不少行业组织积极配合政府部门开展宣传、培训、教育等活动，中国印刷科学技术研究院，科印网开展了“绿色印刷在中国”的评选活动。

“绿色印刷”作为“十二五”印刷行业的重点任务，在全国印刷业声势浩大地展开着，印刷向环保型产业的战略转型迈出了坚实的步伐。

二、开展绿色印刷产业发展研究

2011 年是实施“十二五”规划开局之年，新闻出版总署针对本产业“十二五”发展重点，提出一批产业发展研究课题，其中包括“绿色印刷产业发展研究”，向社会公开招标开展立项研究。

中国印刷技术协会同北京印刷学院、中国印刷科学技术研究院联合投标，经总署评估后中标，随即组成了“绿色印刷产业发展研究”专题小组。

小组成员为：

组长：沈忠康

副组长：陈迎新

成员：沈忠康、陈迎新、张双儒、许文才、褚庭亮、刘毅勇、李永林研究小组对当前我国印刷环保问题进行了全面梳理，并通过对北京、上海、广东等地区印刷行业情况的调整，对研究报告的框架取得共识。

第一，科学认识印刷环保治理的必要性和紧迫性

一是传统印刷以铅排铅印作为基本工艺，存在严重的污染，可谓重污染产业。

汉字激光照排技术全面推广应用之后，照排胶印成为印刷基本工艺，消除了铅作业，排除了铅污染，是印刷环保的重大进步。但是其他印前、印刷、印后的工艺基本沿用原有工艺，很多工艺环节仍存在污染因素，因此印刷仍然是一个有污染的产业。

二是传统印刷存在严重污染，但过去我国印刷业不发达，企业数量少，总体上对全社会的影响还不大，现在我国印刷企业比过去增加数十倍，虽然单个印刷企业污染比过去小，但是总量加起来对社会的影响确实不可忽视。

三是我国环境状况不断恶化是长期积累的结果，环境欠账，积重难返，治理必须下“猛药”。印刷业同样如此，印刷治污不仅是全社会的必然要求，也是印刷业可持续发展的必然要求。

四是从印刷行业内部污染状况来看，不同行业、不同工艺污染程度有所不同。包装印刷采用凹印较多，凹印工艺目前更多仍采用溶剂性油墨，产生的 VOC 排放对环境影响比较大，因此在治理上要抓重点，实事求是采取有区别、有针对性的对策。不宜采取一刀切政策。

第二，印刷环保要坚持标本兼治

印刷环保是我国印刷业可持续发展的长期战略任务，不可能一蹴而就。要立足当前，着眼长远，“标本兼治”。

当前必须加大整治力度，把印刷环保纳入法治轨道，从制订印刷环保标准入手，建立、健全印刷环保标准及检测、认证体系。

制订印刷环保标准是一项十分严谨、细致的工作，难以一下全面铺开，应该是从印刷业应用面最广的胶印工艺着手，既解决影响面最大的环保标准制订工作，又能为其他工艺的环境标准制订积累经验。

在研究过程中，碰到这样一个问题，制订印刷环保标准应该按工艺分类还是按行业分类？按工艺分类覆盖面广，如胶印在出版、包装、商业及其他行业都有广泛应用，在出版印刷中应用面更广、针对性更强些，在包装和商业等其他行业应用相对少一些，针对性相对差一些；按行业分，针对性可能比较强，但是众多工艺并用，带来制订标准工作的复杂性。经过反复讨论，大家取得共识，即以工艺分类为主，兼顾行业分类，因此建议先制订平版印刷（胶印）环保标准，然后制订商业票据、凹印、网印等环境标准。

商业票据是一种组合型印刷，因有可变数据印刷的要求，通常是胶印（或柔印，少数也有凹印）加数字印刷，形成联动印刷生产线，制订商业票据印刷环境标准，在对商业票据印刷企业环境测试增强针对性的同时，也将为制订数字印刷环境标准积累经验。

制订印刷环境标准是一项非常复杂的基础性工作，工作量很大，而贯彻执行标准则更艰巨。

衡量企业是否达标必须建立由第三方检测机构进行检测的体系和有国家权威及公信力的认证工作体系。

从我国印刷业实际情况来看，要对超过10万之众的印刷企业进行全面、科学、准确的环境检测和认证，实在太复杂太艰巨了。

针对这种状况，研究小组建议印刷环保检测、认证工作不宜过于高度集中，应充分发挥行业组织和各省市印刷和环保部门的作用，建立分级检测、认证管理体制。前提是必须坚持标准，严格检测。

“治本”。从长远来看，印刷环保根本上要依靠科学技术的开发，因此在治标的同时，必须加快发展我国绿色印刷新技术。

北京印刷学院的老师在许文才副校长的带领下，收集了大量国内外资料，全面系统地提出当前我国绿色印刷新技术开发的建议。

印刷工艺方面建议重点开发数字印刷、柔印印刷，关注无水胶印。

印刷设备方面建议重点开发免化学冲洗CTP、纳米数字胶印、卫星式高速柔印机、高效烘干技术及设备。

绿色印刷新材料方面，建议重点开发水性柔印油墨、水基型凹印油墨、薄型柔印版材和CTP柔印版材、免化学处理CTP版材、环保型黏合剂、橡皮布等。

这些绿色印刷新技术开发建议纳入国家重点工程项目，争取在“十二五”期间有重大突破。

第三，加强印刷环保工程系统设计开发应用

我国印刷业在过去长期发展中对环保问题重视不够，在项目建设中一般沿用城市建设中通用性环保性设施，对于印刷专业性的环保工程缺乏研究，因此常常存在环保设施投资大、设备选型不当、建设周期长、效果差，有的不适合印刷企业实际，长期闲置，造成资源的浪费。

印刷环保作为长期战略任务，面对着数以十万计企业的环保改造，必须研究适合印刷业特点的环保系统工程设计，开发印刷环保新技术，优化环保设备选型，研究不同类型不同规模印刷企业环保工程系统最佳化典型设计方案，以供印刷企业环保改造中选用，力求以最小的投入获取最大的环保效益。

为此研究小组建议要加快建设印刷行业环保工程系统设计研究机构，培养一批专业研究设计队伍，加快开发一批典型的印刷环保系统设计方案，培育一批印刷环保先进典型，加快推广应用。

第四，典型示范，扎实推进

推进印刷环保，应坚持科学发展观，防止搞运动式的一阵风，在推广应用中要坚持典型引导，分类指导，有序推进。

为此研究小组建议要创建一批绿色印刷示范企业。

示范企业一要坚持先进性，采用印刷环保技术先进实用，投资少，效益好，符合印刷环保标准要求。

二要有代表性，由于我国地区发展不平衡，要按地区、按专业择优评选，以利推广。

三要规范运作，建立印刷环保示范企业申报、评选、审批科学程序。

四要完善退出机制，对示范企业定期考核，不合格的坚决退出。

第五，制订实施印刷环保路线图计划

印刷环保重在落实，研究小组为此建议：

——标准先行。

建议用三年时间完成印刷环境标准制定工作。

——科技引领。

近斯建议加强数字印刷、柔性印刷技术和环保油墨、版材的开发力度；对已形成的印刷新技术成果尽快引入印刷环保工程系统设计方案，加快推广应用。

——典型开路。

结合首批绿色印刷企业的检测、认证，建议推选一批重视印刷环保、符合环保标准、有代表性的企业作为全国绿色印刷示范企业，向全行业介绍经验，发挥榜样的力量，带动印刷环保有计划、有步骤发展。

——有序推进。

根据印刷行业与人民生活关系密切程度，印刷环保要优先从与人民群众健康安全最密切的领域抓起，总署确定从中小学教材印刷的检测、认证工作入手，继而在政府采购的印刷品、食品、药品包装、商业票证票据印刷等有重点逐步推开。

——分类指导。

针对不同地区、不同行业推进印刷环保工作不能采取“一刀切”的办法，而要加强分类指导，加快制订印刷环保系统工程典型设计方案，注意根据不同地区、不同行业有针对性地推荐投资少、效果好的方案，有的地区可以编印适合本地区的《绿色印刷指导手册》及时给予指导；要加强典型示范企业的经验交流，使示范企业的先进技术、先进工作经验及时得到推广。

——加强领导。

在新闻出版总署和环保部共同成立的绿色印刷工作领导小组统一领导下，充分发挥行业组织、专业科研院所的作用，制订详细实施计划，举全行业之力实现向环保产业的战略转型。

在上述思路的指导下，制订 2011 ~ 2015 年绿色印刷的年度工作计划。

研究小组在上述框架构思基础上，各成员分头进行调研落实。北京印刷学院重点组织绿色印刷新技术开发研究课题；中国印刷科学技术研究院重点组织印刷环保工程系统设计开发与研究课题；中国印协负责印刷环保标准、检测、认证体系建设，绿色印刷示范工程建设和实施路线图计划等课题的研究。在此基础上，李永林汇总集成编写了《绿色印刷产业发展研究报告》，于 2011 年底正式上报新闻出版总署。

三、北京市的清洁生产行动计划

北京作为首都面临日益严重的环境问题，2013 年在全市范围开展清洁空气行动计划。“十二五”期间国家向北京下达单位 GDP 能耗下降 17%、二氧化碳下降 18%、二氧化硫下降 13.4%、氮氧化物下降 12.3%、化学需氧量下降 8.7%、氨氮排放量下降 10.1% 的约束性指标，任务极为艰巨。

2013 年北京市政府制定发布《北京市 2013 年清洁空气行动计划》，其中：

任务 37：在汽车制造、机械、电子、印刷、家具、汽车修理等行业开展挥发性有机物治理，减少挥发性有机物排放量 5 000 吨以上；

任务 41：开展铸造行业、汽车制造、修理及印刷行业排放专项执法检查，加强平房区及经营性燃煤设施改清洁能源工作的监督管理。

印刷企业列入北京市重点空气排放检测行业之列，在北京市确定的依法进行清洁生产审核的名单中印刷企业占 10%，这表明印刷已成为北京市环境检测、审核、整治的重点行业，这对全国印刷业都有警示作用。

在开展印刷环保标准、检测、认证工作两年中，全国共有 300 多家印刷企业获得绿色印刷证书，为严格执法，从资料提交、技术服务、签订认证合同到下厂检查、产品抽样检测、技术委员会审定到颁发认证证书等一系列程序历时近八个月，按照这个工作进度很难适应环保工作计划的要求，需要研究加快推进印刷环保的应对措施。

北京市清洁生产行动计划是整治印刷环保双管齐下的措施，对各地区都有重要借鉴意义。

北京市清洁生产审核过程可分解为七个阶段。

第一阶段：审核准备

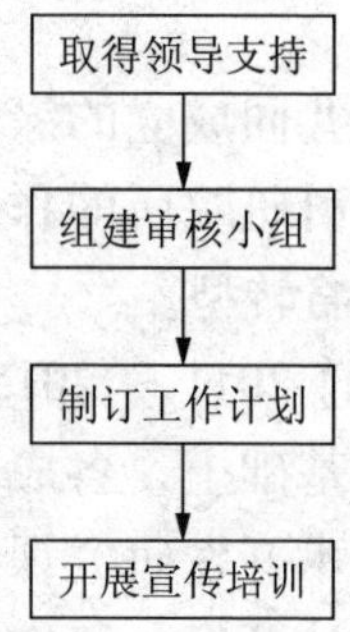

目的：通过宣传教育使企业的领导和职工对清洁生产有一个初步的、比较正确的认识，消除思想和观念上的障碍；了解企业清洁生产审核的工作内容、要求及其工作程序。

工作重点：取得企业高层领导的支持与参与，组建清洁生产审核小组，制订审核工作计划和宣传清洁生产思想。

第二阶段：预审核

目的：对企业全貌进行调查分析，分析和发现清洁生产的潜力和机会，从而确定本轮审核的重点。

工作重点：评价企业的清洁生产潜力，确定审核重点，并针对审核重点设置清洁生产目标。

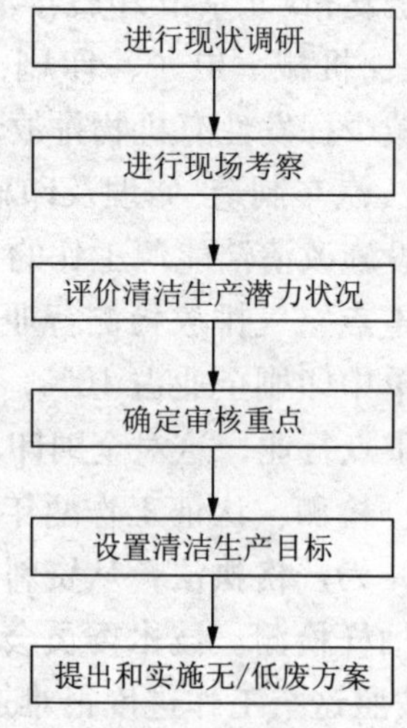

第三阶段：审核

目的：通过审核重点的平衡分析，发现物料流失的环节，找出废弃物产生的原因，查找物料储存、生产运行、管理以及废弃物排放等方面存在的问题，寻找与国内外先进水平的差距，为清洁生产方案的产生提供依据。

工作重点：实测输入输出物流，建立平衡，分析废弃物产生原因。

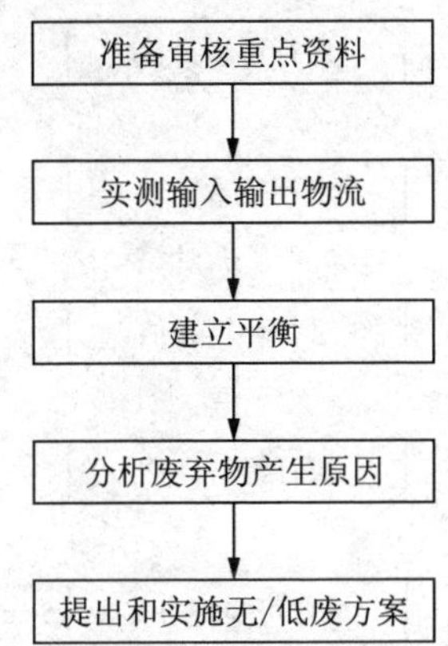

第四阶段：方案的产生和筛选

目的：通过方案的产生、筛选和研制，为下一阶段的可行性分析提供足够的中／高废清洁生产方案。

工作重点：根据评估阶段的结果，制定审核重点的清洁生产方案；在分类汇总的基础上，经过筛选确定两个以上的中／高废方案供下一阶段进行可行性分析；同时对已实施的无／低废方案进行实施效果核定与汇总。

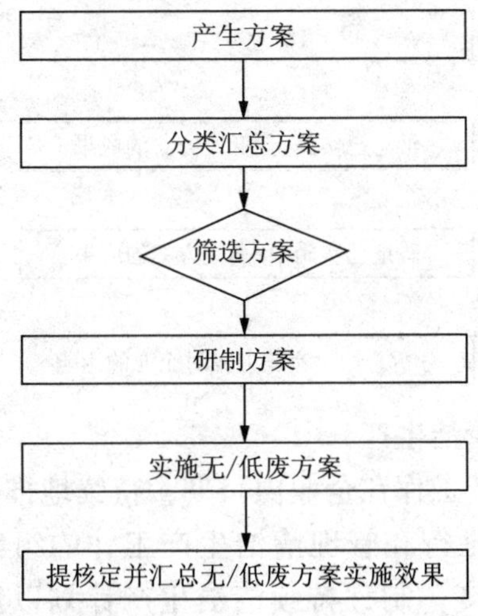

第五阶段：实施方案的确定

目的：对筛选出来的中／高废方案进行分析和评估，已选择技术上先进适用、经济上合理有利、利于环境保护的最优方案。

工作重点：在结合市场调查和收集资料的基础上，进行方案的技术、环境、经济的可行性分析和比较，从中选择和推荐最佳的、可行的清洁生产方案。

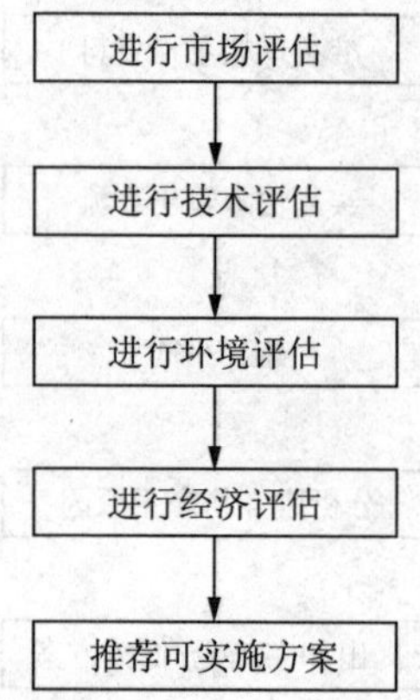

第六阶段：方案的实施

目的：通过推荐的实施，使企业实现技术进步，获得显著的经济和环境效益，通过评估已实施的清洁生产方案成果，激励企业推行清洁生产。

工作重点：总结前几个审核阶段已实施的清洁生产方案的成果，统筹规划推荐方案的实施。

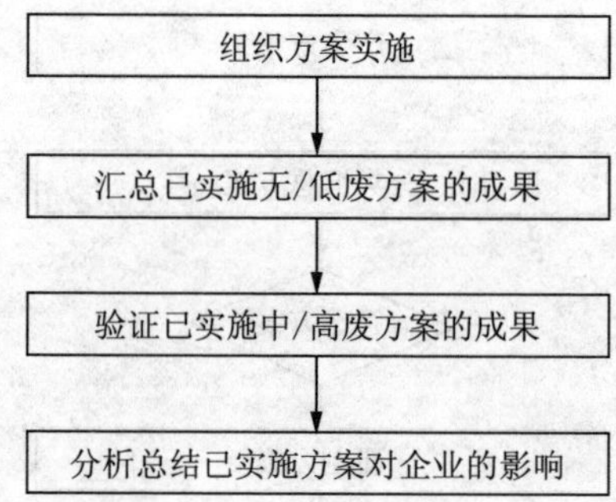

第七阶段：持续清洁生产

目的：使清洁生产工作在企业内长期、持续地推行下去。

工作重点：建立推行和管理清洁生产工作的组织机构、建立促进实施清洁生产的管理制度、制订持续清洁生产计划以及编写清洁生产审核报告。

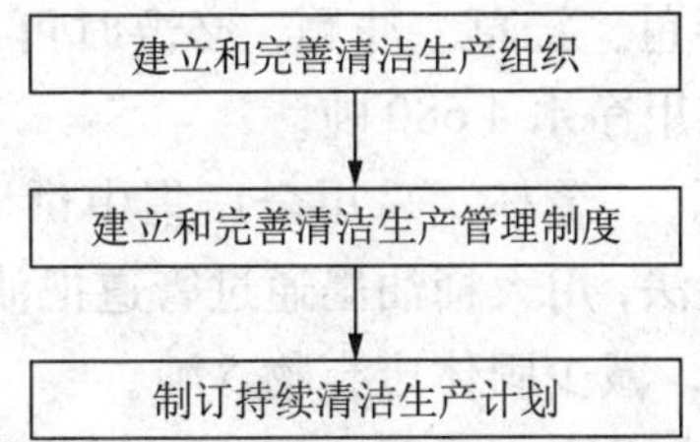

北京日报社印刷厂是这批清洁生产行动计划的实施单位，按照上述步骤严格实施，重点进行三项改造：天然气锅炉改造，增添高斯 M-800 商业轮转机，新购三套CTP制版系统，共投入4 825万元，年产生效益882.2万元，投资回报率18%。其2013年总产值达到10 200万元，比上年增加2 352万元。

最近国家新闻出版广电总局总结前三年推进绿色印刷工作的经验，将会同有关部门在近期发布实施绿色印刷自我声明有关管理办法。

四、“金杯”的启示

“绿色印刷”关键不是“说”而是“做”。

在广东东莞有一家著名的港资企业“金杯印刷有限公司”。“金杯”董事长、香港印刷业商会会长、我们印刷界的老朋友杨金溪先生曾邀请我们去参观、考察“金杯”的绿色印刷，给我们留下深刻印象，也给我们实施印刷环保如何入手以很大启迪。

杨先生说绿色印刷不仅是印刷企业应承担的社会责任，也是实现印刷业可持续发展的必然要求，谁也不能置身事外，金杯印刷的其中一个使命就是要成为中国绿色印刷的先驱。“金杯”在推进绿色印刷方面的成功实践和经验，获得两岸四地社会和业界的广泛认可。

金杯绿色印刷理念以“环保 4R”为核心。

“4R”即 Reduce（减少）、Reuse（利用）、Recycle（回收）、Replace（替代）。

实现“4R”可以说涵盖印刷生产工艺、技术、管理全过程，是全方位的系统工程。这里有几个鲜明特点：

一是对排污集中处治，按行业环保标准要求，对各类废弃物如废气、废液、污水、废纸等采取统一集中处理，既保证达标要求，又能尽可能充分循环利用。这里包括：

1）污水集中处理和循环利用系统。“金杯”污水处理站按照全厂污水排放量设计，规模适中、占地面积不大，经过处理的中水蓄于厂区水池，既美化环境又可用于养鱼、浇草、冲厕，必要时可用于消防，一举多得，这套系统每年可减少使用净水 4 680 吨。

2）集中供墨系统。“金杯”采用全厂集中供墨系统，改变以往小罐油墨单台供墨的传统做法，用大桶油墨通过管道把油墨自动供给印刷机台，每年可节约 2 335 千克，减少固体废弃物 5 吨。

3）润版液循环过滤系统。采用这套系统可使润版液更换时间由过去两周延长至半年，降低了维护成本，降低了废水排放量。

4）喷粉回收装置。“金杯”在每台印刷机上都安装喷粉回收装置，喷粉可以循环利用，又大大减少空气中的粉尘和气味。

5）中央真空及鼓风系统。将过去各车间独自的真空泵和鼓风机改为全厂集中系统，提高效率并降低车间空调负荷，每年节电 29.5 万度。

6）中央空压系统。安装了 3 台中央空气压缩系统及供气网络，取代原来的散式空压机，每年节约用电 14 万度。

7）采用散热排气管道及负压排风装置，降低空调负荷，增加车间新鲜空气，既省电又环保。

8）废物统一收集和分类回收。废纸边毛采用自动打捆设备，每年可回收 2 300 吨；废 PS （CTP）铝版可回收 150 吨。

9）废气集中收集至活性炭吸附尾气处理系统，确保空气质量达标排放。

二是大力采用绿色印刷新技术、新工艺。在“金杯”我们可以看到有不少全国首次采用或坚持进行先行先试的新技术：

1）计算机直接制版（CTP）。“金杯”在 1995 年就采用 CTP，是亚洲第一家使用 CTP 的印刷企业，省去的胶片、废液排放量减少 96% 以上。

2）无水胶印。这是公认的环保印刷新工艺，始于日本，但成本相对较高，长期未得到推广应用。“金杯”坚持进行长期试验，目前有 4 台八色印刷机坚持用无水胶印工艺。据测试这项工艺可减少 60% ~ 80% 的 VOC 排放，每年可减少 29 吨。由于无水胶印不使用润版液，每年可减少废液 2.4 万升，而且印品质量有明显提高。对这项新工艺应该进行深入研究探讨。

3）采用不含有机溶剂的植物油墨和水性油墨。矿物油基油墨是目前印刷中最大污染因素之一，而环保性油墨主要有水性油墨和植物油油墨，但成本相对较高，“金杯”为保证环保要求，坚持采用植物油墨和水性油墨，虽然成本较高，但通过综合治理成本得到补偿，每年减少 VOC 排放 24 吨。

4）水性覆膜胶浆。这种胶浆不含有机溶剂，容易回收，无污染，能有效降低 VOC 排放量，每年减少 63 吨排放，相当于一辆汽车行驶 100 万公里的排放量。

5）使用环保纸张。“金杯”坚持采购符合国际环保要求、来自受管制和可持续发展植林区的纸，如 FSC 纸脱氧、脱酸和脱木质素的纸张。

6）低酒精润版液。在润版液中加入代酒精——碳酸氢盐（Hydrogen Carbonate）做缓冲剂，无须添加任何酒精，每年减少 76 吨 VOC 排放，节约 9.5 万升酒精。

7）采用自动洗车装置和低挥发性洗车水。“金杯”安装了 139 套自动洗车装置，再配合使用超过 61℃高闪点配方调配的环保洗车水进行局部清洁，代替挥发性溶剂清洗液，每年可减少 76 吨 VOC 排放。

三是采用节能环保高效先进印刷设备。

1）选用连线印刷设备。“金杯”是以出版物印刷为主的综合印刷公司，其中辞典纸薄、字小、印量大，经比较他们选用节能型双面印刷机共 14 套，包括有 8 台八色（双面“4+4”）、6 台四色（双面“2+2”）。实践证明这种机型很适用“金杯”，他们印的辞典最薄的纸可印 28 ～ 48 克，质量很好、效率也高，每年可节电 127.5 万度。“金杯”的经验也使我们领悟到，企业选用设备应注重先进实用。

2）联线切纸设备。卷筒纸上单张胶印机，“金杯”在飞达上装有裁切装置，按照实际需要自动控制裁切尺寸，不造成浪费（也有单独的卷筒纸分切机）。

3）计算机配色系统。“金杯”采用计算机配色，更准确调制所需专色油墨，减少人工失误，减少油墨损耗。

4）自动化色彩管理扫描仪器。“金杯”每台印刷机都装置此仪器，6 秒可得出测量结果，并自动即时做出调整，保证印品质量，减少的废张占总用纸量的 0.8%。

四是节能减排、绿色印刷从点滴做起，全面推广改善环境措施。

1）全厂采用节能照明系统，把过去全厂 4 500 支 T8 照明灯全部更换 T5 节能灯，节省 30% 用电量，每年可节约 24 万度电，现又进一步把 T5 节能灯更换为 LED 灯，节省 30 万度电。

2）安装空压机余热回收系统和太阳能热水系统提供热水给员工宿舍使用每年可减少电力消耗 28.2 万度。

3）屋顶绿化。“金杯”不仅厂区利用污水处理后的中水绿化环境，还在厂房及宿舍屋顶大量栽种花草植物，有效隔热，一举多得。

4）采用电瓶铲车、自动洗地机，用液化石油气替代柴油燃料等环保节能设施。

5）优化空调系统。如安装岗位送风系统、冬季新风系统、比例积分阀，替换低能耗的水泵等，节约能源。

6）安装能源在线监测系统，实时监控能源使用状况，控制重点能耗，杜绝浪费。

从上述这些措施来看，我们感到“金杯”的绿色环保在理念上确实已深入到每个员工；在措施上努力实施着“标本兼治”，正在为我国印刷业实现绿色环保探索一条有效途径。

“金杯”的实践还使我们看到印刷企业实施绿色环保不仅有巨大的社会效益，也有良好的经济效益。

据统计，“金杯”实施绿色环保措施共投资2 277万元，每年减少VOC排放224吨，节约用电309万度，节约用水6 314吨，减少固体废弃物124吨，减少废液33 560万升，每年节约费用532万元，投资回报率超过20%。

“金杯”的实践和经验带给了我们深刻的启示。

第一，坚持印刷环保是每个印刷企业应承担的社会责任，在世界环保形势日益严峻形势下，环保是企业生存的基础，印刷企业环保不达标，不仅不可能立足于都市型产业，也一定会被社会所淘汰。

第二，印刷环保的整治和改造，不仅有良好的社会效益，也有良好的经济效益。“金杯”环保投资回报率达到20%，这在当前各类投资项目中都属于高效益范围，作为有战略眼光的企业家对这项事业应该早动手、早受益。

第三，“金杯”在我国是一个中等规模出版为主的印刷企业，同类规模印刷企业在我国数以千计，很具代表性，“金杯”在印刷环保中投入2 000多万元，如果同类规模印刷企业参照进行环保改造，其投资规模将相当可观，如何引导投资正确使用，防止浪费，少走弯路，发挥更大投资效益，对于政府部门和行业组织是一个值得关注的重大课题。

第四，“金杯”的经验值得借鉴，为了更好发挥典型示范的榜样作用，建议相关研究设计机构与“金杯”合作，将“金杯”环保工程系统设计方案进一步优化，吸收最新印刷环保技术成果，设备选型更加合理，向印刷企业推荐环保工程系统设计方案，并逐步研究推出一批典型的印刷企业环保工程系统设计手册，这对推动我国印刷环保稳定、健康发展会发挥巨大作用。

【附录】

中国印刷技术协会、北京印刷学院、
中国印刷科学技术研究院联合专题研究小组

关于绿色印刷产业发展研究报告（摘要）

第一部分 研究背景、目的及意义

环境问题是一个全球性的问题，正在威胁人类的生存空间和文明的延续。随着人口持续增长、经济总量增加、消费水平提高，资源短缺、气候变化、臭氧层破坏、生物多样性减少、土地退化、环境污染等问题日益突出。各国都面临着可持续发展的严重挑战。20 世纪 70 年代末期以来，随着我国经济持续快速发展，发达国家上百年工业化进程中分阶段出现的环境问题在中国集中出现，逐渐成为我国经济和社会发展中的重大问题。针对资源环境压力日益增大的突出问题，我国政府已经明确提出以科学发展观统领经济社会发展全局，加快建设资源节约型、环境友好型社会，促进人与自然和谐发展。以绿色转型推动绿色增长，是中国经济发展方式转变的重要趋势。

改革开放 30 多年来，我国印刷业受益于国民经济的快速增长取得了较快的发展。2010 年全国印刷企业年度核验数据显示，全国共有印刷企业 10.44 万家，从业人员 366.37 万人，工业总产值 7 706.5 亿元。然而，因为历史因素和产业特点，我国印刷业存在行业门槛低、中小企业多，生产过程中能源消耗较大、资源浪费较多、污染偏重等问题。在不少企业里，各种传统的制版、印刷、印后加工工艺仍在我国占据很大的市场份额。从制版工序的胶片和废定影液、电镀液，到印刷过程中的溶剂型油墨、异丙醇润版液、洗车水，再到印后整饰中仍在广泛使用的即涂膜、油性上光工艺等，对环境都存在着污染问题。如印前制版使用的乙酸、甲醇、硝基苯、草酸、氯化锌、糠醛等，都含有有毒化学成分，印刷使用的普通油墨、洗车水等含有铅、铬、汞等重金属元素。与此同时，印刷过程中使用大量的水、纸张等原辅材料，造成了自然资源消耗和能源浪费。据统计，2009 年我国印前制版过程中的产生的废液量达 2.0 亿～2.5 亿升，印刷工艺年能耗近百亿千瓦时，热废气排放总量超过 5 000 亿立方米，油墨干燥过程排放的有机溶剂在 7.5 万～ 11.3 万吨，印后仅覆膜上光工艺排放的有机溶剂达 22.5 万～ 60 万吨，年耗能在 22 亿～ 40 亿千瓦时。这给我国环境保护带来了巨大压力。产业发展中诸多结构性矛盾的凸显，诸多传统模式的制约，使我国印刷业仍维持着大而不强的现状：产业集约化程度偏低、技术创新动力不足、产品档次尚待提升、经营模式需要创新、区域发展尚不平衡等等，迫切需要加快印刷产品结构、企业结构、区域布局结构等结构调整，引导整个印刷业由数量增长向质量提升、由粗放经营向效益增长、由依靠资源扩张向依靠科技进步转变。推进绿色印刷战略的实施是加快产业结构调整的重要手段之一。通过实施绿色印刷战略，逐步将部分产品指定给达标企业，使部分优秀企业迅速做强；对具有一定条件的企业，引导他们通过技术升级，达到合格的标准，跻身强企之列；对那些不能达标的企业，通过不断扩大的绿色印刷品种淘汰出局，最终实现印刷产业结构调整的目的。

绿色印刷指不破坏生态环境，不威胁人体健康，节约资源消耗的印刷方式及其相关的产业行为，绿色印刷的宗旨是“环境友好”与“健康有益”二个核心内涵。它具有以下特征：

(1) 可持续发展。绿色印刷在强调顾及当代人的同时兼顾下一代人的生存发展。国家长远利益与企业近期利益相结合，绿色效益与经济效益相接轨，以实现绿色环保事业与市场经济的双赢为目标。

(2) 以人为本。绿色印刷在印刷产品的整个生命周期过程中，始终贯穿着“以人为本”的宗旨理念，在科学发展观的指导下，一切以“人”为出发点和落脚点，重点关注民生的健康与安全。

(3) 节能减排与发展低碳经济。绿色印刷极大程度地帮助与推动我国印刷业实现节能减排与发展低碳经济的目标，改善与提高我国印刷业的环境保护水平，有力地配合与支持我国政府在哥本哈根气候峰会向世界宣布的 2020 年将我国的碳排放总量将降低至 2005 年 GDP 水平的 40% ～ 45% 的庄重承诺。

(4) 以先进科学技术水平为支撑。绿色印刷强调设计与生产的过程控制，同时也对印刷产品在使用及废弃阶段提出明确的量化要求。实施绿色印刷必须采用先进科技，推动我国印刷业产业结构调整与转型升级，做大、做强优秀的大中型环保型印刷企业，淘汰污染严重的“小作坊”式的低劣质企业，促进我国由“印刷大国”向“印刷强国”转变目标的实现。

(5) 引导产业经济发展方向。绿色印刷有利于推动印刷产业经济进入创新驱动、内生增长的发展轨道，实现产业技术变迁和组织变革，为杜绝粗放型增长方式和资源浪费、发展集约型经济，符合国家的产业经济发展方向。印刷企业通过实施印刷环保工程，不但保护了环境，保障了员工与消费者的身体健康，同时也节约了资源，降低了成本，节省了费用，提升了品牌形象，扩大了收入，维护了印刷企业自身利益。特别是出口导向型印刷企业，“绿色印刷”生产过程控制与管理水平达标成为获得优质海外客户订单的“通行证”。

绿色印刷产业和民生关系紧密，这在一定程度上就赋予了它的公益性，另外，它在产业结构调整和发展印刷科技方面发挥着举足轻重的作用，显示出它的基础性和战略性。这些特性决定了政府在实施绿色印刷战略中必须发挥主导作用。发达国家在这方面的实践也证明：政府部门积极的政策引导、合理的行业规划、良好的市场监管以及整体形象促销等几个方面的运作，是发展绿色印刷产业的核心力量。只有在坚持政府对实施绿色印刷起主导作用的同时，充分重视市场机制的作用，实现市场资源的合理配置和优化组合，才是发展绿色印刷产业的可靠路径。

由于我国的印刷业涉及面广，基础设施和监管手段相对还比较落后，推进绿色印刷战略的实施，是一项系统的、长期的、艰苦的、细致的工作任务。尽管由政府主导推行的绿色印刷实施工作已有近两年的时间，原新闻出版总署与环境保护部正式签署了《关于实施绿色印刷战略合作协议》、联合发布了《关于实施绿色印刷的公告》、起草并修改完成了部分适于我国印刷企业情况的环境标志产品技术要求的标准、确定了第一批检测机构、为全国首批获得绿色印刷认证的印刷企业颁发了认证证书，但还需要通过系统的调查研究和经验总结，形成实施绿色印刷战略的一个较为完整的指导框架体系，为我国印刷业实现产业结构调整、绿色转型和可持续发展提供方向指引和理论支持。开展绿色印刷产业发展研究工作，对于在印刷行业中实施绿色印刷战略，促进印刷行业发展方式的转变，加快建设印刷强国，推动生态文明、环境友好型社会建设意义深远。

本报告通过问卷调查、访问调查、文献采集、案例研究、经验总结等方法，将从印刷环保标准及检测、认证体系建设的研究，绿色印刷新技术开发及应用研究，印刷环保系统工程设计开发与应用，绿色印刷示范工程建设，绿色印刷推广应用实施路线图五个方面着手，系统分析、论述实施绿色印刷战略的涉及范围、机制保障和配套措施等。

第二部分　印刷环保标准及检测、认证体系建设的研究

为了推动我国印刷产业的转型升级和技术改造，我国印刷产业发展的两大工程——数字印刷与印刷数字化工程和绿色印刷环保体系建设工程已经正式启动。其中，绿色环保印刷体系建设工程旨在落实国务院关于节能减排的工作部署，通过研发我国自主知识产权的绿色环保印刷设备、技术、工艺和原材料，加快推进印刷企业的环保生产，推动整个印刷产业实现节能减排。绿色印刷环保体系的建设进程将直接关系到“以项目建设带动印刷产业整体发展”战略的顺利实施，加快建立符合我国印刷产业发展现状与方向的环保标准、认证体系对于印刷业的绿色转型具有重要指导意义。

一、建立印刷环保标准体系的必要性

我国印刷行业目前已形成 10 万家印刷企业，400 多万从业人员，年总产值超过 7 000 亿元的较大产业，但技术先进的大企业和企业集团不多，还是以中小企业为主体，在不少企业里，各种传统的制版、印刷、印后加工工艺仍在我国占据很大的市场份额。从制版工序的胶片和废定影液、电镀液，到印刷过程中的溶剂型油墨、异丙醇润版液、洗车水，再到印后整饰中仍在广泛使用的即涂膜、油性上光工艺等，对环境都存在着污染问题。如印前制版使用的乙酸、甲醇、硝基苯、草酸、氯化锌、糠醛等，都含有有毒化学成分,印刷使用的普通油墨、洗车水等含有铅、铬、汞等重金属元素。由于众多印刷企业仍沿用着传统印刷工艺，在某些生产环节仍存在一些诸如有机溶剂挥发、废水排放等造成的环境问题。由于目前还缺乏完备的环保评价手段及技术标准、专业的检测机构、高素质的人才队伍、高效节能的替代技术等，所以在直接关系广大人民群众尤其是青少年健康安全的印刷产品以及节能降耗等方面，存在着一些需要引起我们高度警惕并着力解决的问题，突出表现为：在印刷品的生产加工环节对产品的环保性、安全性关注不足，缺乏有效的管理、监督；企业和从业人员环境保护意识不强，建设“绿色·创意·和谐”印刷的理念尚未深入人心；对适用于不同规模、不同类型印刷企业的环保技术或产品缺乏有针对性的开发研究；针对印刷产业的环保评价认证体系和技术标准、信息系统的建设健全工作相对滞后。

这些突出问题的存在与我国建设资源节约型社会的目标以及总产值排名世界第二的印刷大国地位是不相称的，也成为我国印刷产品突破国际贸易“绿色壁垒”、实施文化产业“走出去”战略和建设印刷强国的障碍。

这些问题的解决，亟待我们找到一个突破口，而建立印刷环保标准体系、推广实施绿色印刷是一个极好的形式。

二、发达国家的相关情况

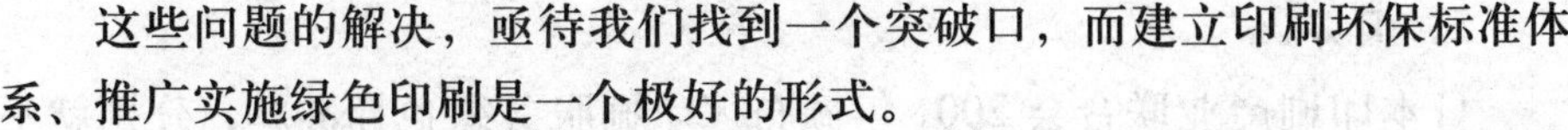

绿色印刷于20世纪80年代后期在以美国、日本、德国等为代表的西方发达国家发源，后经二十余年的发展，现已从概念讨论阶段进入到实际应用阶段，无论从理念还是到技术标准、设备工艺、原辅材料以及软件应用等方面都有了极大的发展并日趋成熟。在欧美发达国家，绿色印刷既是其科技发展水平的体现，同时也是替代产生环境污染和高能耗的传统印刷方式的有效手段。

1．美国

美国国家环境保护局（EPA）通过资助各州的环保组织，以企业认证、政府采购引导、税收优惠等方式引导企业进行节能减排。例如伊利诺斯州的PNEAC（printers national environmental assistance center）环保组织就协助不少印刷企业成功地实现了企业节能减排。

同时，美国也非常关注VOC的排放，已经禁止使用含苯的溶剂型油墨，取而代之的是绿色环保型油墨。目前，美国塑料印刷中有40%采用水性油墨。

2．英国

英国印刷工业联合会（BPIF）推出碳排量计算器，该计算器可根据PAS 2050（产品与服务生命周期温室气体排放评估规范）和GHG（温室气体）标准对工厂和产品的碳排放量进行估算，给出“碳足迹”，用于指导印刷企业的节能减排。

3．德国

德国工业协会制定了印刷业低碳发展指导方针，在2010年初作为德国机械设备制造业联合会（VDMA）的标准出版，成为评价能耗和效率的重要基础。

4．澳大利亚

澳大利亚环保局（NSWEPA）委托其印刷协会制定印刷企业环境保护手册，列举澳大利亚的印刷企业在节能减排上的成功案例，及各种环保耗材采购清单，用以指导印刷企业的节能减排与低碳发展。例如，智能电表监测用电，以无水胶印和CTP技术实现减排等案例。

5．日本

日本印刷产业联合会2001年颁布《印刷服务绿色标准》，分别就平版印刷、凹版印刷、标签印刷、丝网印刷服务的各工序、材料、管理等制定了详细的绿色标准。2006年，日本印刷产业联合会对该标准进行了大幅度的修订，同年4月，增订《绿色印刷认定制度》（又称GP认定制度）。

《绿色印刷认定制度》是对依照绿色标准、致力于减少环境负荷的工厂实际状况进行评价的一项制度，要求也十分严格。被认定的“绿色印刷工厂和企业”可以称作“GP认定工厂”，获得“绿色印刷标志”（GP标志）以证明其是关注环境的印刷工厂。“绿色印刷标志”分为3星制，1星为印刷过程达标，2星为全部工艺过程达标，3星为使用器材达到最高标准。日本印刷产业联合会2010年3月在世界印刷及传播论坛理事会上介绍，在日本获得绿色印刷认证的企业已有200余家。

三、建立印刷环保标准体系的原则

任何一个行业的标准体系都应是按其内在联系与规律形成的有机整体。它的建设和实施，其根本目的是为了规范行业的管理与发展，建立高效、科学、便利的制度化体系，从而帮助行业、企业加强标准化、计量、检测和质量工作，为行业健康发展奠定坚实的基础。

因此，建立印刷环保标准体系工程首先要明确，标准体系的建立和实施必须紧密围绕实现行业发展的总方针总目标的要求，特别是印刷业“十二五”发展规划所提出的印刷业发展目标以及国家有关标准化的法律法规，其中包括某些强制性标准的规定。印刷环保标准体系内的所有标准都要在这些方针、目标和有关标准化法律法规的指导下形成。

其次，要坚持“企业主体、服务引导、自主创新、国际接轨”的原则。印刷环保标准体系最终要落实在各个不同类型、不同规模的印刷企业的具体经营管理过程中，环保标准体系必须具备科学性、合理性和可操作性，在调查研究的基础上紧密结合我国不同类型印刷企业的产品、规模、组织结构和管理体制等实际情况，突出重点，以技术标准为主体，以管理标准为支撑，以工作标准为保障。同时，在自主创新的前提下借鉴国外发达国家建设环保标准体系的先进经验与做法，坚持不断完善符合我国国情的标准体系，使我国的环保标准体系实现与国际先进水平的接轨。只有这样，才能建立真正行之有效的标准体系，为印刷企业建立绿色环保体系提供有效的服务与引导。

再次，建立印刷环保标准体系，要强调整体性，标准不宜太过复杂，要结合我国国情，分步、分级、突出重点。一方面，我国印刷行业建立环保标准体系尚在初级阶段，印刷企业对相关绿色标准的认识是一个不断改进的过程，而标准体系的完善与健全也需要一个长期的过程；另一方面，国家环保部已经颁布《环境标志产品技术要求 印刷 第一部分 平版印刷》，其中检测项目众多，不少印刷企业在根据这一标准进行认证的过程中需要经过复杂的程序，对企业而言也有一定的负担。从我国目前的实践条件来看，过于烦琐的标准体系不利于印刷企业的推广实行。

四、印刷环保标准体系的范围

印刷环保标准体系的建设拥有丰富的含义，也包含了多个方面的内容。印刷业的环保事业既应包括印刷产品本身的环保性，也应涵盖印刷企业作为加工制造企业应该承担的保护环境的社会责任。因此在建立印刷环保标准体系的过程中也可将其一分为二，分为绿色印刷产品标准与绿色印刷企业标准。建立这一制度的根本目的是进一步指导并促进企业提供绿色产品。

（一）绿色印刷产品标准体系的形成

印刷行业既然提供绿色产品，就需要一个具体的评价体系来确认其所提供的产品是有助于环境保护的。出于环境因素的考虑，印刷产品所用的材料应该能够尽可能减轻环境负担，采购材料时也要选择这样的材料，即使是在客户指定材料的情况下，印刷企业提出使用对环境负荷较小的材料的建议也是必需的。为此，我国环保部已经颁布的《环境标志产品技术要求 印刷 第一部分 平版印刷》明确提出，印刷产品质量除了应符合有关国家和行业标准以外，印刷产品的生产从原材料采购开始就必须达到具体的环保指标。

印刷产品的主要原材料包括纸张、油墨、表面加工材料、装订用胶黏剂等，《环境标志产品技术要求 印刷 第一部分 平版印刷》中为这些材料制定了绿色原则与标准，如使用通过可持续森林认证的纸张、纸张中未使用荧光增白剂、水基上光油符合 HJ/T 370—2007 中技术内容 5.4 的要求、紫外光固化上光油的挥发性有机化合物的含量小于 0.60 mg/m^3（8h 均值）、使用免化学处理的 CTP 印版、大幅面印刷机换下的只有小块硬伤的橡皮布可在单色印刷机上或小幅面印刷机上使用、采用无醇或异丙醇添加量小于 5%的润湿液、使用专用抹布清洗橡皮布而不使用清洗液等。

以上都是对材料本身提出的规范，在印刷业较为发达的日本，行业制定的绿色印刷标准中不仅包含了对材料本身的限制要求，还将材料生产者的管理也纳入了印刷材料绿色采购管理的范畴，认为印刷企业在选择材料生产商时就应该站在消费者的立场，主动选择那些在生产经营活动中实施环境保护措施的材料供应商，与致力于环境减负、材料回收利用、实施环保标签认定的供应商合作，甚至委托他们进行低环境负荷材料的开发，这样一来不仅有利于印刷企业选择符合绿色标准的材料，更能够引导整个印刷产业共同来关心环境问题。这些做法也是值得我国借鉴的。

除了原辅材料的控制，印刷产品生产过程中的工序是决定产品是否绿色的另一关键。印刷生产是一个复杂的系统工程，完整的工序涵盖了从企业接单到交货的全过程，在制造工序的所有阶段均要致力于减轻环境负荷。《环境标志产品技术要求 印刷 第一部分 平版印刷》将印刷过程分为印前、印中、印后加工三个主要工序，并分别对单张纸平印与卷筒纸平印进行了说明，对印刷方式、印刷辅助设备、废弃物回收等进行了详细规范，涵盖了目前印刷行业较为先进的印刷方式与设备设置，如果印刷企业能够严格按照此工序要求进行生产，即能基本保证印刷产品的生产过程是有利于资源节约与减轻环境负担的。除了这些技术工序以外，有些国家将产品方案的设计与策划阶段也列入了印刷工序之中，认为产品的设计工序应该位于印刷品生产流程中的第一环，比如印刷企业在接到订单后就制定出符合环保标准的产品方案，在决定印刷品设计的过程中利用数字化流程减少初期的资源浪费。在对环保印刷品和服务的需求日益增长的情况下，印刷企业在产品设计初期就考虑到环境保护的因素，不仅是对顾客进行的一种宣传，在应对顾客的需求上也是非常重要的。对我国印刷业来说，随着数字化工作流程的普及，这一工序的绿色化也将成为可能，在制定绿色印刷产品认定标准时也是值得纳入考虑的。

只有当印刷产品的原材料、工序等各个方面都达到一定的要求，才能符合环境对印刷产品设定的标准，才能称其为“绿色印刷产品”，其印刷制品上可使用相应的绿色标志，以示绿色印刷产品认定制度的落实。

（二）绿色印刷企业标准体系的建设

建立绿色印刷企业标准体系与认定制度旨在检验从事印刷业的工厂与企业是否关注环境保护并积极投身于环境减负，从而培养出更多的绿色印刷企业。因此该标准体系与认定制度也应与绿色印刷产品认定制度一样，具有明确的定位、指向性和目标性。

对印刷业而言，减轻环境负荷有各种各样的设备、技术与手段，但最基本的仍是各企业的整体配合与努力，该标准的制定正是为了对企业的体制、管理与系统进行完善，从而长期有效地推进企业的努力成果。

绿色印刷企业首先必须遵守现有的国家与行业相关的环境法规，比如遵守防止公害、节约能源与资源、化学品的管理和减少使用、控制并减少废弃物的产生等环境法规。而且，对于拥有绿色印刷资质的企业来说，仅满足于不超过现有的社会既定标准是不够的，还需要制定更加严格的自主标准；第二，绿色印刷企业应该努力降低环境负荷，制定具体的环保减负目标，如对能源、资源、废弃物、化学品、VOC、空气、噪声等环境因素设定具体减负目标，并围绕这一目标进行持续改善；第三，绿色印刷企业应当构筑企业环境管理体系，具有环境保护的对策机制，配备环境组织和体制、设定环境方针、实施环境保护活动，如建立绿色采购体系；第四，企业应当定时定期公开与环境有关的企业信息，制作环境报告书，这也是绿色印刷企业对社会应尽的责任；第五，绿色印刷企业在进行外部委托加工时也应对外包公司以要求使用绿色环保材料和加工工序为下单条件，在印刷行业，由各工序中专门从事某一工序生产的厂家来加工固定工序，或是企业将业务外包的情况是很常见的，但是绿色印刷企业既然是为社会提供环保的印刷服务，那么提供产品与服务的所有相关企业也都应在各自的领域内从事环保的生产活动。这样一来，各印刷企业也将对其他相关企业产生影响，环保型企业的范围也将逐步扩大。

在上述条件中需要强调的是，如果没有环境保护行动的方向性，一时或盲目的环保对策是很难取得长期成效的，因此构筑长效的环境管理机制是重中之重。环境保护是一个持续改善的长期行为，当企业致力于从事减轻环境负荷的活动时，重点是明确企业根据什么方针来进行环境保护，并以此方针为依据设立环境组织与体制、构筑环境体系、决定职务责任和权限并持续有效地实施下去，而明确这一系列目标与措施的有效方式就是导入环境管理体系。

建立环境管理体系是一个相对复杂的工程，目前国际上已有公认的环境管理体系 ISO14000 系列标准，ISO14000 环境管理体系是按照 PDCA 的循环来推进的，即制订方针、目标或计划，实施，确认实施结果，持续性地评估和改善。它强调法律法规的符合性，强调污染的预防，强调系统化、程序化的管理和必要的文件支持，强调自愿性、广泛适用性。作为一项内部管理工具，它对不同行业、不同类型的企业组织改进环境的行为都有一定的指导与规范作用。

ISO14000环境管理体系明确规定了对环境管理体系的要求，使组织能根据相关要求与环境因素信息来制定和实施企业的方针目标，能够为企业组织提供系统客观的环境管理方法，适用于那些组织能够控制，或是可能施加影响的环境因素。企业通过系统地采用和实施这一系列环境管理技术，能够实现有效的环境目标，建立起完善的环境管理体系。在建立绿色印刷企业认定制度的过程中，ISO14000环境管理体系的系统组成、原则、程序以及审核方式也能够提供必要的借鉴与支持。

作为致力于环境保护的印刷企业，通过ISO14000环境管理体系这一国际认证是非常必要的，但对我国大量存在的中小型印刷企业来说，为取得认证而进行的体制完善与体系构筑仍具有相当大的难度，还需要得到政府与行业的支持。

五、我国印刷环保标准制定的进展情况（略）

六、印刷环保标准、检测及认证体系之间的联系和相互影响

绿色印刷标准体系建设包含环境标志产品技术标准和绿色印刷企业标准的建设，这是推进和实施绿色印刷产业发展战略的基础。“没有规矩不成方圆”。标准是推动绿色印刷实践的工具，是依据生命周期理论，分析印刷企业的环境行为，总结印刷企业现阶段环境改善和未来可持续发展。标准总结了印刷企业现阶段重要环境影响因素，针对国家现阶段环境保护目标以及“十二五”环境保护目标，制定评价指标体系，参考国外印刷产品的评价要求和国内消费群体和敏感人群确定产品评价指标体系。

标准的建立重在实施，因此必须建立能够覆盖全行业的检测机构体系，对标准实施进行监督检测。检测是标准实施的重要手段，检测方法是标准实施的评价手段。标准实施需要通过检测方法确认监测结果，确认标准的符合性，但是在标准实施过程中检测方法的建立与实施必须依靠国家各级实验室的技术水平，同时检测方法必须具有普遍性和重复性。检测方法在标准中是重要的实施依据，没有检测方法，标准没有任何支撑，也无法遵照实施。

为使检测结果科学、合理、公正，则必须建立认证制度。认证是标准推进的重要工具。根据国家标准的分类，强制性标准所有相关对象必须遵照实施，而自愿性标准是企业可以选择实施的标准。自愿性标准有着较强的空间允许企业随着自身水平实施。但是不管自愿性标准还是强制性标准都要有第三方或者第二方加以监督，才能保证标准的实施。认证是国际较

为通行的模式，通过认证寻求企业符合标准的证据，通过文件化的方式向外部表达企业符合标准的信息。认证机构在实施认证过程中必须依据标准，而在判定企业符合性时必须通过监测获得结果。认证机构在进行监测时重要方式是检测方法，产品的检测则必须依托第三方检测机构开展。

总之，标准是实施绿色印刷的重要依据和评价体系，认证是推动标准实施的重要工具，而检测方法是标准中对企业以及产品进行有效评价的根本。绿色印刷标准的建立和检测、认证制度建设是一个科学的完整体系，缺一不可，必须统筹规划、合理组织。

绿色印刷标准体系的建设将为我国印刷环保走上法制化轨道打下基础。建议在此体系建立完善之后通过全国人大为印刷环保立法。

七、检测体系建设情况、问题及改进措施

根据国际惯例，任何一项标准体系是否成功在行业或企业建立并实施最终有赖于第三方检测机构的认定，对于印刷环保标准体系的建设而言，检测机构同样是必不可少的。

第三方的认证活动必须公开、公正、公平，才能有效。这就要求第三方必须有绝对的权力和威信，一般而言需要国家或政府的支持，由国家或政府的机关直接担任这个角色，或者由国家或政府认可的组织去担任这个角色。目前我国有10万多家印刷企业，分布在全国各地，这一数量庞大的企业群体要建立起标准化的环保体系是一个巨大的工程，需要与之相适应的检测机构的配合。根据我国目前的情况，为了全面推动绿色印刷检测体系的建立，建议可以在每个省设立一个专门的检测机构，由政府或权威机构对具备标准检测资质的机构进行资质认可，获得认可的机构即可开展绿色印刷标准的宣贯、技术服务与认证工作，对于快速普及绿色印刷标准的相关知识并推动绿色印刷标准体系的全面建立将是一大助力。

八、认证工作情况及认证体系建设

（一）绿色印刷环境标志产品认证情况

环境标志是一种标在产品或其包装上的标签，是产品“证明性商标”，它表明该产品不仅质量合格，而且在生产、使用和处理处置过程中符合特定的环境保护要求，与同类产品相比，具有低毒少害、节约资源等环境优势。

实施环境标志认证，实质上是对产品从设计、生产、使用到废弃处理处置全过程（也称“从摇篮到坟墓”）的环境行为进行控制。即：设计时，

考虑资源与能源的保护与利用；生产中采用无废少废技术和清洁生产工艺使用过程，使用时要有益于公众健康，而不是有损于公众健康，直至废弃阶段，应考虑产品的易于回收和处置。它重视资源的回收利用和产品的环境性能，不但要求尽可能地把污染消除在生产阶段，而且也最大限度地减少产品在使用和处理处置过程中对环境的危害程度。它由国家指定的机构依据环境标志产品标准及有关规定，对产品的环境性能及生产过程进行确认，并以标志图形的形式告知消费者哪些产品符合环境保护要求，对生态环境更为有利。

发放环境标志的最终目的是保护环境，它通过两个具体步骤得以实现：一是通过环境标志向消费者传递一个信息，告诉消费者哪些产品有益于环境，并引导消费者购买、使用这类产品；二是通过消费者的选择和市场竞争，引导企业自觉调整产品结构，采用清洁生产工艺使企业环保行为遵守法律、法规、生产对环境有益的产品。

绿色印刷环境标志产品认证是依据环境标志产品技术要求（现已出台《环境标志产品技术要求 印刷 第一部分平版印刷》），进行的绿色环保产品认证，又被称作十环认证，是对产品的质量和环保性能的认可，由环保部指定中环联合（北京）认证中心（环保部环境认证中心）为唯一认证机构，通过文件审核、现场检查、样品检测三个阶段的多准则审核来确定产品是否可以达到国家环境保护标准的要求。

认证包括以下几个步骤：

1．企业将填写好的《环境标志产品认证申请表》、环境标志保障体系文件连同认证要求中有关材料报中环联合（北京）认证中心有限公司。认证中心收到申请认证材料后，进行初审，与申请认证企业签订合同，并向企业下发环境标志产品认证受理通知书。

2．认证中心对申请材料进行文件审核，向企业下发文件审核意见，企业按认证中心提出的文审意见进行整改；认证中心根据申请认证企业及产品情况确定抽样方案。

3．认证中心收到企业的认证费后，向企业发出组成现场检查组的通知，并在现场检查一周前将检查组组成和检查计划正式报企业确认。

4．现场检查按环境标志产品保障体系要求和相对应的环境标志产品认证技术要求进行，对需要进行检验的产品，由检查组负责对申请认证的产品进行抽样并封样，送指定的检验机构检验。

5．检查组根据企业申请材料、现场检查情况、产品环境行为检验报告撰写环境标志产品综合评价报告，提交技术委员会审查。

6. 认证中心收到技术委员会审查意见后，汇总审查意见，报认证中心总经理批准。

7. 认证中心向认证合格企业颁发环境标志认证证书，组织公告和宣传。

（二）绿色印刷企业认定制度是对照相关绿色标准对致力于减少环境负荷的印刷企业的实际状况进行评价的制度

认定对象包括企业实施的所有工序以及从业者，认定申请必须对所有工序以及全体从业者进行认证，而不能只申请认证其中的一部分。

从程序上来说，企业应当首先依据绿色标准对自身状况进行自我评价，达到一定标准的企业再向相关组织机构提出认定申请。当企业被认定为绿色印刷企业时，即有权在其印刷产品上使用特殊的绿色印刷企业标志进行标示。

从原则上讲，绿色印刷企业的认定应当由政府或行业权威机构为确保审查客观性的第三方组成的认定委员会进行审查，负责企业申请的受理、认定、注册、公布等事宜。

申请认定的企业应据实际提供有关申报材料，包括企业资质、相关证明与环保测评报告，报告中应该涵盖详细的节能降耗与环境监查数据、开发绿色产品的实际成果、绿色采购的实施情况以及按照绿色标准进行操作的一定时期内的实绩记录、ISO14000 环境管理体系运行状况等。

申报企业将有关材料交由第三方机构根据认定条件进行审查，第三方机构应派出专门的委托人员，负责申请文件的审查、申请企业的现场审查、审查报告的出具等认定审查的相关工作。根据企业绿色标准的实际实施情况，审查人员对企业各项目、工序的达标成度进行评估，除了必须达成的项目以外，相关项目要求应设定合格线，达到一定分数以上才能通过审查。

基于认定审查员出具的审查结果报告，第三方机构进行判定其是否通过认定、认定标准的检查纠正等工作。通过客观的评价，如果认定委员会判断其满足认定标准即可注册，如果审查项目中出现不符事项，可要求申请企业在一定时间范围内出具纠正报告，重新接受审查。

对于绿色印刷企业的资质应当设置一定的有效期限，获得绿色印刷企业认定的组织需要在固定期限内接受更新审查，如三年一次，通过复审确定其致力于持续的环境改善活动，及时发现存在的问题，督促其对不符合要求的项目进行改进。

九、绿色印刷标准、检测及认证体系建设的组织实施

（一）政府部门主导

国家环保部和新闻出版总署制定规划、政策和目标要求。

（二）充分发挥行业组织的作用

1. 组织专家起草标准草案，政府部门审定颁布；

2. 受政府部门委托，组织制定行业绿色印刷标准，接受政府部门监督；

3. 与环保部门共同建立检测机构体系；

4. 与环保部门合作或受委托组织行业绿色印刷环境标志产品认证、企业认证，颁发标志认证证书。

第三部分　绿色印刷新技术开发及应用研究（重大绿色新印刷技术开发及产业化方案）

推进绿色印刷产业发展需要标本兼治，发展绿色印刷高新技术是根本。绿色印刷在可持续发展和循环经济中具有重要作用，已成为建设资源节约型、环境友好型、食品包装安全型城市的重点和保障。绿色印刷不仅涉及印刷环境和印刷品，还涉及印刷材料、工艺、设备与技术。研究和推广绿色印刷技术，有利于印刷企业节能减排、保护环境和资源，保障员工和消费者的身心健康。

一、发展绿色印刷高新技术的必要性

1．发展绿色印刷高新技术是实现节能减排与低碳经济的需要

发展绿色印刷高新技术，可以极大地帮助与推动印刷业实现节能减排与低碳经济的目标，改善与提高我国印刷业的环境保护水平，有利于配合与支持我国政府在哥本哈根气候峰会向世界宣布的2020年将我国的碳排放总量降低至2005年的GDP水平的40%～45%的庄重承诺。

2．发展绿色印刷高新技术是转变发展方式、调整印刷产业结构的需要

绿色印刷强调对印刷整个过程的评价与环境行为的控制，即在设计、制造、使用、废弃四个生命周期的过程中不断强调设计和生产过程的控制，而且也对印刷产品在使用和废弃阶段提出明确的量化要求。通过发展绿色印刷高新技术将改变长期以来印刷业在高消耗、高污染下粗放式的发展模

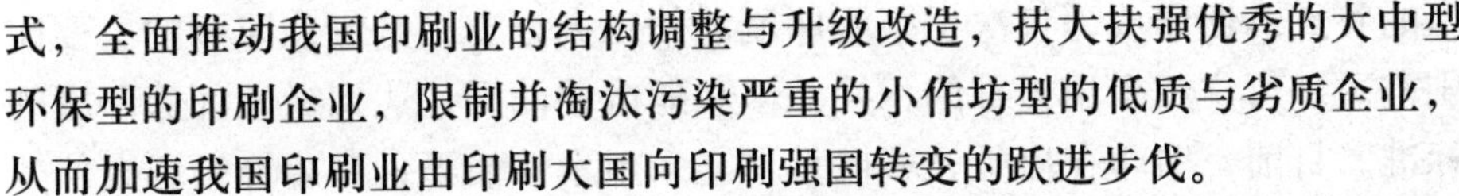

式，全面推动我国印刷业的结构调整与升级改造，扶大扶强优秀的大中型环保型的印刷企业，限制并淘汰污染严重的小作坊型的低质与劣质企业，从而加速我国印刷业由印刷大国向印刷强国转变的跃进步伐。

3．发展绿色印刷高新技术是大中型优秀印刷企业自身利益的需要

印刷企业通过发展绿色印刷高新技术不但保护了环境，维护了员工与消费者的健康，同时也节约了资源，降低了成本，节省了费用，提高了品牌，扩大了收入。特别是以出口为主的印刷企业，绿色印刷已经成为获得海外客户订单的通行证。

二、国外绿色印刷新技术发展现状

1．绿色印刷工艺

绿色印刷工艺是指在印刷整个产业链中，使用环保性印刷材料和辅料，采用环保性和节能减排的制版、印刷、印后加工设备与工艺，对环境不会造成污染，能保障人类身体健康的工艺和方法。

(1) 数字印刷

数字印刷系统主要由印前系统和数字印刷机组成，目前越来越多的数字印刷机还配上装订和裁切设备，从而取消了分色、拼版、制版等步骤。其印刷方式以个性化印刷、可变信息印刷、即时印刷为特点的“按需印刷”，也可定义为按照用户的时间要求、地点要求、数量要求、成本要求与某些特定的要求等向用户提供相关服务的一种印刷服务方式。主要形式有喷墨式和静电式数字印刷系统。

(2) 柔性版印刷

柔性版印刷工艺采用水性油墨和环保型印刷设备，是全球公认的环保性印刷工艺，广泛应用于出版印刷和包装印刷领域，在纸盒、标签和软包装印刷方面增长最快。柔性版印刷无论从印刷材料、设备及工艺上都体现出了良好的环保性能，如柔性版印刷机采用了封闭式刮刀传墨系统，在封闭的墨室中，油墨中有机溶剂难以挥发到空气中，减少了对环境的污染；计算机直接制版技术的应用简化了柔性版制版工艺，省掉了胶片的冲洗加工过程，消除了因胶片冲洗而造成的环境污染，有利于环保，由于其免去了冲洗，制版速度大大提高。

(3) 凹版印刷

墨层厚实、层次清晰、工艺稳定、耐印力高、适用范围广是凹印最突出的特点。凹印成为仅次于平版印刷的第二大分支，是包装印刷的主要印刷方式。可广泛采用无毒的水性油墨和醇溶性油墨，达到绿色环保印刷的标准。目前，凹印在出版领域已基本上采用水性油墨；在装饰领域大部分采用水性油墨。

（4）无水胶印

无水胶印不再使用润版液中的挥发性有机物，减小了挥发性有机物的排放量，减小了对环境的污染。与现在的有水胶印相比，无水胶印去掉了水的因素，它是一种采用特殊的硅橡胶涂层印版和油墨进行印刷的平版胶印方式，不需要传统平版胶印中所必需的异丙基乙醇或其他化学润版液。无水胶印过程操作简单，不用调节水墨平衡关系，在一定温度范围内把油墨转移到印版上。随着激光在机直接制版系统的应用、数字无水胶印版材的出现促使制造商在设计中结合考虑无水胶印的印刷性能。对于传统印刷机，通过增加温度控制系统及少量的设备改造，即可实现无水印刷。

（5）水性上光

水性上光油以功能性高光合成树脂和高分子乳液为主剂，水为溶剂，无毒无味，消除了对人体的危害和对环境的污染。水性上光油的环保特性越来越受到食品、医药、烟草纸盒包装印刷企业的重视。

水性上光的产品防水性、防潮性、耐折性都较好，但是耐磨性较差。水性上光的主要特点有：干燥迅速、膜层透明度好、性能稳定，不易变黄、变色；上光表面耐磨性好、不掉色、斥水、斥油，能满足用纸盒高速包装香烟生产线的要求；无毒、无味，特别适合食品、烟草包装纸盒的上光；成品平整度好、膜面光滑；印后加工适性宽，模切、烫印均可加工；耐高温、热封性能好；使用安全可靠、储运方便。

（6）冷烫印

冷烫印技术取消了传统烫金依靠热压转移电化铝箔的工艺，而采用一种冷压技术来转移电化箔。冷烫印技术可以解决许多传统工艺难以解决的工艺问题，不仅可节省能源，并避免了金属印版制作过程中对环境的污染。

在印品需要烫印的位置先印上 UV 压敏型黏合剂，经 UV 干燥装置使黏合剂干燥，而后使用特种金属箔与压敏胶复合，于是金属箔上需要转印的部分就转印到了印刷品表面，实现冷烫印。与传统烫金工艺相比，冷烫印工艺具有烫印速度快、材料适用面广、成本低、生产周期短、消除了金属版制版过程的腐蚀污染等特点，但也存在一些缺点，如明亮度较差、冷烫印后需要上光或涂蜡，以保护烫印图文。

(7) 无溶剂复合

无溶剂复合工艺是食品药品软包装印后加工的发展趋势和主导技术。由于完全不采用溶剂型胶黏剂，具有产品无溶剂残留、生产过程无 VOC 排放、能耗低、效率高、生产成本低等特点，可广泛用于食品、药品、化妆品、洗涤品等与人民日常生活相关的领域，是国际公认的绿色环保工艺技术。

2. 绿色印刷设备

(1) 环保性印刷设备

印刷设备是实施绿色印刷生产的关键。从国际印刷产业来看，符合环保的印刷服务市场在最近5年里呈指数方式增加，无论全球经济如何低迷，用户都要求能够展示尽可能环保的产品。因此，一些大公司和政府部门也开始要求供应商提供更加符合环保的印刷生产设备。要以符合环境保护的方式进行生产是一个具有战略意义的因素，是印刷企业在经济上获得成功的重要先决条件。为印刷企业提供每一种超越纯粹使用印刷机的可以想得到的能力，以便可以在企业内就经济和生态方面实现并拓展可持续的生产。

目前，印刷业的劳资双方面对着悬而未决的问题，诸如工作时间长、工资上涨幅度追不上通胀等问题对企业生产力不无影响，企业管理者更需面对成本上涨、利润下降等难题。设备自动化、生产标准化和流程数码化是大势所趋，有利于印刷企业应对现实中的难题。

表1 影响印刷企业环保性的主要因素与印刷企业采用的环保方案

影响印刷企业环保性的主要因素		印刷企业采用的环保方案	
成本	54%	再生印版	95%
缺乏用户需求	36%	再生的纸张	95%
其他	26%	使用大豆油墨或其他植物油油墨	71%
缺乏资源	17	再生墨罐	70%
不确定性	5%	无醇印刷	55%
不知道如何启动	3%	能量控制系统	26%
		可再生能源	25%

来源：PIRA 国际公司《动态全球市场的绿色印刷：如何采用绿色印刷，2009》

流程效率是企业未来成功的关键。印刷企业需要有效地提升产能和生产效率，同时，辅以追求生产灵活性、减少出错概率、提高人员素质等措施，才能更好地适应印刷市场上活件难度日趋提升、交货期缩短、短版印刷大量涌现等新形势。在订单处理、完稿、排版、打样和制版等方面如何提升效率，以及大幅缩短印刷准备时间、大幅降低纸张损耗、快速实现稳定的色彩等。

① 环保型胶印机应用

在国外，应用环保型印刷设备都取得了良好的社会效益和经济效益。

一台携带全套环保装备的环保型胶印机（售价高约 63 万欧元，约人民币 597 万元），其能源消耗降低了 20%，废料开销则减少到三分之一，此外，它消耗的油墨、酒精、清洁剂、水和喷粉也大大减少了。每年可节约 21 万欧元。投资大约两三年后就可以收回。

② 柔性版印刷机应用加快

10 多年来，柔性版数字成像制版（CDI）技术、薄型套筒式印版、高网线陶瓷网纹辊激光雕刻技术、直接驱动技术、环保型水性油墨和 UV 油墨、封闭式刮墨刀系统、不停机换卷装置和自动控制等先进技术的应用，大幅度提高了柔性版印刷质量和生产效率，促进了柔性版印刷的快速发展。在美国，柔性版印刷所占整个印刷市场的比例已增加到目前的 40% 左右；在欧美食品、药品等软包装印刷市场，柔性版印刷的占有率分别超过了 65% 和 75%，在标签印刷市场的占有率分别超过了 40% 和 85%。

（2）绿色印刷装备认证体系

① OHSAS18000 系列标准及职业健康安全管理体系

OHSAS18000 系列标准是由英国标准协会（BSI）、挪威船级社（DNN）等 13 个组织于 1999 年联合推出的国际性标准。其中的 OHSAS18001 标准是认证性标准，它是组织（企业）建立职业健康安全管理体系的基础，也是企业进行内审和认证机构实施认证审核的主要依据。我国已于 2000 年 11 月 12 日转化为国标：GB/T 28001—2001 idt OHSAS18001:1999《职业健康安全管理体系规范》同年 12 月 20 日国家经贸委也推出了《职业安全健康管理体系审核规范》并在我国开展职业健康安全管理体系认证制度。

OHSAS18000 标准应用领域：在人们的工作活动或工作环境中，总存在潜在的危险源，可能会损坏财物、危害环境、影响人体健康，甚至造成伤害事故。这些危险源有化学的、物理的、生物的、人体工效和其他种类的。人们将某一或某些危险引发事故的可能性和其可能造成的后果称为风险。风险可用发生概率、危害范围、损失大小等指标来评定。职业安全卫生管理的对象就是职业安全卫生风险。

② ISO 14000 环境管理体系

③ 胶印机“排放测试”证书

为使印刷用户进行符合环境生态的印刷生产，胶印机的排放测试证书表明产品某些方面的环保性能。在2008年德鲁巴展会期间，ROLAND 200，ROLAND 500，ROLAND 700和ROLAND 900已经获得印刷和纸张加工工业雇主责任保险行业协会（BG Druck und Papier，简称bgdp）严格的排放标准认证。2009年9月4日，ROLAND 900, XXL 7B大幅面印刷机也通过了bgdp的“排放测试”认证。

胶印机的“排放测试”证书是由位于德国威斯巴登的纸张加工工业雇主责任保险行业协会（BG Druck und Papier，简称bgdp）颁发的，他们通过测量以下各种排放量是否远远低于允许的限制值或适用于欧洲各国的推荐值，对机器进行验证。包括清洗剂、润版液、光油和墨雾、喷粉、臭氧（UV印刷机）、紫外线辐射（UV印刷机）和噪声。测试是根据各种EG规范进行的。在测试并获得各个参数值之后，如果这些值符合标准，则颁发有效期为5年的证书。

④ 碳足迹认证

PE INTERNATIONAL 在其20年的历史中已经建立了独一无二的可持续发展管理领域的专家能力。该公司以生命周期评价（Life CyCLe Assessment）的理念为开端，开发出了针对当今市场上流程和服务的最大的综合环境数据库和得到最广泛使用的企业可持续发展管理软件解决方案。

透过环境影响专家PE International的检测，包括所有相关参数都列入计算，从原料取得与印刷工厂材料生产、测试及运送到印刷厂的运输过程等。最终获得碳平衡的证明。

(3) 绿色印刷设备关键技术

印刷环境包括无水胶印、集中供墨系统、节约能耗、降低噪声、减少废品产出、减少各种辐射与蒸发、保护操作人员安全与健康、回收与重复使用等方面。

①无水胶印单元及辅助材料

印刷机的各种排放物质必须低于欧盟国家允许的最低排放标准。其中有两个重要标准：印刷机必须支持低污染排放生产；制造厂商必须使用户能够在印刷厂实行低污染排放式的生产。

无水胶印需要一套精密的温度控制系统。无水胶印的一大问题是温度控制。油墨的黏度会随温度而变化，只在很窄的黏度范围内才能被硅所排斥。在印刷过程中油墨会由于墨辊间的摩擦而升温，当温度升到一定程度时，油墨黏度会变稀而使印版脏污。若无自冷却效应，或许同样问题也会在传统的胶印机上发生。自冷却效应使墨辊从印版上拾取极细的水滴，水滴漂浮在墨膜上，并返回到墨辊。当水蒸发时，即冷却了油墨。为使油墨黏度稳定，一种解决办法是采用特殊油墨，它可在较宽温度范围内保持恒定的黏度；另一个途径是在长版活印刷过程中使用较稠的油墨。然而真正的解决方案是在一些墨辊上通过内部管子泵取冷却剂，以稳定油墨温度。这种方法对新印刷机而言将增加相当的成本，对旧印刷机来说则是纯粹昂贵的改型。不管怎样，这种办法可以使短版活与长版活都采用相同的油墨与相同的操作技术。

无水胶印版材及油墨：

日本的印版制造商 Toray（东丽）为无水胶印技术的先驱者。日本东丽公司拟与福建一家企业合作生产无水胶印油墨，中国印刷与科学技术研究院拟与日本东丽公司合作生产无水胶印版材。

目前，有 3 家公司在开发无水特殊油墨。美国高斯公司展示过 single-fluid（单一流体）油墨。Flint Ink 开发了 Flint Single fluid 油墨，它在普通无冷却的印刷机上可用于传统铝版材与聚酯版材。海德堡公司与 Sun Chemical（太阳化工）合作开发一种水基墨。从技术上讲，此项产品并不属于无水油墨，而是一种无油油墨（oil-less ink）。实际上只有一种是真正的无水胶印墨，但 3 家公司的油墨产品都具有印刷时不需要调整水墨平衡的优点。

② 集中自动供墨系统

集中自动供墨系统是大型商务印刷厂和专为发行印刷量大的报业设计和制造的油墨输送设备。长期以来，报业印刷中的供墨一直采用人工加墨，其工作既费力又易脏，而且墨桶残留物多，造成相当大的浪费，废弃墨桶又无法处理，会带来严重的环保污染。这种原始的加墨方法与当前现代化的报纸和商务印刷既不适应又不协调。因此选用集中自动供墨装置是各报社及印刷厂必然的发展趋势。

随着我国印刷业的不断发展，提高单张纸印刷机供墨的自动化程度，已经引起了一些管理者的重视，新华网印刷厂、地大彩印厂及广东部分印刷厂都引进了泰创公司的单张纸供墨系统，取得了很好的使用效果。由于采用了符合油墨性质和流动特点的高压单管式输送方案，配合多种定量式标准包装，实现了在技术上与国际流行方案接轨，切合印刷业发展的要求，应用范围迅速扩展。报业印刷、商业印刷等领域已经得到了初步普及，包装印刷、出版印刷等领域正在逐步被接受。国内最大的集中供墨及相关设备生产商沈阳北方厂已经安装了近 70 台墨泵。从发展阶段来看，集中供墨技术在印刷业的应用正进入快速成长期。但在用户对供墨技术的认识、安装施工单位技术水平、品种和技术参数的选用及生产应用需求的分析等

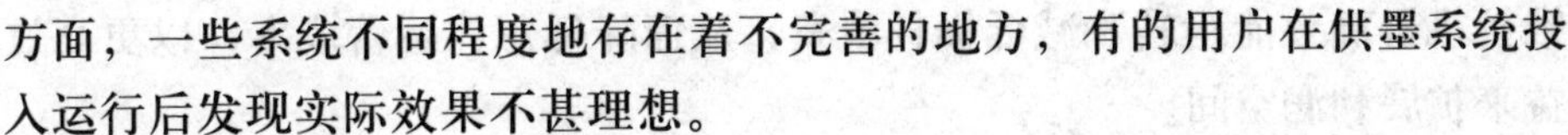

方面，一些系统不同程度地存在着不完善的地方，有的用户在供墨系统投入运行后发现实际效果不甚理想。

③ 一次走纸生产方式

采用高精度印版压印技术和自动换版系统，与现有的技术相比，换版时间节约 40% 以上，产能至少提高 40%。由于不需要墨区设置，印刷准备时间缩短了大约 40%，设备可利用率因而提高了 25%。大大降低纸张成本以轻松实现短暂的准备时间，从而使客户在短版商务印刷中更具竞争力。以经济型生产为基准，数码印刷与胶印之间的印量平衡点就进一步降低到 250 份。

数字化工作流程管理系统代表着印刷数字化和自动化的发展方向，它以 CTP 计算机直接制版为基础，涵盖了印前、印刷、印后，甚至涵盖了印刷企业信息管理的整个过程。

"一次走纸生产力"是非常神奇的生产方式：无须两次走纸，大大缩短了清洗和校机时间，降低了废张率，更简单的操作；由于纸台减少了，因而也节省了空间，缩短了印后加工之前的生产时间。主要面向商业印刷和出版印刷领域需要以双面印刷形式印刷纸张和轻纸板作为书帖和封面的印刷服务提供商。

④ 独立驱动技术

电机独立驱动印版滚筒，不仅解决了印刷产品重复长度受齿轮节距限制的问题，更换不同周长的印刷产品时，不需要更换齿轮，可实现无级连续可选的印刷长度。独立驱动不需要机械传动轴和套准补偿辊机构，机械零部件减少，料带长度缩短，因此有利于提高印刷质量和印刷速度。

⑤ 套筒技术

套筒式印版滚筒结构，每个组件带有气动快速夹紧松开装置，更换方便，会逐步取代传统印版。成本低、装卸容易、灵活性高、储存方便，可重复使用；使用不同壁厚的套筒，可以改变印版印刷长度；能缩短准备时间，加速印件的更换。如 Fischer & Krecke 公司开发的 Flexpress16 新型 8 色卫星式柔印机，采用薄壁套筒技术，制造成本低，印刷时能保持良好的经向精度。

套筒式压印滚筒，具有快速更换滚筒、减少材料浪费等特点，如 W&H 公司生产的 Heliostar 2000 型机组式凹版印刷机，采用套筒式压印滚筒的技术，为印刷者提供了最大的灵活性和商业效率。

⑥ 减少纸张浪费、降低能源消耗的方法与措施

以优质的印刷材料和完善的解决方案，帮助客户稳定生产、增加效率、

维护机器高效能运转和减低损耗浪费，从而降低总体运营成本，以更高效益来扩展利润空间。

⑦ 远程故障诊断技术服务

远程故障诊断技术服务和设备全生命周期绿色生产，可通过优化整个工艺流程提高印刷设备的生产效率。

⑧ 增值印刷

特殊的印刷和上光效果、特殊的加网技术或者使用特殊的承印物。联线工艺（联线上光、联线模切或其他联线功能）在成本效益和生产力方面提供强大的竞争力。

而联线冷烫装置和联线优化上光装置则在金属印刷和上光应用中制造出非同凡响的效果，大大增强了印品的性能。由此可见，增值印刷是印刷厂商们在瞬息万变的印刷市场中取得成功的关键所在。而印刷设备通过直接驱动、快速转换、联线加工、联机检测、联网加工等技术创新，以先进的设备系统、稳定的加工工艺、优异的印刷质量和超值的印刷效益，为企业实现增值印刷提供强有力的保障。

包装、标签、商业印刷活件——都可以通过在冷烫印的印刷单元以后的印刷单元上在金属图像联线叠印来进行产品整饰。这些图像从载体箔上分离，转印到印有黏性油墨的区域上，这样就消除了昂贵的烫印印版的成本和热烫印的工艺，这些都是额外进行的机外生产步骤。冷箔烫印可以联线处理，从而减少了工艺链的步骤，这就是说订单可以更快地交货。与烫金相比较，冷箔烫印可以复制和再现超细的线条和元素。在包装印刷中在与防伪元素一起使用的实践中已经证实了其价值。如果不进行冷烫印，这个印刷单元仍然可以作为正常的印刷单元使用。

⑨ 高可靠性和预防性维护问题的能力对印刷公司是否盈利至关重要

印刷机必须在整个生命周期中都能保持始终如一的高性能和较高的利用率。预防性维护确保印刷机的性能得以长久保持，同时具备高度的可靠性，从而使停机时间降至最低。这对任何一家印刷公司来说都是一个强有力的经济论证，因为只有开动印刷机才能赚钱。因此，维护协议能够为企业提供可计算的成本。

积极主动的预防性维修。在印刷公司现场进行工作能与客户建立可靠的伙伴关系，以便更好地规划预算费用，并最大限度地利用 printservice 印刷技术支持的强大优势：在轮转胶印机部门，客户也可以组合单项的服务，例如印刷机保养、红外热成像、加强检查。通过定期检查印刷机，提前发现潜在的问题，采取预防措施，并建议合理的经过规划的保养周期。这样，

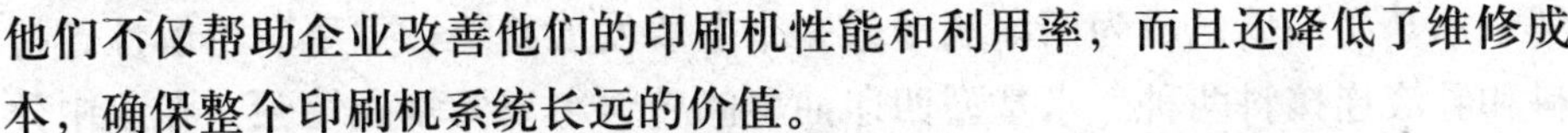

他们不仅帮助企业改善他们的印刷机性能和利用率，而且还降低了维修成本，确保整个印刷机系统长远的价值。

⑩ 高效烘干技术及印刷环境保护设备

1）高效烘干技术及设备

具有后燃器的干燥装置，可以大大提高生产力，减少浪费，节约能源。印刷过程中的第二大开支就是能源消耗。

2）印刷环境保护设备

根据ISO 14000环境管理体系的要求，必须对三大类环境污染源（即废水、废气、噪声）以及生产过程中产生的其他废弃物（如洗车污水、冲版污水、胶片等）进行严格处置，有时还需引进专门的处理装置。例如采用印刷机粉尘收集装置、车间防噪声装置、水循环过滤系统等多项国际先进装备。高效的能源利用和低资源消耗成为改进生态平衡。

3）绿色印刷装备的环保性能定量化

为了高效生产，测量装置成为必要配置。密度（油墨密度控制）仍是印刷机上唯一可靠的调整输墨以实现精确的可重复结果的方法。然而，色彩的视觉效果并没有办法由密度来确定。对于包装印刷常见的专色印刷的情况，只有色度分析才是可靠的。联线自动供墨导控系统在整个印刷过程中能在全速印刷生产中进行测量、控制和记录密度值。最新的技术与严格的色彩管理相结合，使印刷企业能够生产低成本、高品质的产品。

除了表示能源效率、减少废气排放和节约资源外，生态计还能对特定的印刷机配置提供生态评估，显示能够节省的二氧化碳排放量、能够节省的能源和材料成本。减少碳排放是在环境保护道路上迈出的重要一步。

3．绿色印刷材料

（1）环保型油墨

传统的溶剂型油墨中溶剂挥发后产生VOC排放气体，对空气造成污染，还会对人体造成伤害，不利身体健康。一般胶印及凹印油墨中都含有这种有害的有机化合物。而柔性版印刷可以使用环保型的水性油墨和UV油墨，大大降低了印刷过程中因油墨引起的环境污染。

水性油墨是由水性高分子树脂和乳液、有机颜料、溶剂和相关助剂经物理化学过程制成。水性油墨最大的特点是明显减少了墨层干燥时VOC气体的排放，因为它使用的溶剂是水，不含挥发性的有机化合物，消除了溶剂型油墨中的有毒和有害物质对人体的危害和对被包装商品的污染，改善了印刷作业环境。

水基型油墨已成为凹印油墨的一个主要发展趋势，主要有溶解性连接料和乳液连接料两种。水基型凹印油墨的色料主要为耐碱性强、在水中分散性较好的无机颜料和有机颜料。

无水胶印油墨具有高黏度、触变性大、性能稳定特点。研制无水胶印油墨的过程也比研制有水胶印油墨的过程更复杂。

(2) 环保型印版版材

薄型柔印版材与 CTP 柔印版材：数字化薄型套筒印版稳定性好，能有效地控制网点增大、减少感光聚合物，提高图像质量和套准精度。不但能提高纸包装的印品质量，使柔印质量达到胶印和凹印质量水平，还可降低印刷压力，减少印版清洗次数，延长印版使用寿命，进一步缩短调机准备时间，减少停机次数和停机时间。

无水胶印版材：无水胶印系统主要由三部分组成，即无水印版、无水油墨以及印刷设备温度控制系统。目前生产无水胶印印版主要有传统光敏性无水胶印印版和数字无水胶印印版。无水印版 Pearl dry 多为热敏版，不需晒版处理和化学显影，成像后需要进行清洗，擦洗掉印版表面被烧蚀的颗粒。

(3) 环保型黏合剂

纳米改性淀粉胶，可使普通的淀粉黏结剂干膜中淀粉结晶尺寸减少，提高淀粉胶干膜的拉伸强度和拉伸断裂伸长率，纳米粒子的表面效应增加了淀粉胶与纸基间的接触面积，提高了淀粉胶膜与纸基界面之间的黏结力，具有更高黏结性能，降低了淀粉胶膜的脆性。符合我国和欧盟及美国 FDA 标准，具有绿色、环保特点。

无溶剂胶黏剂的推广和应用，可以消除软包装材料复合过程中 VOC 的排放，改善工作环境，保障食品药品的包装安全和人们的身体健康。

三、我国绿色印刷技术及装备发展重点领域

根据《新闻出版业十二五时期发展规划》，以中小学教科书、政府采购产品和食品药品包装为重点，大力推动绿色印刷发展，在全行业推广数字化技术，实现我国从印刷大国向印刷强国的转变。

1．数字印刷和印刷数字化技术产业化及应用

以数字印刷、数字化工作流程、CTP 和数字化管理系统为重点，以数字印刷装备的示范应用为抓手，实现降低库存浪费及提高设备效能的目的。2010 年的“数字印刷与印刷数字化”和“绿色环保体系建设工程”资助的

印刷产业发展专项项目中，“喷墨数字印刷机”、“数字化单张纸对开多色胶印机产业化”等属于重点支持项目。

2. 柔性版印刷技术、材料、装备及产业化示范

柔性版是绿色印刷的重要方式。开展柔性版版材、油墨、制版设备、柔性版印刷设备开发及应用、柔性版印刷应用示范。重点在中小学教材、儿童读物、食品与药品包装等重点领域推广。通过围绕柔性印刷产业链的系统攻关及开发，扩大柔性版印刷在整个印刷产业中所占比重。该领域多个项目已列入 2011 年印刷产业发展专项。

3. 无水胶印技术、器材、装备及示范应用

无水胶印不存在溶剂排放，且无传统胶印的水墨平衡问题。重点开展版材、油墨、平版印刷设备开发及应用、无水胶印的应用示范。通过围绕无水胶印产业链的系统攻关及开发，扩大无水胶印印刷在整个印刷产业中所占比重。无水胶印过程中对温度的控精确控制，成为无水印刷需要解决的核心问题之一。

4. 印刷装备的绿色化再制造体系及示范应用

绿色印刷是一个系统工程，涉及印刷设备、器材和各种原辅材料，印刷企业生产环境和技术工艺。大量印刷设备达不到绿色环保要求，而处于微利的印刷企业不可能全部将所有设备更新为绿色装备。旧印刷装备的绿色化是达到行业绿色印刷目标的迫切问题和现实选择。在印刷装备再制造过程中，通过开发无水胶印系统单元、短墨路供墨单元、印刷机预置单元、无溶剂复合单元等，对传统印刷装备绿色化升级。提升整个行业印刷装备的环保性能，同时形成印刷装备再制造产业。

5. 绿色印刷环境技术、装备及示范应用

(1) 三废处理技术及设备

根据 ISO 14000 环境管理体系的要求，必须对三大类环境污染源（即废水、废气、噪声）以及生产过程中产生的其他废弃物（如洗车污水、冲版污水、胶片等）进行严格处置，有时还需引进专门的处理装置。例如采用印刷机粉尘收集装置、车间防噪声装置、水循环过滤系统等多项国际先进装备。高效的能源利用和低资源消耗成为改进生态平衡。

(2) 能耗排放测量技术及设备

为了高效生产，测量装置成为必要配置。密度（油墨密度控制）仍是印刷机上唯一可靠的调整输墨以实现精确的可重复结果的方法。然而，色

彩的视觉效果并没有办法由密度来确定。对于包装印刷常见的专色印刷的情况，只有色度分析才是可靠的。ROLAND InlineColorPilot 联线自动供墨导控系统在整个印刷过程中能在全速印刷生产中进行测量、控制和记录密度值。最新的技术与严格的色彩管理相结合，使印刷企业能够生产低成本、高品质的产品。

(3) 集中供墨系统技术及设备

集中自动供墨系统是大型商务印刷厂和专为发行印刷量大的报业设计和制造的油墨输送设备。可以解决墨桶残留物多，造成相当大的浪费，废弃墨桶又无法处理带来严重的环保污染问题。从发展阶段来看，集中供墨技术在印刷业的应用正进入快速成长期。但技术水平、品种和技术参数的选用及生产应用需求的分析等方面，一些系统不同程度地存在着不完善的地方。

四、“十二五”期间绿色印刷新技术及装备重点发展方向

(一) 绿色印刷新技术

主要包括高端 CTP 制版技术、数字印刷核心技术、柔性版制造印刷技术、无水胶印技术、溶剂排放检测及回收技术。

(二) 绿色印刷新材料

1．环保印刷油墨

① 水性柔印油墨

水性油墨是指以水为溶剂的油墨，其连接料主要是由树脂和水组成。水性油墨的最大特点是环保性，减少了挥发性有机溶剂（VOC）对大气的污染，改善了工作环境，适合食品、饮料、药品包装印刷。

② 水基型凹印油墨

水基型油墨已成为凹印油墨的一个主要发展趋势，主要有溶解性连接料和乳液连接料两种。水基型凹印油墨的色料主要为耐碱性强、在水中分散性较好的无机颜料和有机颜料。

③ 无水胶印油墨

无水胶印油墨具有高黏度、触变性大、性能稳定特点。研制无水胶印油墨的过程也比研制有水胶印油墨的过程更复杂。

④ 紫外（UV）油墨、电子束（EB）油墨

⑤ 喷墨数字印刷机用电子墨水

2．环保型印版版材

① 薄型柔印版材与CTP柔印版材

数字化薄型套筒印版稳定性好，能有效地控制网点增大、减少感光聚合物，提高图像质量和套准精度。不但能提高纸包装的印品质量，使柔印质量达到胶印和凹印质量水平，还可降低印刷压力，减少印版清洗次数，延长印版使用寿命，进一步缩短调机准备时间，减少停机次数和停机时间。

② 免处理CTP胶印版材

③ 无水胶印版材

3．印刷辅助材料

① 环保型黏合剂

② 环保型橡皮布

(三) 绿色印刷设备

1．CTP印前系统

① 热敏胶印CTP系统

② 套筒式柔性版CTP系统

③ 圆型丝印CTP系统

2．数字印刷系统

① 喷墨式数字印刷系统

② 静电式数字印刷系统

③ 高分辨率喷墨墨头

3．柔性版印刷设备

① 机组式中幅柔性版印刷设备

② 卫星式宽幅柔性版印刷设备

③ 瓦楞纸板直接柔印设备

4．无水胶印设备

① 基于精密温度控制的输墨系统

② 无墨键网纹辊短墨路供墨系统

无墨键技术和无水胶印技术智能结合，达到印刷标准化和可靠的印刷质量。重点是无水胶印单元的开发及普通胶印设备采用无水胶印技术升级。

5．印刷设备过程控制系统

① 胶印设备过程控制系统

② 柔印设备过程控制系统

③ 丝网印刷设备过程控制系统

针对目前国产印刷机主要采用开环控制，自动化程度较低问题，通过利用机器视觉技术对印刷品质量在线检测，实现印刷过程的闭环墨量控制、套印控制等技术，提高印刷装备的自动化水平，减少操作人员，提高印刷品质量。

6．**印刷设备共性关键技术**

① 印刷设备稳定性及可靠性研究

为保证印刷设备数字化技术的实施，以高速平版印刷机为研究对象，建立以测试技术为基础的检验方法及试验平台，解决印刷机械可靠性的定量评价问题，为印刷机制造行业提供可靠性应用示范。

② 独立驱动技术

数字化传动系统是由伺服电动机、驱动器、现场总线及计算机控制硬件与软件组成。开发适合印刷的数字传动的伺服传动技术，全系列数字传动专用的电机与驱动器；现场总线技术等。

③ 套筒技术

套筒式印版滚筒结构，每个组件带有气动快速夹紧松开装置，更换方便，会逐步取代传统印版。采用套筒式网纹辊结构和超高能激光雕刻技术，既保证了高精度网纹辊的质量，又能实现网纹辊的快速更换。套筒式压印滚筒，具有快速更换滚筒、减少材料浪费等特点。

④ 全封闭双刮刀供墨系统

高线数陶瓷网纹辊的激光雕刻和封闭式双刮刀供墨系统的应用，可以确保网纹辊和印版得到最佳墨量。提高了短墨路系统传墨性能，提高了印品质量稳定性。

7．**环保型印后加工设备**

① 印刷涂布设备

② 电子束（EB）固化系统

③ 圆压圆烫印、模切设备

④ 无溶剂复合设备

8．**组合印刷与联机加工生产线**

① 标签组合印刷生产线

② 票据组合印刷生产线

9. 现代管理系统

① 印刷企业 ERP 管理系统

② 数字化工作流程管理系统

数字化工作流程管理系统代表着印刷数字化和自动化的发展方向，它以 CTP 为基础，涵盖了印前、印刷、印后，甚至涵盖了印刷企业信息管理的整个过程。研制开发适用于各种印刷工艺及机械的数字化工作流程，支持当前流行的各种印刷设备，与各种印刷设备硬件组成完整的印刷数字化流程系统。

10. 印刷装备再制造及绿色化

在对旧印刷装备进行性能失效分析及寿命评估等，进行再制造工程设计，采用一系列相关的先进制造技术，使再制造印刷装备产品质量接近新品。包括旧印刷装备的综合性能和环保性能评价方法、再制造关键检测技术、印刷装备再制造体系、绿色化单元技术及装置开发。

(四) 印刷辅助设备与材料

1. 油墨自动配色系统与集中供墨系统

2. 油墨黏度自动控制系统

为了保证高品质印刷质量稳定，必须保持恒定的油墨黏度。黏度自动控制系统可进行连续的检测和调节，保持油墨黏度值维持设定的水平上。使用油墨黏度控制系统不仅能有效提高印品质量，还可节省多达 30% 的油墨消耗量。

3. 高效烘干设备

为了降低印刷机的耗能，国外先进胶印设备将干燥单元散热片降低到纸张上方 8 厘米的位置，能耗降低 5%。干燥系统排放的热空气可以循环利用，又可节约 30% 的能耗。

4. 溶剂、废墨等回收系统

五、“十二五”期间我国实施绿色印刷战略对印刷装备制造业影响的定量分析研究

(一) 印刷装备制造业现状

2010 年，我国共有印刷装备制造企业 600 余家，年产值达 175 亿元人民币，比“十一五”初期的 130 亿元累计增长 35%。“十一五”期间，

我国印刷机械行业产品结构进一步改善。国内各类平张纸多色胶印机 2005 年年产不到 200 台，2010 年增加到 1 323 台，净增 1 100 余台，改变了完全依赖进口的局面。印刷装备出口取得较快增长。“十一五”期间，印刷装备出口克服金融危机的不利影响取得显著增长，2010 年，我国印刷设备出口额近 11 亿美元，比 2006 年增长 106%。

据海关总署资料统计，2010 年印刷设备进口额在 23 亿美元左右，较 2009 年增长约 43%。其中印刷机进口 17 亿美元，较 2009 年增长 56%。以高端多色单张纸胶印机为例，从 2006 年至 2010 年平均每年 1 028 台，而国产高端多色单张纸胶印机平均年产仅 100 台左右，只占市场份额不到 10%。

(二) 实施绿色印刷战略对装备制造业的影响

1. 数字印刷和印刷数字化技术产业化及应用

数字印刷和印刷数字化工程是实施绿色战略的重要措施之一，将实现降低库存浪费及提高设备效能的目的。数字印刷和 CTP 技术是该领域代表技术。

(1) 印刷市场将从胶印、柔印和凹印等传统印刷为主导转变为喷墨印刷技术和数字印刷技术（静电照相技术）为主导

预计 2008 年到 2014 年期间，喷墨印刷及数字印刷这两种方式的市场份额将翻两番，其他印刷方式中仅单张纸印刷有所增长。2008 年全球喷墨印刷机市场总额仅为 19 亿美元，2014 年预计将跃升至近 48 亿美元，以 160% 的速度快速增长。2008 年全球静电照相数码印刷市场总额约为 14 亿美元，2014 年预计将达到 20 亿美元，增长幅度超过 40%。

2009 年全球数字印刷设备的年装机量在 10 000 台以上，未来五年将以超过 10% 的年装机量稳定发展。而中国的年装机量在 2009 年不足 1 000 台，但在未来十年中，中国市场数字印刷设备装机量增长率将超过 20%，占到全球市场的 30% 以上。

(2) CTP 直接制版技术逐渐普及

欧美发达国家 CTP 直接制版机普及率已经达到 70% ~ 80%，而我国 10 多万家印刷企业，截至 2010 年年底，CTP 直接制版机保有量 3 500 台左右，相比于世界印刷发达国家，CTP 保有量不算多。CTP 技术发展业已成熟，它将印前、印刷、印后环节更加紧密地结合，确保整体印刷质量提高的同时，也带来了全新的数字化管理理念。相对于激光照排工艺，CTP 技术可避免或减少大量化学药液的使用和排放。另外，CTP 技术具有可提

升印刷生产各个环节的效率、安全的自动化生产、降低时间和资源的浪费、提高生产过程的透明度、提升印刷质量等优势。

2．柔性版印刷技术、材料、装备及产业化示范

柔性版是绿色印刷的重要方式之一。开展柔性版版材、油墨、制版设备、柔性版印刷设备开发及应用、柔性版印刷应用示范。柔性版印刷技术的发展，需要研发更多的环保材料、版材以及溶剂回收工艺等，减少碳排放。由于柔印使用的溶剂更为环保，它在国外的应用率已达到了60%，但在我国还未推广开来，其中一个重要原因就是我国柔印的版材研发跟不上。

柔性版印刷以卷筒纸方式进纸，采购价格比单张纸要节省4%～6%。咬口约节省纸张总量2%～3%。如用柔性版印报，因水性墨透印较少，纸张克重可节省10%。网纹辊传墨快，停机后再印刷，可减少一半废张。

3．无水胶印技术、器材、装备及示范应用

随着绿色印刷战略的实施，无水胶印技术逐渐被国内企业采用。但专用印版、专用油墨的本土化及印刷设备的温度控制装置限制了其发展。

无水胶印不存在溶剂排放，且无传统胶印的水墨平衡问题。无水胶印是一种没有润版液的胶版印刷工艺，由于没有润版液，也就没有有机化合物的挥发、对机器的腐蚀等无益环保的一系列问题。无水胶印所需的准备时间短，开印废品率低，有时开印两三张后即可得到合格的印品，无水胶印立等可取，可以减少纸张浪费，在一定程度上也起到了环保的作用。

国内采用无水胶印技术的雅昌企业（集团）有限公司、北京文祥彩色印刷有限公司、苏州印刷总厂有限公司正在实施推进无水胶印。东莞金杯印刷有限公司有2台印刷机坚持用无水胶印工艺。据测试，这项工艺可减少60%～80%的VOC排放量，每年可减少16吨。由于无水胶印不使用润版液，每年可减少废液1.2万升，而且印品质量有明显提高。

4．印刷装备的绿色化再制造体系及示范应用

旧印刷装备的绿色化是达到行业绿色印刷目标的迫切问题和现实选择。实施绿色印刷战略将促进印刷装备绿色化再制造产业的发展。

高端印刷设备产品动辄百万元，很多用户没有实际的购买能力。而再制造产品由于充分利用了废旧产品中的附加值，成本要比新品低很多，仅为生产原产品的50%左右，质量、性能却与新品不相上下。总体来说，再制造产品的售价范围在新品价格的40%～80%之间，平均为60%，这与再制造的成本是一致的。因此，再制造产品对于资金紧缺的中小印刷企业来说是一个最佳的选择。

近年来，国内印刷装备需求以每年10%的增长速度连年上升，使中国成为世界公认的、蕴含最大潜力的市场。2010年中国印刷装备市场需求量已超过400亿元，国产印刷机需求量将超过200亿元，占到市场总容量的一半（进口印机达到200亿元），中国已成为名副其实的、全球重要的印刷装备制造基地。

据资讯显示，国内印刷装备每年产量大约在2 000台套，废旧设备淘汰更新率约为20%。按此比率估算，国内印刷装备再制造空间大约在400～500台套。目前，在我国只有天津长荣等少数企业开始涉足印刷装备再制造领域。

5. 绿色印刷环境技术、装备及示范应用

有机溶剂回收技术，将印刷过程中产生的VOC有机废气通过吸附、解吸、回收、提纯等过程实现有机溶剂的回收再利用，不但解决了有机废气的环境污染问题，同时还能变废为宝，将回收的有机溶剂循环使用。

据计算，我国若有半数印刷企业使用该技术，每年可减少3万～4万吨的有机溶剂排放。据设备供应商计算，溶剂回收装置的运行成本仅占回收溶剂价值的1/4～1/3，经济效益明显。

“十二五”期间我国实施绿色印刷战略对印刷业产业链上其他行业影响的定量分析本报告在调研结果和已掌握的数据基础上有所涉及，但要深入、细致地开展研究工作，还需要不断积累相关资源，在条件成熟时可考虑单独立项。

第四部分　印刷环保工程系统设计开发与应用研究

一、我国印刷环保工程概况

（一）存在问题

印刷环保工程是我国印刷业实行绿色印刷的重要实施途径。目前，我国一些印刷企业根据自身发展需求在印刷环保工程上进行了积极探索与尝试。有些龙头印刷企业积极采用环保印刷材料、低能耗设备、改进生产与管理模式提高效率等措施，不仅降低了污染，而且有效提高了企业效益。但不少企业在实施印刷环保工程过程中仍然存在一些问题：

1. 环保意识有待提高

随着科技发展和人们环保意识的不断更新，绿色印刷的内涵也不断更新与提升，印刷环保工程将会不断更新与升级。企业受到自身实力、资金以及各种社会资源的限制，存在信息量不够、人才不足，难以全面了解国家政策导向以及印刷业最新环保的发展动向，环保意识不够积极，难以用宏观的、动态的眼光投入资金、人力和物力实施环保工程，导致企业在激烈的市场竞争中处于劣势，不利于企业自身发展，也不符合国家倡导的绿色印刷发展方向。

2．环保实施手段有待改进

尽管有些印刷企业意识到绿色印刷是我国印刷产业未来的发展方向，但由于缺乏经验与相关人才，在探索印刷环保过程走了不少弯路，其效果也并不理想。印刷环保工程前期需要投入资金改进原辅材料、设备、管理等，当投入资金数额较大时，看似增加了印刷过程成本，且企业并不知道如何核算环保带来的收益，从而挫伤了企业实施印刷环保的积极性，因此需要有相关的机构引导企业合理实施印刷环保工程。

3．存在重复建设、浪费等现象

我国印刷企业种类多，规模各异，即使是同类型、同规模的印刷企业，每家印刷企业都有自己独特的运行与管理模式，同一印刷环保工程难以适用不同的印刷企业。有些企业照搬其他企业的环保项目，会存在重复建设、浪费等问题，其环保效果并不理想，这阻碍了印刷环保的顺利推广与发展。

（二）必要性

根据以上问题，印刷界急需专门机构进行的印刷环保工程体系设计与产业推广。而目前国内尚无此类机构或单位，仅靠企业自发地进行环保工程。因此，建立相关机构进行专业化印刷环保工程体系设计，具有以下优点：

1．指明印刷发展方向。印刷环保工程设计机构拥有国内印刷行业专家、研究与设计人员，依据丰富的行业资源与咨讯、精湛的专业知识与多年的从业经验，根据国内外重大方针与政策快速抓住行业的发展动向，不仅可为印刷行业发展指明道路，而且也为绿色印刷实施提供可行措施。

2．个性化服务。我国印刷企业多，企业类型各异。印刷企业可能为了实施某项环保工程到处寻找专业研究与设计人员，但常规的、不在印刷界从业的研发或设计人员很难研发与设计出适合印刷企业的环保工程项目，不仅成本高，而且难以达到满意效果。印刷环保工程设计可以根据印企的自身特点量身定制个性化的环保解决方案，得到最佳的环保效果，可有效降低企业投入。

3．减少重复建设，避免浪费。虽然每家印刷企业都是个性化的个体，但是存在相同的节能减排、降低生产成本的共性。同样的印刷环保工程经过试用后，通过优化设计可以有效避免以前工程中出现的问题，发挥已有环保的优势，扬长避短，使环保效果达到最佳状态，避免了企业自己进行坏保工程时的无序状态，也解决了前期投资大、风险高、环保效果不好、重复建设与浪费等问题。成功的环保工程设计更容易进行推广，有助于绿色印刷的发展。

印刷环保工程体系设计的诸多优点，为企业降低成本，实施绿色印刷提供可行途径。

二、印刷环保工程系统构架

印刷环保工程系统设计要从技术系统、材料系统、设备系统、管理系统、认证建设系统等方面展开。

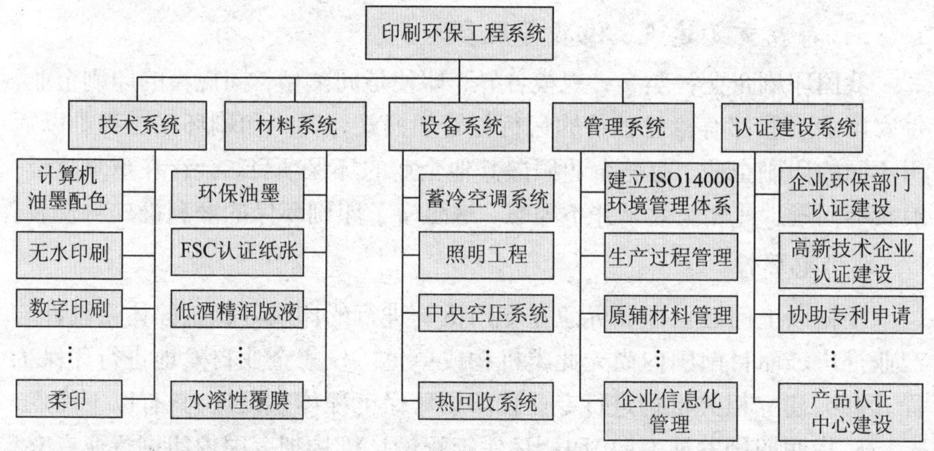

1．技术系统

传统印刷技术与工艺是造成环境污染的重要源头，高新印刷科技的发展不仅改变了传统的印刷方式，而且为降低环境污染提供了可行途径。比如，传统印刷通过印版将原稿信息转移到承印物上，印版的制作不仅需要大量的水、铝材等自然资源，而且产生大量的废水、固体废弃物。发展迅速的数码印刷技术不需制版，不仅减少印刷工序提高生产效率，而且可以有效避免版材生产带来的环境污染问题。又如，传统胶印要先给印版上润版液，然后再给印版上墨，根据油水相斥的原理进行印刷。这不仅消耗大量水、化学原料，并产生废液、废气，对人体有害，污染环境。无水胶印使用斥墨的硅橡胶层作为印版的空白部分，使用特殊油墨，在一定的温度下实现印刷。该技术在不采用润版液的条件下更容易获得高保真印品，不仅提高了产品质量而且减少了印刷过程中的挥发性有机物排放。因此，印刷环保技术系统是实现绿色印刷重要途径之一，也是印刷环保工程系统的重要组成部分。

印刷环保技术系统是通过研究与开发最新的，包含印前、印刷和印后各方面的最新绿色印刷科技，如计算机油墨配色、数字印刷、无水胶印、柔性版印刷等技术。根据不同企业的特色与需求，研发有助于其印刷生产的新型绿色印刷技术，与企业共建或协作建立相应的技术中心，为印刷环保工程提供技术保障。

2．管理系统

高效合理的管理系统是印刷企业提高生产效率，降低资源浪费，实现印刷环保的有效途径之一。先进的管理方式，良好的操作习惯可以培养企业与员工良好的环保意识，在平时生产与管理过程中注重节约资源，降低能耗，间接为企业带来经济效益。

建立环保管理系统，围绕环保的要求展开环境管理。管理的内容包括制定环境方针、实施并实现环境方针所要求的相关内容、对环境方针的实施情况与实现程度进行评审并予以保持等。

环境管理所涉及的管理要素包括组织结构、计划活动、职责、惯例、程序、过程和资源等，将企业生产管理、人事管理、财务管理等系统化、结构化。环保管理系统模式由规划、实施、检查和改进等构成，即规划出管理活动要达到的目的和遵循的原则；在实施阶段实现目标并在实施过程中体现以上工作原则；检查和发现问题，及时采取纠正措施，以保证实施与实现过程不会偏离原有目标与原则，实现过程与结果的改进提高。

（1）环境审核：按照环保的要求进行审核，按照ISO14001建立环境管理系统，环境管理手册、程序文件及作业文件齐全。

（2）生产过程管理：实现生产装置密闭化，生产线或生产单元安装计量统计装置，实现连续化显示统计，对油墨耗量、纸张耗量、水耗、能耗考核，实现生产过程自动化，生产车间整洁，杜绝跑、冒、滴、漏现象，有健全的纸张管理制度。

（3）纸张使用管理：准确的检验计量手段和完整的原始记录，能做到正确计算和考核纸张消耗及节约；印刷书刊用纸按出版社发印、发装通知单规定的用纸和加放量，在确保产品质量和数量无缺的前提下节约各种纸张；节约的纸张要定期验收入库；应用信息化软件，对生产中裁切掉的纸张余料进行做账，方便利用。

(4) 原辅材料管理：要求提供的原辅材料，对人体健康没有任何损害，并在生长和生产过程中对生态环境没有负面影响的证明；要求提供绿色环保型油墨，减少环境的污染；要求提供再生纸；纸张来源应符合森林管理委员会（FSC）要求。

3．材料系统

相对于传统的印刷材料，新型印刷环保材料不仅具有良好的环保效果，较低的VOC排放，节约自然资源与能源，同时有效提高印品质量，降低企业生产成本。因此，印刷环保材料系统也是印刷环保工程系统中不可或缺的重要组成。常用的印刷材料主要有油墨、版材和纸张等几种。

印刷工业中油墨必不可少，且使用量很大，但对人体健康和环境的危害也最为严重，主要有以下危害：1. 重金属污染：重金属存在于油墨的颜料和助剂中，尽管现在大部分的油墨都已经降低了重金属含量，但目前还用铬黄、铬红来制造油墨。2. 芳香烃溶剂会伴随油墨的干燥挥发到空气中，不仅污染空气，还会对危害人的身体健康。3. 挥发性有机化合物（VOC）会伴随油墨干燥而挥发，从而污染空气。为了减少油墨对环境及人类的影响，研制及推行无污染的新型油墨是大势所趋。要使油墨符合环保要求，首先应采用环保型材料配制的新型油墨。在油墨的生产和研制工作中，在低VOC排放的前提下，油墨配方和干燥系统已有了很大的改进，目前比较普遍的环保型油墨主要有水性油墨、UV油墨和植物基油墨等。

印刷版材在制版机上曝光成像后都要经历化学显影和清水漂洗等处理过程，消耗大量的化学显影液和清水，免处理CTP版材则可免去或简化这个过程，只产生极少量或者不产生废液，将CTP制版工艺简化，实现印前制版的绿色生产。免处理版材减少制版废液，省去了显影液和显影设备的成本，其使用成本不会高于传统版材的使用成本，在一些对废液排放要求严格的地方，免处理版材因为降低了废液排放的支出还会低于传统版材的使用成本。目前，免处理版材主要有完全免处理版材，在机显影的免处理版材和免化学处理版材。

纸张是印刷过程中消耗量最大的原材料，而纸张也是森林砍伐的主要原因之一。采用森林管理委员会FSC（Forest Stewardship Council）或森林认证体系认证计划PEFC（Programme for the Endorsement of Forest Certification Schemes）认证的纸张或其他合适的再造纸，以减低对环境资源的损耗。对印刷包装企业来说，能从FSC认证中得到的最大好处是可以对风险进行控制。纸张供应链中所有环节的环保性能都将得到保证，不但在环保和社会责任方面保持领先，而且产品价格高于传统产品。目前，FSC/PEFC 纸张比一般纸张约贵 5%，且中国本地来源比较少，考虑成本，目前尚不具备把该种纸的使用推广至全部客户。但这种纸张使用有不断上升的趋势，受到越来越多客户的接受。其他环保型的纸张如轻型纸、再生纸同样也是绿色印刷发展的方向。

建立印刷环保材料系统，根据企业自身特点，研发与使用新型环保材料，将有助于企业实现绿色印刷，提高市场竞争力。

4．设备系统

我国印刷企业存在能源消耗大，资源浪费多的环境问题。但大多数印企属于中小企业，往往资金不够雄厚，在企业建设初期大多以满足生产为考虑，并未充分考虑用于节能降耗的设备，尽管生产阶段注重节省成本，但节能降耗的经济效益并不明显，影响企业继续投资意愿。

印刷企业中普遍存在合理用电、热回用、设备供气以及油墨使用等问题。很多用电紧张的地区，用电低谷期和高峰期，电费相差 40%~60%。夜间蓄冷空调合理利用电能，在低电价的夜间，采用电动制冷机制冷，蓄冷介质将冷量储存起来。在高电价的白天，即用电高峰期，把蓄冷介质储存的冷量释放出来，以满足印刷生产工艺的需要，降低生产成本。另外，印刷生产过程中产生的高温废气（温度约为 400℃），可利用其将冷水加热至约 55℃的热水，供员工宿舍、车间及办公室使用。在热风出口处安装热交换器，对抽入的冷空气进行预热，提供热水予厂房使用，把废热加以利用，可节省燃料用量达 14.5%。传统印刷厂采用人工加墨方式既费力气又易产生墨皮（氧化结膜），墨桶内残留物多，废弃墨桶无法处理，会带来严重污染。原始的加墨方法与现代化的印刷业发展不相适应。集中供墨系统把油墨集中处理，具有生产效率高，节约油墨与环保，降低劳动强度，投资少、回报快等优点在报业印刷、商业印刷等领域已经得到了初步普及，书刊印刷、包装印刷领域正在逐步被接受。

因此，实施印刷环保设备系统，帮助印刷企业合理规划环保设备，通过现有设备改造与更新，可有效帮助企业节能减排，减少能源消耗，提高经济效益，实现经济与社会效益双赢。

5．认证建设系统

随着社会的发展和客户对印企资质要求的逐步提高，具有环保资格的高新技术企业在市场上具有更强的竞争力，也能满足客户提出的各种苛刻要求。企业受到各方面资源与信息的限制，若不能及时快速抓住国家政策导向与市场趋势，没有及时获得相关的资历与资格认证，将丧失领先市场的良机，不利于企业的可持续发展。建立印刷环保认证建设系统，有助于激发企业创新力，帮助企业提升自我，在激烈的市场竞争中保持领先优势。

认证建设系统包含了帮助企业进行高新技术企业认证，发现与申报企业在生产与管理过程中自主创新的技术，协助或共同申请相关专利；帮助进行企业环保认证与建设，使企业生产与管理的硬件与软件指标均满足环保部门的要求，推进环保型企业认证部门的建设和环保企业的申报工作；帮助企业建立国际产品认证，将产品推向国际化市场，为企业提供更广阔的市场，不仅有助于企业提高自身生产品质，而且提高了企业全球化竞争能力。

三、印刷环保工程系统设计

印刷环保工程系统设计的主要工作任务

以上印刷环保工程系统构架是印刷环保工程的基本结构，有助于企业从以上五个方面进行印刷环保工程的系统化和产业化建设，有助于降低企业投入成本，利于印刷环保工程的推广。印刷工程系统设计具体实施要从以下方面入手：

(1) 建立印刷环保系统设计研究室

国内尚无专门机构或单位对印刷环保工程进行系统设计与产业化推广，而仅靠企业自身系统地进行环保工程存在诸多问题。因此，建立专门的印刷环保工程系统设计研究室，为企业提供印刷环保工程设计势在必行。通过该研究室的建设，不仅有助于印刷环保工程的系统化和产业化建设，而且可以有效降低成本，利于印刷环保工程的推广。研究室的建设包括以下几个方面：

a. 印刷环保工程系统设计基地建设：建立研究室使用与办公场地，根据印刷环保工作要求，建立相关的规章与管理制度，确保印刷环保系统设计研究室正常开展工作；购买必要的印刷环保相关仪器设备，为以后研发与设计提供必要实施手段；

b. 印刷环保工程系统研发方面，形成一套完整全面的支撑绿色印刷的环保系统，从绿色印刷、工程设计、技术应用等多个层面，为印刷企业各个环节和细节的方案设计、技术改造与产业升级的支撑技术系统与环保工程解决方案；

c. 科研队伍与成果转化方面，围绕印刷环保相关技术，建设研究方向明显、特色鲜明、紧密联系企业生产、技术应用为主的科研梯队，积极承担国家级或省部级相关科研项目，解决企业急需的印刷环保方面的关键技术，积极申请国家发明专利，加速科研成果转化；

d．交流合作方面，密切联系国内外的相关科研机构和印刷包装生产企业的清洁生产方案，提高本项目的产业化科研实力和影响力。

(2) 建立相关的印刷环保工程系统

研究新型绿色印刷科技，建立与时俱进的印刷环保系统，为印刷企业提供绿色印刷前沿科技信息与可行的实用技术方案以及服务。系统涵盖了新型绿色印刷材料（如环保油墨、低酒精润版液、轻型纸、可降解材料、环保胶黏剂等）、环保印刷技术（屏幕软打样、无水胶印等）以及环保设备（集中供气、蓄冷空调等）等方面的内容，为企业提供印前、印刷与印后等各方面的环保与节能减排技术，包括各种废液的循环利用与综合处理、废气处理及余热回收等，印刷车间节能改造设计，印刷企业的信息化建设，以及印刷企业产生的各种废弃物的在线监测监控；从而实现为大多数印刷企业提供整个印刷过程中可行的环保服务。

(3) 建立印刷环保工程设计数据库

a．深入了解印企现状，分析与研究企业现存的环保问题；

b．根据印企自身特点，进行环保工程设计与核算，给出合适印企的环保解决方案，建立通用化模板；

c．解决印企印刷环保问题，做成示范工程，推广示范企业；

d．总结验证环保工程中的问题，建立专门的环保工程设计库，建立合适的印刷环保工程系统；为实施上述工作，开展以下内容：

- 总结已有成功经验；
- 优化设计，达到性能价格最佳方案；
- 编制绿色印刷经典改造工程系统，设计参考手册，供用户选用；
- 吸收绿色印刷最新技术成果；
- 加强技术指导和咨询服务完善设计实施方案；
- 组织典型示范工程，加快应用推广。

e．针对不同的印企，根据以上建立的环保工程设计库，按照用户需求提供个性化咨询指导与设计服务；

下面通过某 PS 版生产厂家的酸处理液在线更新技术说明印刷环保工程系统设计的思路。PS 版生产过程中产生大量高浓度的老化酸液，直接排放酸处理液会造成严重的环境污染。但由于该企业缺乏化工与环保方面的专业人员，也不知投入资金多少以及收益如何，排污问题一直无法有效解决。采用印刷环保系统设计方法可以有效、低成本解决该问题。首先了解该企业废液排放现状，通过核算得知该企业年排放硫酸氧化老化液（硫酸浓度14%）1 500m^3。根据其生产线长期运行不停机的特点，设计出专门的环保方案——酸处理液在线更新，解决其处理液排放问题。采用膜分离设备对生产过程中使用的酸液（包括酸氧化液和电解液）进行处理，实现酸处理液的在线更新。采用该方案每年可以节约200多吨的硫酸（98%）和350多吨的液碱（45%），为企业节省额外支付的排污费、废渣处理费等。将酸处理液在线更新技术进行修改，通过相关设备、工艺与技术的改进，建立成通用“模板”技术——处理液更新技术。处理液更新技术不仅适用于该PS版生产厂，还可适用于其他印刷以及版材生产企业。因此，印刷环保工程系统设计将减少企业的投资成本与风险，也为实施与推广环保技术带来便利。

(4) 重点样板工程建设与推广

针对不同层次、不同时期、不同地区、不同类型（如包装、书刊、印刷等）的印刷企业展开有针对性的重点样板工程建设，将多家知名印刷企业打造成为具有示范作用的多个“绿色印刷”环保工程基地，提高企业的科研技术水平和自主创新能力，为推动我国印刷业的“绿色发展与低碳发展”起到示范和带头作用，解决当前我国印刷企业生产过程中存在的高能耗、大排放、重污染等问题，实现企业节能减排、低碳发展和清洁生产。

第五部分　绿色印刷示范工程建设计划的研究（绿色印刷示范工程建设方案）

配合《实施绿色印刷战略合作协议》以及印刷业“十二五”发展规划的逐步贯彻实施，在推动我国印刷业产业结构调整与发展方式转变、推动行业发展与经济社会发展相适应，创新探索印刷业在环保领域的拓展方式与途径的过程中，建设绿色印刷示范工程是充分发挥行业龙头企业对国家发展战略布局的促进作用的重要举措。

一、建设绿色印刷示范企业的必要性

(一) 建设绿色印刷示范企业有利于带动行业整体升级转型

截止到“十一五”期间，我国印刷业一直保持了持续快速发展。据有关数据统计，“十一五”末我国印刷总产值超过“十五”期间的两倍，位居全球第二位，我国已经成为全球重要的印刷加工基地。与此同时，我国印刷业产业集约化程度较低、自主创新能力后劲不足、新兴市场开拓能力不强、行业整体素质不高、管理水平偏低等问题造成了印刷行业产生大量的能耗与资源浪费，制约着我国印刷业的未来发展。

我国“十二五”印刷业发展规划的重要目标是从印刷大国发展为印刷强国。而印刷强国的内涵之一就包括实现绿色印刷，使我国的绿色印刷产值在印刷业总产值中所占的比例有一个大的提高，要实现这一目标就离不开全行业的绿色转型。行业龙头企业是产业经济的重要支撑，也是行业转型升级的排头兵。示范企业在规模、技术、人才、管理、资源等方面的优势决定了其有能力培育和壮大具有高度成长性的创新项目，并最终实现对原有产业的替代，从而对整个行业的转型升级方式和方向提供指引与借鉴。

(二) 建设绿色印刷示范企业有利于环保新技术的创新与普及

绿色印刷是全球印刷业的大势所趋，也是一项复杂的系统工程和技术工程，根据我国已颁布的《环境标志产品技术要求 印刷 第一部分平版印刷》来看，印刷要实现绿色化，包括了印刷过程、生产环境、印刷成品等的环保性，也对众多繁杂的原辅材料、机器设备、印刷方式、操作技术等方面提出了更高的要求。

示范企业的作用就在于通过率先研发、实践新技术与新成果，积累经验、发现问题，从而助推其在更多企业中的应用，缩短环保新技术在市场上的推广期。

(三) 建设绿色印刷示范企业有利于优化行业区域发展布局

我国已形成了三个各具特色的印刷产业带，这三大产业带充分利用自身资源，借势发展，分工合理，特色鲜明，优势互补，促进了我国印刷业协调发展，也将成为推动我国实现绿色印刷的重要力量。

围绕我国新闻出版业与印刷业的发展战略布局、结构调整方向、区域产业协调重点，建立绿色印刷企业示范基地，能够有目的、有步骤、有重点地对行业优势资源进行再配置，并协调推动绿色印刷产业化发展的配套工业与设施建设，在满足国家重点经济区域、产业、企业不断涌现的专业服务需要的同时，优化印刷产业区域发展的总体布局。

(四) 建设绿色印刷示范企业有利于拓展与创新环保业务领域

随着各行各业对绿色环保要求的日益重视与提高，传统印刷业在面对挑战的同时也迎来了更新业务领域的全新机遇。环保型印刷产品的开发、服务与市场拓展正成为行业的新课题。

通过创建绿色印刷示范企业，有目的、有重点地推动调整服务结构、拓展环保业务、提高服务产品的价值含量，培育一批能够提供特殊领域、高端需求、高技术含量、高附加值的绿色印刷企业群体，也是探索加速专业集群产业化发展和行业发展转型升级的新路径。

（五）建设绿色印刷示范企业有利于提升与探索行业服务功能

作为信息服务业的重要组成部分，印刷业一直是新闻出版链条上的重要环节，对新闻出版业发挥着重要的支持性服务功能，而随着印刷产业链条的不断延伸，印刷业对社会不同经济领域行业的服务方式与服务功能也日渐增多，绿色印刷的推进也为印刷企业的服务范围、服务方式与功能整合提出更多新的挑战。通过建立绿色印刷示范企业，能够集中优势资源，构建印刷企业之间、协会与政府（部门）、相关行业组织、上下游企业等多方的合作平台，共同探索、开拓、应用与推广绿色印刷带来的全新服务功能，从而强化印刷行业在社会经济发展中的服务职能。

二、建设绿色印刷示范企业的基本原则

（一）鉴于我国印刷业发展的区域性不平衡，建设绿色印刷示范企业应根据不同地区印刷业经济发展水平确定示范企业的产业规模、生产效益与节能环保指标等具体参数。

（二）根据业务主营方向的不同，绿色印刷示范企业可分为出版物类印刷企业、包装类印刷企业、其他印刷企业等；

以科学发展观为指导，实行统一部署、分类推进，因地制宜、注重实效；

（三）实行企业或机构自主申报机制，政府与行业协会严格遵循公开公正公平的原则组织评审；

（四）聚焦环保产业与绿色印刷的相关领域，优先扶持具有创新特点的对象；

（五）健全退出机制，激励示范企业不断创新，促进其长期健康有序发展。

三、绿色印刷示范企业应具备的基本条件

绿色印刷是一项复杂的系统工程，涉及多种前沿学科，是当代许多先进技术的系统集成，而我国印刷企业数量众多，企业环保水平参差不齐，企业之间的差距很大，很难用单项工程或个别企业的环保典型经验全面覆盖，有必要针对行业情况，根据不同类型企业研究建设绿色印刷示范工程项目。

（一）企业环境、印刷产品符合相关绿色印刷标准要求，3年内未出现不合格印刷产品

（二）社会效益和经济效益显著；具备符合企业规模发展要求的相应物理空间；有清晰、具体和可操作的中长期发展规划；功能定位明确，产业特色鲜明，具有一定的品牌影响力，在同行业中具有核心竞争能力；具有较强的技术创新能力与人才队伍

（三）印刷用原辅材料须达到环保要求

印刷用原辅材料包括纸张、油墨、胶片、上光油、定影液和显影液、印版、橡皮布、胶纸带、喷粉、润滑油、胶黏剂、装帧材料等，《环境标志产品技术要求 印刷 第一部分平版印刷》中已明确了以上材料应该达到的环保要求，在具体使用、回收与评测过程中，绿色印刷示范企业应严格遵守相关要求。

控制原材料的质量，要从源头做起。采用经过FSC认证的纸张、脱氯脱酸及脱木质素纸张、植物油基油墨、大豆油墨、无水胶印油墨、无水印刷版材、水性覆膜胶和水性光油、低挥发性洗车水、植物类喷粉等环保型材料。行业内已有不少企业早在几年前就进行了尝试，如金杯印刷有限公司早在1992年就开始全面使用植物油基油墨，所使用的环保纸张已占其同类材料总量的80%以上；中华商务印刷公司在深圳、北京、上海共10台轮转机和50余台平张印刷机每年使用的2 000吨油墨都是大豆油墨等，2005年开始就使用环保洗车水代替了煤油，2006年开始用环保清洁剂代替了白汽油。

（四）采用环保型印刷设备与环保印刷技术

作为绿色印刷示范企业，其拥有的关键生产设备应居行业先进水平，拥有多色高速、自动、联动等先进技术设备，或者在数字印刷、柔性版印刷、印刷设备数字化自动控制、数字化工作流程等方面具有较强实力。印刷设备是进行印刷生产的前提，在环保的大前提下，淘汰落后的机器设备是印刷企业实现产能升级与环保生产的必经之路。随着印刷技术的快速发展，国内外各大设备供应商都在积极朝着环保节能的方向改进设备，从印前、印刷到印后，从软件到硬件，环保设备与技术的发展日新月异，并在很多印刷企业中得到了应用与推广。

根据调查所得，其中包括通过引入计算机直接制版系统（CTP）节省胶片，减少废液排放；对现有印刷设备进行改造升级，如在轮转印刷机上采用湿布清洗滚筒技术，在印刷机上安装特殊的续纸飞达和裁切装置提升环保效能；有条件的企业选择直接投资节能型印刷机，如以双面印刷替代以往的单面设备；采用无水印刷方式省去传统印刷中必需的润版液，减少挥发性有机化合物的排放；采用软打样和数码替代传统打样；采用黑色预调和水/墨快速调节装置来缩短调节时间；优化调节烘干装置来减少能耗；采用中央供墨系统减少油墨消耗；采用自动化色彩控制工具来减少废张；应用数字化、标准化工作流程来控制生产，减少中间环节，从而减少浪费；优化印后设备与工艺，从而提高材料利用率，减少废料等。

印刷设备与技术的改造与升级是一个不断持续的过程，也是印刷企业的长期工作，任何一个细节的改进都应引起企业的重视其成效直接决定了企业的节能空间，目前在行业内已有不少成功的经验。如根据中华商务的统计，CTP设备的使用可有效减少废液排放量多达96%；其深圳公司平张印刷车间自使用中央供墨系统后，年减少油墨损失7%～8%，每年可节省20万个金属油墨罐。金杯印刷在使用CTP技术的同时，通过留版措施实现印版的重复使用，同时积极参与研发纳米材料绿色制版技术。他们的经验与方向均可为同行借鉴。

（五）全面推行节能减排

除了印刷过程，绿色印刷示范企业应将节能减排贯穿于企业日常生产管理的方方面面。根据对部分企业的实际调研，目前印刷企业在节能减排方面的改进举措主要集中在包括厂房在内的辅助设施，对废水、废液、废气、废纸、废热等形成循环利用系统，以及对废弃物的回收与再利用上。

如将厂房内所有照明灯管更换为T5节能灯或LED节能灯，据悉每年可节省电费数十万元；在印刷机上安装辅助的喷粉回收装置以使喷粉得以循环利用；增加润版液回收过滤系统，延长润版液更换时间以减少VOC排放；增加二次燃烧烘干系统，经二次燃烧的气体可直接排放到大气中；在机台上加装排风管道，在排风口安装活性碳装置以吸附过滤VOC；将燃油叉车改为电瓶叉车；采用中央空压系统、中央真空泵及中央鼓风系统等，以减少材料和能源的浪费。

为了充分利用和再利用水、电、气自然能源，有些企业投入使用了一系列先进的配套处理系统。如金杯印刷公司安装了中央太阳能热水系统来供应热水，同时建立污水处理站对污水进行循环再利用；中华商务印刷先后建立了废烟气热水系统、废烟气空调系统对轮转机废烟气余热形成再利用，建立太阳能配空气能热水系统达到节能目标，通过改造空调机组减少空气污染，引入控温式汽化器，利用环境温度对液态石油气进行气化从而节约能源等；鹤山雅图仕则采用了厂房综合节电系统、发电并网切换系统、实时能耗监控系统、冰蓄冷中央空调系统等。从实践效果来看，以上辅助系统的投入均对改善环境、节约能源产生了积极的作用。

废弃物的回收与再利用则应涵盖废纸、化学废料、生活垃圾、生产辅料以及各类边角废料等，其回收应由供应商或有资质的回收商处理，建立统一的收集与分类标准。

（六）创新环保管理模式

拥有现代化与环保性的管理手段与管理制度也是绿色印刷示范企业的必备条件之一。生产与管理是企业经营的两大重点，有效的管理手段能够保证生产的顺利运行。先进的环保设备、技术、设施也需要现代化的管理来配合才能充分发挥出应有的作用。

在制度上，企业应建立健全能耗考核与监督机制，如上海烟印在制定管理目标时，明确提出能源消耗必须达到的指标，由相关职能部门将指标分解到各主要职能部门，并制定实现指标的各项管理措施和管理方案，定时公布各部门能源消耗情况，对消耗异常情况和浪费现象进行预警通知、督促整改及相应处罚，从管理上保证了能源的合理消耗。

在管理工具方面，企业应充分利用数字化、网络化的现代化管理手段，推进能源管理的精细化。如鹤山雅图仕印刷有限公司，将IT技术全面引入企业信息管理、生产流程管理、物料追踪管理及办公管理，通过应用射频识别（RFID）传感科技、无线车间物联网、产品安全及物料追踪、二维智能库存等技术实现资源安排的标准化、合理化，通过建立绿色数据中心，将物理服务器硬件与应用程序转移到虚拟环境运行，减少服务器数量，降低能耗及碳排放，据悉，该项目每年可节约电能18.392 6万千瓦、减少碳排放96吨。

四、绿色印刷示范企业应承担的责任

（一）承担绿色印刷技术有关项目的研究开发与应用工作；

（二）开展与绿色印刷相关的环保技术、环保材料、环保工艺等方面的试验验证工作；

（三）发挥“示范效应”，持续推进新技术的应用与节能减排工作，建立各具特色的示范项目或示范工程以供同行借鉴学习；

（四）积极开展与绿色印刷相关的行业宣传教育活动，帮助提升行业整体环保意识；

（五）作为我国印刷行业开展绿色印刷成果的典型代表，积极开展对外交流与合作，促进我国绿色印刷工程与国际接轨。

五、绿色印刷示范企业的申报、认定与推进措施

（一）申报企业应据实提供有关申报材料，包括企业资质相关证明与环保测评报告，以及新产品或新技术证明材料、专利技术材料或其他相关证明材料。

（二）申报企业将有关材料交由相关行业协会或政府部门按本方案的认定条件进行初审，对符合条件的，签署初审意见后将材料报送上一级审核部门。

（三）组织专家、学者、政府相关部门代表组成专家评审委员会或委托专业机构对申报单位进行现场考察，由评审委员会或专业机构出具评审意见。

（四）根据评审意见和申报材料对申报单位进行终审，评定示范企业。评审结果在主要媒体上公示，同时颁发示范企业认定证书并授予称号。

（五）建立示范企业档案与示范企业年度考核机制，采用书面考核与现场考核相结合的方式，各示范企业每年或定期提供上一年度运营发展翔实材料以供考核与备案。

（六）每年依据示范基地日常工作情况、年度发展情况和考察复审结果等，对有突出表现的示范基地予以表彰和奖励。

（七）经过认定的绿色印刷示范企业建议在资金扶持、人才引进、平台支持、宣传推广、政策试点等方面享受优惠政策。

六、建设绿色印刷示范企业的规划

为了充分发挥典型示范的效果，积极促进印刷行业实现节能减排，引导我国印刷产业加快转型和升级，保障印刷业“十二五”发展规划的贯彻实施，实现到“十二五”期末，基本建立绿色印刷环保体系的目标，建设绿色印刷示范企业应确定阶段性目标，争取到“十二五”期末，实现100家至200家的总体目标。

（一）分阶段实施，第一阶段到2012年末实现首批20家的目标

首先，以首批获得绿色印刷环境标志产品认证的60家企业为基础，

以出版物类印刷企业为重点，同时兼顾包装类印刷企业、其他印刷企业，根据不同地区印刷业以及经济发展水平的差异，确定示范企业的产业规模、生产效益与节能环保指标等具体参数，在此基础上，到2012年末完成全国20家绿色印刷示范企业的建设任务。

（二）以教材印刷为重点，向票据票证、食品药品包装印刷等领域推广

围绕中小学教科书绿色印刷全覆盖这项工作重点，结合企业针对中小学教科书率先进行绿色印刷转型改造的任务，鼓励有条件的地区和骨干印刷企业积极创建绿色印刷示范企业。与此同时，积极推动包装印刷、其他印刷领域的绿色印刷示范企业建设工作，逐步在从事票据票证印刷、膨化食品包装印刷、软饮料包装印刷、药品包装印刷的企业中建设一批绿色印刷示范企业，力争到“十二五”期末，实现创建100家至200家绿色印刷示范企业的目标。

（三）建议由新闻出版总署为绿色印刷示范企业授牌

绿色印刷的实现，必须依靠政府部门的强有力推动，绿色印刷示范企业的建设同样需要政府部门大力支持，为了更好地发挥典型示范、典型引路的作用，建议由新闻出版总署分批次为绿色印刷示范企业授牌，大力宣传推广。

第六部分　绿色印刷推广应用实施路线图计划

2010年9月，新闻出版总署与环境保护部签署了《关于实施绿色印刷战略》的协议，这标志着我国绿色印刷进入了具体实施阶段。新闻出版总署制定的《印刷业发展“十二五”规划》也提出大力推动绿色印刷，引导印刷产业实施绿色环保战略转型。尽快完善印刷低端落后产能淘汰退出机制，全面推动我国印刷业产业结构调整与发展方式转变，加快我国由印刷大国向印刷强国迈进的步伐，是摆在我们面前的迫切任务。

为此，新闻出版总署发起实施印刷行业绿色印刷推广应用实施路线图计划（以下简称“路线图计划”）。该计划是总署优化创新企业环境，推进环保型印刷企业又好又快发展的一项重要工程。按照印刷业发展“十二五”规划的要求，到“十二五”期末，基本建立绿色环保印刷体系。实现这个目标必须遵循科学发展的要求，采取扎实措施，态度既要积极，又不能操之过急，必须研究制订实施绿色印刷科学的“路线图计划”，努力做到标本兼治、典型示范、以点带面、稳步推进。

一、指导思想和发展目标

(一) 指导思想

认真贯彻党的十七大、十七届五中全会精神，深入学习实践科学发展观，坚持“以人为本”的宗旨，本着“全面推进、重点突破、创新机制、加强监管”的原则，通过在印刷行业实施绿色印刷战略，促进印刷行业发展方式的转变，加快建设印刷强国，推动生态文明、环境友好型社会建设。

(二) 发展目标

通过在印刷行业实施绿色印刷战略，到“十二五”期末，基本建立绿色印刷环保体系，印刷产品的环保指标达到国际先进水平，淘汰一批落后的印刷工艺、技术和产能，促进印刷行业实现节能减排，引导我国印刷产业加快转型和升级。

二、主要内容

(一) 标准先行

建立和完善绿色印刷标准、检测以及认证体系，力争3年内完成。

绿色印刷标准是实施绿色印刷、评价绿色印刷成果的技术依据，绿色印刷标准由环境保护部和新闻出版总署共同组织制定，由环境保护部以国家环境保护标准《环境标志产品技术要求 印刷》的形式发布。绿色印刷标准对印前、印刷和印后过程的资源节约、能耗降低、污染物排放、回收利用等方面以及使用的原辅材料提出相关要求，特别是针对印刷产品中的重金属和挥发性有机化合物等危害人体健康的有毒有害物质提出控制要求。

印刷业的环保工程既应包括印刷产品本身的环保性，也要涵盖印刷企业作为加工制造企业应该承担的保护环境的社会责任，因此建立印刷环保标准体系要包括绿色印刷产品标准和绿色印刷企业标准两方面内容。目前，环境保护部已经颁布了《环境标志产品技术要求 印刷 第一部分 平版印刷》这一绿色印刷产品标准，其他部分包括《凹版印刷》、《柔性版印刷》、《丝网印刷》、《数字印刷》也将在未来3年内陆续颁布。同时，要尽快建立绿色印刷企业标准体系与认定制度，旨在检验从事印刷加工服务的工厂与企业是否关注环境保护并积极投身于环境减负，通过对企业的体制、管理与系统进行完善，从而长期有效地推进企业的努力成果，培养出更多的绿色印刷企业。应当由政府主管部门或其授权的行业权威机构负责组织实施。

目前我国有10万多家印刷企业，这一数量庞大的企业群体要建立起

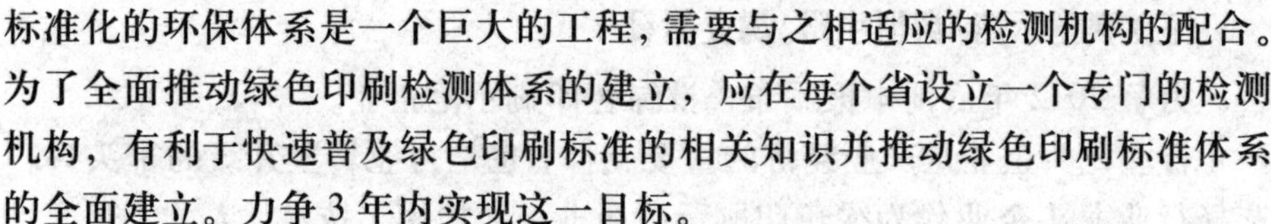

标准化的环保体系是一个巨大的工程，需要与之相适应的检测机构的配合。为了全面推动绿色印刷检测体系的建立，应在每个省设立一个专门的检测机构，有利于快速普及绿色印刷标准的相关知识并推动绿色印刷标准体系的全面建立。力争 3 年内实现这一目标。

（二）科技引领

大力发展数字印刷、柔性版印刷、无水印刷等环保印刷方式，全面提升绿色科技能力。

数字印刷是用数字信息代替传统的模拟信息，直接将数字图像信息转移到承印物上的印刷技术。它通过在机成像直接印刷，制版的过程直接在印刷机上完成，省略了中间的步骤（拼版、出片、晒版、装版），从计算机到印刷机是一个直接的过程，减少了在信息传递过程中很多不必要的损失，比传统的模拟印刷形式更能准确地完成图像和文字的复制，而且在操作中无须更换印版，也无须校版，大大加快了更换印刷作业的速度，提高了工作效率，是一种环保印刷方式。

柔性版印刷是包装常用的一种印刷方式，也是一种环保的印刷方式，其节能环保的特点主要表现在：可以广泛使用无毒、无残留溶剂、无环境污染的水性油墨；强大的后道加工能力，节约人工、时间，减少浪费，降低成本。

无水印刷是一种平版胶印技术，不使用传统平版胶印中所必需的润版液，而使用一种特殊的硅橡胶涂层印版、特殊油墨以及印刷机上一套严格的温度控制系统。在无水印刷中，印刷过程从使用异丙基乙醇或其他润版液的化学过程，变成了简单的机械过程。印刷操作者也不调节水墨平衡关系，所有的无水印刷系统必需的是一个温度范围——把油墨转移到印版上去，从而具有环保、印刷色彩饱和度好、承印范围广、印刷准备时间节省 40% 等多种优势。由于生产过程中不排放润版液等有害物质，大大减轻了环境的负担，同时也节省了各种费用，降低了污染。

加强当前对企业实施绿色印刷重点工程的扶持。新闻出版总署确定在 2010 年启动“数字印刷和印刷数字化”工程和“绿色环保印刷体系建设工程”，作为带动我国印刷产业战略转型升级的突破口，国家发改委于 2010 年 10 月对首次申报的“数字印刷和印刷数字化工程”、“绿色环保印刷体系建设工程”两大工程共计 10 个项目给予了 5 420 万元的资金扶持。从 2011 年开始，应加大此专项中对企业实施绿色印刷重点工程项目的支持力度，按照“印刷产业发展专项项目申报指南”的要求，做好今后一段时期内绿色印刷重点工程项目的申报、扶持工作。

（三）典型示范、典型引路、树立标杆

力争2012年底前申报颁布一批绿色印刷示范企业。

行业龙头企业是产业经济的重要支撑，也是行业转型升级的排头兵。选择行业龙头企业作为绿色印刷示范企业，在规模、技术、人才、管理、资源等方面的优势决定了其有能力培育和壮大具有高度成长性的创新项目，并最终实现对原有产业的替代，从而对整个行业的转型升级方式和方向提供指引与借鉴。不论是环保型材料、设备，还是绿色印刷方式，多属于当今世界印刷领域内的最新技术与创新成果，其成本与使用要求较高，而且由于缺乏相应经验，在短时间内也很难为大多数印刷企业所接受，对印刷企业构成了一定的技术性进入障碍。通过典型示范、典型引路，率先研发、实践新技术与新成果，积累经验、发现问题，从而助推其在更多企业中的应用，缩短环保新技术在市场上的推广期。计划于2012年底前申报颁布一批绿色印刷示范企业。

（四）从中小学教科书入手，继而在政府采购产品、票据票证、食品药品包装印刷领域逐步推开

优先开展中小学教材的绿色印刷工作，并逐步向政府采购印刷产品，票据票证、食品、药品等包装印刷领域推广。目前已先后在人民音乐出版社、人民美术出版社、人民教育出版社、北京师范大学出版社、教育科学出版社、上海教育出版社等多家出版社进行了试点，有100种教材采用环保材料（纸张、油墨、胶水等），印制了1 500多万册，涉及20余个省（自治区、直辖市）。同时，已有一批教材印刷企业通过了绿色印刷环境标志产品认证。

在加快推进中小学教材绿色印刷工作的同时，加强与相关政府部门沟通，逐步在政府采购印刷产品中实行绿色印刷，同时在票据票证、食品药品包装印刷领域逐步推广，力争3年全覆盖。

（五）加强分类指导

对中小学教科书、政府采购印刷产品、食品药品包装印刷企业加大印刷环保工程建设指导力度。

在总结已成熟的印刷环保系统工程设计开发与应用研究经验的基础上，将中小学教科书、政府采购印刷产品、票据票证、食品药品包装印刷企业的节能减排技术进行系统集成，借助《绿色印刷指导手册》，有针对性地优化以上企业印刷环保系统工程的设计方案、规范应用，从而更好地加强分类指导，保障工作进度的完成。

(六) 有序推广

全面有序地推进绿色印刷。通过印刷环保工程系统设计以及典型示范工作，促进绿色印刷有序推广。“十二五”期间实施绿色印刷的具体安排如下：

1．启动试点阶段

2011 年，在印刷全行业动员和部署实施绿色印刷工作。各地要深入学习和宣传国家环境保护标准《环境标志产品技术要求 印刷 第一部分 平版印刷》；有条件的地区和企业要针对青少年儿童紧密接触的印刷品特别是在中小学教科书上率先进行绿色印刷试点；鼓励骨干印刷企业积极申请绿色印刷认证。

2．深化拓展阶段

2012 年至 2013 年，在印刷全行业构筑绿色印刷框架。陆续制定和发布相关绿色印刷标准，逐步在票据票证、食品药品包装等领域推广绿色印刷；建立绿色印刷示范企业，出台绿色印刷的相关扶持政策；基本实现中小学教科书绿色印刷全覆盖，加快推进绿色印刷政府采购。

3．全面推进阶段

2014 年至 2015 年，在印刷全行业建立绿色印刷体系。完善绿色印刷标准；绿色印刷基本覆盖印刷产品类别，力争使绿色印刷企业数量占到我国印刷企业总数的 30%；淘汰一批落后的印刷工艺、技术和产能，促进印刷行业实现节能减排，引导我国印刷产业加快转型和升级。

三、保障措施

(一) 加强组织领导，形成促进绿色印刷发展的合力

为加强对实施绿色印刷工作的组织领导，新闻出版总署和环境保护部决定共同成立实施绿色印刷工作领导小组，负责统一领导实施工作，统筹协调有关部门，督促检查工作进展。领导小组组长由两部门主管副部级领导担任，日常工作由新闻出版总署印刷发行管理司和环境保护部科技标准司承担。

绿色印刷具体推进工作委托中国印刷技术协会和环保部环境发展中心联合组成“绿色印刷推进工作组”组织实施。

(1) 标准建设。环境发展中心主要负责该项工作，中国印刷技术协会进行协助，组织印刷行业环境标志标准的编制修订。

（2）行业推动。中国印刷技术协会主要负责该项工作，环境发展中心进行协助。中国印刷技术协会受新闻出版总署印刷发行管理司委托，协调各省（区、市）新闻出版局及地方印协形成全国范围内的绿色印刷行业推动联合体；受环境保护部和新闻出版总署委托，宣传贯彻印刷环境标志标准，引导印刷企业实施绿色印刷建设，组织为申办绿色印刷认证企业提供技术服务。

（3）环境标志产品认证。环境发展中心中环联合（北京）认证中心有限公司独立负责该项工作。职能是按照绿色印刷（环境标志产品技术要求）标准，根据企业申请和技术服务推荐，进行文件审查、现场检查、产品检验和技术评审等工作。中国印刷技术协会提供印刷专业培训和参与检查检验技术专家的支持。

（二）加大政府投入力度，提供资金保障

着手与有关部门研究出台实施绿色印刷战略的扶持政策，鼓励有关企业、科研机构和高等院校建立产学研相结合的实施绿色印刷新模式，提供专项资金对实施绿色印刷取得突出业绩的单位和企业进行奖励。各地也要根据自身的实际，研究出台对绿色印刷的扶持政策。

国家政府及相关主管部门对实施绿色印刷战略提供了政策支持。国务院日前印发了《国务院关于加强环境保护重点工作的意见》（国发〔2011〕35号），明确指出“鼓励使用环境标志、环保认证和绿色印刷产品”。这份文件着重指出了鼓励使用“绿色印刷产品”，其意义在于政府以后在采购印刷产品时，可以采取强制措施实施绿色印刷要求，强令必须在有绿色印刷环境标志产品认证资质的企业印制。针对实施绿色印刷后企业成本增加的问题，新闻出版总署将与财政部沟通，建议对获得绿色印刷环境标志产品认证的企业给予补贴。同时，组织实施绿色印刷的政府主管部门也会从发展资金、产业政策、管理措施、评选奖励等方面给予印刷企业、科研机构支持，鼓励其开拓实施绿色印刷的新模式。各省（区、市）新闻出版行政部门在保证文化安全的基础上，可以根据管理实际，在承印境外的印刷产品方面，适当简化获得绿色印刷环境标志产品认证企业的审批程序，提高审批效率。

（三）加大科研力度，加强人才培育，打造共享服务平台

结合绿色印刷标准，逐阶段分步骤地对相关行政主管部门、行业协会、企业人员和高等院校开展多层次、多种形式的教育培训工作，提高政府行政管理人员的监督管理能力，提高行业协会工作人员的指导协调能力，提

高检测机构和企业内部人员的技术保障能力，提高高等院校及科研机构的科学研究能力，增强全行业从业人员实施绿色印刷的理念。

政府主管部门、行业协会及印刷企业要加强绿色印刷理论和体系建设的研究，为实施绿色印刷战略提供思路参考和理论支撑，加强与高等院校、科研机构的合作，努力完成好“‘十二五’绿色印刷产业发展研究”课题和“科技部印刷产品 / 服务碳足迹评价方法”课题的研究，为行业实施绿色印刷战略提供技术路线参考思路和理论研究思路。共同协作大力实施素质工程、领军人才工程和高技能人才工程，加强对绿色印刷领导人才、管理人才、经营人才和专业技术人才的系统化专业化培训。同时，定期或不定期召开绿色印刷科研成果研讨会，对绿色印刷的科研成果、实施绿色印刷的新模式、绿色印刷新技术等进行交流和沟通，打造绿色印刷产业的共享服务平台，为绿色印刷技术的革新，印刷行业的发展以及实施绿色印刷战略的推广提供帮助。

(四) 创新方法，形成面向市场的绿色印刷企业筛选、评价和培育机制

在印刷买家对使用绿色环保工艺生产的印刷品日益关注的市场环境下，印刷企业要做大做强，印刷行业要取得突破，只有了解到国际国内印刷买家对印刷产品绿色环保的潜在需求，在市场机制中建立绿色印刷企业筛选、评价和培育机制，才能获得国际国内市场的主动性，拥有产品的核心竞争力，引领印刷产品市场的发展方向，形成可持续发展的态势。

企业筛选、评价和培育机制具体为：依据绿色印刷环境标志标准，国家主管部门从设备技术、材料选择、作业规范、印刷产品四个方面对印刷企业进行筛选、评价、分级。在初步筛选过程中把一些严重污染环境、通过培育机制也不能达到绿色印刷标准的企业通过市场规律淘汰出去，然后对筛选中的企业进行绿色印刷环境标志标准的评价，并根据综合指数予以分级，甲级企业完全符合绿色印刷环境标志标准，乙级企业部分方面符合绿色印刷环境标志标准，丙级通过企业技术、工艺等的调整升级可以达到绿色印刷环境标志标准。针对处于乙级和丙级的企业，制定时间表进行绿色印刷环境标志标准培训并提供技术帮助，协助他们达到绿色印刷的环境标志标准，逐步建立印刷行业的绿色环保体系。

(五) 广泛开展宣传教育活动，使绿色印刷理念深入人心

每年 11 月的第一周设定为“绿色印刷宣传周”。新闻出版总署、环境保护部、中国印刷技术协会以及各地印协在每年的“绿色印刷宣传周”期间会持续广泛开展绿色印刷宣传推广教育活动，大力宣传我国实施绿色印刷战略、推进绿色印刷的措施和成效，在普及绿色印刷知识的同时，提高全社会的绿色印刷意识。同时，加大力度引导印刷企业积极履行社会责任，推动节能环保体系建设，并统筹组织好“绿色印刷在中国”的系列活动。

绿色印刷已成为国家印刷业的发展战略，在宣传推广绿色印刷的过程中，要把绿色印刷发展理念作为一种观念、一种意识甚至是一种习惯，一种生活方式来进行推广宣传，进而形成一种文化的力量，推动绿色印刷战略的实施。各省（区、市）印协、高等院校、科研院所、印刷企业、新闻媒体要持续宣传和讲解绿色印刷相关知识和理念，让“环境友好”、“健康有益”这两个绿色印刷的核心内涵深入人心，让更多的人关注人类生存的发展环境，关心子孙后代的身体健康，让更多的企业实现环境效益和经济效益相接轨，企业的近期利益和国家的长远利益相结合，以实现环保事业和市场经济的双赢。

第七部分　研究结论与政策建议

推进绿色印刷战略的实施，是一项系统的、长期的、艰苦的、细致的工作任务。要发展绿色印刷产业，必须坚持“政府主导、部门联动、行业推动、多策并举”的方针，按照“先易后难、突出重点、整体推进、有序推广”的思路，鼓励创新发展，把各项基础工作扎实做好，才能取得积极成效。

一、加快建立符合我国印刷产业发展现状与方向的环保标准、检测和认证体系对于印刷业的绿色转型具有重要指导意义

绿色印刷标准是实施绿色印刷、评价绿色印刷成果的技术依据，实施绿色印刷工作的重要途径是在印刷行业开展绿色印刷环境标志产品认证。建立绿色印刷标准体系，要坚持“企业主体、服务引导、自主创新、国际接轨”的原则。建立印刷环保标准体系，要强调整体性，标准不宜太过复杂，要结合我国国情，分步、分级、突出重点。根据我国目前的情况，为了全面推动绿色印刷检测体系的建立，建议可以在每个省设立一个专门的检测机构，由政府或权威机构对具备标准检测资质的机构进行资质认可，获得认可的机构即可开展绿色印刷标准的宣贯、技术服务与检测工作，对于快速普及绿色印刷标准的相关知识并推动绿色印刷标准体系的全面建立将是一大助力。绿色印刷认证要按照“公平、公正和公开”原则进行，在自愿的原则下，鼓励具备条件的印刷企业申请绿色印刷认证。建议国家对获得绿色印刷认证的企业给予项目发展资金、产

业政策和管理措施等的扶持和倾斜。

二、绿色印刷需要标本兼治，发展绿色印刷高新技术是根本

关于发展绿色印刷新技术的政策、措施及建议如下。

1．继续推进产业化项目，发挥重大项目带动作用

坚持重大项目带动印刷产业发展及转型战略，继续推进“数字印刷与印刷数字化”和“绿色印刷环保体系建设工程”建设。每年推出一个重点领域的以产业链为主线，涉及技术、材料、装备、应用的系列产业化项目。

2．绿色印刷服务平台建设

建设绿色印刷检测平台，涉及印刷产品、材料、设备的检测中心，为绿色印刷的实施提供物质保障。

3．科研基地建设

技术创新是实现绿色印刷的保证。加强绿色印刷新技术、装备的研究基地建设。现有中国印刷科学技术研究院、北京绿色印刷包装产业技术研究院成为行业共性技术、装备研究基地。各地区印刷技术研究所重点对传统优势领域及区域需求开展技术攻关。鼓励大型企业与高校共建绿色印刷工程技术中心。

4．加强推广应用

为更好发挥高新技术对绿色印刷的推动作用，通过产业化项目应用示范的形式，推广对行业有重大作用的技术、装备。

三、印刷环保工程系统设计的诸多优点，为企业降低成本，实施绿色印刷提供可行途径

企业的印刷环保工程系统建设要从技术系统、材料系统、设备系统、管理系统、认证建设系统等方面展开。建议针对不同层次、不同时期、不同地区、不同类型（如包装、书刊、印刷等）的印刷企业展开有针对性的重点样板工程建设，以点带面、逐步推广。

四、建设绿色印刷示范工程是充分发挥行业龙头企业对国家发展战略布局的促进作用的重要举措

建设绿色印刷示范企业应确定阶段性目标，争取到“十二五”期末，

实现100家至200家的总体目标。绿色印刷示范企业的建设同样需要政府部门大力支持，为了更好地发挥典型示范、典型引路的作用，建议由新闻出版总署分批次为绿色印刷示范企业授牌，大力宣传推广。

五、按照印刷业发展“十二五”规划的要求，到“十二五”期末，要基本建立绿色环保印刷体系

实现这个目标必须遵循科学发展的要求，采取扎实措施，态度既要积极，又不能操之过急，必须研究制订实施绿色印刷科学的“路线图计划”，努力做到标本兼治、典型示范、以点带面、稳步推进。在宣传推广绿色印刷的过程中，要把绿色印刷发展理念作为一种观念、一种意识甚至是一种习惯，一种生活方式来进行推广宣传，进而形成一种文化的力量，推动绿色印刷战略的实施。建议推进绿色印刷的实施分成三步走：

（一）启动试点阶段

2011年，在印刷全行业动员和部署实施绿色印刷工作。各地要深入学习和宣传国家环境保护标准《环境标志产品技术要求 印刷 第一部分 平版印刷》；有条件的地区和企业要针对青少年儿童紧密接触的印刷品特别是在中小学教科书上率先进行绿色印刷试点；鼓励骨干印刷企业积极申请绿色印刷认证。

（二）深化拓展阶段

2012年至2013年，在印刷全行业构筑绿色印刷框架。陆续制定和发布相关绿色印刷标准，逐步在票据票证、食品药品包装等领域推广绿色印刷；建立绿色印刷示范企业，出台绿色印刷的相关扶持政策；基本实现中小学教科书绿色印刷全覆盖，加快推进绿色印刷政府采购。

（三）全面推进阶段

2014年至2015年，在印刷全行业建立绿色印刷体系。完善绿色印刷标准；绿色印刷基本覆盖印刷产品类别，力争使绿色印刷企业数量占到我国印刷企业总数的30%；淘汰一批落后的印刷工艺、技术和产能，促进印刷行业实现节能减排，引导我国印刷产业加快转型和升级。

第七章 文化创意与印刷的渗透和融合——印刷内涵增长的驱动力

一、印刷是文化创意产业的重要组成部分

创意经济被称为“头脑经济”，创意本质是创造力，因此文化创意产业是指依靠人的智慧、技能和天赋，借助于高科技对文化资源进行创造与提升，通过知识产权的开发和运用，产生出高附加值产品，具有创造财富和就业潜力的产业。

在当代，文化创意成为世界先进国家支柱性产业。

英国：世界上首次提出创意经济

2001 年，据发表的《创意产业专题报告》创意产业产值约 1 125 亿英镑，占 GDP 5%；

2002 年，创意产值增加值为 809 亿英镑；

十年来，英国经济增长 70%，而创意产业增长 93%，高出 23 个百分点。

过去创意产业是英国的第二大产业（第一大产业为金融服务业），到 2003 年英国政府报告中称用就业和产出衡量，创意产业对经济发展的重要性已经超过金融业。

美国：美国新经济的本质就是以知识及创意为本的经济，创意是知识经济的核心和动力。1992 年在“微软”超过“通用”的时候，有评论就说：“微软”的唯一工厂资产是员工创造力。1997 ~ 2002 年间，美国核心版权产业增速是 3.51%，超过同期美国 GDP2.4% 的平均增长率；2002 年美国核心版权产业的增加值达到 6 262 亿美元，占 GDP 的 5.98%，总体版权产业增加值为 12 540 亿美元，约占美国 GDP 的 11.97%，同年，美国全部版权产业雇用了 1 147.6 万人，占美国就业总数的 8.41%。

日本：提出“独创力关系国家兴亡”，索尼员工座右铭为“日日创新”。2000 年日本电子游戏软件产业位居世界第一位，电影与音乐创收分别列世

界第二位；2003 年销往美国的日本动漫片以及相关产品的总收入为 43.59 亿美元，是日本出口到美国的钢铁总收入的四倍；日本拥有 430 多家动漫制作公司，年营业额 230 万亿日元，成为日本第二大支柱产业，广义的动漫产业实际上已占日本 GDP 的 10% 以上，超过了汽车工业。日本凸版在与北京故宫合作之后，大日本印刷公司也达成了与敦煌博物院的合作协议。

韩国：2003 年其影视、音乐、手机及电子游戏四个产业出口超过钢铁，每年以两位数增长，自称已跻身世界文化产业第五大国。

世界范围内文化创意产业的发展，极大影响着我国经济发展的走向。

2003 年，我国 GDP 116 694 亿元，人均 9 398 元，折合 1 090 美元。

2008 年，我国 GDP 300 670 亿元，人均 3 313 美元。

2012 年，我国 GDP 519 322 亿元，人均 6 100 美元。

从世界经济发展规律来看，我国已进入文化需求快速增长期。

2008 年发生世界金融危机，凸显了文化的特殊优势与特殊功能，给文化创意产业带来新的机遇和条件，为创新体制机制、优化产业结构、逆势快速发展带来了契机，成为应对金融危机中发挥调整结构、扩大内需、增加就业、推动发展主要措施。正是在这种背景下，2009 年 9 月，国务院正式发布了我国第一部文化产业专项规划《文化产业振兴规划》（以下简称《规划》），标志着文化创意产业已经上升为国家战略性产业。

《规划》明确今后文化产业发展重点任务第一项就是要发展重点文化产业。“以文化创意、影视制作、出版发行、印刷复制、广告、演艺娱乐、文化会展、数字内容和动漫等产业为重点，加大扶持力度，完善产业政策体系，实现跨越式发展”。

《规划》对印刷的战略定位极大激发了印刷业发展的活力，印刷承载着厚重的文化内容，贯穿着文化创意各个产业部门，同时随着经济的发展、人民生活水平的提高和现代科学技术的突飞猛进，创意渗透着印刷各个领域，创意设计决定了印刷的品位、质量、艺术水平，成为印刷之“魂”。

在国家政策的鼓励下，我国各省市都把发展文化创意产业作为本地区经济发展的战略重点。

我国主要城市和地区文化创意产业规划发展重点。

北京：文艺演出，新闻出版发行和版权贸易，广播影视制作和交易，动漫和网络游戏研发制作，广告和会展，古玩和艺术品交易，设计创意，文化旅游，文化体育休闲。

上海：研发设计、建筑设计、文化传媒、咨询策划、时尚消费。

深圳：创意设计、动漫游戏、数字视听、新媒体产业、现代印刷业、文化旅游业、演艺娱乐业、高端工艺美术。

香港：珠宝首饰、建筑工程策划、印刷出版、电视及舞台制作表演和音乐服务、广告设计制作、创意设计、电影、信息服务、摄影服务、电玩中心等。

上述几个城市和地区确定的文化创意产业发展重点提法虽各有不同，北京、上海把印刷包括在新闻出版和文化传媒大类之中，而香港和深圳更突出独立列出现代印刷业，这可能与各地印刷业发展历史、水平和环境保护等多重因素有关，但印刷作为文化创意产业的组成部分，其内涵意义都是一致的。

在我国文化产业分类中，印刷归属新闻出版产业，据统计 2012 年我国新闻出版产业营业总收入为 16 635.3 亿元，较上年增加 2 066.7 亿元，增长 14.2%。其中印刷复制业实现营业收入 10 360.5 万元，较上年增加 1 055.1 亿元，增长 11.3%，占整个新闻出版产业 62.3%。回顾 21 世纪以来历年的统计数据，印刷业占新闻出版产业总产值一直保持在 60% 以上，无疑是新闻出版的支柱性产业，国务院确定把印刷作为今后发展重点产业，更凸显印刷的重要地位和国家对印刷产业发展的重视。

二、创意与印刷的融合

创意贯串于印刷各个领域。

——出版印刷：印刷是图文传播的平面媒体，在出版印刷领域，文字比图形的比重更大一些，而文字也是由图形演变过来的。许慎在所著《说文解字》一书中，曾对 9353 个汉字依其结构作过分析，其中属象形字的有 264 个，占 2.8%，如日、月等；指示字的 129 个，占 1.4%，如上、下等；属会意字的有 1 254 个，占 13.4%，如“武：止戈为武”“信：人言为信”；属形声字的则共有 7 706 个，占 82.4%，如江、河二字，是半形半声，汉字的结构显示其科学性，即识其形而能知其意并读出其声。上述四种汉字结构，象形字和形声字共占 85% 以上，由此可见图文同根同宗。

汉字从距今 3 500 年左右殷商时代的甲骨文算起，历经三千多年。从字形的结构上大致有 9 种变化：甲骨文、金文、大篆、小篆、隶书、草书、楷书、行书到至今的简体字。

多种字形从手写到印刷，逐步形成常用的基本印刷字体，主要有宋体、仿宋体、楷体、黑体……但是为防止因单一字体造成阅读疲劳，更因能使阅读成为艺术享受，使版面更加美观、清晰、赏心悦目，汉字新字体不断被开发应用，我国已在加快汉字字库建设，汉字字体开发已经成为创意产业中重要一部分。

出版印刷领域的创意设计，随着新媒体不断涌现，竞争日益激烈，将被更加重视，版面设计、字体运用、封面装帧、插图制作、儿童立体读物等正考验着出版印刷人的智慧，使平面媒体阅读成为艺术享受，精美书籍成为收藏对象，将会提高平面媒体的市场竞争力。

人的需求是多元化的。在人民生活水平达到比较富裕的时候，人们不仅需要数字媒体，快捷获得信息，同时也需要对知识细嚼慢咽，反复品味，更好消化吸收。各种媒体各有所长，互相补充，在现代社会，许多家庭不仅有手机、座机、电脑、电视、录像、收音机，还有书柜、藏书、艺术品、名家书画等，这本身就是多种媒体集聚。出版印刷通过创意增强对读者吸引力，使多种媒体共生共长，扬长避短，都能找到自己的市场位置，从这个意义上说，出版印刷仍然会有强大的生命力。

——包装印刷：相对于出版印刷，包装印刷更具有不可替代性，它的竞争更多不是在印刷业的外部，而是在印刷业内部。

传统印刷是一种等客上门的被动式服务，这种状态不改变，就堵塞了印刷的市场空间，必定会在激烈市场竞争中被淘汰。

印刷与创意的融合彻底改变了传统印刷经营模式，印刷正在向现代服务型产业转变，其切入点就是创意贯串于印刷全过程，也被称为“创意全驱动”。它是以提升客户品牌形象和产品市场价值为核心，提供包括品牌策划、市场分析、产品设计、创意产品研发、印刷加工制作及品牌传播（广告、公关、促销……），形成营销、策划、设计、制作、运营、开发等一体化的产业链，成为“创意印刷集成服务商”。

品牌策划：品牌代表着一个成功企业形象和信用。作为创意印刷集成服务商，为客户服务就要帮助客户进行品牌策划，包括企业名称、商标设计、品牌设计、品牌营销等，通过品牌策划提高客户市场的认知度。

市场分析：市场竞争要知己知彼，必须对自己产品与国内外同类产品进行比较分析，对市场前景有充分的认识，才能立于不败之地。

创意设计：分析客户产品的特点和包装要求、文化背景、消费者心理需求，并考虑制作成本，进行产品设计。

印刷制作：在创意印刷集成服务商的产业链中，印刷制作已经不是全部，甚至不是主要业务内容，但仍然是不可或缺的重要环节。在社会化高度发展的当今时代，有许多印刷制作可以通过社会化来进行，但是核心的技术加工制作仍然必须掌握在自己手中。

营销策划：品牌的传播包括广告设计、市场开拓、产品销售渠道的开发等，这些都是创意印刷集成服务商应该帮助客户做的重要工作。

新产品研发：在帮助客户运营现有产品的同时，服务商必须帮助客户规划未来，着力研发新产品，成为客户研发基地和“孵化器”。

创意正在深刻改变着传统印刷的经营服务模式，为印刷开辟更富有活力的市场前景。

三、大力发展创意印刷

创意与印刷的融合，大大提升了印刷的文化内涵，如同“绿色印刷”标志着印刷的环保性能，因此把创意与印刷的融合（创意在印刷中占有重要比重）称为“创意印刷”，体现了现代印刷的文化内涵和发展方向。

在技术上创意印刷要求印刷的“功能性”“艺术性”和“工艺性”的有机统一。这是创意印刷的重要特征。

“功能性”：无论出版印刷、包装印刷和商业印刷，都要体现其印刷物内容所具备的功能，出版印刷首先要保证其阅读功能，印刷内容清晰、不伤读者视力；包装印刷既要体现保障商品运输的安全，又能简洁表达商品的性能，使消费者方便使用。

“艺术性”：通过创意设计提高印刷品的艺术品位，是创意印刷的本质要求，创意印刷的艺术性常常会经历“简单—复杂—简单”不断循环、螺旋上升的过程。过去计划经济时代，物资短缺，供不应求，无论书刊、商品包装印刷先解决有无问题，设计简单粗糙；市场经济时代商品充裕，竞争激烈，人们有更多的选择性，对印刷品的艺术品位要求不断提高，这样书刊、商品包装的设计就日趋复杂、精美、豪华，于是出现了过度包装、豪华印刷的偏向，印刷的成本不断上升，并且把此转嫁到消费者身上，成为社会的一种“公害”。现在是到了回归创意本质性能的时候了，这就更需要创意设计人员的智慧和才能，一个好的设计应该是既简约又高雅，不是使人眼花缭乱，而是赏心悦目，这将是创意印刷的更高境界。

“工艺性”：印刷是加工产品，再好的创意设计如果目前印刷工艺水平达不到，也只能是设计人员头脑中的“空中楼阁”，或者虽然能够加工制作，却成本很高，如果为实现设计需要增加投入，也要为客户制订可行性方案，有合理的投资回报率，否则客户无法接受，也难实现，因此创意印刷必须立足于最经济合理的印刷工艺方案。

“功能性”“艺术性”“工艺性”三位一体，要求创意印刷工作者不仅要有高超艺术、技术水平，还要有经济头脑，精打细算，实现成本最低、利润最大，在激烈的市场竞争中站稳脚跟。

在创意的推动下，印刷生产链不断拓展，创意在印刷中的含金量不断提高，从而创造更大效益。在日本有一家制版公司，它有28个摄影棚，28位摄影师，拍摄的作品大到汽车，小到烟包，除了传统制版业务外，主要为客户做品牌策划、创意设计、印刷制作、内容数字资产、网络电商，包括与微软合作制作图片网站，是日本市场占有率最大图片库和制版厂。这家公司只有250人，却创造了7亿元（人民币）的产值，人均280万元，这是过去2 500人的制版厂也难以达到的，由此可见创意印刷的天地有多大。

在我国一批创意印刷企业正在涌现。

在福建泉州有一家名为“艾派”的从印制挂历起家的文化产业公司，挂历记载的是“时间”，他们充分发挥“时间”的创意空间，建立起“艾派时间收藏馆”，分五个主题展区——时间由来、时间产品、时间互动、文化产品、字画，进入这个博物馆犹如进入时间“隧道”，曲径通幽，上下错落有致，置身其中，漫溯时间长河，俯仰古往今来，感受时代的变迁，这种独特构思，这个全国迄今为止唯一一家以时间为主题的博物馆，吸引无数客户。“艾派”不断拓展挂历各种形式：“挂历”“吊历”“周历”“皇历”，把中国传统历法与中华文化和民族艺术完美结合起来，开辟了一大片市场空间，其挂历市场份额一直保持在60%以上。

从“挂历”的创意印刷入手，“艾派”建立了强大的创意设计队伍，与中央美院、北京印刷学院等科研院所合作建立创意中心，不断开发新的创意印刷产品，如彩色纸巾、儿童玩具、工艺礼品、办公文具等二十多个系列，上千个品种，这个拥有1 500名员工的企业，年销售额超过10亿元。

发展创意印刷是我国印刷战略转型的重要方向，创意将引领印刷市场，值得业界重视关注。

发展创意印刷关键是人才，创意的源泉是人的智慧和创造力，一个好的创意会造就一个好的品牌，优秀的品牌会创造不可估量的经济效益，培养高素质的创意人才不仅需要印刷业上下一致努力，也更要敞开胸怀吸纳社会各方面优秀人才，采取多种形式鼓励共同创意开发，为我所用。

我国骨干印刷企业，尤其是百强企业应该重视创意印刷的发展，建立创意印刷设计技术中心，培养熟悉印刷工艺的创意设计队伍，这会使创意印刷的“功能性”“艺术性”“工艺性”有机结合，提高到新的水平。

为了推动我国创意印刷发展，应该组织多种形式的创意印刷设计竞赛，

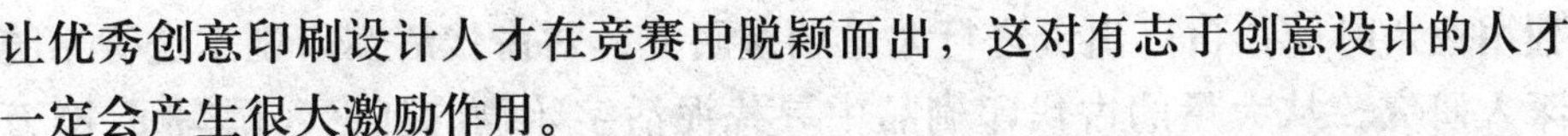

让优秀创意印刷设计人才在竞赛中脱颖而出，这对有志于创意设计的人才一定会产生很大激励作用。

在我国，发展创意印刷总体上看才刚刚破题，应该加强引导，总结先进经验，培育一批先进典型，多组织一些行业交流，推进多种形式的合作，相信创意印刷在推进我国印刷战略转型中会发挥更大的作用。

四、弘扬印刷文化

作为古代四大发明的文明古国，中国印刷传承了几千年的历史，积淀了深厚的印刷文化底蕴，在当前推进中国印刷战略转型中发挥了巨大推动作用。

1. 关于中国印刷史的研究

2014 年 2 月在俄罗斯索契举行的冬奥会闭幕式中，韩国接过下届主办国的冬奥会旗帜，然后在八分钟的表演视频中出现了活字印刷。

这又引起了关于谁发明活字印刷之争。

这个争论早在世纪之交时就产生了，当时韩国在开发清州时，发现了“白云和尚抄录佛祖直指心体要节”（简称“直指”），印刷于公元 1377 年，为此韩国向联合国教科文组织申报它为世界最古老的金属活字印刷品的世界文化遗产。

韩国学者认为中国所称毕昇发明活字印刷，只是沈括《梦溪笔谈》的记载，并无实物佐证，而“直指”发现证明，韩国是活字印刷或者金属活字印刷的发明国。

关于活字印刷发明国之争，对于我国印刷史的研究无疑是重大课题。这也成为我国印刷史研究学者的重大责任。

对此史金波先生进行长期潜心研究，他在俄国圣彼得堡东方学研究所发现了近代中国的黑水域（今位于内蒙古额济纳旗）遗址出土了大量西夏文献，流失到俄国，其中有西夏文泥活字《维摩诘所说经》，推定为 12 世纪中期印本，比毕昇发明泥活字晚一个世纪，是世界上现存最早的泥活字印本。这说明毕昇发明泥活字既有文献记载，又有实物证明。

史金波还进一步论证说：发展与发明是两回事。王桢的木活字是泥活字的发展，其工艺技术上无太大区别，后来包括韩国、德国等国家使用铜、铅、铁与锡等金属活字，主要是材质不同，是活字印刷术的发展，而不是发明。

中国印刷史的研究也获得社会各界的高度关注，深圳电视台记者邹毅利用业余时间，自己出资进行大量调查研究，对古代活字印刷术进行系统深入研究，从大量的古代印刷品中寻找泥活字印刷的证据，撰写了40万字的《证验千年活版印刷术》专著，为国内第一部活字鉴定专著。

关于活字印刷的发明权的争论看来还会长期进行下去，我们的研究也就要进一步深入下去，这项重大研究课题还需全社会各个方面的大力支持。

对于中国印刷史的研究，既要“厚古”又要“重今”，关于近代中国印刷史的研究也得到行业和相关企业的重视，以“中华商务”为代表的具有百年历史的印刷企业，承载了重要责任，这不仅是弘扬企业文化的需要，也是弘扬中国印刷文化的需要。

在深圳中华商务联合印刷公司，举办了“中华商务”百年发展史展览，正在组织“中华商务发展百年史”的编写工作，“中华商务”百年是中国近代印刷发展的缩影，由此可以洞悉中国印刷百年走过的坎坷曲折的道路，从中可以探寻振兴中国印刷的历史轨迹。

新中国成立以来六十多年间，特别是与改革开放并进的中国印刷的第二次技术革命，是中国印刷发展史上的第三个里程碑，其经验同样弥足珍贵。无锡市建立了王选事迹陈列室，北大方正也设立了王选纪念室，中国印刷博物馆充实了相关内容，收藏了王选手稿，一批王选传记出版，北大排演了王选事迹的歌剧等，这些都将成为中国印刷史的重要史料，“盛世修史”，在此基础上，还需要对中国现代印刷史作更系统深入的研究，作为中国印刷文化的宝贵财富。

2．印刷博物馆建设

在弘扬印刷文化中，印证印刷发展历史的博物馆建设，成为人们关注的重点。

我国印刷博物馆建设逐渐形成综合性与专业性、国家级与地方级的纵横交叉型体系。

国家级的印刷博物馆：中国印刷博物馆，建成于1996年，这是凝聚中华民族精神的象征，世界华人，特别是两岸四地的华夏子孙共同捐资一千一百多万元，建成了世界上规模最大的印刷博物馆，但是由于管理体制的原因，博物馆日常管理经费非常困难，以致在2004年市消防检查不合格，被勒令闭馆整顿，引起印刷界的极大关注。在这困难时刻，由王选、启功、于友先、于珍四位时任全国政协常委联名向中央、国务院领导反映情况，受到高度重视，在中央政府直接关怀下，中国印刷博物馆从根本上理顺了管理体制，纳入国家事业单位编制，解决了日常管理经费问题，中国印刷博物馆走上了正常发展轨道。

2006 年在中国印刷博物馆成立十周年的时候，印刷界同仁积极奉献，为印刷博物馆充实改建出资出力，增添了许多印刷技术新成果，特别是陈堃銶老师捐出了王选当年开发汉字信息处理技术的部分手稿，这成为中国印刷博物馆的镇馆之宝。

中国印刷博物馆是国家级综合性的印刷博物馆。

中国雕版印刷博物馆。中国是雕版印刷术发明国，举世公认，目前还没有哪个国家对此提出挑战。明代学者胡少麟在《少宝山房笔丛》中论“雕本肇始于隋，行于唐世，扩于五代，精于宋人”。在宋代，扬州的刻书业十分兴盛，沈括的《梦溪笔谈》即是由当时扬州州学教授汤修年主持刻印。1958 年扬州成立广陵古籍刻印社，承担起雕版印刷技艺传承的重任。在几十年经营中，蜚声中外，扬州雕版印刷技艺被列入国家首批非物质文化遗产项目，2009 年入选世界人类非物质文化遗产代表作名录，过去雕版印刷一直是作为扬州博物馆重要内容。

2002 年为了更好传承我国印刷技术的伟大发明，国务院批准建立中国雕版印刷博物馆，汇集了 30 万古籍版片，系统展示雕版印刷技术的发明创造。

地方级的印刷博物馆有：

上海印刷博物馆建于 1998 年，由上海出版印刷高等专科学校建立，面积 1 000 平方米左右，分《印刷术的起源 · 发展 · 外传》、《近代印刷术的传入与发展》、《上海印刷工业》、《印刷体验》、《印刷精品展示》五个展区。

深圳：毕昇印刷文化博物馆，这是由“力嘉”公司投资建设的综合性印刷博物馆。

无锡：王选事迹陈列室。

在弘扬印刷文化中更值得关注的是企业的积极性十分高涨，他们把企业发展史与专业印刷博物馆建设结合起来，形成各有特点、各有侧重的专业印刷博物馆系列，主要有：

深圳中华商务：中华商务印刷百年展；

北京华联：中华印刷之光展；

上海中华商务：印刷源流展；

上海烟草包装印刷公司：烟印包装印刷展；

上海新星印刷器材展室；

天津长荣：包装印刷文化展；

北京新华：新华印刷文化展；

中印集团等公司印刷文化展；

雅图仕印刷文化展；

上海中华印刷文化展；

上海字模一厂：印刷活字应用开发展；

北京大学：王选纪念室。

现在全国各地、许多企业都把弘扬印刷文化作为提升企业素质、教育职工爱国敬业必不可缺的重要途径，这种积极性难能可贵，应该鼓励发扬，在保护积极性的同时也需要加强引导和协调，避免简单重复，因此中国印刷史研究会正在积极组建印刷博物馆联盟，加强互相交流协调，借鉴各自经验，提高印刷博物馆和印刷史展览的水平，促进健康发展。

3．开发印刷文化产品

随着经济发展与人民生活水平提高，广大群众对高雅艺术的需求不断升温，名家字画等各种艺术品的高仿真印刷市场日益红火。

在数字技术的推动下，彩色印刷技术水平有了重大突破，在传统四色印刷基础上加印纯净、明亮的红、绿、蓝、紫色来改善印刷品上某些颜色的饱和度，使印刷图像产生更自然的反差和更新鲜的色彩感，这被称为高保真彩色印刷，20 世纪 90 年代北京新华彩印厂开发掌握了高保真印刷关键技术，随后逐步推广应用。

运用高保真彩色印刷技术印制古今中外名人名家字画等艺术珍品，使高雅艺术飞入寻常百姓家成为现实，当然这必须有作者的授权、符合版权法的规定。

雅昌、圣彩虹、中印集团翰墨轩、深圳力嘉、上海印刷集团等一批企业开发经营艺术品仿真印刷复制，已达到相当高的水准，有的已得到作者的认可和赞许，签订了限量印制的协议，现在艺术印刷正成为有很大发展前景的印刷产业。

印刷文化源远流长。只要充分发挥创意想象就能开发众多令人赞叹不已的文化产品。

20 世纪我国印刷完成从“铅排铅印”到“照排胶印”历史性转变之后，我国数以万计的印刷厂“砸锅卖铅”。曾几何时曾经在我国历史长河中熠熠生辉的铜模铅字成为垃圾废物。

1987 年经济日报社采用汉字激光照排试点成功之后，为表示“别了，铅排”的彻底决心，将全部铅字熔化变卖，当时有人就感叹铅字将变成历史古董，希望适当保留下来，最后经济日报印厂留下了通过浇纸型的一块铅版，这块铅版在以后中国印刷博物馆建成后被珍贵收藏，成为中国印刷告别“铅与火”的历史见证。

这场我国印刷史上的第二次技术革命，受冲击最大的莫过于专业字模生产厂。

曾经作为我国规模最大，历史最悠久的上海字模一厂，前身是成立于1915年“华丰印刷铸字所”，至今已有百年历史。1956年公私合营中被改造为上海字模一厂，专业从事字体设计、铜模制造、铅活字浇铸，拥有全国一大批优秀的汉字字体设计专家和规模最大的铜模生产线，铜模是铅字浇铸母体，尤为珍贵。当我国印刷行业整体上甩掉铅字之后，除了继续从事汉字设计开发之外，上海字模一厂的铜模生产线和浇铸铅字生产线全面停工，生产陷入极度困境。

在这种情况下，该厂一方面积极策划资产运作，利用旧有厂区进行商业开发，另一方面积极探索转型之路。

上海字模一厂广大职工对铜模铅字有深厚感情，对承载着百年历史的印刷活字的文化内涵有深刻感悟。“初看这些铜模，包浆淳厚，平淡无奇，其实不然，铜模是采用电镀法制造的，它能很好地表现汉字的笔锋和书写手法，现在电子雕刻无法替代，更为重要的是它承载了一个时代的记忆，是有形载体记录文字在印刷中的重要节点，以后极大多数都将是无形载体记录文字（例：光电存储等），所以其文化价值不可估量，只有对其深入挖掘，令其价值再现”。他们反复分析研究，不断探索实践，开发出一批铜模、铅字创意艺术品，如艺术型镇纸、相框、铜模千字文匾额、笔筒等等。其中艺术型镇纸和铜模相框获得了国家专刊证书，“铜模千字文匾额”集中了千余个精心收集、清理、整饰后的铜字模，成为承载印刷文化的艺术珍品，市场价值在数十万元，为众多收藏者收藏。

铜模千字文匾额

镇纸、相框

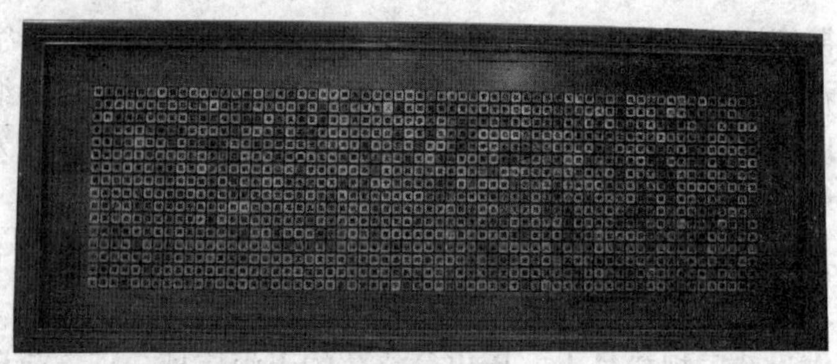

千字文铜模

字模之魅系列艺术品照片

创意变废为宝，化腐朽为神奇，让古老的铜模铅字重新焕发艺术活力。上海字模一厂广集社会各个渠道的废旧铜模、铅字，并进行整理、检验、修整，工作十分繁杂细致。随着收集数量增多，人手整理很难适应工作要求，2013 年起字模一厂与上海印刷研究所合作开发了计算机管理系统，形成了铜模收集、整理及归类的工作流程，为深层次挖掘印刷活字的文化价值提供了信息数字化的技术支持，以此为平台开发了一批“字模之魅·毕昇匣”，将铜模与相应匹配的铅字组合一起，制作成各种艺术品，如铜模“妍媸”二字（匹配铅字“百花齐放争奇斗艳”）、铜模“灿铄”（匹配铅字“璀璨夺目熠熠生辉”），限量发行 2058 余套，在传播中华文明的同时，也承载着印刷文化的深刻内涵。

传统的印刷活字在上海字模一厂职工手中插上了创意的翅膀，遨游在中华艺术精品的广阔空间中，我们从中感受到创意印刷之魅力。现在上海字模一厂正在筹建“印刷活字应用与开发展览”，以更好传承百年传统，弘扬印刷文化。

活字印刷从 1048 年毕昇发明泥活字印刷工艺至今已近千年，上海字模一厂前身“华丰印刷铸字所”是中国第一家金属活字的专业化生产企业，至今已有百年，千百年来中国活字印刷积淀了深厚的文化内涵，传承和弘扬中国活字印刷文化责无旁贷地落在上海字模一厂身上。我们期望上海字模一厂成为中国活字印刷文化研究重要基地，在继承的基础上，加强保护、研究、开发，企业也将在文化创意的转型中得到发展。

五、雅昌进化之路

雅昌，在改革开放中兴起，在市场竞争中进化。经过 20 多年的不懈努力，从传统的印刷企业成功转型，踏入文化创意产业。现在的雅昌，成

功打造了以艺术品数据为核心，以IT技术为手段，覆盖艺术全产业链的全新商业模式，凭借艺术印刷、数字出版、雅昌艺术网、艺品、影像、艺术品鉴证备案等为主力产品线，质变成为为艺术创作、艺术和艺术相关产业全产业链提供系统服务的新型文化公司。

20余年的时间，雅昌经历了怎样的进化历程？

从传统印刷到艺术印刷

1993年，雅昌诞生于深圳。雅昌创业时，深圳已成为中国的印刷重镇，内地众多的出版社、文化机构，为了印刷业务奔赴深圳。但印刷中关键的制版工序，高要求的活件依然要拿到香港去做。

虽然内地印刷行业刚刚兴起，竞争不充分，每一个环节都有钱赚，但立志做精品企业的雅昌，还是选择从制版起步，抢占市场的空白点。

制版是品质的源头。弱小的雅昌抓住了品质，也让自己在有限的资源条件下创造出了局部优势。雅昌的制版业务一推出就受到了业界的关注，也保障自己的经营顺利地开展了起来。

1994年，雅昌开始涉足拍卖图录的印制。印制拍卖图录，让雅昌对艺术印刷有了深刻的理解，在技术和工艺上，积累了丰富的经验。随着拍卖图录越做越多，雅昌对图片处理、印刷工艺，越来越驾轻就熟了。

当此之时，深圳的制版水平也在逐步提升，雅昌的制版优势受到挑战。董事长万捷审时度势，明确了下一个发展方向：做高品质的艺术图书印刷。从那时起，艺术品印刷成为雅昌业务拓展的主线，雅昌也在坚定走专业化道路的征途上，为自己贴上了与众不同的标签，在艺术市场逐渐站稳了脚跟。

拍卖图录，也成为雅昌的一块敲门砖，为雅昌敲开了全新的商业机会。

从艺术印刷踏入互联网业

雅昌的英文名为“artron”，寓意“艺术（art）+电子（ron）”。在艺术印刷专业市场精耕细作的同时，雅昌把触角伸向IT业，开启了传统印刷企业的进化之旅。

1．艺术品数据库

从20世纪90年代做拍卖图录起，雅昌就注重艺术品图片、资料的数字存储。从早期的MO磁带、CD光盘，到后来存储量巨大的数据库。

在20年的发展历程中，雅昌在承接拍卖行、博物馆、艺术馆以及艺术家的印刷业务时，拍摄、扫描了多达千万张的艺术品图片。这些图片通过先进的数字图像设备Cruse进行采集，通过Giclee+输出技术进行输出，整个过程遵循 ACMS 色彩管理标准。每张图片还配有介绍资料、历届拍卖的数据等。雅昌在数据库的运作中还采用了独有的 CISDO 版板管理机制，并建立了 ArtImage 版权交易服务平台。

雅昌依托规范的版权授权、管理保护体系，已建成一个巨大的艺术品数据库。《中国艺术品数据库》拥有 60 000 余名艺术家、2 000 多万件艺术品珍贵的图文资料，每张图片都可以方便地用于印刷、艺术品复制、电子出版、网络传播，成为支持各项业务线的原动力。

2．雅昌艺术网

2000 年，雅昌艺术网诞生了。但是，雅昌艺术网动议于互联网热潮兴起之时，一出世却碰到互联网泡沫破灭后的第一个寒冬。

雅昌艺术网能挺住，一是万捷的坚持，二是有印刷平台在支持它。这种支撑，一方面是有财力往不赚钱的艺术网里投入，另一方面是印刷业务为艺术网带来了源源不断的内容。每一本书印完后，图片、资料就可以直接被雅昌艺术网采用，可谓有源头活水。

从拍卖信息开始，雅昌艺术网的内容日益丰富，最终成为艺术家展示作品、艺术爱好者线上交流的平台。目前，上万名艺术家享受着它的服务，上百万艺术爱好者天天登录，长期活跃的用户多达 100 多万，是全球最大的华人艺术网站。

在雅昌艺术网上，每一位艺术家的生平、作品，关于他的评论，关于他作品的拍卖情况，关于他作品的市场价格走向等，都是一目了然。

雅昌艺术网还为全球范围内近 500 家艺术品拍卖公司、艺术机构提供预展、广告、直播、数据管理等方面的服务。在雅昌艺术网上，能看到上万个拍卖专场的网上预展，与这些艺术品相关的资讯，多达上千万条。这种以综合新媒体、IT 技术和印艺的解决方案，实现艺术品拍卖信息传播的专业化、全球化，为艺术品拍卖机构、交易者提供一站式综合服务。

从 2000 年诞生起，雅昌艺术网的功能就在不断升级。

2004 年 6 月，雅昌指数正式发布，被誉为“艺术投资市场的风向标”。它像股票指数一样，能够清晰地显示每一位艺术家作品的价格变化走向。

2004 年，雅昌艺术网推出了拍卖直播服务。艺术爱好者可以在家里通过网络感受拍卖现场的气氛，更方便地了解艺术品市场，了解艺术品价值。

2012 年，“雅昌公开课”推出，广受欢迎。雅昌艺术网邀请艺术家给艺术爱好者讲艺术知识，再通过视频向网友开放，这成为艺术普及教育的新手段。

同在2012年，雅昌艺术网有了一个新定位：做艺术界的“彭博社”。成立于1981年的美国彭博资讯公司，是目前全球最大的财经资讯公司，已经发展为集新闻、数据和数据分析为一体的全球性多媒体集团。彭博仅用了22年的时间，就使其金融数据市场的销售收入超越了具有150年历史的、世界上最大的资讯公司——路透集团。雅昌艺术网的下一步发展目标，是计划像彭博社一样，用数据服务赚钱，成为艺术领域的资讯公司。用艺术数据服务来创造价值，这让雅昌成为了一个不折不扣的文化创意企业。

经过多年培养，雅昌艺术网终于实现了商业价值。据万捷在2014年全国印刷经理人年会上的演讲中透露，在传统行业普遍低落的2014年，雅昌艺术网的营业额同比2013年增长50%，有6 000万元的利润。这在专业网站中已是很高的营业额。

3．艺术数字出版系统

雅昌从电子拍卖图录开始，陆续推出了多部数字出版物，在数据资讯服务上作了有益的尝试。

雅昌几乎在第一时间就介入到了数字出版中。针对出版社、文博机构，雅昌推出了艺术数字书城；针对博物馆、画廊，雅昌推出了数字展览，把展览、画廊的各种资源整合起来。

现阶段雅昌的数字出版是战略储备业务，是对传统出版和发行的一个有益的补充。

目前，雅昌在数字出版里做得最有影响力的，是电子图录。2012年夏，电子图录3.0在苹果、Android、Windows三个平台同时上线，可即时下载。

4．艺术家数字资产管理服务

雅昌针对艺术家群体，倾心打造全方位的“数字资产管理服务”，形象点说，就是“一库一网”。

以著名艺术家靳之林先生为例。一库，是“靳之林数据库”。库里珍藏了靳之林重要画作的高精度扫描图片，他的生平、书信、生活照，以及作品评论等重要资料。

一网，是“靳之林官方网站”。这是对外开放的窗口，艺术爱好者可以通过设在雅昌的官方网站，了解靳之林的艺术成就、创作动态。它是靳之林最权威、最全面且最专业的文献记载信息的来源。

这个“一库一网”构成的靳之林数字文献中心，就是雅昌艺术家数字资产管理的产品。

围绕着“艺术家数字资产”，雅昌还推出了出版服务、展览服务、网站推广服务等项目，共同构成了雅昌的“艺+”服务。

目前，在“艺+”服务领域，雅昌已经为5 000多位艺术家（包括700余位海外艺术家）建设了艺术家个人官方网站及数字资产数据库，通过艺术家官方网站、ipad客户端等平台实现针对艺术家的个性化服务。

现在，一直走在进化之路上的雅昌，又将“服务”的内涵和外延进行了更深度的解读和扩张。作为一家艺术服务机构，雅昌成了一座桥梁，一端是艺术家，一端是热爱艺术的大众。

从“为人民艺术服务”到“艺术为人民服务”

雅昌有两句口号，被悬挂在雅昌大厦最醒目的位置上。一句是“为人民艺术服务”，另一句是“艺术为人民服务”。

从1993年创立到2004年，雅昌处在“为人民艺术服务”的阶段。凭借高超的印刷技艺，所服务的人群，主要是艺术家、博物馆、美术馆、文化艺术机构。随着2004年艺术家数字资产管理项目的启动，“为人民艺术服务”的体系渐趋成熟。

2004年冬天，雅昌北京大厦落成，雅昌也同时扛起了“为人民艺术服务”的大旗。这意味着，雅昌开始着力于从一个服务小众的艺术服务商，向一个服务大众的艺术综合服务机构转型。

雅昌想要服务的，是所有热爱艺术的人，是所有需要艺术的人，是更为广泛的大众消费者。雅昌又为自己创造出一个巨大的市场——艺术普及教育。

作为一家艺术服务机构，雅昌的模式，很好地完成了艺术市场中的“点”和“面”的有机结合。艺术家，是“点”，可能只有上万人，雅昌需要为他们提供深度服务；艺术爱好者，是“面”，数量有可能达到上亿人，是他们构成了艺术普及教育的大市场。

2012年，雅昌管理层进行了新一轮的反省和价值观梳理，形成了雅昌的新使命：让艺术走进每个人的生活；也更明确了雅昌的发展定位：做“卓越的艺术服务机构”。细观雅昌的战略部署，是把商业的活力寄托在大众消费者的需求上。而雅昌的新动作，也紧紧围绕着这一目标展开。

1. 高仿真复制品

雅昌的艺术品复制涉猎广泛，有国画、书法，也有版画、油画。负责

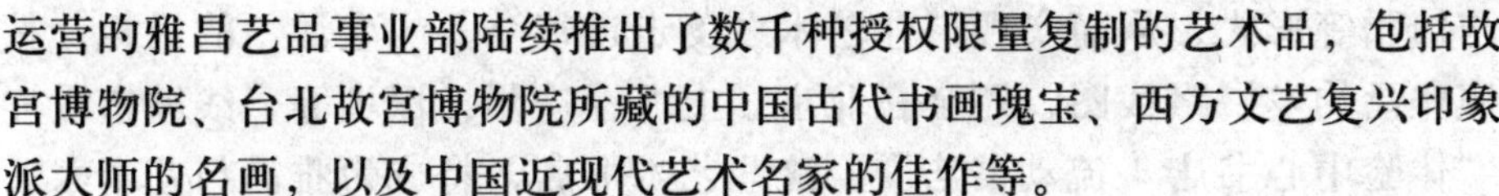

运营的雅昌艺品事业部陆续推出了数千种授权限量复制的艺术品，包括故宫博物院、台北故宫博物院所藏的中国古代书画瑰宝、西方文艺复兴印象派大师的名画，以及中国近现代艺术名家的佳作等。

2．流动美术馆

立志于艺术普及教育的雅昌，本着“艺术为人民服务”的宗旨，以雅昌自有资源为链接，计划打造一个以移动互联为呈现和传播形式的国家性的艺术教育工程项目——雅昌流动美术馆项目！雅昌流动美术馆项目以“流动”为特点，以雅昌高仿真绘画复制品和高清影像资料为主要展品，以雅昌艺术鉴赏标准化教程（编辑中）为基准制定不同主题的展览，根据各校情况组织不同主题不同内容（美术、器物、家具、摄影、建筑等）的艺术教育展览，在实现雅昌品牌和效益双赢的同时，实现中国艺术教育的标准化发展。雅昌流动美术馆项目是国家性艺术教育工程重点项目。

3．博物馆式艺术书店

2014 年 10 月，一则消息引起世人注意：雅昌将于 2015 年在深圳投入使用高 30 米、长 50 米的世界上最大的艺术书墙“Artron Wall”，同时还将投入使用 8 000 平方米的博物馆式的艺术书店。艺术书墙和艺术书店位于南山雅昌大厦。

雅昌博物馆式的艺术书店，包括书墙、书店、公共阅读空间、专业书房等几个部分。艺术书店将引进全世界 1 800 家出版机构的 65 000 种艺术图书，要将中国乃至世界最美的图书展现在读者面前。

与此同时，庞大的艺术图书的经营需要专业的运营方式，雅昌艺术书店运用首创的博物馆式运营。其中，雅昌书博馆空间达 3 900 平方米，内设主题书区、美学商品区、顶级出版社专属区，并设 4 间风格迥异的尊贵 VIP 室，各自代表了当代美学设计、艺术商学院、时尚美学生活、中国古典凝粹四大类型，这些古代艺术书房、现代艺术书房等特色书房不仅为读者提供舒适的阅读环境，也给其美的享受，书店还拥有一批有较高艺术修养的专业人员对读者进行选书指导。

雅昌博物馆式的艺术书店，通过整合国内外艺术和出版资源，打造图书馆式书店及艺术普及教育式营销系统。应用 IT 创新技术手段和展示系统将国内外艺术图书系统化推送到精准人群，旨在提供全新艺术图书与艺术教育体验，满足高品质艺术图书阅读与艺术教育需求。雅昌艺术图书通过提供艺术欣赏与教育、艺术收藏与查询、奢侈品与装饰、礼品与馈赠等形式，从而实现“让艺术之美走进每个人的生活”的目标。按照雅昌的发展路线图，还会在北京、上海、广州、深圳等一线城市设立“体验中心书店 + 流动书店”，这些艺术书店，将成为雅昌与艺术家、收藏家、艺术机构互动交流的平台，成为雅昌艺术服务生态系统的有机组成部分。

4. 艺术衍生品

在艺术衍生品领域，雅昌精心研发，相继推出了“画意”、“瓷意”、“布意”、“纸意”、“晶意”、“木意”、“艺尚”等十几个系列。这些与生活息息相关的精美艺品，既有艺术之美，又流露出浓浓的人文关怀，让艺术真正融入到人们的日常生活。

以上海雅昌成功完成的一次综合业务融合案例为例。2014 年，内地首个莫奈专业画展在上海 K11 举行。最初主办方找到雅昌，看中的只是雅昌的老本行，希望印刷一本莫奈画集。经过反复沟通，仅仅在书这个范围内，借助雅昌在全球建立的出版社网络，双方合作范围从莫奈画集扩展到国内外出版的跟莫奈有关的图书，再扩展到其他印象派画家的图书，最后扩展到艺术类图书。顺着这个思路延伸开去，又推出了莫奈主题的复制品、笔记本、明信片、靠垫、手机套等各种衍生品。在整个莫奈画展期间，画展售品部销售出了两千多件衍生品，全部由上海雅昌提供。

5. 鉴证备案服务

在“艺+综合服务”的基础上，“雅昌艺术网”进一步开发了“中国艺术品鉴证备案”系统，运用现代物理和分子技术，进行艺术作品 DNA 数据采集，为每一件艺术品建立“身份认证”机制，实现了从艺术家原作鉴定、备案到认证的系列运作，让中国艺术品开始传承有序，为中国艺术品市场构建诚信保障基础。

6. 雅昌影像

雅昌影像是面向大众艺术爱好者的重点项目，整合雅昌 20 年多年专注艺术领域的资源、技术、经验，以“让影像艺术之美走进每个人的生活”为愿景，以百万级影像作品库为核心，提供包括摄影作品、美术作品、海报作品和艺术作品集等内容形态，是有故事的五维影像艺术消费品。目前雅昌影像成功与北京故宫和上海中华艺术宫携手，开设影像馆式旗舰店，让传统文化与现代生活完美融合。

回顾雅昌的发展历程，为了印好拍卖图录，雅昌提升了印刷水平；印刷质量的提升，为雅昌打开了艺术印刷的大门；艺术印刷，让雅昌积累了丰富的艺术资源，从而奠定了雅昌艺术网的基础；雅昌艺术网，悄然改变了雅昌的产业结构和形态，促成了雅昌从一个传统的印刷厂，向文化创意产业的转型。

雅昌的业务，由此形成融印刷、科技与艺术为一体的产业链，并构成了“印刷＋科技＋艺术服务”的商业模式。在这个模式中，印刷、科技是手段；艺术普及教育是目标；而这一模式的灵魂，是服务。

从服务小众，到服务大众，雅昌正面临着一次重大的变革，其间也孕育着充满想象的商业空间。

一脉相承的进化历程

回看雅昌 20 多年的成长史，可以说，雅昌的进化历程中，有些一以贯之、一脉相承的要素，它们是雅昌重要的成长基因。

定位：艺术领域

雅昌在创立初期，制版优势受到挑战的时候，借助拍卖图录的印制，精准定位了下一个发展方向：做高品质的艺术图书印刷。这条专业化的发展之路，雅昌走得坚定而执着。

由此，雅昌占据了国内艺术品拍卖印制业务 90% 以上的份额；由此，雅昌沿着艺术印刷的业务主线拓展，建立了艺术品数据库，建设了雅昌艺术网；由此，雅昌更聚焦对艺术家群体的全方位服务，包装出“艺术家数字资产管理服务”的综合产品；由此，雅昌将艺术服务的领域由小众拓展到大众，逐渐转型为艺术综合服务机构，着手艺术普及教育……

雅昌一直在进化，而其进化的关键词中，始终聚焦“艺术”二字。专业领域的深耕，反而让雅昌赢得了越来越宽广的市场空间。这对于印刷企业如何铺陈多元化战略，有很深刻的启发。

品质：极致追求

雅昌创业之初选择制版，是为了抓住品质的源头。品质，自雅昌诞生起，就成为其一个显著的标志。

在印刷业还是卖方市场、客户提着钱找印刷厂的时代，大多数人选择了用规模赚钱，而雅昌选择了用品质赢利。随着印刷业大势的改变，这个选择的细微差别，把企业带入了两个不同的世界。

雅昌因为对品质的严控，让它有机会接触到艺术品印刷；在艺术品印刷上的精进，使雅昌成为艺术品印刷的翘楚，深受出版界、艺术家的信赖；而与艺术界逐步建立起来的广泛而深入的合作，最终让它看到了艺术普及教育的大市场。这个连锁反应的源头，其实就在1993年创业之初的起跑线上，在于雅昌朴素的发展思路：做别人做不了的，我就能拥有无可替代的优势。

品牌：持续建设

雅昌创立以来，不同于内地其他传统印刷企业，高度重视品牌建设，不遗余力地为其品牌增值。万捷率领雅昌团队，屡获国际大奖。以被誉为全球印刷界“奥斯卡”之称的美国印刷大奖为例，从2003年开始参加该赛事，至2014年第65届美国印刷大奖，雅昌已问鼎该赛事最高奖项——班尼（Benny Award）金奖41次，最近5年所获金奖总数世界第一。作为常胜将军，雅昌彰显了在印艺领域的不凡造诣，获得了书籍设计领域乃至全球更大范围的认可。

在国内，雅昌于2000年成功承接奥运会申办报告，由此开始，陆续承担残奥会、建国60周年庆典、上海世博会、广州亚运会、深圳大运会、国家领导人新年贺卡等国家级印制重任，形成了“国有大事、必有雅昌”的“中国文化名片”。

服务：经营核心

万捷在雅昌创立之初，就提出了一个观点：“印刷业是服务业。”在其他同业的经营核心聚焦在产品层面的时候，雅昌始终注意挖掘用户真实需求和潜在需求，并不断锤炼服务力，通过满足需求，提升企业的自身价值。

如今，雅昌已经从应用服务，转型为中国的艺术界服务，乃至为整个艺术的全产业链服务，服务形态与产品形态，都可挖掘更多的商业前景。

以雅昌艺术网“艺+”服务为例。“艺+”服务的口号是“360度的关怀”。只要涉及艺术家的需求，雅昌随叫随到。

“艺+”是雅昌“艺术家综合服务”品牌。在这个服务体系里，以艺术家个人数据库为基础，雅昌提供艺术家数字资产管理、出版服务、展览服务，互联网服务等系统的、全面的、一站式服务，其目的，就是全力提升艺术家核心价值。

“艺术家数字资产管理”，由“1+6”服务组成：1项基础服务——艺术家个人数据库，以及6项增值服务——官方网站、艺术品认证、数字作品版权备案、图文处理、艺术家文献库、互联网宣传推广。而协助艺术家办展览，也是“艺+”服务的一个产品。

资源：“一鱼多吃”

雅昌的多元化打法，业务有高度的关联性，这种关联性能达成成本共享、营销共享。

比如，做“艺术家数字资产管理”，需要把作品拿来扫描，做数字采集。但采集只费一次精力后，是用于印刷还是用于网络，是用于复制还是用于数字出版，都是在共享同一套素材，这样就能轻松地把成本降得很低，这是成本共享。

营销共享。可同时为艺术家提供网上传播、印刷服务、高仿复制、数字出版服务。这个相互关联的服务体系，涉及了艺术家需求的方方面面，艺术家就像点菜一样，按需求搭配出自己的套餐，这是单一的印刷厂所不具备的，也是单一的互联网站所不具备的。

成本共享和营销共享，使雅昌尽享“一鱼多吃”的好处。我们以一本齐白石的画册为例：

首先做数字采集，把齐白石的原作扫描下来，数据图片存储到艺术品数据库中，为齐白石作数字资产管理，这些可以随时调用的图片、资料，就是一条肥美的“鱼”。

第一吃，印刷成画册。这本身，就是艺术普及教育的重要形式。

第二吃，通过版权运作，把这些画进行高仿真复制，成为“教具”，形成流动的美术馆进入学校、社区、家庭，进行艺术普及教育。当然也可以做成装饰画挂到寻常百姓家。

第三吃，这些画作，可以在网上形成艺术画廊，让艺术爱好者去浏览。

第四吃，可以做成数字出版物，通过手机、iPad 等方式让大师的画作能更加方便地走近大众。

能做到“一鱼多吃”，表明雅昌近年来一直在致力于艺术品全产业链的战略规划，并且规划接近完成。而在地域扩张上，雅昌也一直未停下布局的脚步。

1993 年，雅昌创业于深圳；1996 年，万捷打回老家，挥师北京，在这个文化重镇安下棋子；2006 年，多达 200 多人的队伍浩浩荡荡开进上海，从筹建、装修到开工，均在当年完成；2011 年 6 月，杭州艺术服务中心对外营业，杭州是中国美术学院的所在地，雅昌的每一步扩张，都直达中国艺术家的聚集地。

而雅昌让世界认识自己，不能不提一个重要事件：《曼联》大书的印制。2006 年，一本厚达 850 页，净重 35 公斤的奇书问世，这部曼联编年史逾 40 万字，其中的图片多达 2 000 多张，此外还有许多装帧工艺上的要求：真皮、丝绸、布、铜牌、镏金边……雅昌攻克了重重难关，帮助曼联在全球创造了 1 万本、近 1 亿美元的销售业绩，也由此敲开了海外高端市场的大门。雅昌也借此与全球的艺术机构建立联系，为其艺术普及教育产业，积累着丰厚的资源。

雅昌的进化，离不开灵魂人物——董事长万捷20余年的殚精竭虑、持之以恒。2008年，万捷当选“CCTV年度经济人物”，CCTV给出的获奖理由是：900年后，他让印刷术的故乡重新赢得了世界的尊敬。2009年，万捷入选全国宣传文化系统“四个一批”经营管理人才、2012年，万捷荣获“中华文化人物”、“中国文化产业年度人物”等称号，他在中国艺术经济与文化产业上的业绩和贡献，得到了文化界的充分认可。仍在盛年的万捷，将带领雅昌文化集团走向怎样的进化之旅；雅昌对于中国文化产业而言，将续写怎样的启示篇章，一切充满期待。

本节资料选自《进化的力量——万捷和他的雅昌王国》，中信出版社2013年出版

六、文化创意引领“力嘉”转型

1970年，力嘉国际集团创办于香港；1986年，董事长马伟武率队转战深圳，在龙岗区横岗镇观音山下，从租用600平方米厂房起步，用十余年时间，发展起厂区面积12万平方米、年产值逾6亿港元的大型企业，产品以出口为主。

但在2010年，力嘉40岁生日的时候，马伟武下了一个决心。他要亲手摧毁一座城池，重建另一个世界，未来他的新王国——深圳国际创意印刷文化产业园将在这里升起。

力嘉锐意踏上转型升级之路，缘于产业环境的变化。主营出口的力嘉在2008年的金融危机中，经受了严峻考验，促使马伟武下定决心，换一种思维、换一换方式做印刷。

印刷的出路只能是转型升级。将新技术嫁接、运用到印刷；将文化、创意等新元素融入印刷；扩大印刷产业边界，创造新的产业形态……多种实践路径中，力嘉根据自己的资源条件，决定建立一个集印刷、创意、文化产业于一体的大平台——深圳国际创意印刷文化产业园。

深圳国际创意印刷文化产业园将帮助力嘉实现三大战略转型：①应用数字网络技术全面改造工艺、管理流程，向高新技术产业转型。②加快发展创意设计和电子网络商务，向现代服务业转型。③标本兼治，发展绿色印刷，向绿色环保型产业转型。

由一家传统印刷企业领衔建设创意文化产业园，园区将展现怎样的特色？如何与既有的印刷元素融合并互动发展？转型园区又会给企业带

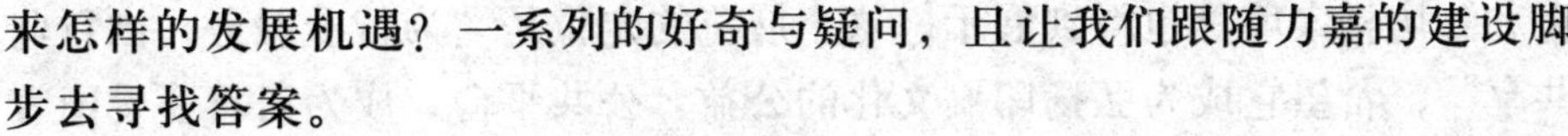

来怎样的发展机遇？一系列的好奇与疑问，且让我们跟随力嘉的建设脚步去寻找答案。

——2010 年 12 月，力嘉动工改建 2 万平方米旧厂房，启动产业园一期建设。

——2011 年 5 月 13 日，第七届文博会期间，创印文化产业园一期工程落成仪式隆重举行，产业园同时作为文博会专项配套活动会场，正式开园迎客。

——2011 年 12 月 8 日，“深圳国际创意印刷文化产业园”正式更名为“力嘉创意文化产业园”。

——2012 年 5 月，力嘉创意文化产业园被认定为第八届文博会分会场，“2012 创印节”吸引逾 7 000 人次莅临，活动期间达成各类商业交易额逾 10 亿元人民币。此后每年 5 月，力嘉创意文化产业园作为文博会分会场，上演了诸多文化、创意盛事。

——2012 年 11 月 30 日，力嘉创意文化产业园荣获“深圳市高端印刷与创意设计特色”工业园称号。

——2012 年 12 月，力嘉创意文化产业园荣获“广东省科普教育基地”称号。

——2013 年 3 月 26 日，力嘉创意文化产业园获评为“深圳市文化创意产业园区”。

——2013 年 11 月，“力嘉杯”两岸四地创意包装设计大赛启动评选及颁奖活动。

……

创意文化产业园的活动精彩纷呈，各项荣誉称号也纷至沓来。不过，要想了解产业园的全貌，还是要从其系统构建的各个功能区开始。

1．文化·交流·展览

产业园首先规划了“文化、交流、展览”功能区，长期举办各类展览、论坛活动，希望借助文化载体，吸引企业、机构、人才到产业园参观、交流，并在这个平台中找到合作的机会。

①中华印刷之光展览

这个展览通过实物、仿制品、图像、动画等形式，展示中华印刷术的起源与发展。一些人类非物质文化遗产，比如广陵古籍刻印社的“中国雕版印刷技艺”、瑞安市东源村“木活字印刷术”、民间木版年画天津杨柳青和潍坊杨家埠等也得到展示。这个展览的定位是“为行业服务，由行业共享”，希望它成为弘扬印刷文化的公益、公共平台，成为科普、爱国教育基地。

②中华古今书画展览

曾举办过启功百年诞辰书画展、台北故宫博物院书画展览、齐派一门三代书画展、北京圣彩虹高仿书画展等精品展览。

③绿色印刷展览

产业园专设这个平台，是为了传播绿色理念，交流绿色资讯，共享绿色经验，开展绿色贸易，助推产业绿色转型。展览推介了知名印企的环保实践和经验，展示了印刷器材公司和科研院所的绿色设备、系统材料。

同时，在此功能区，还设有国际高新科技展览、两岸四地印刷团体交流中心、力嘉之路展览等。

2．数码·设计·发明

产业园下设的数码创印中心拥有先进的数码设备及经验丰富的专家，具体包括数码创意设计中心、数码摄影中心、数码激光印制中心、数码喷墨印制中心、字画高仿复制输出中心、色彩管理研究中心等。

3．研发·培训

产业园的研发中心于2011年7月通过了中国包装联合会研发中心评审专家组审查，取得“中国包装印刷（文化创意）产业研发中心”授牌。研发中心将结合产业未来发展方向，针对印刷物料、工艺，展开相关的数据收集、测试改进、创新研发工作。

产业园的印刷培训中心结合中国印刷、包装行业以及艺术设计的实际情况，制定了系列的培训方案，针对员工的不同素质提供了不同层次的培训计划。培训中心注重理论加实践的培训模式，计划采用多媒体、印刷机模拟操作系统、机台讲解等多种授课方式，为学员提供优质高效的培训。

4．办公·展示·贸易

此功能区由企业总部中心、印刷器材展示中心、绿色印刷耗材展示区、高科技印刷设备推广中心等组成。此外，产业园还建设了电子商务网站“创印网”，希望大家能在网站找到有用的创意点子、设计作品、技术趋势、设备资讯、人才培训等信息，为业界提供新业态的印刷服务模式。

5．商务配套

产业园同时配套建设了能容纳几百人的现代化会议培训中心、商务公寓、餐厅、露天休闲茶座、文化走廊等。

力嘉创意文化产业园的一期工程，正在日益呈现综合效益。而二期工程计划用五年时间，分步骤、分阶段全面建成产业园。二期是对一期的“放大”与移植，在完善一期基本功能的基础上扩充其他配套项目，将产业园发展成为印刷科研、文化旅游、爱国主义教育基地。

而原有的印刷板块如何发展？按照马伟武的想法，创意印刷文化产业园建成后，力嘉并非放弃印刷，相反还要把印刷做得更好。产业园内规划保留一块精品印刷区域，集数字、创意、文化、人才的优势作为力嘉精品印刷示范的窗口，其余生产部分将整体搬迁，在原有生产工艺基础上进行技术改造，采用新技术、新工艺、新设备，提升综合生产技术水平，与力嘉文化创意产业园相辅相成，交相辉映。

2014 年 7 月 19 日，力嘉二期名为力嘉（东莞）环保包装印刷产业园迁建工程正式动工，项目总投资 6.8 亿元，占地 16 亩，建筑面积 16.5 万平方米，集包装产品设计、生产、流转、仓储于一体，并可进行创意设计、品牌策划、研究开发、教育培训，形成具有现代化水平的包装产业园，两年后一个转型后的新“力嘉”将呈现在我们面前。

第八章　打造现代印刷服务产业链

十年前，“雅昌”万捷先生说过：“印刷就是服务。”如果说当时对此含义认识还不够深刻的话，那么十年来在探索中国印刷战略转型过程中，大家越来越认识到印刷业加快融入到现代服务业之中，是今后印刷业发展的必由之路。

一、印刷具有民生性服务和生产性服务双重特性

印刷根本宗旨是服务。无论出版印刷、包装印刷和商业等其他印刷，都直接或间接为读者、为消费者服务。但是印刷又与一般服务业不同，它又有加工业的属性。

按照我国《国民经济行业分类》：

第一产业：农业、林业、牧业、渔业，统称为农业；

第二产业：采矿业、制造业、电力、燃气及水的生产和供应业、建筑业；

第三产业：除上述第一、第二产业外的其他产业统称为服务业。

在传统服务业，主要为满足消费者物质文化生活需要提供最终消费服务，被称为民生性服务。出版印刷和许多商业性印刷直接为读者、为客户提供书报刊和商业消费印刷品阅读，在我国服务业分类中都被列为民生性服务。

随着经济发展和科技进步，世界范围内出现第二、第三产业融合发展的突飞猛进，过去原本依托于生产过程的部分服务环节，从加工制造中分离出来，培育形成研发、设计、物流、融资、租赁、商业服务、技术支撑等相关服务行业，从过去“卖产品”到既“卖产品”又“卖服务”，甚至以“卖服务”为主，这种为保持工业生产过程的连续性，促进工业技术进步、产业升级和提高生产效率提供保障服务，被称为生产性服务。

在当今世界，服务业尤其是生产性服务业，成为推动经济发展最强劲的力量。据报道，美国IBM（国际商用机器公司）2004年将PC机转让给中国联想集团之后，集中发展信息技术服务，推进从制造业向服务业转型，

其 IT 服务占总收入之比已超过 50%；美国 GE 公司（通用电气公司）这个由爱迪生发明电灯起家、世界最大的电力电气设备制造商，现在已转型为提供包括能源、医疗、交通运输、金融，以至家庭等广泛领域的解决方案的服务商，其服务性的收入已占其总收入的 70%。

生产性服务内容非常广泛，各地都相继推出重点发展领域，其中比较有代表性的上海市提出生产性服务业发展的重点领域包括：

——总集成总承包服务；

——物流；

——服务外包；

——节能环保服务；

——融资、租赁；

——研发与创意服务；

——咨询服务；

——专业售后服务等。

从各省市发展生产性服务重点分析，信息和创意是生产性服务的核心内容，许多生产性服务都是从中延伸出来的。

从雅昌，江苏凤凰等企业的实践中，现代印刷企业以创新全驱动为核心，全力打造创意集成服务产业链：以创意与运营一体化的服务模式，提升客户品牌形象和产品市场价值，提供品牌策划及设计、包装整合设计、品牌传播、创意包装制作等创意集成服务，打造了一条创意贯穿始终的崭新的印刷服务产业链。这给我们带来哪些启示呢？

其一，在中国印刷战略转型中要始终围绕市场需求来研究，印刷根本宗旨就是服务，印刷兼具民生性服务和生产性服务，印刷与现代服务业融合，打造现代印刷服务业是必然趋势。

其二，创意是印刷向现代服务业转型的切入点，并且贯穿印刷服务的始终。

其三，创意方案要落在印刷加工制作上，必须考虑印刷制作的工艺性、成本和环保性。关于工艺性和性能价格比，上一章已经探讨过了，这里举一家印刷企业对包装材料的环保性的考虑方案。他们在设计易碎商品的防震方案时，一改通常都是选用泡沫塑料等做包装内衬的方法。这种做法很通行，但不环保，因为泡沫塑料不可回收。因此他们设计采用了循环再利用的瓦楞纸代替泡沫塑料，尽量使用可回收、可循环利用的材质，体现了践行绿色创意的基本理念。

其四，立足印刷拓展现代印刷服务产业链，服务在印刷产业链中所占比重将越来越高，这是必然趋势。我们应该改变过去对印刷的狭隘观点，拓展印刷视野，印刷与现代服务业的融合正是传统印刷向现代印刷转型的重要特征。

二、创意设计、信息技术和印刷加工三位一体是现代印刷服务产业链的核心框架

印刷在向现代服务业转型过程中，应该实现三个转变。

1．从被动型服务向主动型服务转变

改革开放以来，我国印刷产业结构发生很大变化，包装印刷在市场经济推动下，异军突起，包装印刷最接近市场，并且以民营经济为主体，在市场竞争日益激烈的形势下，包装印刷企业不可能等客上门再去服务，尤其是在印刷产能已经大于市场需求的情况下，印刷企业不用主动服务去争夺客户，无异于自己等死。

相对于包装印刷，出版印刷由于长期受计划经济体制的影响，市场化程度相对要低，这一方面是因为我国许多骨干印刷企业都从属于中央和地方的出版社，报纸印刷厂从属于报社；另一方面从全国范围来看，出版印刷企业国有经济占主要地位，内部经营机制不够灵活，特别是众多地方“新华”系列的书刊印刷厂长期依赖教科书印刷，教材印刷有很强季节性，常常在开学前后忙7个月，闲5个月，7个月吃一年，缺乏主动服务的积极性。解决这个问题要靠深化出版印刷企业管理体制的改革，同时也要深化企业内部经营机制改革，出版印刷企业要主动走向市场，主动为客户服务，拓展自己的市场空间。在这方面，已经有许多成功经验值得借鉴。

中华商务联合印刷有限公司是内地在香港联合出版集团的全资公司，是100%的国有企业。20世纪80年代初“中华商务”改制，将原有“中华”“商务”“大千”三家内地在港设立以出版印刷为主的企业合并，合并之后，我驻港机构鼓励“中华商务”在保证完成上级部门印制任务基础上，放手面向海内外，承接更多海内外印品任务，实行独立核算、自负盈亏、自主经营，大大激发了“中华商务”的经营活力和加快技术改造的积极性。1983年“中华商务”生产总值比1979年增长了78%；1988年其营业额比1980年增长了7倍，利润增长了5倍，彩印的海外营业额占70%。此后“中华商务”更加快了开发内地印刷的步伐，先后在深圳、北京、上海建立生产基地，目前，“中华商务”的年营业额超过30亿元，位于中国印刷百强前列。

有人认为“中华商务”的成功是因为其处于香港，市场经济高度发达，那么江苏凤凰印务集团的经验是否更有说服力？江苏凤凰的传奇经历在第五章已作了专题介绍，这里重点要突出的是江苏凤凰涅槃重生，关键是突破过去只提供被动加工服务的观念，在传统出版的编印发产业链上，印刷虽然居于承上启下的中间位置，但是出版内容仍是核心，印刷只是一种加工手段，出版社对印刷厂的要求主要体现在质量、周期和价格三个方面，在市场经济发达的市场，出版社可以选择的空间非常大。

凤凰找准了问题的切入点，就是借助数字网络技术为上游出版内容提供主动服务，使原本界限分明的编、印、发各个环节的产业边界逐渐融合，使你中有我，我中有你，谁也离不开谁。2011 年“凤凰”在我国出版印刷业中创建了首个“凤凰印云计算服务平台”，为上游出版社提供包括在线编校、数据管理、印刷复制等全方位服务，通过“云平台”，作者可以在线看稿，原本很多需要面对面交流的工作，现在都可以在网上完成。“云平台”的视野不断拓展，服务内容不断扩大，市场不断向海内外延伸，这个在 2009 年营业额只有 6 000 万元的中型出版印刷企业，2013 年营业额超过 6.3 亿元，步入中国印刷百强行列。

2．从单一服务向全方位服务转变

在印刷业转型过程中，越来越多的企业从过去单一加工生产企业向为客户提供全面解决方案的服务商转变。凤凰印务集团的目标是“全球化全媒体印刷复制服务提供商”；上海紫宏机械公司口号是打造“精装加工一站式”服务平台；湖南天闻印务是“提供书刊、报纸、商业、防伪、数码、绿色、合版及票据印刷的全面解决方案”……其共同点是成为“创意集成服务商”，以创意贯穿为客户服务的全过程。

看来全方位服务的理念正在印刷行业各个领域深入人心地展开，甚至报纸印刷厂也在探索如何更好为客户全方位服务。报纸印刷厂几乎无例外地从属于报社，主要任务就是按时、保质、保量地印好报纸就可以了，现在很多报纸印刷厂不满足于此，他们要努力拓展市场，为客户开拓更多服务。成都博瑞传播股份有限公司印务分公司是成都地区报纸印刷企业，他们提出做客户的“理想印刷伙伴”的经营理念，充分依靠其集团公司的资源优势，整合媒体产业链，围绕印刷产业链上下游关系，努力为客户提供一站式全面解决方案。例如：在成都印刷期刊的外地客户，如果有发行方面的需要，博瑞传播就协调集团发行公司帮助他们解决；有些客户在内容上想要加强本土化，博瑞传播就联系报社编辑部给他们以帮助；客户有些经营方面的问题，博瑞传播组织旗下广告公司帮助策划、设计；他们还为客户对成都地区销售情况进行市场调研分析，提供翔实可靠数据，成为客户战略决策的重要依据。这些服务深受客户欢迎，博瑞传播印务营业额也得到跨越式增长。

3．从传统服务向现代服务转变

现代印刷服务是相对于传统印刷服务而言的，其最重要的特点，是依托信息技术和现代科学管理理论，改造和发展形成新型服务业态，具有高技术含金量、高文化品位、高增值服务等特征。

在现代印刷服务产业链中，如果说创意既是切入点又贯穿于印刷服务始终，那么信息网络技术是核心技术支撑，现代印刷服务离不开信息网络技术。在“凤凰印云计算服务平台”投入应用后不久，2013年10月“盛通”投资建立的云印刷电子商务平台也正式上线，它通过互联网向客户提供在线设计、自助报价、自主下单、快速生产和物流，实现一站式数字化印刷。

现代物流是现代服务业重要内容，它是以信息网络技术为支撑，并用先进的管理和组织方法，将原本分离的商流、物流、信息流和采购、运输、仓储、代理、配送等环节紧密联系起来，形成一条完整的供应链。在印刷业由传统服务向现代服务转变进程中，现代物流也迅速发展起来，山东临沂新华印刷物流集团在推进印刷现代物流中获得了很大成功。

这个物流集团以出版物物流经营为主、集出版物运输、仓储、配送为一体，为出版社提供多功能、全方位、一体化综合服务，可以将承印的近2亿册教材、教辅、图书直接配送全国，使出版社减少发行环节，降低运行成本，缩短图书配送时间，取得了经济效益和社会效益的双丰收。全国各地包括山东出版集团、教育科学出版社、清华大学出版社、湖北海豚传媒公司、北京荣德书业公司、中发图教书业公司等十余家单位图书配送基地落户于此，有50余家出版商成为长期战略合作伙伴。这个物流集团实现了全国范围内门对门、点对点的配送，一周之内可以全部到齐。这个印刷业中的专业物流基地建设得到“方正”电子的支持，2012年被评为首批“全国印刷示范企业”。

在印刷服务三个转变中，围绕“为客户提供增值服务”这个理念，从单一加工厂到集成服务商，现代印刷服务产业链在不断扩大、不断延伸，但是其核心框架或者基本框架仍然是：创意设计、信息技术和印刷加工三位一体。在这“三位一体”的平台上，有作为的印刷企业家可以充分发挥自己的聪明才智，谱写出中国印刷战略转型的杰出篇章。

三、现代印刷服务产业链的主要构成

基于对现代印刷服务产业链核心框架的理解、认识和十多年来我国印刷界的探索、实践，我们尝试勾画一下现代印刷服务产业链主要内容构成，与业界共同探讨。

——市场分析

客户产品国内外市场需求调查分析

同类企业优势比较

发挥比较优势的对策

客户企业发展方向的定位和中长期目标

——品牌策划

品牌战略研究：品牌整合营销策略，品牌核心竞争策略等

品牌设计：品牌符号识别策略及设计，产品视觉表现创意方案，专卖店品牌识别设计……

品牌互动：品牌整合传播策略及创意，品牌影响力提升传播策划

品牌评估：品牌资产价值检测、优化；品牌资产货币量化评估

品牌托管：产品营销系统规划及建立，营销团队的基础建设，市场营销系统运营……

——内容资产数据库

客户需求分析

概念模型（组织模式）设计

逻辑模型设计

数据库物理设计：数据库存储记录格式，存储记录安排和存取方式

数据库实施：在计算机系统上建立起实际数据库结构，装入数据，测试和试运行

数据库运行和维护：维护数据库的安全性及完整性，监测并改善数据库运行性能，根据用户要求对数据库功能进行扩充，及时改正运行中发现的系统错误

——创意设计

产品功能性要求分析

产品艺术性方案比较分析

产品工艺性及成本分析

按功能性、艺术性、工艺性有机统一提出创意设计方案，与客户共同研究选择确定

标志（logo）设计

广告词设计

——印刷加工：根据工艺设计选择印刷方式

个性化、可变数据、单种小批量、数字印刷

多色高速胶印印刷

高质量低污染凹印印刷

绿色柔印印刷

网印印刷

组合印刷

装订及印后加工

——数字工作流程

生产数字化：JDF/PDF 工作流程

管理数字化：ERP 管理系统

运营数字化：基于数字内容资产管理平台，集数字内容加工与管理的智能化信息系统

——物流配送：企业物流管理信息系统方案

仓库管理

库存管理

采购管理

运输管理

销售管理等

——网络电子商务

网上印刷接单

在线报价

在线拼版

在线下单

在线查询生产进度

在线为客户发送订单状态更新

集合数字信息，完成订单

在线信用卡支付

……

——信息咨询服务

产品市场销售情况跟踪

用户意见反馈

收集客户合理化建议

四、大力开拓印刷新兴产业领域

印刷作为加工工艺技术方法其应用领域极其广泛。有人形容：除了水和空气，世上所有物体都可进行印刷。

从世界印刷技术发展进程和趋势上看，印刷已不仅局限于出版、包装、商业等方面，随着数字、网络技术和各类高新技术的发展，新兴印刷产业领域正在不断拓展、不断开发，前景不可限量，其规模和技术水平将可能大大超越传统的印刷领域。

材料印刷方面：建筑材料中的墙纸、地板以及各装饰品已广泛应用印刷工艺。喷墨数字印刷使效率和质量大大提高。

陶瓷贴花、纺织印染等行业早已采用印刷工艺，随着激光照排、数字印刷等技术的推广应用，工艺流程更加简化、更适应多品种、小批量，更显现个性化要求，提高了艺术品位和生产效率。

电子印刷方面：传统的印刷电路，证照磁卡印刷等的技术水平已大大提高，更多的电子电路及元器件采用印刷工艺方法，印刷电子正在迅速形成一个规模巨大的新兴产业领域。国际上已将印刷电子分为五类：显示、能源、智能产品、照明及其他。国外有机构预测 2020 年全球印刷电子产业产值将达到 243 亿美元，年增长率达 33%。

据中科院化学所宋延林博士介绍，印刷电子从技术上发展趋势：

- 从平台式单张纸印刷向模块化卷到卷印刷发展；
- 印刷精度从微米级向亚微米及纳米级发展；
- 电子器件从部分印刷向全印刷方向发展；
- 电子器件向柔性可弯曲、轻薄透明、可伸缩以及可穿带等方向发展。

3D 打印方面：这是当今最热门的课题之一。顾名思义，这无疑是印刷的工艺技术方法。它是在计算机控制下把各种所需材料层层打印叠加起来加工成设计的产品。3D 打印集聚了当代最高科学技术成果。其投入将会非常巨大。要开拓 3D 打印一定要根据自身条件和能力慎重决策。但是作为印刷的一个重要新兴产业领域，其前景是非常广阔的。

开拓印刷新兴产业是一个大课题，在着手开启印刷业“工业 4.0”的规划时，这应该成为重点研究的方向。

第九章　加快推进印刷市场国际化

一、当前我国印刷市场国际化基本态势

2012 年中国印刷业实现总产值 9 510.13 亿元，总体规模已达到全球第二位，其中对外加工贸易额为 772.04 亿元，占印刷总产值约 8%。其中 2009 年因受世界金融危机影响，印刷出口值较 2008 年下降 30.58%，2010 年迅速回补了缺口，达到 661.65 亿元，较 2008 年增长 50.67%。请见图 1。

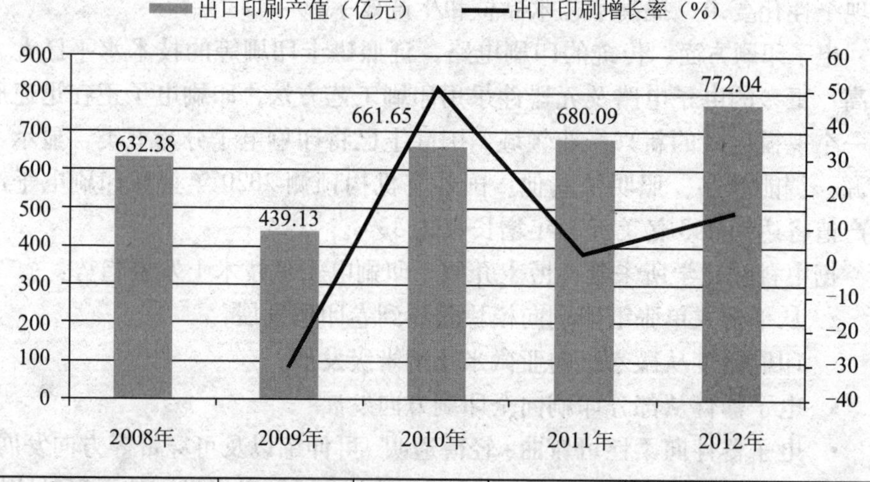

	2008 年	2009 年	2010 年	2011 年	2012 年
出口印刷产值（亿元）	632.38	439.13	661.65	680.09	772.04
出口印刷增长率（%）		−30.56	50.67	2.79	13.52

图 1　2008 ～ 2012 年中国印刷出口产值及增长情况

同期我国外贸出口：2008 年，14 286 亿美元，占 GDP（316 030.3 亿元人民币，约合 45 218.7 亿美元）32.5%；2009 年受金融危机影响，外贸出口下降为 12 017 亿美元，下降 16% 左右；2010 年快速回补，外贸出口为 15 778 亿美元，较 2008 年增长 31.3%；2012 年我国 GDP 为 519 470 亿

元人民币，同年出口 20 498 亿美元，按同期汇率折算中国出口占 GDP 比重为 26% 左右。

印刷出口实际包括两个方面，一是直接出口，是指直接对外加工贸易，上述指的就是直接出口额；另一是间接出口，因为许多商品出口都包含印刷加工后包装物，这部分出口额都计算在出口的商品上，因此其中印刷的出口值很难计算准确，业内曾经估计印刷间接出口值大体相当直接出口值，或稍许高一点，这样算的话，我国印刷出口总值占全部印刷生产总值 20% 左右。

从 2012 年印刷直接出口情况看，我国印刷出口的区域结构发生可喜变化

	2010 年	2012 年
广东省	70% 以上	56.7%
长三角（上海、江苏、浙江）	19%	25%
中部地区（湖南、江西、安徽）	1%	7%

广东在 21 世纪初，由于香港印刷业战略转移，广东印刷出口额一直占据 80% 以上。但是随着国内印刷业产业结构调整，鼓励印刷出口成为印刷业战略转型的重要方向，同时也由于广东地区港资印刷企业梯度转移带动“长三角”和广东沿边地区印刷出口的快速发展，2010 年以后广东印刷出口在全国比重逐年下降。

2012 年“长三角”地区印刷业对外加工贸易达到 190.75 亿元，比上年增长 11.4%，并且正在稳步提升。

中部地区与广东交界的湖南、江西二省承接广东印刷的梯度转移和地区政府对印刷业的支持，2012 年二省印刷直接出口分别比上年增长 36% 和 28%；安徽承接“长三角”和“珠三角”的影响，其印刷直接出口值比上年增长 20%。上述三省其印刷直接出口的比重从 2010 年的 1% 提升到 2012 年占 7%。

另一个可喜情况是印刷出口企业结构也发生了很大变化，过去印刷依靠外资特别是港资企业出口，现在民营和国有印刷企业出口比重也在快速增长。2012 年广东民营印刷企业出口比重已达到 38%，外资企业比例下降到 61%；上海市共有 297 家印刷企业从事出口外贸加工，其中有 197 家是民营企业，占 67%；全国共有 5 000 多家印刷企业从事对外贸易，其中 60% 以上是民营企业。

同样，国有印刷企业在改制转型的基础上，开始大力拓展国际市场。江苏凤凰新华印务公司，2011 年开始接外单，当时只做印刷贸易，接单后

国内生产。到2012年开始在海外建立实体企业，把印刷业务本土化，迈出了从“产品走出去”到“资本走出去”。2012年8月江苏凤凰新华在英国投资建设凤凰传媒国际（伦敦）公司，这是中国内地企业在海外兴建的第一家数字印刷基地，目前已承接了2000万元人民币业务，并成为联合国下属6家机构的印刷供应商。此后，凤凰新华在澳大利亚、中亚、莫斯科先后建立了印刷基地，国际业务已拓展至十余个国家，为数十家出版机构提供快印、教材、精装书刊等服务，正履行着“全球化的全媒体印刷复制提供商”的职责。

在印刷设备器材方面，出口状况也有明显进展：统观图2中2007～2012年的出口表现，中国印机与耗材出口的增长态势是非常明显的，2007～2012年的年均复合增长率为17.15%，出口总额也从2007年的9.74亿美元，增长到2012年的21.49亿美元，增长一倍有余。

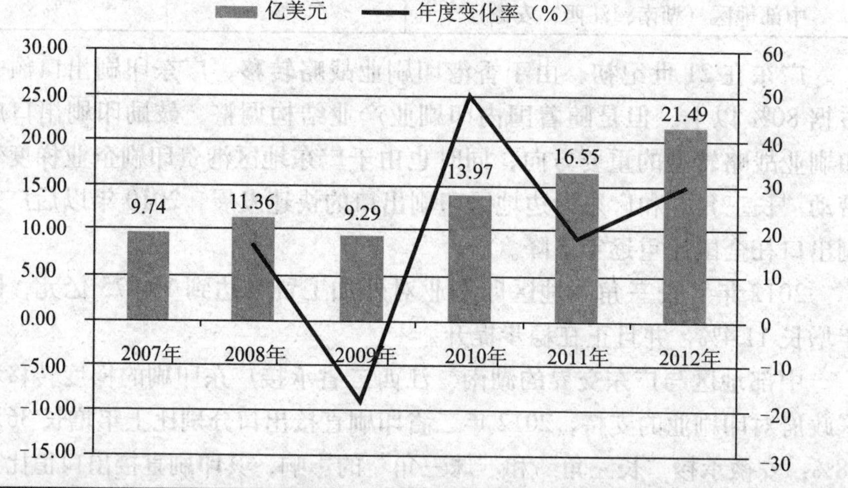

年份	2007	2008	2009	2010	2011	2012
出口总额（亿美元）	9.74	11.36	9.29	13.97	16.55	21.49
年度变化率（%）		16.68	-18.18	50.29	18.50	29.80

图2　2007～2012年中国印刷机械及耗材出口总量及年度变化情况

从上述情况来看，结构调整、转型升级为印刷开拓国际市场打下了良好基础，我国印刷市场国际化已迈出坚实步伐。但是总体来看，我国印刷市场国际化还有很大空间，我国印刷出口在印刷生产总值的比重还低于全国水平，当然这并不是说出口比重越高越好，当前我国外贸出口的结构也正在经历从初级产品向高技术产品的转型过程中，对印刷业来说，实现印刷市场国际化的关键是印刷技术、质量、服务水平的提高。

二、印刷市场国际竞争力是建设印刷强国的重要指标

我国印刷外贸是全国对外贸易的一部分。改革开放以来特别是加入WTO之后，我国外贸快速增长，据统计我国进出口贸易占世界贸易比重由1978年不足1%，提高到2009年占8.7%；2009年我国出口总额上升到世界第一位，成为世界贸易大国。

但是我国还不是世界贸易强国，我国出口产品结构档次不高。1978年，我国初级产品出口占53.5%，工业制成品占46.5%；1990年转变为25.6%和74.4%；2008年进一步改变为5.4%和94.6%。工业制成品成为中国出口贸易主打产品，但仍然是以劳动密集型产品为主，出口产品档次较低，总体上还处于加工、装配这种低附加值、低技术含量的价值链低端，获利很少。

同全国外贸出口结构状况比较，我国印刷出口结构有共同点，也有不同点。共同点是我国印刷出口劳动密集型占有一定比重，其中书籍装订劳动密集程度较高，但是总体来说印刷出口对技术、质量、服务的竞争力更占据主要地位。

回顾我国印刷出口历史，改革开放前，除了外贸出口包装印刷随外贸产品出口之外，其余直接印刷出口几乎被忽略不计，真正形成印刷直接出口统计是在香港印刷企业转移进入“珠三角”之后。2005年我国印刷业总产值为3 326亿元，其中海关统计出口加工值290亿元，占9%；而广东印刷总产值为800亿元，占全国1/4，其中出口250亿元占31%，占全国印刷出口产值的86%。

香港曾被公认为世界四大印刷中心之一，它不是以劳动密集型印刷加工被称为世界印刷中心的，而是依靠印刷技术优势，以高档、精品、优质和良好服务赢得世界印刷订单。香港印刷战略转移之后，将原有的市场订单一起带到“珠三角”等地区，使我国印刷出口起点直接提高到高档印刷上，这是我国印刷出口产品结构与全国外贸出口产品结构最大不同之处。

由此可见：

一是我国印刷出口是由外资特别是港资企业带动发展起来的，印刷出口起点较高，主要以高档印刷品出口为主。

二是随着印刷产业结构调整和转型升级，经历世界金融危机之后，我

国印刷出口有了明显增长，2011年开始新的增长势头，2012年印刷出口增长13.62%，高于印刷总产值9.6%的增长率，印刷出口成为优化产业结构的重要标志。

三是印刷出口区域结构有所改善，但是幅度不大。广东2012年印刷出口占全国比重虽然降低到56.7%，但仍占全国半数以上，而湖南、江西印刷出口快速增长，多数也是由广东外资企业梯度转移后形成的。“长三角”印刷出口由2010年的19%增长到2012年的25%，体现了“长三角”综合印刷实力的后发优势，但从目前来看还低于“长三角”印刷总量在全国所占的比重（据统计2012年上海、江苏、浙江三省印刷产值占全国41.67%）。

四是目前我国印刷出口主要还是产品出口型，资本出口到国外建厂还刚刚开始探索，还缺乏成熟经验，而外资企业在中国设厂的势头越来越盛。“当纳利”1994年在深圳建厂后，相继在上海、北京、东莞建立生产和服务机构，2011年又在成都建厂。“中华商务”相继在深圳、北京、上海建立生产基地，综合实力明显提高。

综合起来看，我国印刷出口水平是我国印刷技术、质量、服务综合能力的反映，扩大印刷出口，增强我国印刷在国际市场的竞争力，能够带动我国印刷综合实力的提高，我国印刷的数字化、信息化、绿色环保、创意设计和现代服务的水平都能够在印刷市场国际化竞争力上得到体现，这是我国印刷业战略转型的重要方向。港资印刷企业是我国印刷出口的领头羊和主力军，学习和借鉴他们的经验，对加快推进我国印刷市场国际化无疑是非常有益的。

三、加大对扩大印刷出口的政策支持

中国要建设印刷强国，如果没有在国际印刷市场上的强大竞争力，就不可能成为真正印刷强国。同时，增强中国在国际印刷市场竞争力，可以“牵一发而动全身”，带动中国印刷的全面转型升级。因此要加大政策支持力度，把扩大印刷出口作为重要战略任务来抓，对此建议从以下几方面着手：

第一，研究制定扩大印刷出口专项中长期发展规划。

随着国家宏观政策的调整和国民经济结构的转型升级，印刷国际市场形势也发生很大变化。人民币升值、原材料和劳动力价格上涨、金融信贷偏紧、环保要求更严等新的经营环境，进一步扩大了印刷出口的不乐观形势。值得注意的是，“珠三角”地区印刷出口基本保持在400亿元左右，十几年没有明显增长，因此其出口在全国印刷业比重逐年下降。十年前“珠三角”曾提出打造世界印刷中心的宏伟目标，但由于缺乏得力的政策措施的支持，进展仍较迟缓，对此应深入进行调查研究；“长三角”地区印刷出口由2010年占19%，上升到2012年占25%，取得可喜进展，但与“长三角”整体印刷生产实力还不适应，仍有很大增长空间，也需政策进一步引导和支持。

今年是“十二五”规划的第四年，“十二五”规划即将过去，国家正部署编制“十三五”规划，这是实现全面建成小康社会，建设新闻出版世界印刷强国目标最后一个五年规划，是实现两个百年目标的关键时期，任务非常紧迫。建议在制订“十三五”印刷业发展规划时，扩大印刷出口作为一个专题进行研究，制定专项规划，明确目标，采取有力措施加以实施。

第二，着力培育一批外向型印刷重点企业。

认真总结雅图仕、鸿兴、江苏凤凰印务传媒、运城制版集团等在拓展国际印刷市场方面的经验和教训，他们的经验证明，只要敢于在国际印刷市场的激烈竞争中经风雨、见世面，中国印刷人不会比别人差，关键要善于学习，适应国际印刷市场规划，因此我们应该再重点培养一批外向型的印刷企业，在政策上给予支持，建议对印刷出口5 000万元以上、设备先进、管理科学、有一定自主创新能力的印刷企业，优先批准为高新技术企业，享受高新技术企业待遇，引导和鼓励更多企业拓展印刷出口。

第三，进一步发挥“珠三角”印刷出口的“领头羊”作用。

“珠三角”地区经历了2008年金融危机风暴之后，印刷业形势发生了较大变化，有一些被淘汰出局，但大多数骨干企业经受住考验，逆势增长，如雅图仕、中华商务等印刷企业，仍稳中有进，站住了脚跟，他们的经验弥足珍贵，应该成为全国印刷业科学发展的宝贵财富。虽然“珠三角”印刷出口在全国比重有所下降，但仍占全国一半以上，稳定“珠三角”印刷出口，对全国印刷出口至关重要，而且“珠三角”印刷出口在全国“领头羊”作用不仅不应削弱，应该更加得到加强，为此建议对“珠三角”印刷出口进行专题调查研究，提出针对性政策支持措施。

第四，在印刷产业园规划建设中，引导和鼓励设立印刷品出口加工区。

在国家宏观政策引导下，各地区结合本地区产业结构调整，正加快建设印刷产业园，这对优化我国印刷产业结构，将带来深远影响。在印刷产业园规划中，应考虑印刷企业加大出口能力的建设，对发达地区的印刷产业园规划中更应考虑印刷品加工区。有些外向型中小印刷企业比较集中地区，在城市规划指导下，也可以相对集中在印刷产业园区，成为外向型印刷产业园，这样做可以对承接印刷出口任务集中管理，除少数国家政策规定不得承印外，一般印刷品就地加工，全部出口，不得流失到加工区之外，新闻出版、工商、海关等部门定期进行审批、监督，有利于简化审批手续，提高工作效率。

对于外向型的印刷出口产业园，建议可申报为高新技术产业园区，享受高新技术企业优惠待遇。

第五，构建印刷出口社会服务体系。

扩大印刷出口关键要把握国际印刷市场需求“脉搏”，在当前信息化时代，国际印刷市场情况瞬息万变，常常是机不可失，时不再来。对于像雅图仕、中华商务等骨干企业，通过几十年市场积累，已构建起市场信息网络。据统计目前我国共有 5 000 多家企业从事印刷出口加工，其中 60% 是民营中小型企业，这些印刷企业许多刚刚涉足国际印刷市场，对于国际印刷市场“水”的深浅程度就难于把握，因此可否考虑“长三角”“环渤海”地区印刷业比较集中地区，建议发挥地区印刷行业协会的桥梁作用，组织相关印刷企业构建地区性国际印刷市场信息中心，及时反馈国际印刷市场需求信息，如有需要也可接受国际印刷订单和售后技术服务，为中小印刷企业开拓国际市场构建社会服务平台。

第六，研究设立鼓励印刷出口政策奖励。

鉴于印刷出口对建设印刷强国有重要意义，建议政府主管部门研究设立先进印刷出口企业政府奖，2 ~ 3 年评选一次，评选合格者授予全国先进印刷出口企业称号。

在全国印刷示范企业评选中，对外向型印刷企业实行同等优先政策。

四、刘克礼的外面世界

在我国还有一家民营印刷企业在国际印刷市场中一直保持着很强的竞争力，这就是山西运城制版集团。

“运城制版”专业从事多种凹印版、压纹版、模切版、烫金版、软凹版制版，技术力量在国际领先，是全球凹版制版领军企业。

“运城制版”的发展历史很富有传奇性。20 世纪 80 年代初，“运城制版”的前身是“运城地区工艺美术厂”，生产木质工艺家具，生产很不景气，当时国家开始实施改革开放，扩大出口，而包装装潢落后严重影响我国出口商品的声誉，于是在 1981 年试产塑料彩印。1983 年刘克礼奉调到该厂，全面转产凹印雕版制版版辊，从此走上了凹印雕版制版专业制造之路。

三十年来，“运城制版”从一个僻远的山西小城小厂到现在已拥有40多亿固定资产，拥有控股子公司123家，其中境内81家，境外42家，在全球40多个国家都建立了生产基地，年产各类版辊200余万支，高峰时占据了国内市场份额的70%以上，年销售额超过40亿，企业规模、生产能力、产品类型及创新能力，均稳居世界同行业首位。

企业迅速发展，上缴税收就多，对地方的贡献也大，因此刘克礼所获的奖励、荣誉也越来越多，他是全国“五一”劳动奖章获得者。而当我们见到刘克礼的时候，他说的第一句话是：我对奖励、荣誉兴趣不大，我关心的是凹印雕版制版的技术发展。从这句话联想，以为他一定是学工程技术出身的，后来了解他原来在大学学的是哲学，毕业于山西大学哲学系。

刘克礼1981年受命担任运城工艺美术厂厂长，开始转产塑料彩印，当时包装印刷主要工艺还是凹印，因为凹印墨色厚实，立体感强，高档包装印刷大都采用凹印。当时许多彩印厂都大量引进国外凹印设备，而很少有人关注凹版制版设备，当时国内只有少数几家做凹印制版，但工艺很落后，高档版辊都要到国外去订购。

1984年国务院批准举办北京国际印刷技术展览会。当时国家经委组织赴欧印刷技术考察团，在与德国Hell公司洽谈电子分色机技术合作中，提出希望Hell公司在首届北京国际印刷展中展出凹印版关键设备：电子雕刻机。当时Hell公司亚洲代理、香港集成洋行提出如要去北京展出，必须先落实用户，否则长途运输成本太高，因此代表团回国后征集用户意向。当时国家为支持这届展览特批一笔外汇额度，因此用户只要有足够的人民币额度就能转换外汇而留购展品。

刘克礼看准了这个难得的机遇，冒着高息高额贷款的风险，在这次展会留购了联邦德国Hell公司的电子雕刻机和相关配套的电子分色机、显影机、密度仪和电镀生产线，形成当时在全国水平最高、配套齐全的凹版制版生产线。

出乎刘克礼意外的是，这条生产线刚一建成，订单纷至沓来，业务量成倍增长。客户都是主动先付款，交完现金后还要排队等候，基本上都要至少等一个多月才能取货，有的厂甚至派代表常驻运城，专门催货盯货。

1992年，刘克礼在国内率先研发无胶片制版工艺。实现了从设计、电脑制作、电子分色、排版、陷印、数码打样，到自动拼版和雕刻工艺流程。没有出片环节，直接进行电雕。这一工艺，就是凹印制版工艺上的无胶片雕刻（即凹印CTP），这在当时堪称世界最先进的制版技术。

“运城集团”在经营发展决策过程中，很多地方体现着哲学辩证法的精髓。刘克礼在思维方法和经营理念上确有许多与常人不同之处。

1984年当北京国际印刷展开启了中国和世界印刷界的开放大门，面对世界印刷新技术、新设备，许多企业家都处于观望等待，特别是高新技术设备常常降价很快，更使许多企业犹豫不决。刘克礼认为：高新技术设备降价是必然的，而且是永远不会停止的，淘汰了旧的，又有新的，如果要等，那要等到什么时候？“早买早后悔，晚买晚后悔，不买还后悔”。既然早晚都是后悔，何不早点“后悔”，早买早得益呢！

刘克礼在用人方面也有一套自己的理念，不招最优秀的，只招最合适的，因为最优秀的也是最不稳定的。

运城地处山西南部，改革开放初还很落后，很少会有大学毕业生愿意去那里工作，即使去了也不会安心。

因此刘克礼招聘电脑操作人员时以高中生为主，以运城当地人为主，明确规定录取只以考核结果为准，其他一概不论，并且张榜公布、接受监督，如有违规，查实后一律清退。结果当时招聘盛况大大超过预想，应聘者超出招聘数几十倍，有人形容说这是运城地区另一次“高考”，甚至比高考还难。

这批来自运城周边穷乡僻壤的高中毕业生，经过严格培训，很快掌握了电脑设计制版技术，这对于从贫困乡村来到他们眼里的大都市“运城”，感到非常满足，在家乡人面前也感到很荣耀，因此，工作也特别安心，据说“运城制版”电脑排版人员流失率很低。

“运城制版”经过八年运营，企业发展了，壮大了，资金雄厚了。20世纪90年代初，刘克礼筹划着企业的进一步发展规划。改革开放以来中国印刷业一直作为都市型产业受到重视，生产企业大多比较集中在大中城市，运城毕竟地处相对偏僻地区，信息、交通、技术服务等对企业发展有众多不利影响。刘克礼谋划在占我国印刷业生产能力70%以上的“珠三角”“长三角”和“环渤海”地区建立生产基地，但总部仍留在运城，因为这是他们的“根”。

但他的脚步并没有停下来，1992年，投资总额6 700万元，建立了广东东莞运城制版有限公司。

1993年，投资6 100万元，建立了上海运城制版有限公司。

同年，又投资4 680万元，建立了大连运城制版有限公司。

刘克礼企业布局如下棋，一投产，便牢牢地占领了珠三角区、长三角区、环渤海区及中原大地的凹印版辊市场。为了适应企业的快速发展，建立现代化企业管理运行机制，1997 年 4 月份，经山西省政府批准，运城制版厂进行了改制，组建成为山西运城制版（集团）股份有限公司。由此辐射全国，掌握了全国凹印制版市场的“控制”权。

2000 年 5 月，公司跨出国门，刘克礼的视野拓展到世界，他首先从拓展东南亚地区开始，在泰国、越南、印度尼西亚建立生产和经营服务基地，满足当地凹印制版市场需求，取得成功后继而拓展欧洲和非洲市场，在俄罗斯、乌克兰、埃及、肯尼亚等国设立分公司，进而开拓美洲市场，在墨西哥、巴西、美国等国家建立生产基地，至今已在 40 多个国家设立了 40 多家分公司。

刘克礼对各地建设生产基地规划也有独到见解，他认为既然印刷厂大都设在大中城市内，但是现代城市发展太快，很不稳定，因此他选择在大城市郊区，一般距离市中心百公里左右，他认为这样布局的好处一是郊区地价比城市中心便宜很多，且一般不会遭受二次搬迁，相对比较稳定，二是当地政府会大力支持，会有许多政策优惠，生活服务也容易解决；三是周围自然环境比较好，有利于职工身心健康；四是职工队伍容易稳定，受到外界干扰相对会少。例如“大连运城制版公司”建在大连市郊区金州，背靠小山，三面是农田、果树和桃园，山清水秀，空气清新，有人形容似身处桃花源中。

在国外建厂，刘克礼也秉承同样理念。在美国，刘克礼选择在南卡罗莱纳州斯帕坦堡市的郊外，当时运城集团用 35 万美元买下了 6.5 英亩（约 26 305 平方米）的土地，这个价格只相当上海、东莞相同地价的 1/4，而且斯帕坦堡市电力供应充裕，电价比中国便宜 3 倍以上（中国高峰时段电费 14 美分 / 千瓦时，而当地只要 4 美分 / 千瓦时；另外那个地方离可口可乐公司很近，客户新的设计对制版的技术要求信息能及时了解，但是美国工人成本比中国高很多（一般要高 5 ~ 15 倍），然而当地在美国也是比较偏远地区，当地对能提供十个就业岗位的企业可享受每个工人 1 500 美元的税收减免，这样利弊相较，仍然利大于弊，“运城制版”毅然决策在斯帕坦堡市建了生产基地。

刘克礼为人非常低调，他领导的“运城制版”也很少在公众场合宣扬，几乎从不做任何形式的广告、公关宣传。他认为企业景不景气，不是靠宣传，而是靠实力，与其把钱花在公关宣传上，不如把这笔钱用在加大研发力度，引进先进技术设备，增强企业实力上。只要实力强了，在原料采购、引进设备等、与供应商谈判上才能掌握主动权，取得优惠价格。20 世纪 90 年代初，“运城制版”在东莞、上海、大连建立生产基地之后，三厂的设备引进实行统一谈判、统一进口，加大了谈判筹码，其引进的设备价格比单个企业引进的价格低 50% 左右。

改革开放以来在企业管理上，大家听的最多的是：企业管理必须以产品质量为中心，而问题是怎样具体去落实。刘克礼从“运城制版”成立一开始就探索建立“项目管理 + 部门管理”合纵连横、矩阵式管理模式。

“项目管理”是指生产加工“活件”管理，每个“活件”从签订合同之后就建一份单独档案，每一道工序完成都要有责任人签字，这样形成包括合同书、客户原始资料、生产单、设计稿、电子分色样张、排版打印稿、拼版图、研磨、电雕、电镀等数据记录、印刷打样样张、打样质检、版辊打包发货的一套完整档案。使每一个“活件”、每一道工序都做到责任落实到人，出现问题调出档案，就可查到原因，及时改正。“部门管理”则主要是指人力资源管理。

“运城制版”三十年长盛不衰，给我国印刷界提供了许多可供借鉴的宝贵经验，一个偏远小城，专做凹印版辊，专业性很强的小厂，能成为当今世界最大的凹版制版企业，其成功的原因确实很值得我们去研究。

当然“运城制版”三十年成功只说明过去的业绩辉煌，而今后仍前路漫漫，充满着荆棘。如今刘克礼已年近古稀，当谈及当前“运城制版”面临困难的时候，刘克礼反复地说知识产权保护问题太重要了。现今一项重要技术成果投入很大，而到成功之后往往被人带走，如诉诸法律又往往旷日持久，实在让人“耗”不起啊！期待法律能尽快解决这个问题，也期待“运城制版”在新的历史时期创造新的辉煌，续写新的传奇。

五、雅图仕——世界印刷市场的常青树

在我国广东江门鹤山西江岸边有一片绵延一公里的印刷企业：鹤山雅图仕印刷公司。

这是一家港资企业，成立于 1980 年，当时名叫利奥纸业国际公司，其中一位股东冯学洪先生是广东江门鹤山人，1991 年为回报祖国在鹤山投资建立了雅图仕印刷公司。雅图仕累计投资达 18.73 亿港元，拥有世界最先进技术和装备，产品涉及各类纸质精装书、立体书、文具用品、贺卡、包装用品、礼盒、纸袋等，建厂以来产品全部出口远销欧、美、澳及亚洲世界各地，而生产规模不断扩大，在中国印刷企业 100 强排行榜

中从 2003 年开始评选以来，连续十年排名在前十位，近四五年来一直位居百强第二位。

中国印刷企业 100 强排行榜中的雅图仕 10 年轨迹

年份	销售收入（万元）	百强排名
2003	59 836	4
2004	72 875	10
2005	100 398	5
2006	117 667	9
2007	156 725	6
2008	178 642	5
2009	221 626	2
2010	226 444	2
2011	241 860	2
2012	258 281	2

从这份业绩单中可见：

——雅图仕连续十年销售额高速稳定增长，没有出现过波动；

——雅图仕十年来在中国印刷企业 100 强排行榜中稳居前十名，2009 年以来连续四年稳定在前二位；

——雅图仕是外向型印刷企业，印品全部出口。

在 2008 年世界金融危机、中国外贸出口普遍下滑形势下，雅图仕不降反升，2009 年销售额比 2008 年逆势增长 6.8%。

在国际印刷市场竞争不断加剧形势下，雅图仕取得这样优秀业绩实在难能可贵，很值得我国印刷同行学习、研究、借鉴。

与其他企业不大相同，雅图仕是一个“专业”而又“专心”的企业，它生产的产品以精装书、儿童益智书、立体书、文具用品、贺卡、包装用品，纸盒等为主，远销欧洲、美洲、澳洲等世界各地。更重要的是，这些产品百分之百出口，十几年没有一分动摇。

雅图仕秉持“以人为本，以策为上，以质为根，以果为宗”的经营宗旨，十几年来，在发展海外市场方面，雅图仕有着自己的经验：

首先，设立海外办事处。这样一方面可以更直接地和国外客户沟通，令公司与客户之间在接洽、接单、生产、交付等环节上更加顺畅；另一方面，亦有助于了解和把握消费者的喜好和文化，进而帮助客户进行准确的市场定位，令产品迎合消费者的需求。

其次，为客户提供全方位解决问题的方案。并通过技术、创意、成本控制、流程优化等途径生产出质量好、外观吸引人、价格适宜、交货又及时的产品。

再次，诚信守法经营。完善企业内部管理，并严格遵守国际标准及国家法律法规，以符合客户行为守则评审的要求。

近年来，面对越加激烈的外单竞争形势，雅图仕专心专注，持续创新，努力保持自己在国际市场上的竞争优势。

1．**产品多元发展**

雅图仕的传统产品包括儿童图书、教科书、文具等。在巩固书籍印刷等传统业务的基础上，积极开拓包括包装装潢在内的多元化印刷品。例如，在增强现时技术方面，雅图仕推出的产品具有教育性、娱乐性，能够充分互动并十分有趣，在国际市场非常受欢迎；雅图仕应用电子印刷技术开发了一个叫作 qup 的品牌。这一产品是互动教育儿童纸品玩具，具有无线同步化、被干扰后自动再同步、互动性等特征，在欧美市场很畅销；雅图仕还利用自主研发的薄膜电子印刷技术，开发了印刷薄膜开关 MagicTouch，这个产品已经在全世界拿到了专利权。

2．**重视技术研发**

雅图仕是一个极为重视高新技术的企业。一路走来，雅图仕设立了创新科技研发部，成功申办江门市工程技术研究开发中心，与北京印刷学院等高校合作研发印刷技术项目，荣获省级高新技术企业……雅图仕甚至投资数千万元，建造专门的研发大楼，不断提高自主研发设计产品的比例。研发大楼占地逾 6 000 平方米，200 多位研发人员在其中工作，这样的规模在印刷业界非常罕见。用高科技提高产品附加值，提高产品竞争力，成为雅图仕赢得市场的不二法宝。

3．**应用 RFID 技术**

2006 年初，雅图仕启动 RFID 技术的尝试，第一个 RFID 应用项目在成品处理环节试点成功。其后，陆续在生产、品检、仓存、走货及发票等运作环节成功应用 RFID 技术。

雅图仕通过 RFID 技术在各个运作流程的全方位规划及实施应用，实现无间断的追踪及监控管理流程，在生产效率、质量控制、库存管理、成品走货及节省成本等方面增强企业的竞争优势，一方面使得产品的原材料追踪、生产控制、质量监控等方面的管理更加精确，另一方面亦为客户产品提供在物流、库存、零售等供应链环节的增值服务，令客户更加依赖这些增值服务，提升客户满意度及扩大市场占有率。

4．推动内部管理的变革

雅图仕的内部管理变革，主要包括工业化与信息化的融合、以精益生产改革内部运作、场内外物流整合、参与提升国家行业标准、关注绿色环保5个方面。

比如，在工业化与信息化融合方面，雅图仕自主研发了ERP系统，还将物流、RFID、无线切分一同建设起来，以保证内部的高效管理，并能够向客户实时提供讯息；在精益管理方面，雅图仕从2007年启动精益管理试点，将卡片生产车间命名为“精益模范车间”，通过样板带动，循序渐进，持续改善。

2008年，雅图仕正式提出“零废料工厂”理念，从新产品设计阶段开始，以“零化”为目标，各工序推广绿色生产，在供应链、生产等各环节中杜绝一切浪费，达到零损耗、零废料、零排放、零能耗等“零”理念；透过循环再利用，制造新原料、新能源，使之成为新资源；在此基础上推动员工、供货商、客户及社区等相关方共同实现“零”理念。

时至2013年，雅图仕全年销售收入25.79亿元，位列百强榜单第三。虽然珠三角印刷企业的外单出口面临持续压力，雅图仕依然独占鳌头，稳健前行。

第十章 调结构 促升级

在中国印刷业实施战略转型过程中，必须与加快推进产业结构调整相结合，两方面相向而行，打造中国印刷产业升级版。

一、中国印刷已由过去超速发展进入正常中速发展的新阶段

进入21世纪以来，中国印刷在改革开放和印刷技术第二次革命的推动下，过去超速发展带来的产业结构性矛盾日益显现，印刷企业数量超过10万家，印刷生产能力超过市场实际需求，企业结构大的不强、小的不精，印刷技术的开发后劲不足等，这些结构性矛盾在2008年遭受金融危机冲击之后更加体现出来。

1．发展速度

从世界经济发展规律来看，一个行业超速发展只能是一种暂时性现象，常常是为了解决某种特殊性问题，当问题解决之后必然会转入正常发展轨道。2008年金融危机成为中国印刷从超速发展转向正常发展的“拐点”。

表1中收录了2008～2012年GDP（国内生产总值）、全部工业和印刷业（全称为“印刷业和记录媒介的复制”）的工业增加值增长率，同时收录了同时期的印刷工业总产值增长率。

全部工业和印刷业的工业增加值增长率，依据的是国家统计局每月披露的统计数字。其统计范畴，2011年以前是年主营业务收入500万元以上的企业，2011年后改为2 000万元以上。我们跟踪这些数据，主要看其变化趋势。

由表1中5年的发展数据，可以得出几点结论：

其一，无论全部工业还是印刷业的工业增加值增长率，都高于GDP的增长率。

其二，印刷产业与全部工业的平均水平相比，起伏高度一致，印刷业接近全部工业的平均增长率。从数字上看，2011年前略低于全部工业平均值，近一两年基本趋同。

其三：由国家新闻出版广电总局官方公布的印刷工业总产值增长率，前几年远高于国家统计局的统计数字，最近两年略低于该统计数字。其中原因，也很值得琢磨。从统计对象这个角度考虑，国家统计局的统计范围为规模以上企业，其相对平稳的运行态势对比印刷工业总产值的大幅起伏，或许在此能印证“规模化的企业，其发展势头相对更好”的推论。

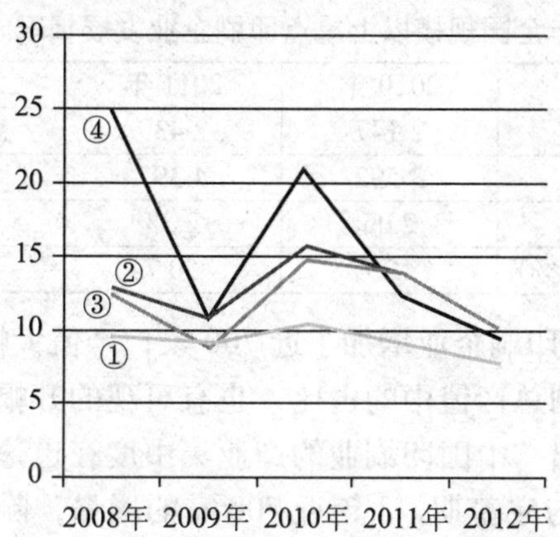

表 1　2008 ～ 2012 年工业增加值增长率

	2008 年	2009 年	2010 年	2011 年	2012 年
GDP 增长率（%）	9.6	9.2	10.4	9.3	7.8
工业（规模以上工业企业）工业增加值增长率（%）	12.9	11	15.7	13.9	10.0
“印刷业和记录媒介的复制”工业增加值增长率（%）	12.4	8.8	14.9	13.9	10.1
印刷工业总产值增长率（%）	24.92	10.82	21.02	12.59	9.6

但 5 年来印刷工业总产值的增长率变化趋势，和另外几条线是一致的。从绝对值来看，只是 2012 年进入一位数增长，前几年都是两位数增长。“十一五”期间年均增长 19.3%，也是曾经高速的一个明证。

如果依据表 1 为印刷行业的未来发展设定一个关键词，应该是“稳中求进”。虽然告别了高速增长，但我们还处于中速增长时期。如果对比的对象为全球经济体，中国印刷业的发展速度还是相当可观的。

这是我们行业未来发展的一个基本面。

2．规模结构

随着增速趋缓，中国印刷产业结构也发生明显变化。

所谓规模结构，即大中小企业的比例结构。一直以来，印刷企业“小而散”的状况比较突出，培育骨干优势企业，提升规模效益，是推动印刷业发展的重要着力点。

自2009年开始，原新闻出版总署利用年度核验，建立了“规模以上重点印刷企业（年产值5 000万元以上）联系制度”。表2显示了几年来的统计数字。

表2 2010～2012年全国规模以上重点印刷企业发展情况

	2010年	2011年	2012年
规模以上企业数（家）	2 147	2 439	2 839
规模以上企业产值（亿元）	3 592	4 397	5 500
规模以上企业占企业总数（%）	2.06	2.38	2.72
规模以上企业产值占印刷总产值（%）	46.7	50.7	58

3年时间，规模以上重点印刷企业增加了近700家，产值大幅度增长，在企业总数中的占比和在印刷总产值中的占比，也有可观的升幅。不过，我们还不能由此绝对地推论出“中国印刷业的产业集中度在迅速提高”。因为此项统计制度尚在建立与完善期，3年近700家的增量，除了因为业绩增长进入统计范围的企业，还存在部分逐步纳入统计范围的企业。

但是，从时点来看，表2中2012年的这组数字，仍然具有很重要的价值，这是描述我国印刷业大型企业概况的基础数字。我们可以拿这组数字，与发达国家德国的数字进行对比。

下面，我们来看看德国进入新世纪以来的企业结构变化，看一看这些变化能给我们带来什么启示。之所以选择德国，是因为德国是发达国家中受金融危机冲击相对较小的，它的变化相对而言更能反映产业大势。

表3 2000～2011年德国企业结构变化

		2000年		2006年		2011年		企业数量变化	
		数目（家）	占企业总数的比例（%）	数目（家）	占企业总数的比例（%）	数目（家）	占企业总数的比例（%）	2011年较2006年增长率（%）	2011年较2000年增长率（%）
企业分类	1～9人	9 793	70.3	7 885	70.6	6 838	70.2	−13.28	−30.18
	10～19人	1 901	13.7	1 462	13.1	1 259	12.9	−13.89	−33.78
	20～49人	1 402	10.1	1 132	10.1	1 011	10.4	−10.69	−27.91
	50～99人	475	3.4	397	3.5	354	3.6	−10.83	−25.50
	100～499人	319	2.3	266	2.4	273	2.8	2.63	−14.42
	500人以上	33	0.2	22	0.3	11	0.1	−50.00	−66.67
	总计	13 924	100.00	11 164	100.00	9 746	100.00	−12.70	−30.01
从业人员总计（人）		223 018		174 642		154 479		−11.55	−30.73

表 3 显示了德国大中小企业（以员工人数来区分）2000 年、2006 年和 2011 年的企业数量及占比情况。同时，分别计算了近 5 年（从 2006 年到 2011 年）和 10 年来（从 2000 年到 2011 年）的变化率。

10 年时间，德国印刷企业从 13 924 家减少到 9 746 家，减少了 30%，从业人员亦从 22.3 万人减少到 15.4 万人，同比减少 30%，这是无可挽回的大势。当然这不能说全部是金融危机的影响，大家看后 5 年（2006 ~ 2011 年）的变化率（企业数减少了 12.7%，从业人员减少了 11.55%），能明晰地看到这一点。

如果仔细观察不同类别的企业，可以看到其减少幅度是不同的。以平均值 30% 的下降率来看，“1 ~ 9 人”、“10 ~ 19 人”两组小企业，高于或者接近平均变化率；“20 ~ 49 人”、“50 ~ 99 人”两组，应算中型企业，略低于平均变化率；大型企业（100 ~ 499 人）这一组，减少的幅度是最少的，只减少了 14.42%。甚至在后 5 年，其企业数还增加了 2.63%，说明这组企业在金融危机时期有更好的抗风险能力。“500 人以上”的特大型企业比较特殊，由 33 家减少到 11 家，2/3 企业消失了，其中除了共性原因，恐怕还有各自的个体原因，在此不再展开分析。

在德国企业经历大规模洗牌的这 10 年间，我国印刷业还处于从高速到中速的发展期，2000 年企业总数为 9 万家左右，2011 年 10.25 万家。前几年企业数仍在增长期，2007 年突破 10 万家大关，后几年基本持平。对比德国的变化情况，研判我们的未来趋势，应注意几点：

其一，在中国，洗牌期刚刚开始。未来 10 年，优胜劣汰的严峻考验会真正来临。

德国在全球印刷业排位第四。排位第一的美国，2000 年有印刷企业 39 035 家，2012 年下降为 27 977 家，12 年间减少了 28%，与德国趋势基本一致。欧美大国已然经历的洗牌期，现在在中国已经开始。我们不知道洗牌的力度，也许到不了欧美大国 30% 左右的高淘汰率，但现在，大家身边已经出现了一些案例，从国家的政策导向来看，结构调整的力度也会不断加大。

其二，怎么洗牌？从表 3 可知：“1 ~ 9 人”企业组，2000 年占比 70.3%，2011 年 70.2%，比例基本未变；“10 ~ 19 人”企业组，占比由 2000 年的 13.7% 下降到 2011 年的 12.9%，略有下降；“20 ~ 49 人”、“50 ~ 99 人”两组，占比分别经历了由 10.1% 到 10.4%、3.4% 到 3.6% 的微小升幅；“100 ~ 499 人”这一组，占比升幅比较明显，10 年间由 2.3% 升至 2.8%；“500 人以上”企业组占比微小，暂不分析。

如果将企业的大中小结构比作一个金字塔，德国印企的10年变化，基本是等比瘦身。换句话说，其金字塔的形状，并没有根本性的改变，只是金字塔的上部，稍稍加大了一点。

这说明什么？说明优胜劣汰，主要在各个层级内部进行。优胜劣汰，并不全是“大企业活，小企业死”，虽然“以大吃小”是大企业快速成长的一种模式。优胜劣汰，更多的是每个层级内部的洗牌。

所以说，消失了的企业，不是输给了市场，而是输给了竞争对手。

其三，我们仍然不可否认，大企业有更好的存活率，也有更大的发展空间。我们看表3中德国“100～499人”企业的变化比率，能清楚看到这一点。所以说，洗牌期对大型企业意味着更多的机会。从我国情况来看，政策导向也在倾斜支持大企业的扩张与发展。在当下的经济动荡期，我们的前景还是要相对光明一些。

其四，中型企业包括小微企业，也有相对广阔的发展空间。印刷产业有自己的产业特性与服务需求，不可能形成寡头垄断的产业格局。中小企业仍然会是企业金字塔分布的重要塔基。关键还是中小企业如何进入差异化生存，找到自己的细分市场，创造出自己的产品和服务优势，优化自己的核心竞争力，在专精特新上用足功夫。

借鉴德国的产业结构演变之路，对我国印刷业产业结构调整有哪些可供借鉴呢？

——落后产能逐渐被淘汰。

在金字塔的各个层级，挤出的、淘汰掉的，应该是这类企业。当然，从绝对数量上看，被淘汰掉的绝大多数企业，还是处于塔基的企业。但从淘汰比率上看，洗牌是全方位的。

——产业集中度逐步提高。

上面分析了美国印刷企业的消失情况，12年时间，企业数量减少了28%。但从印刷企业的平均产值规模来看，12年间从418万美元增长到526万美元，增长了近26%。从中推测，无论美国还是德国，在这场洗牌与求生的角力中，大型企业在汇集更多的资源，也在蓄积更多的产能，这个过程，会推动产业集中度的提高。但在印刷这个产业，集中度的提高，会有个临界点，或者说，产业集中度会有个合理的分布区域。比如德国，员工人数超过100人的企业占比接近3%，其营业额占到德国印刷市场营业总额的40%。中小企业，仍然是重要的价值贡献者。

——大中小企业竞合共存。

竞合共存的良性行业生态，需要清晰各自的定位与功能，需要密切配套合作关系，需要企业所提供的产品与服务由同质走向多元。这会是一个长期摸索、磨合的过程，也会为中小印刷企业带来了更多的生存空间和生长机会。

综上，我国印刷产业结构调整目标，应该有丰富而非单一的特质。

3．区域结构

区域结构，指的是印刷总量在地域间的分布结构。

表 4 为 2006 年、2012 年国内主要省市印刷工业总产值情况。进入表内的省市，是 2012 年排位前 10 位的地区，从广东到湖南。湖南之下，加入了部分近年发展快速的省份。

表 4　2006 年、2012 年国内主要省市印刷业工业总产值

	2006 年		2012 年		6 年
	工业总产值（亿元）	全国占比（%）	工业总产值（亿元）	全国占比（%）	平均变化率（%）
全国总计	4 000	100.00	9 510.13	100.00	15.53
广东	1 254	31.35	1 699.36	17.87	5.20
浙江	550	13.75	1 150.69	12.10	13.09
江苏	412.66	10.32	1 087.58	11.44	17.53
上海	347	8.68	773.11	8.13	14.28
山东	324.6	8.12	741.84	7.80	14.77
河北	239.53	5.99	572.90	6.02	15.64
福建	197	4.93	400.77	4.21	12.57
四川	110	2.75	334.54	3.52	20.37
北京	63.47	1.59	271.23	2.85	27.39
湖南	63.4	1.59	314.24	3.30	30.58
湖北	94.14	2.35	265.22	2.79	18.84
安徽	99	2.48	264.67	2.78	17.81
江西	30	0.75	222.14	2.34	39.61
河南	107.5	2.69	198.59	2.09	10.77

先请看全国印刷工业总产值。从2006年到2012年的6年间，总产值从4 000亿元增长到9 510亿元，年均增长15.53%。

以此为均值，应注意，印刷业最发达的地区——广东省，年均增长5.2%，增长动能明显不足，这导致广东省在全国总盘子中的占比，从2006年的31.35%，跌落到2012年的17.87%。

再来看看长三角——江浙沪地区。这三个地区，是继广东之后，产值排名第二位到第四位的省市。从增长率上来看，江苏跑赢平均增长率，上海、浙江未到，这导致从占比来看，江苏微升，上海、浙江都有所下降。总体看，江浙沪在全国产值中的占比，基本保持原有份额，略有下降。

同时值得关注，在这6年四川、湖南、江西增长明显；湖北、安徽，也高于平均值。北京情况有些特殊，2006年的总产值只包含书刊印刷，2012年加上了包装印刷，统计范围的扩大导致增长率偏高。

这些快速增长的地区，其在全国所占产值份额也在变大。像江西从0.75%增长到2.34%、湖南从1.59%增长到3.3%。

从这些发展较快的地区，我们能看到一些共性的特点。湖南、江西在广东以北，因为地缘关系，有承接地的概念；四川作为西南的重心，在西部大开发战略中首当其冲。

如此看来，中国印业的分布版图在开始发生变化。在印刷业，三十年一直有珠三角、长三角、环渤海三大产业带的说法，从目前的情况来看，三大产业带仍在发挥中坚作用，其产业地位依然稳固。但与此同时，新的增长极也在悄然生长，在中部、西部等地区，它们也开始在局部起到带动和引领作用。

除了关注区域结构变化，我们也很关心，推动中国印刷业的驱动力来自哪里?

分析各省印刷业增长情况，可以推断，中国印刷业持续发展的更基本的驱动力，还是内需的驱动力，只有这样才能解释，虽然各个省市的发展速度有差异，但在6年间还都是两位数的增长。唯一的例外是广东，而广东主要还是受了外单的牵制。

满足内需增长的需要，贴近客户的需求，不仅贴近客户，有时还需要启发客户、启动新市场。中国广阔的地域和市场，仍然孕育着很多新机遇，这是中国印刷企业所需要面临的一个基本面。对此我们还是要坚定信心。

4. 业务结构

业务结构指的是出版物印刷、包装印刷、商务印刷间的比例结构。

目前行业中有个共识：包装印刷增速最快，将是中国印刷业发展的重要引擎。很多企业也在纷纷上马包装印刷。现在从国际视角，看看如何把握这个说法。

中国印刷生产总量-商务印刷及包装印刷均增长迅速

从2011年至2020年包装印刷生产总量预计增长75%-商务印刷64%

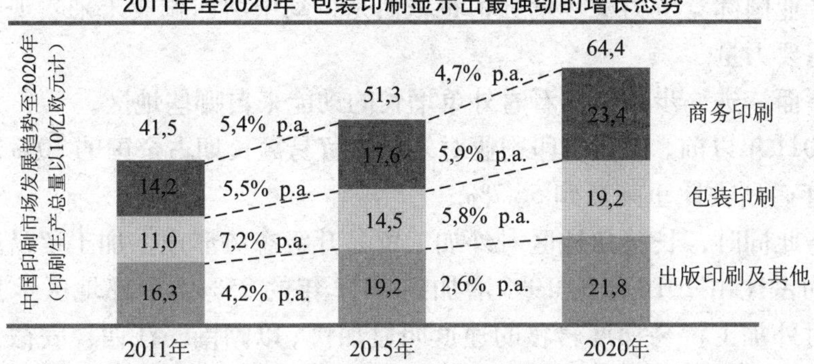

来源：海德堡分析报告-2012年4月，行业分析，PIRA,Jakkoo Poyry,Primir（GAMTS）

上图来自海德堡的分析报告，由此看到的印刷生产总量，出版物印刷、包装印刷和商务印刷间的业务结构，尤其所预测的发展速度，都与我们国内的统计数据有所不同，还是相当保守的。借用此图，主要是看其所预测的变化趋势。

图中柱子上的数字，分别为 2011 年、2015 年、2020 年 3 个年份的产值数字；柱子间的数字，为年均增长率。横轴看，分别为出版物印刷、包装印刷、商务印刷的情况；最上端，为总和情况。

由此可见：出版物印刷的发展速度持续下降，从前 5 年的年均 4.2%，下降到后 5 年的年均 2.6%。

相对而言，包装印刷、商务印刷的增长率较高，包装印刷的增长率分别是 7.2% 和 5.8%，商务印刷分别是 5.5% 和 5.9%。

总体看，从 2011 年到 2020 年，包装印刷生产总量预计增长 75%，商务印刷 64%。

在海德堡的分析报告中，除了包装印刷有较快增长，商务印刷在未来 10 年也还有可观的发展空间。这个判断，可在上海等地区的实际发展情况中得到验证。

5．印刷出口结构

对我国印刷出口的情况，已在第九章作专题研究。

从总量上看，受金融危机的影响，我国印刷业的对外加工贸易额在

2009年有大幅度的回落，较2008年下降30.56%；但2010年迅速弥补了缺口，重回600亿元以上，并且出口产值较金融危机前有所上升；2011年微升；2012年，年度增长率13.62%，跑赢了印刷工业总产值9.6%的增长率。

2012年13.62%的增长率，也远远高于全国对外加工贸易3%的增长率，实现了逆势增长。可以说，中国印刷业仍然存在明显的价格和质量比较优势，产业国际竞争力稳步增强，也依然是拉动中国印刷业未来实现中速增长的重要力量。

下面，进一步分析，看看外单增长的动能来自哪些地区。

2011年以前，广东省印刷业对外加工贸易额长期占全国的70%以上，2012年，所占比重降低到56.7%。

与此同时，长三角地区对外加工贸易升级态势形成，加工贸易总额在全国的占比由2010年的19%增加到2012年的25%；中部地区承接沿海地区对外加工贸易梯度转移的速度明显加快，以湖南、江西、安徽为例，三地加工贸易总额在全国的占比，由2010年的1%增加到2012年的7%。

一缩两增，大家能够明显地看到外单结构的地域变化。其实，在全国更多地区，外单业务也开始突破。而且承接外单的企业，也由过去的外资企业为主力，扩展到更多的民营企业。目前全国共有5 000多家印刷企业从事对外加工贸易，其中60%以上是民营企业。

如上分析表明，产业结构的迁移与变化期，伴随着对产能过剩的“消肿期”。未来10年，印刷业的洗牌与发展，更多地是通过市场之手来完成，需要市场发挥主体性作用。可以想见，洗牌将是残酷而剧烈的。无论今年还是未来一段时间，印刷企业都将面对严峻的考验，需要企业家有坚定的信心，以及切实的行动[1]。

二、运用市场竞争机制和加强行政监管两手，加快淘汰落后印刷产能

党的十八大确立市场在资源配置中起决定性作用，这是我国推进社会主义市场经济在理论上又一个重大突破，我们应该以此为指导审视当前我国印刷业发展政策和发展思路。

在我国新闻出版产业中，印刷业的确是市场程度较高的产业，但是仍有计划经济的痕迹，尤其在教材出版印刷中。一些所谓体制内印刷厂有着

1　本节内容取自《中国印刷业业情分析》，作者王丽杰，刊于《印刷经理人》杂志2013年10期

“做好两季教材，一年不愁吃喝”的心态，满足于“吃不饱”也“饿不死”的现状，这样难有求变、求新、求加快转型的积极性。

另据国家新闻出版广电总局2013年7月公布的数据：2012年我国出版图书品种达到41.4万种，较2011年，增长12.04%，创造新中国成立以来新的纪录，定价总额达1 783.37亿元，较2011年增长11.32%，但年实际图书销售额仅为688.48亿元，只有实际发行量的58.2%。就是说有超过40%的图书还压在仓库里，其中大多数的命运恐怕只有报废回炉。这个报告还显示2012年仅新华书店及出版自办发行的图书库存额已经增至880.94亿元，这也是从1999年公布统计数字以来连续第14个年头向上攀升。

这些情况说明，中国印刷在市场化道路上还有相当长的一段路要走。根据“十八大”的精神，还是早走早主动，晚走更被动。除了个别如印钞一类的，应该鼓励对印刷市场化的体制、机制改革进行探索和实践。

现在中国印刷业正进入转型升级和结构调整的关键时期，印刷企业有生有死、有进有出将成为常态。而且这是中国印刷业在“洗牌”中优化产业结构的“利器”。

在当前我国印刷产业结构调整中首先要淘汰的是落后的印刷产能，这就需要建立和完善市场公平竞争环境和机制，不能让落后印刷产能因行政保护而保留，也不能让可以保留的企业因不公正对待被逐出市场。

建立公平竞争印刷市场机制，应该放宽市场准入条件，鼓励更多市场要素进入印刷市场，参与竞争，在竞争中壮大发展，世界各国印刷企业结构的一个共同特征是中小型印刷企业占绝大多数，不少著名印刷企业都是从小到大发展起来的。更何况，现在印刷业态已发生根本变化，远不是过去单纯印制加工单一形态，创意设计、信息咨询、电商中介等服务形态均已融入印刷产业链，因此需要根据变化的实际情况，适时修订《印刷业管理条例》，更好鼓励印刷市场公平竞争。

同时要鼓励更多资本要素进入印刷市场，民营资本，外资和国有资本等资本要素，应该按市场规则互相持股，建立现代企业制度，加快国有印刷企业股份制改造。

现在印刷企业经营活动都通过市场来进行，因此要进一步完善市场公平游戏规则，招标、竞标、评标要防止行政干预，暗箱操作，合同要规范透明，经得起检查。

在市场公平竞争的环境下，印刷企业优胜劣汰，大浪淘沙。

鼓励市场公平竞争的同时，必须要加强行政监管，在放宽市场准入条件的同时加强依法治业，实施鼓励竞争与严格管理相结合，建立规范、有序竞争的印刷市场秩序。鼓励市场竞争并不是放任自流，对于违规违法的企业必须坚决严肃查处。当前应该重点查处：一是印制假冒伪劣、制“黄”贩“黄”等非法印品，严重扰乱印刷市场秩序，对此事件一经查实就应该吊销其生产许可证；二是印刷产品和印刷生产环境不达标的企业，应指令限期整改，否则应停产整顿，最终逐出印刷市场。

运用市场公平竞争和严格行政监管两手，将使那些落后印刷产能的企业在市场上没有立身之地，被淘汰出局。

三、着力培育具有国际竞争力的骨干企业

调整印刷产业结构是一个系统工程，所含范围很广，包括企业结构、内部行业结构、区域结构、技术结构、人才结构等，既要统筹兼顾，又要抓住重点，就像牵住“牛鼻子”带动全行业产业结构的调整。

这个“牛鼻子”就是企业结构，就是要着力培育一批具有国际综合竞争力和著名品牌影响力的骨干企业。

骨干企业的强盛经常是一个国家印刷业发达水平的标志。

下面来看一看当今世界印刷强国美国、日本、德国三家进入世界500强的印刷企业的概况。

美国当纳利集团：1864年在美国芝加哥创立的印刷企业，至今已有150年历史。1886年印刷电话号簿，1929年印刷著名《时代》杂志，1978年并购英国Ben Johnson & Co.，1993年进入中国，现在当纳利在北美、亚洲、拉美、欧洲共设有600多家分支机构，员工超过58 000人，2011年全球销售额超过106亿美元。当纳利现已成为整合传播方案的服务商，为各个领域客户提供印前媒体、印刷、物流和外包服务。

当纳利在中国先后建立9个印刷生产工厂（深圳、上海、北京、东莞二个、成都、苏州等），5个印前媒体中心，3个新产品研发中心，4个服务中心，当纳利中国2012年销售额6.4亿美元，约合37亿元人民币，从2006年起一直稳居“中国印刷企业100强”榜首。

日本大日本印刷株式会社：建立于1876年，至今已有138年历史，从日本铅字印刷起家，先后印制日元钞票、建材印刷、软包装印刷，1984年开发电视大屏幕和全息图像技术，1994年建立液晶显示器用滤色片专业生产厂。2000年设立互联网数据中心，加快与数字信息技术融合、改造，先后与英特尔、索尼、富士、东芝等电子企业建立战略联盟，开发众多电

子产品，同时用数字技术改造传统印刷生产流程，为客户开发创意设计、数字内容资产、电子商务、咨询服务等。在中国与敦煌博物院合作进行敦煌艺术品数字化技术开发。

大日本印刷受日本经济萧条和世界经济危机的影响，进入21世纪后在世界500强的排名起伏不定，1995年排名第294位，1997年跌到416位，2000年跌到431位，2003年跌到469位，2010年跌到最末位，但其年营业额仍超过百亿美元以上。

日本凸版印刷株式会社：成立于1900年，采用当时电铸凸版印刷方法，从事印刷生产，1908年以“凸版印刷”命名。至今已有114年历史。

“凸版”是一个综合性很强的印刷企业，几乎涉足全部印刷领域，包括出版印刷、包装印刷、商业印刷，证券票卡、建筑材料等方面印刷，并且随着世界新技术的发展，不断延伸开发如全息防伪元件、信息记录材料、太阳能电池背膜等多功能元器件和影像制作等多媒体信息服务。他们提出的宗旨是：努力打造拥有灵活运用技术与感性的制造能力和企划建议能力的“需要创造型企业”。

“凸版”以印刷为基础，积极在“信息传媒业”“生活环境”和“材料解决方案”三个领域不断拓展，其业务主要包括八个部门：证券与卡片部门、商业印刷部门、出版印刷部门、包装部门、高功能元件部门、建筑装修材料部门、显示器相关部门、半导体相关部门。

其2013年营业额为1 532 042（百万日元）约合145亿美元。

“凸版”在全球共拥有170多家公司，1963年在香港建立印刷厂，在台湾地区有4家公司或工厂。改革开放后进入中国大陆，先后在上海、北京、广东建立9家子公司。2000年“凸版”与中国故宫博物院合作，2003年成立“故宫文化资产数字化应用研究所”，2004年成立“北京凸版数字产品有限公司”，2010年该公司转入凸版印刷集团株式会社比特威（Bitway CO.，Ltd.）旗下，公司改名为北京比特威数码产品有限公司。

德国贝塔斯曼集团：建立于1835年，当时主要印刷出版神学方面书刊，至今已有179年历史。

“贝塔斯曼”作为世界历史最悠久的传媒公司，历经一百多年风雨，其业务范围已涵盖包括印刷媒体业务、图书出版、新闻杂志、广播影视、音乐唱片及发行等，其中“古纳雅尔集团”是欧洲最大的印刷出版期刊杂志的供应商，在全球30多个国家和地区印刷出版超过500种期刊，“欧唯特集团”是著名的全球媒体服务供应商，为世界各地的企业客户设计并实施各种业务流程的综合解决方案，包括印刷、数字存储和内容转换及发行、数据管理、客户服务、供应链管理、金融服务、专业信息技术服务、海关 IT 服务，教育媒体直销等。

“贝塔斯曼”近几年营业额超过 190 亿欧元，约合 250 亿美元，2007 年度在世界 500 强名列第 281 位。

“贝塔斯曼”在全球 63 个国家和地区建立生产和营业网点。1991 年进入中国市场，但经营不善，2008 年宣布终止在中国大陆全部业务，但仍积极寻求在中国大陆新的合作。

上述四大世界印刷巨擘的发展概要，引自他们公布的资料数据，他们的共同点是：

一是历史悠久，都有上百年的历史，历经百年风雨，积累丰富经验和教训，成为其重要精神财富。以史为镜，可知兴衰；珍惜历史，方能长盛不衰。

二是与时俱进，在全球经济风云变幻、世界科学技术重大突破的关键时刻，及时转型，特别在数字、信息技术迅猛发展的时候，在改造传统印刷生产的同时，不断拓展经营业务，成为综合信息服务供应商。

三是作为共同发展的“根”——“印刷”并没有放弃，虽然“印刷”在其企业整体业务比重可能已占小部分，但一百多年来他们企业名称都没有改变；其中“当纳利”和“贝塔斯曼”是以创始人命名，“印刷”体现在他们当时创业时的理念之中；而日本的“凸版”、“大日本”仍然保持着印刷株式会社的名称。

四是全球化。世界四大印刷巨头各自都在世界各地建立数十到上百生产经营服务机构，涵盖全球各大洲。

与上述世界级印刷巨头相比，我国的确有很大差距，据 2003 ~ 2012 年十年印刷百强统计：

年份	百强之首销售额（万元）	百强之末销售额（万元）	百强合计销售额（亿元）
2003	85 190	9 269	234
2004	160 467	13 803	373
2005	222 274	15 517	397.59
2006	277 627	19 767	521.36
2007	202 264	19 812	545.32
2008	262 747	24 580	610.92
2009	240 482	25 260	600.74
2010	262 156	27 418	649.42
2011	319 737	30 938	753.38
2012	350 199	35 118	790.61

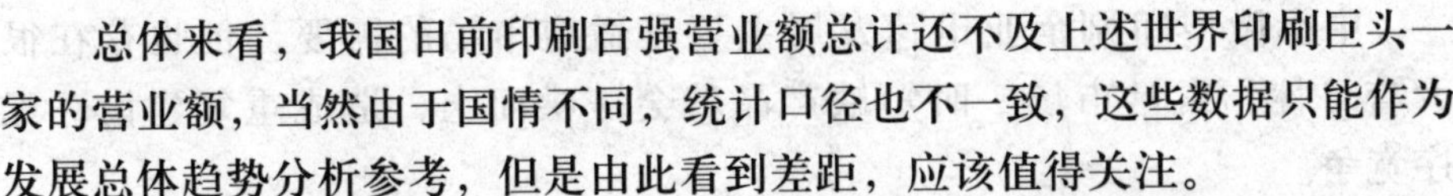

总体来看，我国目前印刷百强营业额总计还不及上述世界印刷巨头一家的营业额，当然由于国情不同，统计口径也不一致，这些数据只能作为发展总体趋势分析参考，但是由此看到差距，应该值得关注。

中国要建设世界印刷强国，应该有能够代表中国形象的标志性企业，当然这样的企业应该在市场激烈竞争中形成，能够得到业内公认，而不是“自封”或者“锁定”，但是政策的引导和必要的支持也是非常重要的。

四、大力扶植“高、新、专、特”具有世界影响力的优秀品牌企业

世界印刷业的共同特点是：世界级骨干企业只是个别或少数，绝大多数是中小或微型企业群体，这是印刷产业的基础。

本章开始曾分析了德国印刷企业规模结构状况，下面再看看日本印刷企业规模结构情况。

据日本政府有关统计部门资料，2009 年日本印刷企业规模结构状况如下：

企业规模	企业数 （个）	从业人数 （万人）	制造品出货量 （亿日元）	增加值 （亿日元）
4 ~ 9 人	8 001	4.7	4 480	2 500
10 ~ 19 人	3 272	4.4	5 700	3 020
20 ~ 29 人	1 478	3.6	5 750	2 930
30 ~ 49 人	907	3.5	6 960	3 190
50 ~ 99 人	770	5.3	10 370	4 590
100 ~ 199 人	303	4.0	9 600	3 910
200 ~ 299 人	51	1.2	4 090	1 450
300 ~ 499 人	44	1.6	6 800	2 290
500 ~ 999 人	17	1.2	3 760	1 620
1000 人以上	8	1.3	4 200	1 190
合计	14 851	30.9	61 720	26 690

从上述统计中可见，日本 100 人以下印刷企业占全行业 97% 以上，从业人数占全行业 70%。

我国印刷企业规模结构状况也与此基本相同，2010 年我国印刷企业总数约 10 万余家，其中大中型企业（从业人数 300 人以上，销售额 3 000 万元以上，资产总额 4 000 万元以上）为 433 家；而 2000 年大中型印刷企业占总数比重为 1%，大多为小微型印刷企业。

中小微型印刷企业迅速发展主要是适应市场的需要，但也存在很大盲目性，常常市场一时短缺产品就会一哄而上，造成重复建设，无序竞争。

避免中小微印刷企业在发展方向上的同质化，是调整好印刷企业结构的关键。实际上印刷市场领域非常广阔，综合型既大又强的骨干企业只能是个别少数，绝大多数企业应该引导和鼓励向高（科技型）新（创新型）专（专业化）型和特（有特色创意型）方向发展。

经历几十年风风雨雨，在激烈的市场竞争中，我国已经出现一批很有特色又很有实力的印刷企业，他们为中小印刷企业转型发展方向提供了丰富的值得借鉴的经验。

上面介绍的“雅昌”“运城制版”等优秀企业，他们的着眼点不是企业的规模扩大，而是把企业做专做精，做出品牌。十年前，在研究如何培育印刷骨干企业的规划研讨会上，雅昌万捷先生就说过，我们雅昌做不到全国最大，但是我们要努力在文化艺术精品印刷上做到全国最好。引导印刷企业做专做精与做大做强实际上并不矛盾，做专做精做好了也能成为又大又强。“运城制版”只做凹印版辊，专业性很强，同样能创造年 40 亿元的营业额，如果参加到全国印刷百强评选，一定会名列前茅。

同样的例子还有很多。

上海紫江是从专业从事瓶盖印刷的专业小厂起家的。改革开放初期，在 3 万元资金基础上，发展到至今年销售额超过 25 亿元的包装印刷企业，其中饮料瓶盖市场占有率一直稳居全国前列，包括年产 120 亿只皇冠盖、30 亿只 PP 防盗盖，“小瓶盖、大市场”，世界著名饮料“可口可乐”“百事可乐”“统一”“雀巢”都是他们长期稳定的客户，在近几年全国印刷企业 100 强评选中，上海紫江一直居于前三位。

中小印刷企业转型要有差异化理念思维，不随大流，专攻被冷落遗忘的角落，也许能辟出一片新天地。上海柯创印刷公司原本是一家规模不大的书刊印刷厂，在网络时代，一般图书受冲击很大，他们细分图书市场，发现儿童图书受电子书干扰较小，于是转营儿童图书，而且实施编印发一体化，减少市场中介环节，现在业务量猛增，许多业务需要外发加工。

还有一家江苏南通刚刚成立两年的“一茗印刷公司”，它的创始人是获得 2010 年第二届全国印刷职业技能大赛平版印刷工第一名的周峰。这位全国胶印技能大赛第一名创办了带有草字头的“一茗”公司，寓意着他要在某一不为人注意的印刷领域争创新的第一名。“一茗”公司地处南通，是中国著名纺织品之乡，需要大量的包装图片、彩页和产品介绍精美画册，周峰看准这一市场需求，从成立之初就确立抓住小幅面彩印，做专做精，印出新的一流产品。他以全国冠军的技能要求企业，印刷质量深得客户信赖，很快站稳了脚跟，而且供不应求，企业规模也不断扩大，在全国印刷市场普遍低迷的情势下，“一茗”的事迹是否会对大家有所启示呢？

在第二批全国印刷示范企业名单中，有一家专门为国外印刷圣经的企业——南京爱德印刷公司。从1988年成立以来，爱德专心致力于薄纸印刷，其28～33克薄纸印刷装订技术始终居于世界领先地位，22克薄纸还攻克了彩色印装技术，其独门技术使得全球70多个国家和地区的圣经长期委托爱德印刷加工，成为世界上最大的单体圣经印刷基地，可谓是“一招鲜，吃遍天”。

当然现在的成功，并不等于永远能够成功。市场竞争如大河奔流，不进则退，在中国印刷业处于战略转型的关键时刻，正在考验着印刷企业家的智慧和勇气。

五、中华商务联合印刷公司——中国近代印刷史上的一面旗帜

在中国近代印刷发展史上，影响最大的有两个印书馆，即商务印书馆和中华书局。

“商务”和“中华”的诞生和发展，始终与国家和民族的命运、前途紧密联系在一起。

“商务”诞生于1897年，曾任总理各国事务衙门章京的出版家张元济，认为中国落后始于教育，便鼓吹新学，在戊戌变法时被光绪皇帝破格召见，变法失败后被革职。1901年，他以“扶助教育为己任”，投资商务印书馆，他称“商务”要“启迪民智，昌明教育”，他与蔡元培等一起，决定从编写《最新小学教科书》着手，迎接正在兴起的社会变革。

《最新小学教科书》一上市就取得巨大成功，十多年间销售数百万册，启蒙了整整一代人，“商务”从此成为中国出版界的巨擘。“实肇端于是书”。“商务”资本也从1901年的5万元，迅速增加到1905年的100万元。而在当时全国数百家私营企业中，资本超过100万元的只有15家。

此后，“商务”不断拓展出版印刷业务，出版印刷了《明治政党史》、

《帝国主义》、《各国宪法略》、《各国国民公私参政》等涉及政治、历史、财政、商业、地学、战史、历史传记、哲学等丛书，扩大了传播变革新学的阵势，对中国社会变革、唤醒民众产生了重大影响，也初步实现了张元济当时提出的目标："为中国实业造一模范。"

1911年中国发生了辛亥革命，推翻了满清皇朝；1912年中华民国诞生，同年诞生了中国印刷史上另一个巨擘"中华书局"。

在中华书局办公楼内，一面墙上镌刻着这样一段话："我们希望国家社会进步，不能不希望教育进步；我们希望教育进步，不能不希望书业进步；我们书业虽然是较小的行业，但是对国家社会的关系，却比任何行业为大。"

这句话出自"中华"的创始人陆费逵。

陆费逵是"商务"的"旧臣"，他1908年应聘进入"商务"，他与张元济有同样的教育启蒙民众的理念，使他在辛亥革命前夕，更察觉中国政体必将改变，而社会制度、教育思潮、行为方式也必须随之更新。"中华"另一创始人陈寅在回忆1911年秋酝酿成立"中华"时说，客岁革命起义，全国响应，阴历九月十三（11月3日），上海光复，而苏杭粤相继下。余于九月十六日（11月6日），与同志辈共议组织中华书局。良以政体改革，旧教科书胥不适用，战争扰攘之际，未遑文事，势所必然。若以光复而令子弟失教，殊非民国前途之福也。协商数日，遂定议，一面编辑课本，一面经营印刷改造事宜因此策划成立中华书局，印制"共和"内容的新式教科书，以此"启蒙民智，巩固共和体制"。1912年元旦，中华书局正式宣布成立，在《中华书局宣言书》中提"往者异族当国，政体专制，束缚抑压，不遗余力。教科书、图书钤制弥甚，自由真理、共和大义莫由灌输"。举起了"自由""共和"的大旗。

"中华"编印了包含"共和"思想的新教科书，一上市即"日间订出，未晚即罄，架上恒无隔宿之书"。1913年"中华"股本由一年前的2.5万元，猛增到100万元，三年后更一跃成为仅次于"商务"的全国第二大出版印刷公司。

竞争促进了发展。"商务"和"中华"在中华民族发展各个历史阶段都产生了重大影响。从他们那里走出了一大批对中国革命、文化、教育产生过深远影响的历史人物，如陈云、蔡元培、沈雁冰……

为了增强实力，"商务"和"中华"不断在全国各地和东南亚地区设立分支机构，同时为保证教科书和图书的质量，大力加大对印刷厂的投入，引进国外先进印刷技术和设备。

“商务”先后于1914年、1916年在中国香港，新加坡设立分馆；1919年又在北京的印刷分厂扩建成立北京京华印书局；1922～1923年张元济亲自到香港选址，董事会通过投资10万两白银建设香港印刷厂的决议；“商务”的北京、香港两地印刷厂大大增强了教科书印刷能力。1932年排版能力比1929年增长50%，铸字量增加了85%。特别是1931年爆发“一·二八”劫难，日寇侵略致使“商务”上海本部遭受重创。“商务”决定再次扩建香港印刷厂，把上海印刷技工、设备充实到香港。1937年“八一三”淞沪战争爆发之后，“商务”又将上海的主要印刷设备和技工转移到香港，香港“商务”印刷厂职工达到600多人，而且承印了当时政府发行的债券、纸币、邮票等有价证券，一直到1941年太平洋战争爆发前，香港“商务”印刷厂工人达到1 800多人，成为“商务”主要印刷生产基地，为抗战做出了重要贡献。

同样，由陆费逵创立的中华书局，从一开始就十分重视印刷的发展。他说：“印刷为文明利器，一国文化系焉。果使我局印刷放一异彩，不徒为我局实力之发展，亦足以观国民文化之进步。”1927年“中华”在香港设立分局，1932年陆费逵亲赴香港选址建厂，置备了当时一批先进印刷设备。这就是后来作为中华商务联合印刷公司本部的位于九龙土瓜湾的中华书局香港印刷厂。

香港“中华”印刷以书刊为主，同时大力发展有价证券印刷，特别培养了国内一批一流的雕刻铜板关键技艺人才，为国家银行纸币印刷积累了技术基础。

1937年“七七”事变后，中华书局将上海主要的印刷设备、技工转移到香港，员工达到近2 000人，成为远东最大的印刷厂，其印制的中央银行钞票平均年营业额约470万元，占“中华”营业总额的45%以上。

但是香港的“商务”和“中华”没有逃脱太平洋战争的劫难，就在1941年7月陆费逵在香港突发心脏病逝世，五个月后太平洋战争爆发，日本对香港大举进攻。“商务”和“中华”遭到轰炸，损失极为惨重，日寇占领香港后，把“商务”北角印刷厂变成马厩，设备被抢劫一空，数百万册书籍和纸张无一遗存。香港和上海两地没收的书籍达1 520万册，“中华”土瓜湾印刷厂也被日寇两枚炮击中，厂房货仓全部被日军侵占，所有机器设备、材料、账册文件全部落入日寇囊中，唯一所幸是大部分员工和主要技术人员（包括雕刻课全部人员）被提前遣散，大部分于1942年被派往重庆，筹建当时国民政府中央所在地重庆印刷厂。

1945年日本投降，抗战胜利，“商务”破残厂房、设备清理整顿，将被日寇抢劫到九龙、广州等地散落的印刷设备尽力修复，据香港历史档案馆收藏的《抗战后商务物资回收情况》的资料，回收的大小设备总计367台，不及原来总数的1/3，而且都是一般落后的设备，从此香港“商务”一蹶不振，再也无力承接外单，这一局面一直延续到20世纪70年代末。

相比“商务”，“中华”损失相对较小，主要是“中华”有比较先进印刷设备被日本人看中，被用来印制日军军票和汪伪政府的钞票，因此在日本投降后，这部分厂房和设备被“中华”重新收复、接收，共计992台。1946年初“中华”重新开业，由于复工早，香港和东南亚地区的印务都集中到“中华”，因此很快恢复到战前状况，保持着远东印刷之首的实力。

全国解放之后，由于政治形势和计划经济的影响，“中华”香港印刷厂在1954年由民营转为国有企业，作为中资企业，“中华”“商务”均在新华社香港分社领导之下，在当时香港特殊政治环境下，“中华”和“商务”受政治因素制约，业务清淡不振，特别是“文化大革命”，内地动乱也严重影响了“中华”“商务”印刷的发展。虽然“文革”中周恩来总理要求“加强领导、积极经营”，业务有所好转，但同时这期间世界印刷技术迅猛发展，香港作为国际自由港的特殊地位，世界印刷巨头纷纷进入香港，特别是日本“凸版”“大日本”两大印刷公司，在香港建立生产基地，带来了世界最新印刷技术和设备。世界各大出版商如“牛津”“朗文”“读者文摘”等都在香港设立办事机构，带动了香港印刷产业的发展，印刷逐渐成为香港第三大产业。而此时香港的“中华”“商务”仍停滞不前，便一下拉大了与世界先进印刷技术水平的差距。

“文革”结束，为把“文革”耽误的时间夺回来，由当时国家出版局局长陈翰伯和副局长王益带领五人观察组，以香港“商务”和“中华”董事身份到香港考察，对比“商务”、“中华”和其他香港印刷企业状况，深感技术差距之大，并提议将在港的三家中资印刷企业“商务”、“中华”和大千印刷公司联合起来，发挥“中华”印前、印刷，“商务”装订和“大千”铅印能力的优势，互补联合成立中华商务联合印刷（香港）有限公司，并要求联合公司加快引进国外先进技术，加大承接对外印单，完成建设先进印刷基地的任务目标。

1980年合并后的中华商务联合印刷（香港）公司（以下简称“中华商务”）

正式成立，作为曾在“商务”担任过《小说月报》主编、原文化部长沈雁冰（茅盾）题写了公司名称，蓝真任董事长，须汉兴作为第一任董事总经理，挑起了重振“中华商务”雄风的重任。

联合后的“中华商务”在技术改造上作出重大决策重点，一是改铅印为胶印，二是全面采用照相制版为电子分色。1980 年投资 300 万元引进当时香港第一台海德堡带遥控装置四色胶印机，稍后引进电子分色机建立彩色制版基地。

同时“中华商务”大力整合内部资源，严格管理，大力拓展业务渠道，坚持“以质取胜，客户第一”的经营理念，从承印《亚洲艺术》、《中国古代服饰研究》高品质画册作为起点。在接着印制的《紫禁城宫殿》、《国宝》、《清代宫廷生活》、《中国服饰五千年研究》、《藏传佛教艺术》等相继在 1982 ~ 1987 年香港印制大奖中夺冠，“中华商务”在香港印刷业声名鹊起，摆脱了长期低迷的局面。

1984 年由国家经委组织的中国印刷技术考察团，在考察了日、美两国之后顺访中国香港，看到了“中华商务”欣欣向荣景象；1983 年“中华商务”印刷生产总值比 1979 年增长 78%，印刷量增长 146%；精装增长 192%；平装增长 47%；骑马订增长 25%；人均创利每年增长 77%。从“中华商务”代表团看到振兴中国印刷的希望和信心。

那一年 12 月，经委协调小组在向中央汇报工作时专门建议把香港“中华商务”建成我国现代化的印刷基地，成为内地印刷连接世界的桥梁和窗口。“基地、桥梁、窗口”成为“中华商务”新时期的战略目标和任务，经中央批准香港“中华商务”正式列入国家“七五”印刷技术改造专项项目，拟同意给予一部分优惠外汇贷款额度。

由于当时内地某些政策限制，“中华商务”改造计划的优惠外汇贷款计划未能落实，但是“中华商务”仍依靠自身努力利用香港经济贸易环境，按计划实施着改造计划。

1986 年“中华商务”通过厂房抵押贷款投资 3 700 万港币，扩建厂房，采购设备，这一年虽然多支出 30 多万港币利息，但是当年营业额达到 8 499 万港币，超出计划预计 99 万港元；1987 年又投资 1 300 万港元进行设备更新改造，使营业额超过亿元港币，达到 10 567 万港币，印刷业务营业额比上年增长了 29.6%。

与此同时，“中华商务”牢记发挥与内地印刷的桥梁、窗口的使命，专门成立印刷器材公司为内地印刷业介绍、引进世界先进适用的印刷设备器材，还向海外经销内地的印刷相关产品，在改革开放初期为内地印刷界构建了了解世界印刷的“窗口”。“中华商务”还大力为内地培养印刷人才，从1982年起每年接收内地12名技术工人到“中华商务”培训，至2003年，赴港培训学员来自22个省市及74个单位，共计436人，这些人才日后都成为内地各个印刷企业的技术骨干和领导人。

“中华商务”的快速发展和为内地印刷业所作的卓越贡献，引起中央和全国各地印刷界的高度关注。1988年6月，由经委、新闻出版署共同组织的中国印刷代表团赴港专题对“中华商务”考察，欣喜看到“中华商务”联合成立以来坚持技术进步，坚持科学管理，坚持开放经营，取得了明显经济和社会效益，企业实力明显增强。1988年营业总额达到16 180万港币，比1987年又增长了53.1%，累计比1980年增长了6倍，利润增加了5倍，而同一时期职工人数也增加了70%，职工工资提高了三倍半，经济效益明显增长。“中华商务”的生产规模和综合实力已经上升到香港第三位，书籍印刷质量跻身于国际一流水平，在同年香港市政公共图书馆举办的图书评奖中，共有20本书获“最佳印刷书籍奖”，其中“中华商务”印刷占12本，超过一半，其印制的《天明楼藏瓷》和《国宝》荣获大奖。代表团还就“中华商务”进一步发展提出了立足香港、依托内地、面向世界的建议和意见。随后，代表团在向中央领导汇报后，时任中共中央政治局委员、国务委员李铁映，专门听取了“中华商务”上级单位香港联合出版集团的工作汇报。“中华商务”董事长、联合出版集团董事长总经理李祖泽和须汉兴等汇报了“中华商务”发展情况，并针对香港经济转型的形势，提出拟在深圳设立“中华商务”分公司的设想，引起中央各有关部门和深圳市的关注和支持，由此开启了“中华商务”筹划回归内地的新的历史发展时期。

“中华商务”全面完成了“七五”规划目标。1989年其营业额达到18 530万港币，比1988年增长了14.52%。1990年营业突破2亿港元，达到21 859万港元，比1989年又增长18%。“中华商务”的印刷生产技术水平已进入世界先进行列，其印刷品屡屡获奖，“中华商务”的品牌蜚声国内外。

1997年香港回归揭开了“中华商务”发展新的一页。就在回归前，“中华商务”就以战略眼光，先人一步，筹备在内地建立生产基地，在向李铁映同志汇报获得首肯之后，“中华商务”在1989年就在深圳车公庙购置厂房，1996年又在平湖建立新厂，同时，1992年在上海建立了“上海安全印务有限公司"；1995年"中华商务"广东公司正式在深圳成立，1998年购入海德堡高速商业轮转八色机，这是中国安装的第一台海德堡高速商轮，大大增强了"中华商务"的实力。

与此同时，"中华商务"香港本部也随着业务不断扩大，原来土瓜湾老厂不敷使用，在时任总经理周围的领导下，在香港大埔建立新厂，一个崭新的香港"中华商务"呈现在大家面前。

香港回归之后，"中华商务"回归内地的步伐大大加快，时任总经理罗志雄筹划着重振"中华商务"更大雄心的发展蓝图。

2001年"中华商务"在北京与中国印刷总公司合资建立了华联印刷有限公司，"中华商务"把他们先进的经营理念、管理经验和技术工艺带到北京——这个集中了全国近半数出版社的中国出版产业的重镇。立刻引得出版界高度关注，扭转了过去长期"北书南印"的局面。"华联"创造了当年建设、当年投产、当年盈利的骄人业绩。销售收入连年增长，2003年1.5亿元，2004年2亿元，2005年2.5亿元，2010年营业额超过3.5亿元，"华联"从一开始就站在国内印刷业的制高点上，坚持"精品印刷"的方针，从不参与低价恶性竞争，而是以质取胜，让用户放心，因此在国内外竞标中，"华联"以"我们价高，但我们中标"，在赢得良好声誉的同时，"华联"实力也不断增强。后来，中国印刷总公司在改制过程中从"华联"撤资，"华联"成为"中华商务"的全资子公司。

经过精心筹划，2007年"中华商务"上海印刷基地正式落成，历经百年沧桑，"中华""商务"终于回归到他们的发源地上海。总投资达3 500万美元，拥有世界最先进的印刷设备。其出口业务遍及21个国家，开业以来每年出口销售额超过1亿元，印刷32种不同语言版本图书，成为上海印刷出口的大户。

至此，"中华商务"形成了包括在香港、深圳、北京、上海大型生产基地和在内地8个合资企业，在美、英、法、日、澳等十多个国家设立子公司或办事机构，承印世界40多个国家印品的全球化印刷企业集团的格局。

"中华商务"这个印刷品牌在国际已享有盛誉，从1997～2014年"中华商务"在被称为印刷奥斯卡的美国Benny Award（班尼）奖中，共获得了63项大奖。

现在"中华商务"的年营业额已超过30亿元，在世界范围平面媒体不景气的大背景下，"中华商务"不断探索转型升级的新途径，在稳定传统书刊印刷的同时，积极拓展数字化转型，挖掘包装印刷潜力，开拓多元化经营等多策并举，确保企业生产经营稳定增长。

商务印书馆从 1897 年建立至今已有 117 年历史，中华书局从 1912 年诞生至今也已经过了百年。中华民族的这两个百年老厂，经历了时代变迁，岁月沧桑，如今在“中华商务”身上得到发扬光大，承载着民族振兴，国家富强的希望。

处在中国印刷战略转型的关键时刻，“中华商务”正在积极而又稳健地探索转型的方向。相信“中华商务”一定能砥砺前进，做出无愧于时代新的贡献。

六、印刷区域结构开始了新的变化

改革开放以来，我国印刷业形成了“珠三角”、“长三角”和“环渤海”三大产业带，其生产能力一直保持着 70% 的绝对优势：

从企业数量看，2010 年规模以上印刷企业：

广东为 1 431 家，占全国 21.64%。

浙江为 1 051 家，占全国 15.5%

江苏为 612 家，占全国 9.03%

山东为 514 家，占全国 7.58%

上海为 413 家，占全国 6.09%

北京为 337 家，占全国 4.97%

从销售收入来看，2010 年规模以上印刷企业：

广东为 3 107.3 亿元，占全国 22.84%

山东为 319.67 亿元，占全国 10.29%

浙江为 296.64 亿元，占全国 9.55%

江苏为 248.09 亿元，占全国 7.99%

上海为 192.22 亿元，占全国 6.19%

北京为 125.71 亿元，占全国 4.05%

从资产比重来看，2010 年印刷业规模以上企业总资产：

广东为 723.22 亿元，占全国 22.62%

浙江为 423.6 亿元，占全国 13.25%

江苏为 269.45 亿元，占全国 8.43%

上海为 247.83 亿元，占全国 7.75%

北京为 213.12 亿元，占全国 6.67%

山东为 194.29 亿元，占全国 6.08%

综合分析，无论从企业数量、生产规模和各项经济效益达标来看，三大印刷产业带的比重都占全国的70%左右。

在国家着力调整经济结构、加快转型升级宏观政策的引导下，“十二五”开始的结构调整成效在印刷业开始显现：

一是中部地区承接印刷产业转移，其印刷业发展速度明显加快。

我国中部地区包括山西、安徽、江西、河南、湖北、湖南6省，据新闻出版广电总局发布的数据：从2011年到2013年，6省印刷产值由1 094亿元增长到1 538亿元，平均年增长20%，远远超过全国印刷增长的平均水平；外商投资总额由20亿美元，增长到38.9亿美元，对外印刷加工贸易额由31.3亿元增长到62亿元，几乎翻了一番。江西赣州依托毗邻广东的区位优势，承接梯度转移新建10多家投资超过亿元的印刷企业，建立了高水平的印刷产业园，带动了江西印刷业的快速发展。2013年中部6省的印刷业规模已经达到“珠三角”地区的85%，其发展增量已占全国增量的25%，成为我国印刷重要增长点。

中部地区印刷业快速发展，一方面是得益于“珠三角”“长三角”，特别是港资印刷产业梯度转移的带动；另一方面也是地区经济发展的必然要求。我国印刷业区域结构的战略转型有了良好开端。

二是印刷百强区域结构发生了可喜变化。

1）2012年我国西南成渝地区百强企业由8家增加到12家，已经超过了华北地区，足见其发展的强劲势头；

2）东北地区辽宁和黑龙江已经有印刷企业进入百强行列；

3）中西地区印刷百强企业实力明显增强，成渝地区12家百强企业平均销售收入达到7.17亿元，比2011年5.85亿元增长22.56%，已经拉近和超过“长三角”“环渤海”的百强印刷企业平均销售收入水平。

在着力调整印刷产业结构中，我国印刷业内部产品结构随着社会主义市场经济不断深入，出版、包装、商业和其他印刷的结构逐渐与世界印刷业内部结构趋向一致。包装印刷比重超过70%；出版印刷相对稳定，保持在15%；商业和其他印刷得到较快发展。

调整结构，增强印刷企业竞争力，关键要依靠科技创新和人才培养。在调整中，印刷企业普遍重视和加强企业技术结构的调整，大力采用国内外先进印刷技术和设备，在世界印刷业发展低迷形势下，中国呈现了“风景这边独好”的态势，北京国际印刷技术展，上海国际全印展规模不断扩大，出现了参展厂商踊跃、参观企业和人次连续刷新纪录的状况；印刷设备进口连年保持近20亿美元的水平，这些都印证着我国印刷企业采用先进技术设备、优化企业技术结构的步伐。

优化印刷产业结构，关键要依靠人才素质的提高。在调结构过程中，全行业高度重视人才的教育、培养，一大批高新信息技术、纳米技术、环保技术、创意设计技术等高新人才，融入到印刷企业和科研机构，北京印刷学院等一大批专业印刷高等院校加强培养高水平人才，为全国印刷企业输送新鲜血液，并且大力推进产学研相结合的新机制，增强科技创新活力；从2010年起全国印刷技能大赛正式列入国家计划，现在已经成为全国定期性的全国技能大赛项目，这大大激发了全国300多万印刷职工学技能、争先进的热情。以2012年举办的第三届全国印刷行业职业技能大赛为例，大赛共产生2000多名省级技术能手，15人获得全国技术能手称号。与此同时，正在加快制订覆盖全行业的国家职业技能标准；根据国家标准编写培养教材；建立健全全国各级各类职业培训体系，和全国印刷职业技能资质认证体系。现在两年一届的全国印刷职业技能大赛正在不断改进完善，运作更加规范，成为我国优秀人才辈出的平台。

我国印刷产业结构调整取得了可喜成就，但是同建设世界印刷强国目标要求相比，前路仍然复杂而艰巨，需要我们做出更大的努力。

第十一章 转型中的印刷设备器材工业

一、十年来我国印刷设备和器材工业发展概况

印刷设备和器材是印刷业发展的物质技术基础，印刷业的战略转型和产业结构调整，没有印刷设备和器材的支持是不可能实现的。

首先来看近十年我国印刷设备和器材主要产品发展的状况（本书数据引自中国印刷设备器材协会公布的统计表数据）。

2003～2012 年我国印刷设备产值

年份	2003	2004	2005	2006	2007	2008	2009	2010	2011	2012
产值（亿元）	68	98	110	150	175	160	150	175	200	328

2003～2012 年我国 PS 版产量

年份	2003	2004	2005	2006	2007	2008	2009	2010	2011	2012
产量（亿平方米）	0.95	1.182	1.323	1.62	2.06	2.18	2.18	2.25	1.92	1.51

2003～2012 年我国 CTP 版材生产量

年份	2003	2004	2005	2006	2007	2008	2009	2010	2011	2012
产量（万平方米）	/	180	520	1 860	3 560	6 100	8 100	12 100	17 800	22 000

2003～2012 年我国油墨生产量

年份	2003	2004	2005	2006	2007	2008	2009	2010	2011	2012
产量（万吨）	24.6	27	30	35.5	39	42.5	47	53.5	57.5	61.5

2003 ～ 2012 年我国纸张与纸板生产量

年份	2003	2004	2005	2006	2007	2008	2009	2010	2011	2012
产量（万吨）	4 300	4 950	5 600	6 500	7 787	8 391	8 640	9 270	9 930	10 250

2003 ～ 2012 年我国印刷设备进出口情况

年份	2003	2004	2005	2006	2007	2008	2009	2010	2011	2012
进口（亿美元）	16.1	17.4	16.5	16.47	16.3	17.3	14.21	22.95	27.47	26.34
出口（亿美元）	1.5	2.74	3.81	5.31	6.14	9.81	5.9	10.96	13.53	15.47

2003 ～ 2012 年我国 PS 版进口和出口情况

年份	2003	2004	2005	2006	2007	2008	2009	2010	2011	2012
进口（万平方米）	342	292	152	60	45	42	106	34	91.4	102.54
出口（万平方米）	1 380	2 292	2 900	4 100	6 546	6 527	5 780	6 298	5 668	6 326

2003 ～ 2012 年我国 CTP 版进口和出口情况

年份	2003	2004	2005	2006	2007	2008	2009	2010	2011	2012
进口（万平方米）	/	/	358	431	420	326	205	136.1	140	55
出口（万平方米）	/	/	97	119	1 770	3 631	3 275	5 292	5 497	5 995.3

2003 ～ 2012 年我国油墨进出口情况

年份	2003	2004	2005	2006	2007	2008	2009	2010	2011	2012
进口（万吨）	3.94	4.6	4.72	4.77	4.65	3.883	3.374	37	3.26	2.4
出口（万吨）	1.08	1.56	2.38	3.32	3.76	2.967	2.353	2.86	2.71	2.47

2003 ～ 2012 年我国纸张与纸板进出口情况

年份	2003	2004	2005	2006	2007	2008	2009	2010	2011	2012
进口（万吨）	635	614	525	441	402	352	303	336	331	311
出口（万吨）	129	125	194	341	476	412	326	433	509	513

从上述数据看：

1）我国印刷设备近十年来基本保持与印刷业同步的发展速度，为我国印刷业高速增长提供了必要的技术支撑。

2）印刷设备出口从2003年的1.5亿美元，到2012年的15.47亿美元，十年增长了10倍，说明我国印刷设备总体技术水平有明显提高。

3）与此同时，我国印刷设备进口仍持续保持在年20亿～30亿美元相当高的水平层次上，这一方面说明我国印刷业市场需求旺盛，吸引着世界众多印刷设备生产供应商，另一方面说明我国印刷设备产品结构矛盾仍然没有解决，高档印刷设备制造能力不强，技术水平不高，仍然主要依靠进口。据统计，仅对开四色以上平张纸胶印机，2001～2012年12年间共进口10 738台，年均达895台；数字喷墨印刷机2013年全国共进口19.46万台，在高端单张纸和连续纸彩色数字印刷机方面，我国除方正在机关文件和标签印刷方面占有一定比重之外，主要还是依靠进口。

4）印刷设备内部产品结构有了新的变化，近十年来，我国在印后设备开发和生产上有了明显突破，天津长荣和深圳精密达在模切设备和平装胶订联动线的技术开发上，取得了重大进展；天津长荣开发的MK3920SW卷筒纸机组式烫金机，将3个机组卷筒纸烫金机与可拓展分切、复卷、模切、清废、分联、联线印刷质量监测、成品收集等功能连成一线，达到国际先进水平，并打入国际市场（深圳精密达开发的胶装联动线——采用伺服驱动技术和控测技术，只需输入和读取数据，实现全自动化调整）；自动锁线机过去历来依靠进口，近几年，上海紫宏、深圳精密达、温州鑫光、上海紫光等企业相继开发并已批量生产。我国印后设备的发展，使进口连续有所下降，而出口明显增长，这种差异化发展特点对研究今后我国印刷设备发展战略值得借鉴。

5）同印刷设备发展情况相比，我国印刷器材发展基本与印刷业发展相适应，这为我国印刷业高速增长提供了重要保证。如新闻纸2011年全国产量390万吨，同年消费量为389万吨；涂布印刷纸2011年全国产量725万吨，其中铜版纸640万吨，同年消费量为599万吨，其中铜版纸532万吨。除了个别品种需国外进口调剂外，产需基本平衡。胶印版材的发展更反映了我国印刷技术升级的步伐，普通PS版从2007年产量超过2亿平方米后，到2011年下降到1.9亿平方米，到2013年更下降到1.01亿平方米，比2012年下降33.11%；而CTP版材发展却突飞猛进，从2004年起步，2010年CTP版材产量突破1亿平方米，2011年达到1.71亿平米，已接近于普通PS版的产量，到2012年超过普通PS版产量，CTP版使用量占全部胶印版材使用量的56%，到2013年达到69%左右，充分反映了我国印前数字化技术的前进步伐。现在我国也已成为PS版和CTP版材出口大国，其中CTP版材2012年出口5 995.3万平方米，占年产量约1/3。我国油墨从产量上看，产销基本平衡，2012年前进出口也基本持平，进口略大于出口，到2012年后出口开始超过进口，但油墨品种结构仍不能适应绿色印刷发展的要求。目前我国印刷油墨仍以传统印刷油墨为主，胶印油墨约占45%，凹印油墨约占35%，其他为网印、柔印油墨，当前我国油墨突出的问题是环保油墨成本高、推广慢、使用占比较低，这是今后亟待解决的重大课题。

印刷器材是消耗品，市场需求相对比较稳定，因此吸引众多国外生产供应商，尽力实现本土化生产，在中国建立了生产基地。同时，我国自主研发生产企业在发展过程中不断开拓进取，出现了像华光乐凯（河南）等一批先进企业，为我国印刷器材工业发展做出了重要贡献。

二、对我国印刷设备转型的主要方向的探讨

当前，我国印刷业正处在战略转型的关键时期，印刷装备应该努力适应转型的要求，为加快印刷业转型升级提供技术支撑和物质保障。

1．为支持印刷业向数字化转型，必须加快发展数字印刷关键装备的研发制造，在世界数字印刷装备的高端技术上有中国的一席之地

我国数字印刷经过近十年的探索发展，从导入期到成长期，已进入大发展的“前夜”，我们应该对此有充分思想准备。

在出版印刷领域，随着出版数字化转型步伐的加快，按需印刷必将很快提到议事日程，当前库存大于销售的状况造成资金大量占用，资源极大浪费，必定难以为继，依靠数字印刷实现按需出版、按需印刷已是大势所趋。

在工业印刷领域，现代印刷正在开拓广泛应用领域，从壁纸、陶瓷、纺织印染、复合木板等人民群众日常生活密切相关的领域，不断开拓印刷电路、电子屏幕、功能性电子元器件、3D打印等功能印刷，过去传统的凹印、网印等印刷工艺难以适应需求和环保的要求，而数字印刷正为此开拓着广阔的市场空间。

在包装印刷领域，通过数字印刷的可变信息数据与互联网技术相结合，将可有效解决产品的可追溯性问题，保证消费者的使用安全，因此包装印刷的传统印刷方式与喷墨数字印刷相结合的组合型印刷，必然成为主流方式。

面对数字印刷即将到来的发展需求，人们都在关心，我们是否对此已经做好了准备？在国外数字印刷设备供应商已经大量进入中国的情况下，我国自主品牌的数字印刷开发生产商应该怎么办？

无疑，方正电子在推动我国数字印刷和印刷数字化进程中，应责无旁贷承担起领头作用，这既是历史的传承，更是时代的责任。

这几年云印刷“风起云涌”，2011 年方正电子推出国内第一个网络云印刷服务平台，探索在云印刷平台支持下，通过数字喷墨印刷实现按需出版的途径。

当前，我国按需出版面临的最大问题，是如何保证出版信息安全，这对出版业是头等大事，解决这个问题只能依靠我国自主开发的信息安全技术。在这个方面“方正电子”是有经验的，当年“748”工程首先在报业取得突破，报业的信息内容安全在汉字激光照排系统的开发中得到高度重视，并有效得到解决，受到报业的信任。现在“方正电子”开发的建立在云印刷平台上的按需印刷系统，应该加快研发出版信息安全技术，尽快突破，使出版业没有后顾之忧。

发展喷墨数字印刷技术也要从系统工程角度，统筹研究解决喷头、墨水等相关配件的发展。还应注意研究脱墨技术，保证新技术条件下，回收利用绿色循环齐发展。

2．平版印刷机在未来较长时期内仍是主流的印刷设备

随着智能控制、网络技术、信息技术、云计算和绿色环保技术的快速发展，以及市场多样化和个性化需求的不断增长，单张纸多色平版印刷机的发展趋势主要体现为：

（1）高速度、高精度、高自动化、数字化方向发展。未来五至十年内，单张纸多色平版印刷机最高印刷速度将由目前的对开机 15 000 印 / 时，达到 18 000 印 / 时左右，直接生产效率继续提高。各种有助于减少印刷辅助时间和降低劳动强度的自动化技术将进一步提高，数字化流程在印刷全过程中应用更加普遍和深入，更加强调面向各种印刷系统解决方案。

（2）向高度智能化方向发展。实现高端多色平版印刷机“一键通”操作，实现自动调整，自主管理，自主故障诊断、故障修复乃至故障预测。

（3）向网络化方向发展。网络印刷即“Web-to-print”，在网络服务器支持下，通过电子商务在线产生系统化的印刷文档，在线完成下订单、通知印刷、出货物流、结账等商业处理。网络印刷在印刷厂更多地通过合版印刷方式来实现，满足个性化、短版印刷需求。

（4）向可扩展和与其他印刷工艺结合方向发展。平版印刷机和数码印刷、上光、栏切以及印后加工生产设备相结合，满足市场的更多需求。

（5）向与信息技术深度融合方向发展。实现印刷全产业链信息化，印刷全生产流程信息化，印刷经营管理信息化。

（6）向绿色印刷方向发展。各种环保技术、减少噪声和节能减排技术将在单张纸平版印刷机上应用。

3．努力建设 CTP 系统自主研发、生产和现代服务基地

CTP 是印刷数字化标志性技术设备，当前我国已进入 CTP 应用高峰。

2003 ～ 2012 年我国 CTP 制版机保有量情况

年份	2003	2004	2005	2006	2007	2008	2009	2010	2011	2012
增量（台）	83	86	202	212	262	461	570	1 506	1 975	2 100
保有量（台）	226	312	514	726	988	1 449	2 019	3 525	5 500	7 600

在推广应用 CTP 技术中，报业仍然走在前列，据报业协会对全国 147 家主要报纸印刷厂的统计，2013 年已有 141 家报社使用 CTP 制版，其中有 64 家已全部采用 CTP 制版，占 57.1%，即有一半以上主要报纸已实现 CTP 化；这 147 家报纸总制版量为 1 686 万张，其中采用 CTP 制版量为 1 470 万张，CTP 制版占总制版量的 87.22%。这些数据表明，报纸已基本上实现了从激光照排向数字化 CTP 制版的转变。

回顾历史，三十年前我国自主开发的汉字激光照排的应用也是从报纸印刷开始突破的。从新华社到经济日报然后首先在报业普及应用，进而在印刷全行业全面推广应用，实现了从铅排铅印向照排胶印的历史性转变。现在报业全面推广了 CTP 的应用，也将大大带动全行业的数字化进程。

经过十多年的发展，从开始主要依靠进口，到众多外商在中国本土化生产，现在国产民族品牌的 CTP 也已经崛起并不断壮大。杭州科雷、方正电子、大族冠华、中印周晋、东方通信等一批国产品牌 CTP 生产能力快速增长，尤其令人瞩目的杭州科雷，2011 年的产量达到 632 台，装机量达到 1 112 台。随着产品技术、质量的提高，“科雷”CTP 已进入韩国、东南亚、拉美和欧洲世界各国，其出口量约占全部产量的一半。2013 年底“科雷”在德国杜塞尔多夫建立了欧洲公司，为开拓欧洲市场、提供周到售后服务建立了基地。

从全国 CTP 生产基地布局来看，浙江杭州正在成为我国重要的 CTP 研发、生产基地，这里除科雷公司之外，还有曾经为我国印刷技术第二次革命做出重要贡献的东方通信在汉字激光照排机等基础上开发的 CTP 设备，以及大日本网屏在中国杭州建立的 CTP 生产基地。估计杭州 CTP 的生产能力约占全国一半。他们之间互有优势，在市场经济条件下，既有竞争也应该加强合作，共同努力把杭州建设成为我国 CTP 产业之“都”，成为杭州一项有特色的高新技术新兴产业。

4．加快推进柔性版印刷技术装备的发展

绿色环保是我国基本国策，绿色印刷将是印刷业科学发展的必然要求，从世界范围看，发展柔印技术是适应绿色印刷要求的重要方向，这一点已为业界所认同。

发展柔印技术是一个系统工程，柔印、制版、设备及版材、油墨都要同步协调发展。

在柔印装备方面制版和柔印设备开发生产是重要技术装备。

在柔印制版方面，目前我国仍大多采用传统制版方式，工艺复杂，成本较高，成为阻碍柔印技术推广应用的一个重大障碍。

在国外已成功开发应用柔印激光直接制版技术，柔印直接制版（CTFL）不但提高了印版的精度和质量稳定性，而且避免了传统胶片制版的诸多缺点。但 CTFL 主曝光时版材树脂直接暴露于空气中，空气中氧气会阻碍柔性版中感光树脂的聚合，版材表面部分树脂不能发生聚合反应，这样洗版后网点直径会变小，无法实现图像从黑膜到印版的 1 ∶ 1 复制，且高光网点的顶部呈圆形。为消除主曝光时的空气中氧气对制版的影响，充分利用平顶网点和实地加网的优势，欧美多家公司推出了高清晰柔性印版和平顶网点制版技术。

柔性数字制版设备的制版精度较高，但成本较大，据粗略估计，柔性的制版成本是平版胶印机的 30 倍。对比发达国家的柔版发展情况，结合柔版的绿色环保的特点，柔版印刷在国内必将有一个较快的发展，所以应加快研发制造国内柔版 CTFL，尽快在关键技术上有新的突破，降低柔版生产成本，完善相应配套产品。

在柔印机生产制造方面，我国也有了长足的进步。陕西北人研制的卫星式柔印机组通过了国家有关部门组织的鉴定，已具有批量生产的能力。目前国产卫星式柔版印刷机制造的最大瓶颈是中心滚筒制造技术、套筒式网纹辊制造技术、套筒式印版辊制造技术、印版过桥套筒制造技术以及无接缝印版的制造技术，所以这些关键零部件仍需全部进口，不但成本高，而且极大地制约国产卫星式柔版印刷机的发展。

目前柔印主流设备仍然是机组式柔印机，据科印传媒《印刷技术》杂志调查：2012 年 7 月 1 日～2013 年 6 月 30 日 1 年内，全国新增机组式柔印机 152 台，在内地 17 个地区新增投入使用。至此我国内地共已安装使用这类柔印机 1 417 台，年增长率达 12.0%。从 2006 年以来，其装机量连续 7 年实现两位数增长，也是近 5 年来实现增量过百。

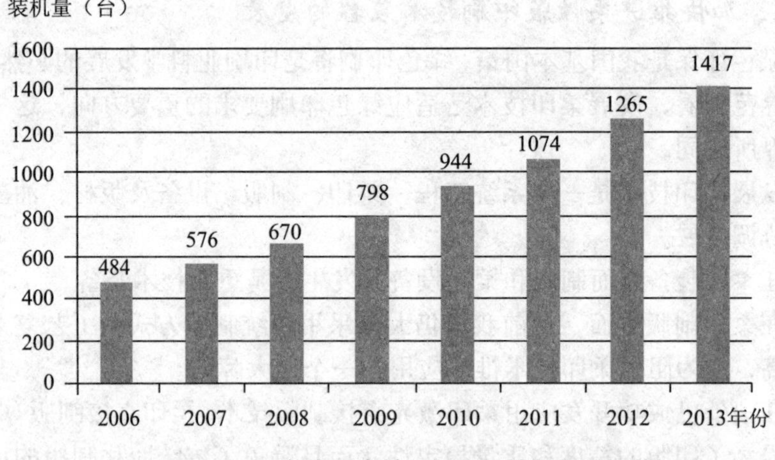

2006～2013 年中国内地机组式柔性版印刷机装机量

在 1 417 台装机中，国产为 1 057 台，占 74.6%，2013 年增量为 130 台；进口机为 360 台，占 25.4%，增量为 22 台。进口和国产占比构成相对比较稳定合理，说明我国自主生产的机组式柔印机在市场上占有主导地位，技术质量水平比较稳定。

从地区分布来看，目前全国除西藏自治区以外，30 个省市都安装使用了柔印设备，而装机总量最多的是我国印刷业最发达地区，广东、上海、浙江、江苏、山东五省市已连续 8 年占区域装机量前 5 名；在装机增量方面，广东、上海、浙江从 2010 年以来一直占据前 3 位。

柔印机市场稳定增长表明了我国柔印技术推广应用取得明显成效，随着绿色印刷的推进，我国柔印的比重将会不断提高。上海印刷集团在进行柔印印刷教材的试点，取得了重大进展，其下属上海新华印刷公司已配置 4 台双面四色卷筒纸柔印机，形成了规模化生产能力，累计印制了 44 种 300 多万册上海市中小学生教科书，其质量符合要求，其中“艺术”“高二”教科书被评为上海市教科书印刷质量一等奖。

目前，我国柔印在技术上已具备推广应用的基本条件，当前突出反映

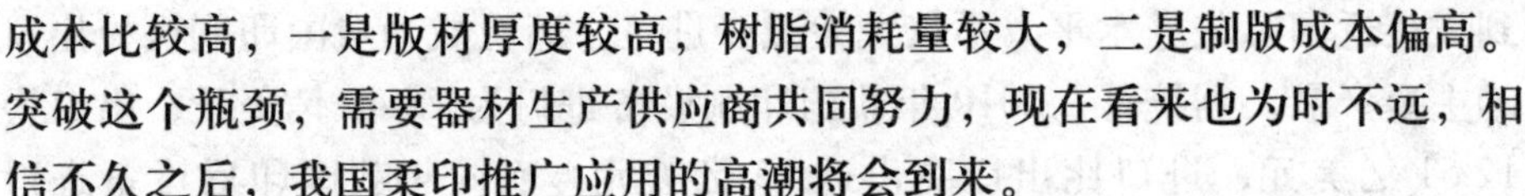

成本比较高，一是版材厚度较高，树脂消耗量较大，二是制版成本偏高。突破这个瓶颈，需要器材生产供应商共同努力，现在看来也为时不远，相信不久之后，我国柔印推广应用的高潮将会到来。

5．**扬长避短，发挥比较优势，研究实施差异化发展战略**

21世纪以来，在我国印前、印刷、印后三大类印刷装备中，印后设备异军突起，在技术水平和生产规模上有了明显提高，进口依赖度大大降低，成为我国印刷技术发展中一个新亮点。

印后主要包括一是书刊印后的订装，对印品的粘结与装帧；二是包装印刷后模切成形两大类。印后历来被认为是印刷过程用人工最多的领域，据统计全国从事印后加工的职工人员约占全部职工的1/3，鹤山雅图仕在最繁忙季节职工人员多达18 000人，其中一半以上是在印后，而且多数是手工操作。

过去，人们历来认为中国劳动力人口众多，人工装订劳动成本低，因此对印刷设备发展重视不够。但是经历了改革开放30年，我国产业结构发生了根本变化，形势发展已把提高印后设备自动化、智能化、人性化紧迫地摆到印刷业面前。

随着我国经济发展和人民生活水平的提高，书刊印刷的印后工艺日益趋向“五多”：短版活多，特殊加工物多（含不规则开本和纸张），无线胶粘多，使用各种新材料多，要求周期短、速度快而质量高的多。这就向印后装订工艺技术提出更高要求，同样包装印刷印后的工艺技术要求也不断提高。

据我国著名印后专家王淮珠老师介绍，我国自加入WTO之后，书刊印后逐步纳入国际标准轨道。在工艺方面，我国纸张幅面质量和开本尺寸使用均已进入国际标准行列，手工装订已基本淘汰，无线胶订成为书刊本册等的主要联结材料，无线胶粘精装工艺逐渐推广应用，根据国内外客户的需求，豪华装和特殊装等个性化工艺相应得到开发，如空背平装、声响立体书、露血图案书、镂空封面书、古洋结合书，传统古老装法书以及在我国历史上仅存于故宫博物院的后唐时期的一本龙鳞装古籍装订工艺也已研究成功（已批准为非物质文化遗产）。

印后工艺的多样化、个性化，对印后设备提出了更高要求。面对这些挑战，我国印后设备企业潜心研究开发，充分发挥了自己技术特长和优势，使印后设备十多年来有了质的飞跃，书刊印后装订设备基本上实现系列化生产，联动生产线种类已有10种，单机种类有20种，不少产品已达到或接近国际先进水平，不仅大大减少进口，而且成为我国印刷机械出口的主要产品。据统计，2010 年我国印刷设备进口为 25.40 亿美元，出口为 12.51 亿美元，进口比出口高出近 13 亿美元；而同年我国印后设备进口为 1.454 3 亿美元，出口为 1.630 8 亿美元，印后设备出口还略高于进口；2011 年印后设备进口 2.443 9 亿美元，出口为 1.871 8 亿美元，虽然进口略高于出口，但进出口基本持平，说明我国印后设备具备了相应的国际竞争力。

在包装印后设备方面，近几年先后开发了烫印模切联动线、印刷烫印模切生产线、覆膜烫印生产线、覆膜烫印模切生产线，而且自动化、智能化水平有很大提高。这些高档印后模切设备自主研发生产，不仅大大减少了进口，而且已开始进入欧美发达国家及地区。

在印后设备生产企业中，这几年涌现了天津长荣、上海亚华、深圳精密达、德阳利通等一大批优秀企业，他们正在国际市场中与发达国家的著名印后企业展开角逐，并不断取得进步。

这种情况说明，虽然在综合印刷装备制造技术水平上我国与世界发达国家仍有不小差距，但是在某些领域，正如 30 年前我国在汉字信息处理激光照排技术上有自主开发的独特优势，我们采取集中力量重点突破带动全局的战略，推动了我国印刷业的跨越式发展，在当前，我们也可借鉴这个经验，发挥我国印刷技术方面的比较优势，研究采取加快推进印后设备取得更大进展的政策措施，争取在印后设备制造领域率先达到国际先进水平。

6. 关注无水胶印技术的研究开发

绿色印刷要依靠科技创新，广东金杯印刷公司一直致力于应用印刷新技术，其中包含采用无水胶印，长期进行应用试验，其印刷质量和环保性能都符合要求，当前关键是版材、油墨专用性很强，要依靠进口，成本较高，一直难于推广。

但是这项胶印新技术应该值得关注。据著名印刷专家徐世垣先生介绍，无水胶印印刷品鲜明、光亮、网点精细、增大率小、墨层厚实、密度范围大，印刷质量上佳，同时因为“无水”，无须水墨平衡，因而具有较高稳定性，且不用酒精添加剂，不含溶剂和 VOC，更符合环保要求。在食品、药品包装印刷等直接涉及人体安全的领域，国外已更多采用无水胶印技术。

据报道，德国 2002 年从事无水胶印的企业不足 100 家，现今已增加到 800 多家。很多著名的印刷机制造商都在其产品目录中至少选择一款设备作为无水胶印的机型。为适应无水胶印的发展，无水胶印版材销量剧增。德国 Mark-3 zet 公司生产的无水胶印版材产量 20 年来已超过 20 倍。

发展无水胶印技术需要设备与版材、油墨器材和印刷企业共同配合、统筹协调。现在开始应该关注这项绿色印刷技术在我国的开发应用。

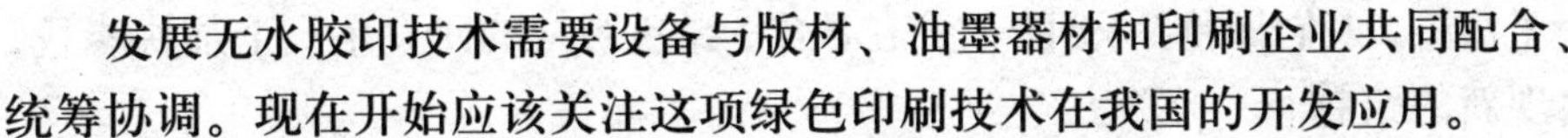

三、印刷器材要坚持绿色、高档转型方向

进入21世纪以来，我国印刷器材一直紧随着印刷业的高速发展而同步相应地快速发展，同样随着印刷业转型升级的步伐，在2010年以后相应转入正常稳定发展轨道，并正在积极地调整产业结构，着力向绿色、高档方向转型。

这里重点对几项主要印刷器材品种作一些分析。

1．胶印版材

2013年，全国胶印版材总生产能力为4.49亿平方米，比2012年下降0.22%；总生产量为3.46亿平方米，比2012年下降6.73%。这说明我国胶印版材生产能力总体上已经出现过剩局面。

而在产品结构上，却发生了巨大变化。

普通PS版2013年产量为1.01亿平方米，比2012年下降33.11%；CTP版材为2.45亿平方米，比2012年增长11.36%。CTP版材的产量已超过PS版一倍以上，这说明我国已进入CTP应用的高峰期，反映了我国印刷数字化的快速前进的步伐。

这种转变是从2011年开始的。2011年我国PS版产量为1.93亿平方米，2010年2.16亿平方米，下降0.23亿平方米，此后以更快速度下降，2012年下降了20%以上，2013年更出现30%以上的负增长。而同期CTP版材每年以两位数增长，CTP版材使用量的比重逐年大幅度提高，2010年占30%，2011年占46%，2013年占69%，CTP版材的销售额占全部胶印版材75%。CTP版材的品种包含热敏、光敏、UV和喷墨各种类型，基本齐全。

我国现已成为胶印版材生产大国和出口大国，出口量大幅增长。2005年出口2 900万平方米，到2011年上升到1.12亿平方米，增长了4倍。我国已涌现一批胶印版材的骨干企业，其中特别是“乐凯华光”在近三十年发展中突飞猛进，从伏牛山深处的三线工厂，现已成为拥有总资产17亿元的世界级感光版材企业，2013年出口超过1亿美元，跻身世界先进行列。

当前我国胶印版材生产能力总体上已趋于饱和，因此今后要着力于品种、质量上的提高，大量发展适应印刷数字化和绿色印刷的新产品的开发，努力提高产品档次。经过多年努力，“乐凯华光”已开发成功免化学处理热敏CTP版材，曝光之后无须任何冲洗加工即可直接上机印刷，大大减少了污染。人们期待“乐凯华光”在数字、绿色版材的研发生产上加快步伐，实现新的跨越。

2．柔印版材

长期以来，柔印版材一直是制约我国柔印技术发展的最大因素。2010年之前，国内柔印版材基本处于空白状态，大量依靠进口，2013年进口47.28万平方米，比2012年进口21.78万平方米增长了一倍多，因此价格一直居高不下。近两年“乐凯华光”勇敢担起了研发柔印版材的责任，先后开发成功厚度为3.94毫米、2.84毫米的柔印版材，去年又研制成功1.7毫米的版材，这对推动我国柔印技术发展将有重大影响，应该加快实现批量生产，尽快投入应用。据统计，2013年我国柔印版材产量约25万平方米，而市场消费量在60万～70万平方米之间，仍有近40万平方米的缺口需要依靠进口，不足以抑制柔版市场价格虚高的状况。

在绿色印刷的引领下，我国柔印技术发展在设备、版材、油墨和印刷企业共同配合努力下，已经打下了良好基础，一个柔印技术快速发展期将会很快到来。

3．油墨

近十年来，我国油墨行业发展迅速，除个别年份外，平均每年增长速度在10%以上，基本上保持与印刷业发展速度同步，年产量突破60万吨。

但是油墨产品结构问题仍很突出。以2013年油墨进出口情况为例，当年油墨出口2.81万吨，比2012年增长13.41%；出口金额1.41亿美元，比2012年增长27.05%；进口为2.26万吨，比2012年下降6.76%；进口金额3.58亿美元，比2012年下降3.39%。

这个数据说明：其一，我国油墨2013年出口数量在历史上首次超过进口量，这具有标志性意义，也说明我国油墨的国际市场竞争力有了明显提高；其二，2013年我国油墨出口相比进口量超过0.55万吨，但进口金额比出口金额高出2.17亿美元，出口金额单价远远低于进口单价，表明我国出口油墨档次偏低，出口地区也以发展中国家为主。

在我国油墨技术发展上，绿色环保成为业内众所关注的重大问题，应该说我国在开发环保油墨方面下了很大力量，也已取得很大进展，水性油墨、醇溶性油墨、UV（紫外光固化）油墨和植物油型油墨等都已研发成功并投入生产，但是由于成本价格等原因，我国在环保油墨应用上仍难以适应绿色印刷的要求，特别在凹印方面，环保油墨的应用无论在监测严管技术质量，还是成本价格上都存在诸多问题，这是我国油墨行业今后发展必须着力解决的重大课题。

要重视和加强“数字印刷墨水”的研发和生产，“基于喷墨和静电技术的数字印刷在未来 5 ～ 10 年将高速发展，部分取代和补充原有印刷方式开拓新的应用和市场，因此，墨水、墨粉、电子油墨作为数字印刷的主要耗材具有广阔的发展空间，特别是水溶性材料及相关固化方式的开发成为重要趋势”。

4．印刷橡皮布

橡皮布是胶印过程中将印版上图文信息通过油墨转印到承印物表面的重要器材，其性能、质量直接关系到印刷质量和速度，其发展一直为印刷界所关注。20 世纪我国只能生产普通橡皮布，高档气垫型橡皮布全部靠进口或外资在华企业。21 世纪以来，我国自主品牌的橡皮布取得骄人成就，作为这个行业的杰出代表，上海新星印刷器材公司在我国印刷界受到高度关注。

2013 年我国印刷橡皮布销售量为 156 万平方米，总用量约占世界 1/4；同年上海新星销售量达到 45 万平米，约占全国产量的 1/4；由此折算，“新星”橡皮布约占世界的 1/16，跻身到世界橡皮布生产的前列。

印刷橡皮布及其生产过程同样存在严格的环保要求。2012 年国家相关标准规定，橡皮布产品不得含有六项邻苯二甲酸酯类物质。上海“新星”研发成功采用高温植物油代替原来的邻苯二甲酸二丁酯作为增塑剂，达到了国家环保标准的要求，成为国内第一款环保型橡皮布。

在橡皮布生产过程中，甲苯是基本溶剂，为达到绿色生产，“新星”投入 800 余万元进行改造，甲苯回收率达到 99% 以上，并可回收再用。

我国橡皮布生产取得了很大进展，大大缩小了与国际先进水平的差距。据统计，目前我国进口橡皮布仍占有 30% 份额，这一方面是因为品种调剂的需要，在开放的国际市场，不可能任何产品都由国产产品包揽。二是应该承认，在产品质量、档次、稳定性等方面，我们与国际先进水平还有一定差距，因此还需进一步努力。

总体上看，我国印刷器材在绿色环保和提高产品档次上一定要下硬功夫，为实现我国成为世界印刷强国，提供可靠保障。

第十二章　转型升级　强国之路

印刷业转型升级是建设世界印刷强国的必由之路，舍此没有别的捷径。但是转型必然会带来“阵痛”，在21世纪进入第二个十年的时候，这种“阵痛”不断加剧，一批印刷企业倒闭破产，甚至有的资产超亿，曾经“风光无限”的著名印刷企业有的也在一夜之间轰然倒塌，在业界引起一片叹息，大家关注着中国印刷转型之路究竟怎么走。

“阵痛”孕育着“新生”。当前我国印刷业正进入战略转型关键时期，加快推进转型升级需要政府、行业、企业共同努力，采取切实有力的政策措施，才能实现。

一、切实转变印刷业增长方式，实现我国印刷业科学、稳定、可持续的发展

我国印刷业改革开放以来的长期超速发展，不能成为一种“定式思维”而盲目去追求扩张，必须不失时机地从过去着重数量增长转变到着力依靠科技创新，实现技术和质量的提高，这是推进印刷业转型升级的思想基础。

在经历了2008年全球金融危机之后，我国印刷业逐渐从过去超速发展转入中速正常发展的轨道。

年份	2008	2009	2010	2011	2012	2013
GDP增长率（%）	9.6	9.2	10.4	9.3	7.8	7.7
工业（规模以上工业企业）工业增加值增长率（%）	12.9	11	15.7	13.9	10.0	9.7
“印刷业和记录媒介的复制”工业增加值增长率（%）	12.4	8.8	14.9	13.9	10.1	11.9
印刷工业总产值增长率（%）	24.92	10.82	21.02	12.59	9.6	9.3

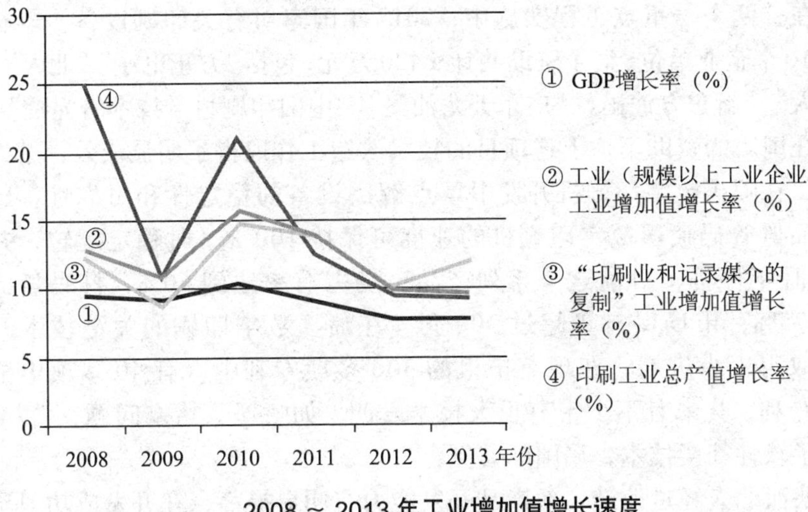

2008 ～ 2013 年工业增加值增长速度

从上图统计数据可见：2011 年前，印刷工业总产值增长速度除 2009 年受金融危机影响基本与工业增长速度持平之外，其他年份都远远高于工业增长速度，而到 2011 年之后连续三年印刷业总产值增长速度已低于工业增长速度，但差距不大，基本与工业增长速度相当，应该说这个发展速度是正常的，估计这将会是印刷业今后发展的“常态”。可以说 2011 年即“十二五”开局之年是我国印刷业发展的一个重要转折点。

把印刷超常速度降下来，有助于集中精力进行产业结构调整，研究转型升级的突破方向和切入点。

据公布的数据：2013 年我国十万家印刷企业中，共有规模以上重点印刷企业（年产值在 5 000 万元以上）3 075 家，资产总额 6 247.5 亿元，比上年增长 19%，占全行业的 59%；实现印刷产值 5 816.4 亿元，比 2012 年增长 4%，占全行业 56%；利润总额 498.6 亿元，比 2012 年增长 20%，占全行业 62.6%。虽然产值增速下降，但利润增长达 20%，说明产业结构优化力度得到明显加强。

二、实施好重大项目带动战略，把两大重点工程项目任务落到实处

根据国务院《文化产业振兴规划》实施重大项目带动战略的要求，《印刷业“十二五”发展规划》制订了“数字印刷和印刷数字化”“绿色印刷环保体系建设和新技术开发”两大重点工程开发计划。这两项重点工程，得到国家政府部门的支持。

在“两个”重点工程实施中，2012年国家对有关印刷设备、器材和科研10个企业单位，给予资助共计5 420万元，包括“方正电子”“北人”“陕西北人”“新东方油墨”“广东天龙油墨”“中国印刷科学技术研究院”等。

在国家的资助下，上述项目的技术改造工作取得了明显成效，“方正电子”在喷码数字印刷机开发中重点解决设备的稳定性和可靠性，H系列药品监管码喷墨数字印刷机的速度可保持100米/时稳定运转，并可24小时不停机，目前这个系列产品市场占有率达到60%，打码量已占全国75%，市场保有量超过300套。在喷墨数字印刷的关键技术开发上也取得不少进展，在现有申报的300多项专利中，有40多项申报为国际专利，其中有不少带有重大技术发明，如喷墨头堵塞问题，“方正”研发了软件补偿技术，属国际首例。

陕西北人经过改造，新产品开发能力有明显提高，在开发成功卫星式柔印机组的基础上，重点在设备的稳定性、可靠性的关键工艺上加大改造力度，生产效率、产品质量有了明显提高。

新东方和广东天龙两个油墨企业，重点开发绿色环保油墨，扩大了生产批量，为推动绿色印刷发展做出了贡献。

2013年由国家新闻出版广电总局组织向财政部申报了绿色印刷专项资助，全国43家印刷企业获得2.768亿元绿色印刷专项资助，中央财政资助具有极强的导向性，据估算这批财政扶持资金，至少带动了社会50亿元的绿色印刷投资，使绿色印刷成为全社会共同关注的重要事业。在中央财政政策带动下，2013年北京和上海市在财政上也分别支出3 000万元和400万元专项资金，用于补贴和奖励绿色印刷。

两大工程的实施对我国印刷业发展具有很强导向示范的带动作用，其影响将是深远的。应该继续努力把这两项工程组织实施好，为此建议：一是努力争取国家持续、有计划地给予支持；二是把国家资助资金使用好，真正解决工程开发中的关键问题，应该对资金使用情况及时追踪检查，发现问题及时纠正；三是在今后申请项目中要更加注重体现政策倾斜，对国家印刷示范企业和重大印刷科技创新成果给予重点支持，更好发挥国家扶助资金四两拨千斤的导向作用。

三、充分发挥示范效应，加快推进产业升级

为贯彻国务院《文化产业振兴规划》提出建设一批印刷产业示范基地的要求，原国家新闻出版总署于2011年12月发布了《国家印刷复制示范

企业管理办法》，明确提出“通过对具有示范作用的骨干企业或者企业集团的认定、挂牌、扶持和宣传，进一步优化产业结构，培育优势企业，加快自主创新和技术进步，鼓励节能减排，倡导绿色印刷，引导整个产业实现转型和升级”。并规划到“十二五”期末，在全国范围建立100家左右“国家印刷示范企业”。这是国家行政部门为加快推进印刷业战略转型，优化产业结构，培育骨干企业，采取的一项重要政策措施。从2012年到2014年国家新闻出版总署先后三批公布了国家印刷示范企业名单共82家（名单附后）。

2012年10月总署公布了第一批国家印刷示范企业名单，包括中华商务、雅昌、上海紫江、当纳利（中国）、江苏凤凰、鹤山雅图仕等25家著名企业，他们的事迹已为业界熟知，他们在战略转型、科技创新、推进绿色印刷、融合文化创意、开拓国际市场等方面是中国印刷界的优秀代表。

2013年10月公布了第二批国家印刷示范企业名单，包括北京中融安全印务等27家印刷企业光荣上榜，两批名单已达到52家，已达百家示范企业的过半目标。这两批中国印刷业的精英兵团，无愧于建设印刷强国的中坚力量，责无旁贷地承担起示范与引领的作用。

在本书完稿之后即2014年末，国家新闻出版广电总局公布了第三批国家印刷示范企业名单共30家，为了解示范企业的引领作用，《印刷经理人》杂志对第二批示范企业进行了解析。

这52家示范企业来自全国16个省市，涵盖出版物印刷、包装印刷、商务印刷、光盘复制等多个领域。其中既有承载百年历史的传承企业，也有21世纪初创的新锐企业。因地域、业务领域、资源禀赋的不同，各家示范企业有着不同的成长路径，归结起来，在以下10个方面能为业界带来借鉴和思考。

1．明晰定位，打造独特竞争力

30家示范企业中不乏规模型综合企业。这些企业在原有主业上稳健经营，通过规模化、集约化提升竞争实力，保障经营效益。与此同时，在核心业务基础上进行关联延伸，积极开拓市场，增加新的利润增长点。东港印务有限公司在保持商业票证产品国内市场份额的基础上，大力发展智能IC卡、数据处理、RFID智能标签、电子票证等新业务，逐步由传统的票证印刷企业向综合服务供应商转型。湖北金三峡印务有限公司虽从事利润率丰厚的烟包印刷，仍未雨绸缪，积极进行延伸产业链的尝试，在上游制品业成立盟科纸业公司，针对不同行业成立为酒包、药包、日化包装服务的社会包装公司。河南省瑞光印务股份有限公司作为传统的书刊印刷企业，从2004年开始摸索拓展包装业务，成立独立公司单独运作，目前书刊印刷业务持续稳步发展，包装装潢业务也在省内创立了品牌。这些企业在进行新领域尝试时，能清醒地意识到行业间的差异，有意识地选择差异化的经营策略，打造适合新领域的核心竞争力。

当然，做大未必是做强的唯一通道，在细分市场潜心经营、精耕细作，同样能收获辉煌的业绩，示范企业中也不乏这样的佼佼者。南京爱德印刷有限公司多年来致力于薄纸印刷，不断改进生产技术，已为全球70多个国家和地区印刷圣经逾亿册，成为世界上最大的单体圣经印刷基地。四川宜宾普什集团3D有限公司依托五粮液的雄厚实力，致力于发展和振兴中国3D包装业，传承和创新运用世界上最先进的三维立体影像技术和三维立体防伪技术，研发生产三维立体包装盒、塑胶板材、光栅片材等，公司已制作各类3D包装盒10亿个，生产3D包装材料20万吨，销售遍及世界各地，2012年跃居中国印刷企业100强的第9名。

2. 升级产品，提高附加价值

供过于求的市场现实，愈打愈烈的价格大战，使印刷企业的盈利空间日益趋薄，饱受同质化竞争的恶果。很多示范企业不再恋战，主动进行产品升级，通过印制高附加值产品来提高利润收益，通过开发高技术产品适应市场的新变化，努力提升自身的竞争优势。山东鸿杰印务集团有限公司明确了在书刊印刷市场发展精装图书印制的高端路线，投资逾亿元配置两条配锁联动+精装联动线，日产能12万本，造就了国内仅有、亚洲最高效率的精装生产线。2013年配合“文化惠民”工程在全国农村中小学生范围发放的《新华字典》，时间紧任务重，超过1/3的订单量由鸿杰承印，鸿杰敏锐地抓住了商机，获得了社会效益、经济效益的双丰收。

立华彩印（昆山）有限公司长年服务于IT客户，说明书、标签、卡片、彩盒为4大支柱业务。近几年随着智能手机、平板电脑的兴起，IT行业发生巨变，说明书、彩盒业务严重萎缩，高档硬盒需求趋旺。立华从2010年起着手产品转型，投资5 000多万元购买8台世界一流水准的制盒机，2012年在IT业务活源不足的情况下，立华凭借精品盒业务促使整体业绩同比提升10%，在电子包装领域一枝独秀。

除了积极进行产品升级，拓展高附加值产品，示范企业还凭借雄厚的技术开发实力与市场拓展能力，适时调整产品结构，有效化解市场风险。2012年对很多烟包生产企业来讲是困难的一年，经济下行导致市场萎缩、客户需求不足。安徽安泰新型包装材料有限公司因时而变，全面发挥技术资源优势，始终将改善及优化产品结构作为工作重点，高附加值产品所占比重大幅提升。2012 年，安泰的烟标生产量下降 12%，但销售额提升 9%，净利润增长 11%，保持了持续向好的发展势头。

3．延伸链条，创造全新增值点

进入 21 世纪的新经济时代，印刷业的产业属性日益引起业界的思考。印刷不再仅仅像传统第二产业一样，保质保量完成产品加工，还要像属于第三产业的服务业一样，让客户体验到最大的方便。“2.5 产业”的提法，促使更多的示范企业开始整合设计、生产、物流配送各个环节，努力为客户提供一体化解决方案，同时在延伸服务链条的过程中使自身的利润增值点由一个变为多个，效益区也由一维变为多维。

立华彩印（昆山）有限公司积极倡导“整体包装”服务理念，从产品设计、材料选配、工厂生产到物流配送，为客户提供一站式便捷服务。尤其在设计环节，在台北设立 R&D 总部中心、在美国设立分点，储备优秀设计师为品牌客户提供一对一的贴身服务，其全球化包装设计服务能力成为锁定客户的重要手段。

很多征战国内市场的示范企业，也非常重视用户服务体系的布局与建设。北京中融安全印务公司历经多年建设，已形成遍布全国 2000 多个市县的送货网络，能够确保按照客户要求及时、准确、安全地将产品送达指定地点。同时中融十分关注客户服务体验，建立了星级服务体系，可以满足各类客户的不同需求。

4．重视研发，转化科技生产力

在配备研发力量、加大科研投入方面，示范企业普遍提高了认识。很多示范企业组建研发中心或技术中心，配备专职的研发人员，提供专项科研经费，致力于新产品、新工艺、新技术的研发与推广工作。多家示范企业取得了当地省市认定的“企业技术中心”称号，更有企业成为“国家高新技术企业”。示范企业的研发成果也异彩纷呈，很多企业拥有多项发明专利、实用新型技术专利、外观设计专利、软件著作权证书等，也有企业取得了国际专利。

以常德金鹏印务有限公司为例。2000 年，金鹏就率先组建了集研发、设计、制版、打样和检测于一体的现代化包装技术中心，投入资金 1 500 多万元，配备了国际一流的印前设备与国内顶尖的条码检测、色相检验等物理光学检测设备，先后受邀参与多项国家、行业标准的编写。金鹏稳居中国烟标印刷前 3 强，与包装技术中心的有效运作与功能支撑密不可分。

示范企业在推动研发工作的过程中，转变常规发展思路，积极借助外脑外力。安徽安泰新型包装材料有限公司在印后模切烫金工艺技术创新方面，主动与天津长荣公司、安徽新闻出版学院共同合作开发，实现了双刀模切改单刀模切等 3 项技术领域的重大突破，使模切烫金设备的性能更加稳定，废品损耗大幅降低，生产效率大幅提升，成就了产学研合作的典范。

重视科技研发，收获稳健增长，示范企业普遍尝到了甜头。天津海顺印业包装有限公司从机制入手，制定科技投入保障管理工作流程，保证公司每年科技投入费用占公司总收入的 20% 以上。企业技术中心和研发部利用原始性创新、自主开发和产学研合作等方式，近 3 年来共开发出新产品 146 种，取得发明专利 21 项，其中 1 项申报国际专利。海顺印业实现新产品销售收入 9 500 万元，占公司总收入的 38%。

5．强身健体，提升自身素质

纵观 30 家示范企业的成长历程，可以清晰地看到他们奋发自强、不断提升自身素质的不懈努力：

——从 20 世纪末到 21 世纪，几乎所有示范企业都陆续通过了 ISO9001 质量管理体系认证、ISO14001 环境管理体系认证和 OHSAS18001 职业健康安全管理体系认证，促使企业的经营活动更加规范化、系统化、科学化。

——为了与国际市场接轨，增加海外接单的竞争实力，陆续有示范企业通过了 FSC 森林认证、G7 色彩管理国际认证、GMI（供应商资格）认证、SGS 国际认证等，为顺利进军海外市场扫清障碍。

——为了满足客户市场的需要，示范企业积极进行相关领域如食品质量安全、信息安全管理等体系认证，以严格的管理品质，赢得高端客户的信赖与支持。

——为了提升企业管理的现代化水平，示范企业普遍引入 ERP 信息管理系统，对报价、采购、生产、财务、人力资源管理等生产与经营环节进行系统化、标准化管理；更有企业进入 ERP 应用的新境界，将数据流变成信息流，辅助企业的经营决策。

——为了打造诚信经营形象，提高企业的销售服务与融资能力，一些示范企业积极参与了首批中国印刷行业企业信用等级申报工作，并荣获相应的信用评价等级。

各种资质、认证的获取，积极进行精细化管理的努力，建立学习型组织与打造企业文化的意识，不断提升着示范企业的自身素质，使他们在市场竞争的红海中越战越勇，很多示范企业成为行业对标学习的标杆企业。

6．数字印刷，探索盈利新模式

主动拥抱数字印刷，尽早探索数字时代的新商业模式，成为示范企业的共识。第一批示范企业中的江苏凤凰是我国印刷业数字化转型的突出代表，已多次在全国介绍过先进经验。又以新华系列为例，安徽新华印刷股份有限公司于 2013 年 3 月挂牌成立"时代新华数字印刷中心"，为出版社提供高效、高质量、低成本的按需印刷服务。中心将通过持续的投入和建设，整合现有的数字流程和数字资源，实现网上报价、支付、接单、看色打样以及便捷的物流配送等功能，为客户提供 24×7 的全天候服务，打造安徽新华数字平台。

湖北新华印务有限公司的数字印刷进程沿两个方向展开。其一，与外商合资组建数码合版按需印刷企业，快速进入数码合版按需印刷领域，目前正加快与外商的洽谈与接触；其二，2013 年 4 月 18 日开张湖北新华印务长江数码（古田店），同期开业湖北新华印务网上电子商务平台，湖北新华印务将有效结合数码印刷、传统印刷、网络印刷业务，实现转型发展。

河北新华联合印刷有限公司积极打造河北数字印刷产业园，作为河北省文化产业振兴规划重点项目和"十大文化产业聚集区"，产业园的石家庄基地于 2013 年 6 月竣工投入使用，产业园以数字化系统建设为基础，努力打造现代数字印刷产业基地；保定基地征地协议已经签署，相关工作正在积极推进。

7．绿色印刷，高擎环保旗帜

两批 52 家印刷示范企业，有的已经通过了环保部的绿色印刷认证，作为第一批示范企业，广东金杯是我国绿色印刷的先进典型，在业内产生了广泛的示范效应。很多示范企业还是当地获得绿色印刷认证的唯一企业，成为绿色印刷实践的一面旗帜。

示范企业清醒地认识到，实践绿色印刷是习惯再造而不是单纯认证，是主动提升而不是被动应付，需将绿色印刷活动贯穿到经营的各个领域、生产的各个环节。上海中华商务联合印刷有限公司在筹建之时，就已经尽可能地将绿色环保因素考虑进去，如厂房设计采用自然采光带、轮转机安装天然气烘干余热回收装置等。为持续推进绿色印刷，公司又采取了系列措施，包括全部采用预涂膜或水性覆膜工艺、印刷机加装全自动橡皮清洗系统、CTP 制版机加装自动水循环净化系统、装订裁切纸边全部采用管道回收等。上海中华商务不仅仅按国内标准要求自己，还主动对接国际标准，获得了多项国际绿色环保方面的认证，如FSC-COC（林产品产销监管链的认证）、PEFC-COC（泛欧森林认证委员会的认证）等，有意识地打造国际一流的绿色印刷企业。

8．重视创意，借势文化转型

“十二五”以来，建设文化强国的国家战略为印刷企业提供了发展的新路径。作为文化产业中的九大产业之一，印刷业如何借势文化转型，成为印刷企业孜孜以求的突围亮点。但在印刷本业上如何嫁接文化元素，如何衍生出新的经营增长点，又如何打造出成熟的盈利模式，却是印刷企业必须面临的转型之惑。

示范企业的文化转型尝试，首先从创意入手。如第二批中的广博集团股份有限公司作为中国最大的文具一体化供应商，积极与国内动漫上游厂家合作，将传统文具和动漫衍生产品有机结合，提高文化创意产品的经济价值。从2011年始，广博联手“喜洋洋与灰太狼”、“愤怒的小鸟”，数百款运用“喜羊羊”、“愤怒的小鸟”动漫元素设计生产的文具产品，受到了国内市场热捧，广博正式步入了“制造＋创意”的产业发展轨道。湖南永州奔腾彩印有限公司与香港公司合作，引进国际领先的文化创意产品——立体弹跳书。目前立体弹跳书已顺利出口美国，实现了文化产品“走出去”的发展战略。

湖北金三峡印务有限责任公司紧跟时代前沿，将文化创意、包装设计与印刷技术有机结合，为客户提供市场调研、产品定位分析、品牌策划推广、新型包装设计、创意产品实现等全方位服务，帮助客户走文化创意的差异化发展之路。其与客户共同打造的尚善玉溪等产品纷纷获得国内外诸多设计大奖，助力客户在激烈的市场竞争中脱颖而出。

9．盘整资源，着手战略布局

“十二五”时期是中国印刷产业进行结构调整的关键期，也是更具资源掌控力的示范企业快速成长的机遇期。有别于自然生长，以并购重组的方式快速集聚资源，以集中管理的方式有效盘整资源，成为示范企业做大做强的实践路径。

安徽新华印刷股份有限公司利用母公司时代出版上市公司的资金平台，于2008年以受让的方式，持有芜湖新华股东60%股权，重组了芜湖新华印务公司；2009年以置换的方式，持有合肥杏花51%股权，重组了合肥杏花印务公司；2010年以增资的方式持有华丰印务55%股权，重组了华丰印务公司。为使重组产生显效，安徽新华对内部资源进行了重新配置，对各家的发展方向重新定位，完善法人治理结构，并搭建了统一的资金收付平台、ERP 管理平台，推进预算管理，使重组后的公司成为协同作战的有机整体。通过并购重组，安徽新华以 4 000 多万元的代价，撬动了资产规模约 4 个亿、年销售收入超过 2 个亿、利润 1 500 多万元的三家印刷企业，壮大了产业规模，拓展了业务空间，增强了竞争优势，呈现出良好的发展势头。

2008 年在深交所上市的福建鸿博印刷股份有限公司，近几年密集进行资本运作，先后收购广州彩创网络技术有限公司、无锡双龙信息纸有限公司、北京国彩印刷有限公司等，将业务触角延伸至印刷及相关产业链——物联网、智能卡、无纸化彩票产业、文化创意等领域。2013 年，公司全称由“福建鸿博印刷股份有限公司”变更为“鸿博股份有限公司”，继续着转型探索的新征程。

在并购重组的同时，多家示范企业拓宽战略视野，尝试在全国范围内投资设点，筹谋区域布局，启动多地联动，为下一阶段的发展布下更广阔的格局。

立华彩印（昆山）有限公司跟随客户的脚步，2010 年前往西部设厂，设点四川遂宁，辐射成都、重庆在内的成渝经济圈，意欲为产业西移的电子品牌商提供就近贴身服务。2012 年 7 月正式投产的遂宁工厂占地 200 亩，建筑面积 10 万平方米，预计实现产值 8 亿元。

2007 年在深交所上市的东港股份有限公司，经过多年布局，目前在济南、北京、上海、广州、郑州、乌鲁木齐、西宁、成都建有 8 个生产基地，在各地设立了 30 家联络处，生产、销售、服务网络覆盖全国。

10．进军海外，拓展国际市场

作为全球重要的印刷加工基地，中国印刷业的出口加工业态也在发生悄然变化，这在示范企业身上有着明显的印记。

——出口加工企业由沿海向内地延伸。沿海尤其是珠三角、长三角的企业，仍然是承担海外业务的主力军团。以上海中华商务联合印刷有限公司为例，其出口业务遍及 21 个国家，分布于欧洲、美洲、亚洲、大洋洲及非洲等地区，迄今印刷了 32 种不同语言版本的图书，开业以来每年海外销售额均超过 1 亿元。与此同时，内地企业参与全球化竞争的意识逐渐增强，纷纷实现零的突破。示范企业中，地处内陆腹部的西安西正印制有限公司，也成功开拓了巴基斯坦穆斯林银行、韩国韩亚银行、英国汇丰银行等海外业务。

——拓展海外市场的策略由“走出去”到“本地化”。广博集团股份有限公司将出口产品的设计研发机构设在海外，以便于吸收各方经验，融入当地市场。目前，广博已经建立了三大研发设计中心，其中美国纽约研发中心和日本东京研发中心分别辐射欧美和亚洲市场，有超过 200 名设计师面向全球进行市场研究。从消费价值设计、产品工业设计、包装形象设计到产品推广传播设计，广博建立了一体化的工作架构和流程。系统化、本土化的流程规范体系使得广博产品的研发时间有效缩短。研发“本地化”之外，广博着手构建全球分销中心，在中国香港、洛杉矶和迪拜建立了 3 家营销公司，在比利时、意大利、俄罗斯等地设立了 20 多个分支机构，而在这些海外机构中唱主角的，大部分是海外的人才，人才国际化增加了广博的海外竞争优势。

10 条路径，引导着示范企业走上不断提升、持续发展的道路。但辉煌成绩背后，还有这样一群企业家，他们以梦想与激情、以坚韧不拔的毅力与持续学习的精神、以宽广的战略视野与快速行动的能力，推动着示范企业的蜕变与新生，续写着印刷行业的变革与未来。

这种企业家精神的传承与发扬，将与示范企业的经验与启示一道，成为行业的宝贵财富，引领着行业不断前行的坚实脚步[1]。

国家印刷示范企业的评选在印刷行业将会产生深远影响，今后应该更加加强对示范企业先进经验的总结和宣传。在当前各种评奖名目繁多的情况下，不应把评选示范企业作为一种评奖的名目，而降低它应有的示范效应。

对于获得示范企业称号的企业，这不光是一种荣誉，更是一种责任，责任重于荣誉。“示范”本义就包含着“引领、带领”，因此应该更注重承担这一社会责任。

同时应该研究加大对示范企业政策扶植力度，培育示范企业主要靠企业自身努力，“打铁还须自身硬”，要使示范企业在市场激烈竞争中站得住脚，不能“昙花一现”，行政部门的政策支持也很重要，建议研究制定切实可行的措施加大扶植。

四、决胜“十三五”，为建设印刷强国打好基础

现在我国已进入“十二五”规划的后期，很快就要进入“十三五”，国家已部署研究制定“十三五”规划。

1　此节内容选自王丽杰所著《发挥示范引领作用推动产业转型升级》，《印刷经理人》2013 年 11 期刊登。

2010年当时国家新闻出版总署提出在2020年全国实现小康社会目标的时候，建成世界新闻出版强国，也包括印刷业，并且希望能率先建成世界印刷强国。

"十三五"就是实现这个宏伟目标的最后冲刺阶段，制定好"十三五"印刷业发展规划，对于中国印刷业的重要性不言而喻。

1．认真做好"十二五"规划的检查实施情况和经验总结

"十二五"对我国印刷业来说是非常重要的关键阶段，这是中国印刷实现战略转型、调整产业结构的决定性时期，经过业界上下共同努力，已经取得了重大进展，我们已经探索并实践着中国印刷战略转型的重点方向和主要途径，涌现了一批先进典型，起了非常明显的引领和带动作用，中国印刷实现战略转型之日，便是建设世界印刷强国之时，"十二五"的转型升级为实现这个目标打下了良好基础。

发展带来了新经验，也提出了新问题，我们在总结经验的同时，更要研究出现的新问题。

在"十八大"提出市场在资源配置中起决定性作用的重大政策指引下，新一届政府出台一系列简政放权措施，对印刷业的监管提出了新的课题；

在数字信息技术浪潮下，传统媒体与新兴媒体深度融合，文化创意和现代服务业不断拓展印刷产业链，印刷与其他产业互相渗透，产业边界越来越模糊，如何加强行业指导和行业管理，包括行业的信息统计，需要及早研究提出对策措施；

认清绿色印刷的紧迫性和全国十万家印刷企业的现实情况，如何使印刷环保标准、检测、认证体系建设更为科学，快速推进；

推进印刷市场国际化是建设印刷强国的必要条件，需要相关政策跟上，希望抓紧研究。

如上诸多问题是转型过程中出现，而又必须实际面对的问题，建议在总结"十二五"规划时相应加以研究，争取在"十三五"规划实施，这样"十三五"规划就能更有针对性。

2．"十三五"建议以为建设印刷强国打好基础这个目标研究制订中国印刷业能够转型升级的路线图和时间表

建设印刷强国应该有比较明确、量化的指标体系，需要进行科学分析，建议要作为一个重大课题进行研究。从总体上看关键是要做好转型升级这篇大文章。为此建议在检查总结"十二五"规划执行情况基础上，组织专家研究确定印刷业今后转型升级的重点方向，例如数字化、绿色环保、文化创意、现代服务、印刷市场国际化、培育骨干企业等（本书所述，仅作为研究参考，抛砖引玉）。

对转型升级的重点方向，建议逐一进行专题研究转型的路线图，制订时间表，并相应研究实施的政策措施。

3．适时修订《印刷业管理条例》

2001年国务院颁布修订后的《印刷业管理条例》，对我国印刷业科学发展起到了重大作用。从我国印刷业发展历史来看，管与不管确实大不一样。从2001年以来国务院明确由新闻出版行政主管部门对全国印刷行业实行统一监管，结束了新中国成立以来印刷业分散多头、各自为政的无序状况，十多年来，总署（总局）对我国印刷业宏观发展指导、规划目标实施、印刷市场监管、市场结构调整、推进绿色印刷发展等方面，做了大量卓有成效的工作，大家都感受到他们对国务院赋予的职能是尽职尽责的。

经过十多年发展，我国印刷业出现了许多新形势、新情况、新变化，2001年的《印刷业管理条例》需要适时调整修改，如行业界定、企业准入条件、企业年度检验制度、加强行业信息统计等，这些都需要根据发展了的情况加以修订和补充，这项工作既重要又复杂，要以严谨、科学的方法广泛听取意见，充分讨论后作出决断。

4．调动全行业的力量，为实现转型升级、建设印刷强国共同努力

目前，我国印刷业已是年产值超过万亿、企业逾十万家、职工达300多万人、在国际上有重大影响的大产业。从发明雕版、活字印刷，让中国印刷重新站到世界的前列，是千百年中国印刷人的共同梦想，现在这个梦想在经历改革开放和我国印刷技术第二次革命以后，正在一步一步实现，现在已进入最后冲刺阶段。

中国有句老话，“行百里者半九十”，最后这“十里”是最艰难的，需要我们更大的努力。

为了实现强国目标，我们应该调动一切积极因素，把全行业各个方面组织起来，拧成一股劲，齐心协力为之奋斗。

企业是基础，是中坚力量，企业发展关键靠科技、靠人才，因此印刷教育和科研单位、企业相结合是成功必然之道，现在我国已形成专业印刷院校和综合院校印刷专业相结合的印刷教育体系，也建立了专业印刷科研机构与骨干企业科研基地相协调的印刷科研体系，我国印刷在产学研相结合的道路上已取得了许多重大成就，在“十三五”规划实施重大项目中，应承担更大责任，创造更大业绩。

在我国印刷产业发展中形成了一批综合性和专业性的行业社团组织，他们承接政府部门转移本不该管的职能和政府委托的一些事项，发挥了企业和政府部门的桥梁、纽带作用，对促进行业健康发展发挥了重要作用，在推进市场经济、政府职能转变、机构改革中，这些印刷行业性社团组织将会承担更重要职责。我国印刷行业性社团组织是在印刷业发展过程中建立起来的，应该说各有侧重、各有特色，应该互相配合协调，形成合力，建立起协调和谐的印刷社团组织体系。

印刷媒体在推进印刷现代化进程中，发挥越来越重要角色，媒体多元化也成为印刷行业发展一个重要特色，媒体间的竞争也更显突出。竞争会促进媒体的水平提高，是件好事，但也需要互相合作，防止趋同化、表面化，办出有自己特色、有重点读者群、有深度的印刷媒体，这样发挥的作用会更大。

制定好、实施好“十三五”印刷业发展规划，我们一定能看到中国印刷重新登上世界先进行列的潮头。

5. 重视加强印刷标准化建设

建立和完善印刷标准化体系是印刷业发展的基础，要着力将印刷技术创新成果转化为标准，以标准带动技术创新成果的产业化应用。

要加强基础性印刷标准化的研究，扩大标准化的覆盖面，使印刷各个领域都有标准可循；要努力提高我国印刷标准化水平与国际标准接轨。努力在优势领域制定国际标准上拥有主导权。

6. 印刷转型永远在路上

科技创新永无止境，时代进步不会停步。进入21世纪的中国印刷业，转型升级既成为紧迫任务，也成为常态发展。很多印刷企业逐步认识到，未来的印刷厂需要符合5个特征，才能适应新时期的市场新需求：一是网络数字化，二是智能自动化，三是标准模块化，四是专一规模化，五是绿色环保化。

虽然认识到转型的必要性，虽然对未来印刷企业的特征形成了基本共识，但在设定自身转型目标、确定转型步骤上，印刷企业依然有很多困惑：

——印刷业的未来主要在哪些领域？书刊印刷企业、商务印刷企业是坚守主业，还是转战产业前景似乎更明朗的包装印刷？包装印刷企业又如何细分市场，明晰自己的核心竞争力？

——下一步的主流印刷技术是什么？胶印的主流地位是否会被取代，数字化的技术发展趋势有哪些？在什么时点踏入数字印刷领域？

——传统市场与新兴市场会如何演绎？新的业务形态、新的生意模式如何拓展企业的生存空间？如何结合以电子商务为核心的印刷商业模式？

——绿色环保大势所趋，在社会公益与成本效益之间如何平衡？

不可否认，中国印刷产业转型会呈现阶段性推进，也离不开先行者的带动作用。这些先行者普遍具有坚定的信心，具有百折不挠的信念和乐观向上的精神，通过不断地思考和不断地行动拓展自己的生存空间；与此同时，这些先行者懂得培育与磨砺自己的核心竞争力，建立自身竞争优势，走适合自身发展的专业化、特色化和差异化之路。

大浪淘沙，适者生存。可以预见，未来相当长一段时间，中国印刷业发展所呈现的竞争态势，将使印刷厂的数量不断减少，单体印刷企业的规模不断扩大，活源不断向有实力的印刷企业集中。在这一业态演化过程中，市场将会青睐于率先觉醒、勇于转型、不断创新的印刷企业。

印刷企业在转型调整时期，更需政府加强宏观指导。一是建立更为完善、系统与透明的统计制度，以帮助企业科学决策，减少因信息缺失导致的盲目投资，缓解行业的供需失衡状况；二是继续加强标准化建设工作，通过与时俱进的标准体系建设，帮助印刷企业提升素质、强身健体；三是加强技术创新的推动工作，通过重点项目支持、示范企业引领等措施，带动全行业的技术升级与模式创新；四是加强市场指导力度，通过出台系列政策措施，引导印刷企业向文化创新、创意创新、服务创新等方向发展。

进入 21 世纪的中国印刷业，处于一个快速变化的时代，创新发展是时代的主题，转型升级成为“新常态”。

转型升级进行时，正在谱写着中国印刷业可持续发展的时代华章！

附录一

国家印刷复制示范企业管理办法

新出政发（2011）18号

第一条 为贯彻落实国务院印发的《文化产业振兴规划》提出的建设一批印刷复制产业示范基地的要求，对印刷复制企业分类实施综合评估，规范国家印刷复制示范企业的建立和管理，充分发挥国家印刷复制示范企业在转变发展方式、调整产业结构、提升行业素质等方面的引导和辐射作用，将我国建设成为世界印刷强国，特制定本办法。

第二条 国家印刷复制示范企业，是指资质合格、遵纪守法、管理规范、技术先进、产品优质、业绩突出、创新节能、人才聚集、诚信经营，在全国具有示范作用的骨干印刷复制企业或者企业集团。

第三条 建立国家印刷复制示范企业的宗旨，是通过对具有示范作用的骨干印刷复制企业或者企业集团的认定、挂牌、扶持和宣传，进一步优化产业结构、培育优势企业，加快自主创新和技术进步，鼓励节能减排，倡导绿色印刷，引导整个产业实现转型和升级。

第四条 新闻出版总署负责制定国家印刷复制示范企业总量、结构、布局的全国规划，对国家印刷复制示范企业进行审核、认定和管理。各省、自治区、直辖市新闻出版行政主管部门负责对国家印刷复制示范企业进行初审、申报和日常管理。

第五条 国家印刷复制示范企业的规划目标，是从2012年开始，到“十二五”期末，在全国范围内建立100家左右“国家印刷示范企业”和10家左右“国家光盘复制示范企业”，国家印刷复制示范企业的引导作用和辐射效应明显显现，骨干印刷复制企业国际竞争力明显增强，产业分工合理，区域协调发展，形成相对完善的现代化印刷复制产业体系。

第六条 国家印刷复制示范企业必须具备的条件：

(一) 合法经营方面

印刷复制企业模范遵守《出版管理条例》、《印刷业管理条例》、《音像制品管理条例》以及《复制管理办法》等法规和规章，没有盗版盗印等不良记录，近三年内未被新闻出版行政主管部门给予过行政处罚。

（二）规模效益方面

印刷复制企业主要经济效益指标及全员劳动生产率居国内同行业前列，在最近三个财务审计年度实现盈利。其中，印刷企业资产总额 3 亿元以上（主营出版物印刷企业或者数字印刷企业 1 亿元以上），年度销售收入 5 亿元以上（主营出版物印刷企业或者数字印刷企业 2 亿元以上），或者近三年销售总收入 10 亿元以上（主营出版物印刷企业或者数字印刷企业 5 亿元以上）且其间年度增长率均值超过 20%，年度上缴税收 1 000 万元以上；只读类光盘复制企业年度产量 1 亿片以上，销售收入 1.2 亿元以上，年度上缴税收 500 万元以上；可录类光盘生产企业年度产量 2.5 亿片以上，销售收入 2.8 亿元以上，年度上缴税收 1 000 万元以上。

（三）技术装备方面

印刷复制企业关键生产设备居行业先进水平。其中，印刷企业拥有多色高速、自动、联动等先进技术设备，或者在数字印刷、柔印、印刷设备数字化自动控制、数字资产管理、数字直接制版、数字化工作流程等方面具备较强实力；光盘复制企业拥有 DVD、DVDR 或者高清光盘生产线以及配套的检测设备。

（四）创新研发方面

印刷复制企业研发投入达到销售收入的一定比重。其中，印刷企业研发投入占销售收入比重不低于 1%，光盘复制企业研发投入占销售收入比重不低于 4%。印刷复制企业建有国家级或省级企业技术中心或者研发机构，企业持有授权专利，且持有数量居国内同行业前列。印刷复制企业在新产品拓展、产业链延伸、商业模式探索等方面有实质性创新和相对成熟的创新成果。

（五）管理体系方面

印刷复制企业建立了规范的现代产权制度和科学的管理机制；通过了质量管理体系认证，按照国际与国内先进标准组织生产，产品质量经检测符合有关标准；建立了基于网络的企业管理信息化系统；企业安全生产管理体系完善，责任制健全，近三年内未发生重大安全生产事故。

（六）绿色环保方面

印刷复制企业积极开展绿色生产，通过环境管理体系及相关国际绿色认证；推行清洁生产审核；使用的各种原辅材料符合国际标准，应用节能减排、清洁生产的设备、材料与工艺；排放、节能等指标符合国家环保标准。其中，印刷企业能够达到国家绿色环保印刷标准的要求。

（七）人才队伍方面

印刷复制企业具有较强的经营管理和技术研发队伍。其中，印刷企业大专以上学历或者中级以上（含中级技工以上）职称人员人数比例不低于70%，高级技术人员（含技师以上）比例不低于20%；光盘复制企业大专以上学历或者中级以上职称人员人数比例不低于90%，技术人员比例不低于20%。

（八）地方扶持方面

印刷复制企业所在地省、自治区、直辖市对建立国家印刷复制示范企业给予了切实可行的扶持政策和措施。

第七条　为鼓励印刷企业“走出去”，对具备以下条件的印刷企业可以认定为国家印刷示范企业：印刷企业年度承接境外印刷加工业务占企业全面主营业务量的30%以上，且年度对外加工业务营业额达到2 000万美元；企业的总资产报酬率应高于同期银行贷款利率；企业应不欠税、不欠工资，不欠社会保险金，企业资产负债率一般应低于60%，企业银行信用等级在AA级以上（含AA级）。在同行业中企业的产品质量、产品科技含量、新产品开发能力居领先水平，原料综合利用率高，主营业务符合国家产业政策、环保政策和质量管理标准体系。

第八条　国家印刷复制示范企业实行自愿申请、初审、终审和认定的程序。凡符合本办法第六条或者第七条要求的印刷复制企业，均可申请建立成为国家印刷复制示范企业。

第九条　印刷复制企业应当向所在地县、市新闻出版行政主管部门提交《国家印刷复制示范企业申请表》（见附表），经所在地县、市新闻出版行政主管部门核实确认后，报送所在地省、自治区、直辖市新闻出版行政主管部门初审。审核同意后，由各省、自治区、直辖市新闻出版行政主管部门向新闻出版总署报送书面报告以及有关申请材料。报告要同时载明地方给予的扶持政策和措施。

第十条　新闻出版总署组织评审专家组，对各省、自治区、直辖市新闻出版行政主管部门申报的国家印刷复制示范企业进行考核和终审。

通过考核和终审的印刷复制企业在新闻出版总署门户网站（www.gapp.gov.cn）上进行公示，公示期为7天。

通过公示的印刷复制企业，由新闻出版总署认定为国家印刷复制示范企业，授予“国家印刷示范企业”或者“国家光盘复制示范企业”的称号，颁发牌匾和证书，并通过媒体向社会公告。

第十一条　经过认定的国家印刷复制示范企业，新闻出版总署建议其所在地人民政府给予扶持和奖励。国家印刷复制示范企业享有以下方面的优惠扶持：

(一) 项目资金方面

新闻出版总署对认定成为国家印刷复制示范企业的印刷复制企业优先给予产业发展项目和发展资金的支持。

(二) 产业政策方面

认定成为国家印刷复制示范企业的中外合资、中外合作出版物印刷企业、其他印刷品印刷企业或者只读类光盘复制企业，外方可以控股或者占主导地位，但中方比例或者权益不得低于30%。

(三) 管理措施方面

认定成为国家印刷复制示范企业的印刷复制企业，在接受委托印刷复制境外的印刷复制产品时，各省、自治区、直辖市新闻出版行政主管部门在保证文化安全的基础上，可以根据管理实际，适当简化审批程序，提高审批效率。

(四) 评选奖励方面

中国出版政府奖（印刷复制奖）、全国文化重点出口企业、全国文化高新技术企业等的评定，在同等条件下，优先考虑被认定成为国家印刷复制示范企业的印刷复制企业。

(五) 进口设备方面

认定成为国家印刷复制示范企业的光盘复制企业，可以进口境外性价比高且使用年限不足3年的光盘复制生产设备，但进口各种类型设备的总数量不得超过企业原有设备总数量的30%，而且进口设备只限于企业自身使用。

第十二条　新闻出版总署和各省、自治区、直辖市新闻出版行政主管部门对国家印刷复制示范企业进行跟踪管理。根据“目标考核、动态管理、能进能退”的原则，建立并完善国家印刷复制示范企业的年度考核机制。年度考核采取书面考核和现场考评相结合的方式。具体程序为：

（一）国家印刷复制示范企业应当于每年1月底前向所在地省、自治区、直辖市新闻出版行政主管部门提交上年度总结。

（二）各省、自治区、直辖市新闻出版行政主管部门对年度总结材料进行审核后，每年 2 月底前将本地区国家印刷复制示范企业发展情况、审核意见和有关审核材料报送新闻出版总署。

（三）新闻出版总署组织评审专家组对国家印刷复制示范企业进行考核，确定年度考核结果。对考核结果不合格的，撤销国家印刷复制示范企业称号。

第十三条　新闻出版总署对国家印刷复制示范企业年度考核情况予以通报，通过媒体向社会公告，并发布国家印刷复制示范企业年度发展报告。

第十四条　有下列情形之一的，由新闻出版总署直接撤销国家印刷复制示范企业称号并通过媒体向社会公告：

（一）严重违反《出版管理条例》、《印刷业管理条例》和《音像制品管理条例》有关规定且情节严重的；

（二）发生重大生产安全和质量事故，造成严重后果的；

（三）有其他严重违法违规行为的。

第十五条　本办法由新闻出版总署负责解释。

第十六条　本办法自 2012 年 1 月 1 日起施行。

附录二

已公布的国家印刷示范企业名单

序号	省份	企业名称	序号	省份	企业名称
1	北京	北京华联印刷有限公司	21	上海	上海伊诺尔印务有限公司
2	北京	北京盛通印刷股份有限公司	22	上海	上海印刷(集团)有限公司
3	北京	北京雅昌彩色印刷有限公司	23	上海	当纳利（中国）投资有限公司
4	北京	北京邮票厂	24	上海	上海包装造纸（集团）有限公司
5	北京	北京中融安全印务公司	25	上海	上海中豪纸品加工有限公司
6	北京	北京利丰雅高长城印刷有限公司	26	上海	上海中华商务联合印刷有限公司
7	北京	北京东港安全印刷有限公司	27	上海	上海金鼎印务有限公司
8	北京	雅昌文化(集团)有限公司	28	上海	上海宝钢包装股份有限公司
9	天津	天津海顺印业包装有限公司	29	上海	上海安兴汇东纸业有限公司
10	河北	河北新华联合印刷有限公司	30	上海	龙利得包装印刷(上海)有限公司
11	辽宁	沈阳美程在线印刷有限公司	31	上海	富康集团有限公司
12	辽宁	辽宁虎驰广告印刷有限公司	32	江苏	苏州印刷总厂有限公司
13	上海	上海金汇通创意设计发展股份有限公司	33	江苏	苏州苏大维格光电科技股份有限公司
14	上海	上海紫江企业集团股份有限公司	34	江苏	江苏凤凰新华印务有限公司
15	上海	上海烟草包装印刷有限公司	35	江苏	昆山市张浦彩印厂
16	上海	上海界龙实业集团股份有限公司	36	江苏	南京爱德印刷有限公司
17	江苏	立华彩印（昆山）有限公司	37	湖北	湖北金三峡印务有限公司
18	浙江	杭州日报报业集团盛元印务有限公司	38	湖南	湖南天闻新华印务有限公司
19	浙江	浙江印刷集团有限公司	39	湖南	湖南凌华印务有限责任公司
20	浙江	浙江美浓世纪集团有限公司	40	湖南	常德金鹏印务有限公司

续表

序号	省份	企业名称	序号	省份	企业名称
41	浙江	广博集团股份有限公司	62	湖南	湖南永州奔腾彩印有限公司
42	浙江	浙江日报报业集团印务有限公司	63	湖南	长沙鸿发印务实业有限公司
43	浙江	杭州中粮包装有限公司	64	广东	中华商务联合印刷（广东）有限公司
44	浙江	宁波成路纸品制造有限公司	65	广东	深圳报业集团印务有限公司
45	浙江	立可达包装有限公司	66	广东	东莞金杯印刷有限公司
46	浙江	大东集团有限公司	67	广东	鹤山雅图仕印刷有限公司
47	浙江	浙江茉织华印刷有限公司	68	广东	鸿兴印刷（中国）有限公司
48	安徽	安徽新华印刷股份有限公司	69	广东	东莞隽思印刷有限公司
49	安徽	安徽安泰新型包装材料有限公司	70	广东	东莞中编印务有限公司
50	安徽	安徽金辉印务有限公司	71	广东	中山中荣纸类印刷制品有限公司
51	福建	福建鸿博印刷股份有限公司	72	广东	汕头东风印刷股份有限公司
52	江西	江西新华印刷集团有限公司	73	广东	深圳九星印刷包装集团有限公司
53	山东	山东临沂新华印刷物流集团有限责任公司	74	广东	深圳劲嘉彩印集团股份有限公司
54	山东	山东鸿杰印务集团有限公司	75	广东	深圳市裕同包装科技股份有限公司
55	山东	东港股份有限公司	76	广东	广东壮丽彩印股份有限公司
56	山东	肥城新华印刷有限公司	77	广西壮族自治区	广西真龙彩印包装有限公司
57	山东	青岛黎马敦包装有限公司	78	广西壮族自治区	桂林澳群彩印有限公司
58	河南	河南新华印刷集团有限公司	79	四川	四川宜宾普什集团 3D 有限公司
59	河南	河南省瑞光印务股份有限公司	80	四川	四川蓝剑包装股份有限公司
60	河南	河南省防伪保密印刷公司（河南省邮电印刷厂）	81	陕西	西安西正印制有限公司
61	湖北	湖北新华印务有限公司	82	云南	云南出版印刷（集团）有限责任公司